Las 500 dudas más frecuentes del español

P9-DTT-771

Instituto Cervantes
Las 500 dudas más frecuentes del español

Florentino Paredes García
Salvador Álvaro García
Luna Paredes Zurdo

© Instituto Cervantes, 2013
© Florentino Paredes García, Salvador Álvaro García y Luna Paredes Zurdo, 2013
© Espasa Libros, S. L. U., 2013, 2020
    Avinguda Diagonal, 662, 6.ª planta. 08034 Barcelona (España)
    www.espasa.com
    www.planetadelibros.com

Diseño de la cubierta: Booket / Área Editorial Grupo Planeta
Primera edición en Colección Booket: abril de 2016
Segunda impresión: octubre de 2018
Tercera impresión: abril de 2019
Cuarta impresión: febrero de 2020

Depósito legal: B. 4.175-2016
ISBN: 978-84-670-4748-6
Impresión y encuadernación: CPI, Barcelona
Printed in Spain - Impreso en España

Índice

4. Dudas sobre el léxico y el significado de las palabras

5. Dudas sobre el texto

Presentación

> *Para investigar la verdad es preciso,*
> *en la medida de lo posible, dudar*
> *de todas las cosas una vez en la vida.*
> (René Descartes)

«Todo lo ignora quien nada duda» decía el militar, poeta y diplomático español del siglo XVII Bernardino Rebolledo, conde de Rebolledo. Y otro autor coetáneo suyo, el escritor y político Diego de Saavedra Fajardo, afirmaba que «quien no duda no puede alcanzar la verdad», idea en la que coincidía con el filósofo también coetáneo René Descartes, el máximo defensor de la duda como método científico en la búsqueda del conocimiento.

Para presentar *Las 500 dudas más frecuentes del español* podemos empezar tratando de resolver los interrogantes que el propio título de la obra puede suscitar en el lector: ¿por qué un libro de *dudas*?, ¿por qué *500*?, ¿por qué *frecuentes*?, y otras preguntas que surgen al hilo de las anteriores, como qué tipo de dudas se tratan en el libro o cuáles son los criterios que se han seguido para resolverlas. Las razones por las que incluimos el término *español* en el título las damos en la primera pregunta del libro, así que no las repetiremos aquí. Vayamos a las demás cuestiones.

¿Por qué un libro sobre dudas? El primer objetivo del libro es ayudar a resolver las incertidumbres que se le presentan al usuario que quiere seguir los usos considerados correctos, esto es, cuando pretende ajustarse a la norma culta del español. La duda, que puede llegar a ser un problema grave cuando nos impide tomar decisiones, se convierte en un acicate si es un instrumento para la reflexión y el conocimiento más preciso de las cosas. Es en este segundo sentido como los autores del libro queremos que se entienda la palabra del título.

La estructura de la obra se plantea como un conjunto de preguntas que giran acerca de problemas que se plantean cotidianamente en el uso del lenguaje. Pero, a la vez que busca la solución de esos problemas concretos, pretende también la reflexión que le sirva al lector para incrementar el conocimiento acerca de su propia lengua.

Las preguntas se formulan por lo general en forma de alternativas, variantes ante las que con frecuencia muchos hablantes de español vacilan, para cada una de las cuales se ofrece siempre una respuesta clara y directa, extraída de la norma. Claro es que a veces la propia norma es fluctuante y no siempre da una respuesta concluyente —sin hablar de las veces en las que hay contradicciones entre las propuestas normativas—. Señalamos en cada caso cuál de las alternativas planteadas se considera la correcta desde el punto de vista normativo, caso de que la haya, y ofrecemos siempre una explicación que pueda servir de guía al lector.

¿Por qué 500? El número de preguntas seleccionadas no se ha elegido al azar. Resulta claro que las dudas que se les pueden plantear a los hablantes superan con creces ese medio millar del título; en realidad, pueden llegar a ser innumerables. Es evidente, sin embargo, que no es posible responder a todas ellas en un solo libro y que un número excesivamente alto haría inmanejable el libro. Pero tampoco queríamos que el número de preguntas fuese muy reducido, ya que eso podría dejar sin cabida a problemas que nos consta que aparecen a menudo. Si pretendemos, como es nuestro objetivo, ayudar a resolver cuestiones que puedan interesar a lectores de diverso tipo, con un número menor hubiéramos dejado sin tratar asuntos de gran interés.

De ahí que se haya optado por este número redondo, suficientemente amplio para dar cabida a las dudas más frecuentes y que permite a la vez que las dimensiones de la obra sean manejables. Pero, dicho todo esto, hay que añadir que aunque el libro se compone de 500 preguntas, los asuntos tratados son muchísimos más. Cada pregunta es un caso concreto, un problema puntual, sí, pero a menudo bajo él se esconden otros muchos casos similares. Por eso, al hilo de la pregunta en cuestión se abordan otros casos semejantes, otros problemas que guardan alguna relación con ella. En el índice que cierra la obra el lector puede encontrar todos los temas que aparecen en las páginas y las palabras o expresiones que se citan en ellas: se puede ver en él que la suma supera las cinco mil entradas.

Hemos incluido al final de la obra un apéndice con el listado de las 500 preguntas. El objetivo de ese índice es doble. Por una parte, cumple la función informativa de dar cuenta rápida de qué asuntos se abordan en cada uno de los subapartados. Pero, por otra, tiene una utilidad más. Si el lector lo desea, puede servirse de él para ponerse a prueba a sí mismo, tratando de contestar a cada una de las cuestiones que ahí se plantean para después contrastar su respuesta con la que nosotros ofrecemos. De este modo, el listado podría servir de prueba de dominio de la propia lengua.

¿Por qué frecuentes? Un libro como este pretende ser útil para un público amplio, por lo que no parecía procedente dedicarse a resolver solo las dudas muy concretas, esporádicas o de carácter meramente individual. El lector que tiene una duda específica sobre el significado de una palabra o sobre la ortografía ha de acudir a las obras de referencia, a los diccionarios. Para solventar otros problemas no tratados aquí, puede consultar las obras generales incluidas en la bibliografía o bien recurrir a los servicios de consultas lingüísticas que ofrecen diversos organismos e instituciones.

Lo que ofrecemos en este volumen es una selección de los asuntos que con mayor frecuencia resultan problemáticos para los hispanohablantes en el manejo correcto de la lengua. Para determinar cuáles son estos asuntos hemos recurrido a varias estrategias. Por una parte, hemos consultado cuáles eran los temas más tratados en las obras sobre el español normativo y en los diccionarios de dudas; por otra parte, hemos analizado las secciones de consultas lingüísticas que aparecen en internet; por último, hemos preguntado a cuantos estaban a nuestro alrededor (amigos, familiares, colegas, alumnos, etc.) acerca de las dudas que ellos mismos tenían. Contábamos, además, con nuestra propia trayectoria como docentes de lengua, lo que nos ha permitido ver también cómo los alumnos incurren una y otra vez en errores similares. De toda esta labor de investigación y análisis ha salido la colección de preguntas que presentamos, con la que pretendemos atender a todos los aspectos en los que los errores son más habituales o incluso sistemáticos, ya sea porque la norma no está clara o porque no se ha asimilado bien.

¿Qué tipo de dudas resuelve el libro? Como es natural, no todas las dudas posibles tienen cabida en esta obra. Salvo casos excepcionales, no se da respuesta aquí a las dudas que afectan al significado o la ortografía de las palabras, como ya hemos señalado. Las dudas que contiene el libro son las relativas al uso correcto de la lengua. Unas tienen que ver con los usos lingüísticos correspondientes a un tipo de texto concreto, otras veces son más generales: sobre el uso apropiado de una palabra, sobre el modo de pronunciarla, sobre la combinación de unas palabras con otras, etc.

El libro está organizado en cinco capítulos, el primero dedicado a contestar preguntas de carácter general y el resto centrado en un nivel de lengua particular. Las preguntas de carácter general son muy pocas, solo seis, pero sirven para establecer algunas consideraciones básicas, como el nombre de la lengua o dónde se habla el mejor español, y otras que afectan a la propia esencia de obras como esta, como quién y cómo se determina qué es un error lingüístico.

El segundo capítulo se dedica a dudas que se pueden suscitar en los niveles fónico y gráfico de la lengua. En él se han incluido 190 preguntas, entre las que se encuentran, además de las referidas a la pronunciación y la ortografía, cuestiones relativas al uso de los signos de puntuación, la escritura de los números, las abreviaturas o los recursos tipográficos. El capítulo tercero lo componen 210 preguntas relacionadas con la gramática: la concordancia, el queísmo y el dequeísmo, el leísmo, el laísmo y el loísmo, el uso de las preposiciones y las conjunciones, el empleo de los pronombres personales, la conjugación verbal, etc. En definitiva, un amplio espectro de temas que suscitan la duda del hablante y le plantean dificultades de diversa índole. Los asuntos relacionados con el léxico y el significado de las palabras ocupan el capítulo cuarto, y en las 66 preguntas que lo componen se tratan asuntos como la propiedad o impropiedad, los extranjerismos, los latinismos, etc. El último capítulo se dedica a aspectos que tienen que ver con el texto: el párrafo y problemas específicos que se plantean al redactar cierto tipo de textos, como el correo electrónico, el currículum o un acta.

¿Qué criterios se siguen para resolver las dudas? El principio básico ha sido el de respetar el criterio contenido en las obras normativas de las Academias de la Lengua Española. Por ello se incluye en cada pregunta —como una novedad en este tipo de obras— la fuente de la que se ha extraído la información correspondiente para elaborar la respuesta.

Las fuentes primarias en las que nos hemos basado para nuestras respuestas son la ortografía, el diccionario y la gramática académicos. Las obras de referencia son la edición de 2010 de la *Ortografía de la lengua española* (en adelante *OLE*), la vigesimosegunda edición del *Diccionario de la lengua española* (en adelante *DRAE*) —disponible también en internet, donde se incluyen los avances de la vigesimotercera edición, que también hemos consultado—, el *Diccionario panhispánico de dudas* (en adelante *DPD*) y la *Nueva gramática de la lengua española* (en adelante *NGLE*). En ellas hemos rastreado la información relativa a los usos normativos.

De manera complementaria, hemos atendido a las consideraciones de otras gramáticas, especialmente las de orientación normativa. Hay que citar en esta relación de fuentes primarias de información, la ayuda que nos ofrece la Fundéu a través de la información contenida en la Wikilengua y en el servicio de consultas lingüísticas. También hemos recurrido de manera sistemática a *El libro del español correcto* (en adelante *LEC*). Otras referencias a las fuentes se señalan con la abreviatura indicada o bien con el apellido del autor seguido de una palabra significativa del título. En el apartado de Bibliografía se relacionan todas las fuentes que nos han servido para elaborar este trabajo.

¿Cómo se organiza cada pregunta? El libro está organizado en 500 entradas, que se ajustan en mayor o menor medida a este esquema:

---

1. **Pregunta**
2. Respuesta
3. Explicación
4. Ejemplo
5. Información complementaria
6. Ejemplos complementarios
7. Esquema
8. Fuentes
9. PARA SABER MÁS

Siguiendo esta pauta, cada pregunta (1) va seguida de una frase en la que se contesta directamente a la pregunta formulada, indicando si la expresión tratada es correcta o incorrecta, si se considera una opción recomendable o no. Esta respuesta inicial (2), se completa, si es posible, con una explicación del error (3) y se proponen ejemplos (4) de frases en las que se contraponen los usos correctos a los incorrectos y los no recomendados a los preferibles. Con objeto de facilitar la interpretación rápida de los datos, hemos recurrido al empleo de símbolos para representar el grado de corrección del enunciado correspondiente.

⊗	Uso incorrecto
⊖	Uso no recomendado
⊕	Uso preferible
⊘	Uso correcto

Los elementos descritos hasta aquí aparecen prácticamente en todas las entradas del libro. Ocurre que a menudo el ejemplo tratado directamente en la pregunta es un caso más de muchos otros similares. Por ello, la mayor parte de las preguntas contiene, además de esta información inicial, información complementaria (4) relativa a otros casos semejantes al que se propone en el enunciado de la pregunta. Este recurso permite incluir en una misma sección otras dudas posibles, lo que incrementa notablemente la utilidad de la obra. Aunque hemos tratado de que las respuestas no fuesen nunca demasiado largas, la adición de casos asimilables al que se propone en la pregunta original influye a veces en que algunas respuestas sean más extensas.

La obra nace con la intención de ser práctica y útil. Con este objeto hemos incluido en muchas preguntas esquemas, cuadros y resúmenes (7) que tratan de simplificar la explicación de los asuntos tratados y de hacerla más asequible al lector. En todos los casos en los que hay doctrina normativa se ha añadido la fuente (8) de la que se obtiene la información, de manera que el lector interesado puede consultar y ampliar la información contenida en el apartado correspondiente (se marca con *i ›*). Por último, muchas entradas se cierran con un apartado que hemos llamado «Para saber más» (9), que contiene información adicional o remite a otras preguntas del libro que abordan asuntos complementarios del que se trata en la entrada (las remisiones se señalan con ⇨).

Otros signos, marcas y recursos gráficos usados también en la obra son los siguientes.

*	Significa que la expresión es agramatical.
~	Se usa entre dos o más palabras o expresiones igualmente válidas.
/	Se usa para contraponer dos expresiones o, dentro de una palabra, para indicar segmentos que pueden alternar.
/ /	Señalan un fonema del español.
[ ]	Se emplean para reproducir la pronunciación de una palabra o un sonido.
{ }	Se utilizan para enmarcar dos opciones igualmente válidas en un enunciado.
>	Se emplea entre dos expresiones para indicar que la primera da origen a la segunda o que la primera precede a la segunda.

Abríamos esta presentación con unas citas sobre la duda y la vamos a cerrar con otras. Decía Ortega y Gasset: «Siempre que enseñes, enseña a dudar de lo que enseñes». Es claro que un libro dedicado a un tema tan inestable como el de la norma debe saber que su contenido está sujeto a esa misma inestabilidad. Los autores somos conscientes de que la norma actual cambiará sin duda en el futuro, pero lo importante es que el hablante de hoy sepa cuál es la norma culta del español de hoy, incluso en el caso de que decida no seguirla.

Y una última cita para cerrar, en este caso de Arthur Schopenhauer: «No hay ningún viento favorable para el que no sabe a qué punto se dirige». Esperemos que esta obra pueda servir, si no de viento favorable, de faro al que puedan dirigir sus miradas muchos lectores que pretendan alcanzar su punto de destino.

1
Dudas generales

---

1. **¿Cuál es el nombre de la lengua: *castellano* o *español*?**

Ambos nombres son sinónimos y los dos son igual de válidos y correctos. Con el nombre de *castellano,* o con la expresión *lengua castellana,* se alude a la región española en la que nace la variedad lingüística. Con el nombre de *español,* igual que con *lengua española,* se enfatiza el país en el que esta lengua se generaliza y desde el que se extiende después por el resto del mundo.

    ⊘ El español es la lengua materna de 400 millones de personas.
    ⊘ El castellano es la lengua materna de 400 millones de personas.

En España, en los territorios bilingües se prefiere *castellano,* término que se contrapone mejor al nombre de la lengua cooficial respectiva. En Castilla se usan indistintamente ambos términos y en el resto de regiones también es más usada la denominación *español.* En líneas generales, en América está equilibrado el número de países que se inclinan por una u otra denominación. En todo el continente sur, excepto Colombia, y en El Salvador, la preferencia mayoritaria es *castellano,* término que recogen muchas constituciones de estos países para designar la variedad respectiva. En el norte, en México, Centroamérica y el Caribe, además de la citada Colombia, la denominación preferida es la de *español.*

    Las razones de la preferencia por una u otra opción son diversas. En España se elige *castellano* especialmente cuando quiere contrastarse con cualquiera de las otras lenguas oficiales del territorio. Los hispanoamericanos que optan por *castellano* lo argumentan en razonamientos como este: «*español* es lo que se habla en España, por tanto, yo, que no soy español, no hablo "español", sino "castellano"». Frente a ellos, quienes prefieren el término *español* se basan en la percepción de que su modo de hablar difiere de cómo se habla en la región de Castilla y, además, consideran que con ese término se refleja mejor la importancia que han tenido los distintos territorios hispanohablantes en la configuración de la lengua. Entre los especialistas, se emplea el término *castellano* cuando se alude al modo de hablar de las primeras etapas de la creación del idioma o para referirse expresamente al dialecto hablado actualmente en la zona central de España. Por otra parte, el término *español* es el más general cuando se contrapone a otros idiomas, como el francés, el inglés o el chino, y así suele figurar en los títulos de diccionarios o gramáticas.

Castellano y *español* son, pues, dos sinónimos en igualdad de condiciones. El «problema» del nombre de la lengua es en realidad una falsa polémica, que debe considerarse ya superada y que, en cualquier caso, habría que dejar fuera de la controversia política o el enfrentamiento social.

i › *DPD, s. v.* español.

2. ¿Dónde se habla el mejor español?

No hay ningún país ni región ni ciudad del que se pueda decir que en él se habla el mejor español; ni siquiera se puede decir que en una zona se habla mejor o peor que en otra. Al menos desde un planteamiento riguroso o científico. De hecho, para poder responder adecuadamente a esa pregunta habría que comenzar estableciendo qué se entiende por «el mejor español». Si el lenguaje es básicamente un instrumento para la comunicación, en cada lugar la lengua sirve adecuadamente para que los individuos de esa sociedad se comuniquen entre sí, de modo que los usos que han ido creándose en cada comunidad son los que mejor sirven para los propósitos comunicativos de sus individuos.

Diferente es la perspectiva si atendemos a cómo usan las personas el idioma. En este caso, es evidente que no todos se comportan de la misma manera, ni son igualmente conscientes de la importancia de esta herramienta de comunicación, ni tienen la misma sensibilidad ante ella ni sobre los efectos que su uso puede tener sobre los demás. Por ello, sí es posible decir que un hablante se comunica mejor que otro, que se expresa mejor que otro, que emplea el lenguaje mejor que otro, en definitiva.

La pregunta, por tanto, no es «dónde» se habla mejor sino «quién» habla mejor. El mejor empleo del lenguaje suele ir asociado con el interés personal y también con la formación individual. Y, en este sentido, el modelo de habla considerado culto se sitúa por lo general entre las personas mejor formadas, las que mejor conocen los recursos idiomáticos y las que mejor se sirven de ellos: escritores, periodistas, profesores, etc.

3. ¿Quién establece qué es lo correcto?

Para contestar a esta pregunta hay que distinguir dos planos: el de los usuarios de la lengua y el de las instituciones. En el primer plano, que es el más importante para el desarrollo de una lengua, son los propios hablantes en cada comunidad de habla quienes establecen qué es lo correcto o incorrecto, pero no tanto en el sentido sancionador del término «correcto», sino en el de señalar qué usos lingüísticos prefieren.

En el segundo plano, la Real Academia Española y las Academias que con ella integran la Asociación de Academias de la Lengua Española tienen secularmente reconocida la misión de velar por el idioma y fijar los criterios de corrección que han de aplicarse a todo el ámbito hispano. Recientemente lo han hecho, como queda indicado, en los tres grandes códigos —*Nueva gramática de la lengua española*, *Ortografía de la lengua española* y el *Diccionario de la lengua española*—, todos ellos con carácter panhispánico porque recogen las variantes de corrección de las distintas áreas lingüísticas y fueron acordadas por el conjunto de academias.

4. ¿Por qué se dice que una determinada expresión es correcta o no? ¿En qué criterios se basa?

La lengua no deja de ser un comportamiento social y, como tal, es evaluado por los miembros de cada comunidad. La actitud que la comunidad de habla adopte en relación con cada uso lingüístico será decisiva. Los usos que obtienen una actitud favorable son considerados «usos correctos», adquieren prestigio y van configurando en la mente del hablante el modelo ideal de lengua. Por el contrario, aquellos ante los que se tiene una actitud desfavorable constituyen los «usos incorrectos» o «errores» y son usos que acaban siendo rechazados.

El criterio que sigue una comunidad de habla para considerar si un uso lingüístico es correcto o no tiene que ver con el prestigio que se le otorgue a ese comportamiento. Las razones por las que algo puede tener prestigio pueden ser muy diversas y habrá que analizarlas en cada caso. No obstante, es frecuente que el prestigio de las personas se traslade a sus usos lingüísticos, de manera que el modo de hablar de los grupos sociales mejor valorados suele ser considerado el mejor.

Las actitudes hacia los usos lingüísticos no tienen por qué ser siempre idénticas. Por eso la norma es variable y lo que hoy se considera correcto en otras épocas pudo tener la consideración contraria y, al revés, lo que ayer era considerado correcto hoy no se admite.

5. ¿Cuáles son los errores más importantes?

La importancia de un error dependerá del efecto que provoque en el destinatario y, sobre todo, de la medida en que el error dificulte que el texto alcance sus propósitos comunicativos. Un mismo error puede tener efectos muy diferentes según la situación en la que se produzca: no es lo mismo equivocarse en el uso de una palabra delante de unos amigos en una charla informal que hacerlo delante de millones de espectadores. La importancia, por tanto, no está en el error en sí, sino en las circunstancias que lo rodean.

Los coloquialismos no son errores: son términos o expresiones que pertenecen a la lengua usada por todos los hablantes de una lengua en situaciones de comunicación cotidiana; solo se convierten en error cuando se usan indiscriminadamente en contextos en los que se exige un estilo más cuidado. Tampoco los dialectalismos son errores de por sí: pueden serlo si se emplean fuera del ámbito que les corresponde, pero no si se usan en el contexto apropiado. Incluso los vulgarismos pueden resultar apropiados en determinadas circunstancias.

De lo que sí puede hablarse es de cuáles son los errores más frecuentes. A pesar de que hay usos lingüísticos que la sociedad considera incorrectos (⇨ 3), no dejan por ello de ser usados; a menudo se repiten las mismas o similares dudas sobre el significado de un término, sobre una construcción sintáctica, sobre la pronunciación de una palabra, etc.

Estos errores frecuentes se recogen a menudo en los libros sobre norma y usos correctos y se reflejan en las consultas lingüísticas que los hablantes dirigen a los distintos organismos que se ocupan de esta tarea. Y esta es la función de un libro como este que el lector tiene en sus manos.

....

PARA SABER MÁS...
Sobre la diferencia entre los coloquialismos y los vulgarismos: ⇨ 454.

....

6. ¿Qué diferencia hay entre lo correcto y lo adecuado?

Son dos conceptos que están relacionados, pero no coinciden exactamente. Hay palabras y expresiones correctas que en ciertas circunstancias no resultan adecuadas y, al contrario, hay ocasiones en que lo adecuado es lo incorrecto. Un mensaje resultará adecuado en la medida en que cumpla la intención del emisor, y eso depende de que el hablante haya acertado a la hora de elegir las palabras, de que haya pensado en quién es el interlocutor y, en definitiva, de que se ajuste a la situación en la que se produce la comunicación.

Hay determinados elementos, generalmente considerados incorrectos, que sin embargo pueden resultar adecuados. Pensemos, por ejemplo, en el caso de un escritor que pretendiera dar verosimilitud al habla de ciertos personajes populares. Lo más adecuado sería recurrir a las expresiones que realmente usa ese tipo de personas, lo que le llevaría a tener que utilizar muchos términos o construcciones consideradas vulgarismos en las gramáticas y en los manuales. Y lo mismo sucede con las expresiones coloquiales, que pueden resultar las más adecuadas a veces, incluso en registros formales, para lograr un determinado efecto.

Del mismo modo, el empleo de palabras rebuscadas o muy técnicas puede ser perfectamente correcto, pero no resultará adecuado dentro de ciertos estilos de habla o en determinados contextos. Emplear *denostar* en lugar de *insultar* puede que sea más preciso cuando el insulto ha sido hecho con palabras injuriosas y la ofensa ha sido grave, pero si se emplea en una conversación cotidiana el uso de este término puede no resultar nada adecuado e incluso puede afectar a la eficacia del mensaje.

2

Dudas sobre la pronunciación y la ortografía

SOBRE LA PRONUNCIACIÓN

7. ¿Cuáles son los nombres de las letras?

Los nombres de las letras en español son, en su mayoría, fonéticos, esto es, se forman a partir del sonido de la letra a la que designan. Esto se cumple con las vocales (la *a* se lee [á], la *e*, [é], etc.), mientras que las consonantes se apoyan en la vocal *e* para pronunciarse, o bien presentan una forma propia que las diferencia de otras letras con las que tienen puntos en común, o toman su nombre de otra lengua. Así, tenemos tres categorías con respecto a la pronunciación de las consonantes:

Con apoyo de una *e* final	Con apoyo de una *e* inicial y una *e* final	Otras formas
b, B (be)	*f, F* (efe)	*h, H* (hache): nombre tomado del francés
c, C (ce)	*l, L* (ele)	*j, J* (jota): del latín *iota*. Se usa este nombre para diferenciarlo del sonido [*ge*]
d, D (de)	*m, M* (eme)	*k, K* (ka): representa una de las tres grafías para el sonido [k] (*ce, ka* y *cu*). En este caso se usa la *a* para diferenciarlo de las otras dos
g, G (ge)	*n, N* (ene)	*q, Q* (cu): por la razón ya explicada con respecto a la *ka*
p, P (pe)	*ñ, Ñ* (eñe)	*v, V* (uve): para diferenciarse de la *be*. Su nombre procede de sumar sus dos valores: *u + v*

Con apoyo de una *e* final	Con apoyo de una *e* inicial y una *e* final	Otras formas
t, *T* (te)	*r*, *R* (erre)	*w*, *W* (uve doble): designa su origen y su forma
y, *Y* (ye)	*s*, *S* (ese)	*x*, *X* (equis): representa, con los apoyos vocálicos de la *e* y la *i*, la combinación /ks/
		z, *Z* (zeta): para distinguirse de la *ce*

i › *OLE*, págs. 68-72.

....

PARA SABER MÁS...

Además de estos nombres comunes para todos los hablantes de español, se pueden seguir usando, en distintas zonas del español de América, los nombres tradicionales que aparecen en la siguiente tabla:

b, *B* (be)	*be larga, be grande* o *be alta*
v, *V* (uve)	*ve, ve corta, ve chica* o *chiquita, ve pequeña* o *ve baja*
w, *W* (uve doble)	*ve doble, doble ve, doble u, doble uve*

Aunque el nombre de la *y* ha sido tradicionalmente en España el de *i griega* (no *®y griega*), hoy el único que se recomienda y se considera preferible es *ye*, pues es más simple y no requiere más especificaciones para distinguirse de la vocal *i*.

....

8. ¿Se pronuncian de forma distinta la *b* y la *v*?

Las letras *b* y *v* representan en español el mismo fonema /b/ y por tanto no existe diferencia en la pronunciación de ambas letras. El sonido correspondiente a la *v* y a la *b* de la palabra *víbora*, por ejemplo, es el mismo [bíbora], con las ligeras variaciones motivadas por la posición relativa del fonema dentro de la cadena hablada (posición inicial, intervocálica, combinación con otros fonemas, etc.):

> Es una persona muy [sábia] (= sabia).
> Aún es pronto para que circule la [sábia] (= savia) de las plantas.
> Acércame ese [báso] (= vaso), por favor.
> ¿Quieres saber cuáles son los argumentos en los que me [báso] (= baso)?

La pronunciación de la letra *v* como labiodental fricativa (apoyando los dientes superiores sobre el labio inferior y dejando salir el aire a través de ambos elementos) solo se da de forma natural en algunos hablantes españoles (valencianos, mallorquines y catalanes) por influencia de su lengua regional o en algunas zonas de América por influjo de lenguas amerindias. Para el resto de los hispanohablantes este tipo de pronunciación se considera afectada.

i › Navarro Tomás, *Manual*, págs. 83, 91; *OLE*, págs. 91-99.

9. ¿Qué son el seseo y el ceceo?

Son dos fenómenos fónicos que afectan a la realización de los fonemas /s/ y /z/. En algunas zonas de España y en muy pocas de América, estos fonemas se diferencian porque el primero es de articulación alveolar (la lengua se coloca cerca de los alveolos dentales) y el segundo se realiza como interdental (la lengua se coloca entre los dientes). El ceceo y el seseo se producen cuando ambos fonemas se igualan en uno solo.

El seseo es el fenómeno mayoritario entre los hablantes de español: se da en Andalucía, Canarias y prácticamente toda América y, por supuesto, pertenece a la norma culta de los lugares en los que se produce. Consiste en pronunciar con el sonido [s] las palabras que se escriben con *ce, ci* o *z*. Así, un hablante seseante pronunciará *zapato* como [sapáto], *cena* como [séna], *cita* como [síta], *trozo* como [tróso], *zueco* como [suéko], lobezno como [lobésno] o *ajedrez* como [ajedrés].

El ceceo, por el contrario, está mucho menos generalizado y su aceptación social también es mucho menor, por lo que se recomienda tratar de evitarlo en el lenguaje cuidado. Se da solo en algunas zonas de Andalucía y en puntos muy aislados de América y consiste en pronunciar con el sonido [z] las palabras que contienen el fonema /s/, como [zóza] por *sosa*, [púze] por *puse*, [aziénto] por *asiento* o [zubír] *por subir*.

i › *OLE*, págs. 57-59, 123-125, 129-141.

10. ¿Qué es el yeísmo?

Es la pronunciación indiferenciada del fonema /ll/ (*cuello, silla, muelle*) y el fonema /y/ (*playa, reyes, suyo*), de modo que ambos fonemas se pronuncian como [y]: *pollo* y *poyo* se pronuncian [póyo], *cayado* y *callado*, [kayádo]; *vaya* y *valla*, [báya]. Este fenómeno fonético está extendido en la mayoría de los hablantes españoles e hispanoamericanos, sobre todo en las hablas urbanas, y está plenamente admitido en la norma culta.

En el español rioplatense, que abarca las zonas de la cuenca del Río de la Plata en Argentina, Uruguay y zonas aledañas, el yeísmo se pronuncia con una vibración más intensa, que técnicamente se denomina **rehilado** o **yeísmo con rehilamiento.** A menudo incluso se ensordece el sonido, haciéndolo muy próximo al de una /ch/ suave.

i › *OLE*, págs. 59-60.

11. ¿Cómo se pronuncia la -*d* cuando está al final de una palabra?

En posición final de sílaba y más aún en posición final de palabra, la /d/ en español se pronuncia de forma relajada y debilitada. La relajación puede hacer que incluso llegue a perderse: [paré] por *pared*, [berdá] en lugar de *verdad*, pero esta desaparición del sonido solo es aceptable en la lengua coloquial, no en el habla esmerada:

⊗ Habrá que apuntalar esa [paré] para evitar que se derrumbe.
⊘ Habrá que apuntalar esa [paréd] para evitar que se derrumbe.

También se considera fuera de la norma culta la sustitución de la *d* por otra consonante: ⊛[birtúz], ⊛[birtút] en lugar de *virtud:*

⊗ La paciencia ha sido siempre su principal [birtút].
⊗ La paciencia ha sido siempre su principal [birtúz].
⊘ La paciencia ha sido siempre su principal [birtúd].

i › *LEC*, págs. 100-101; Navarro Tomás, *Manual*, págs. 102-103.

12. ¿Cómo se pronuncia la *x* de *México*?

Se pronuncia [méjiko], no ⊛[méksiko], pues la pronunciación [ks] para la *x* en estas palabras se considera anglicismo. La letra *x* conserva un uso medieval en las palabras *México, Texas, Oaxaca* y sus derivados (*mexicano, texano, oaxaqueño*). En todos estos casos se debe pronunciar como [j]: [méjiko], [téjas], [oajáka], [mejikáno], [tejáno], [oajakéño].

> ⊗ ¿Cuándo dices que será tu próximo viaje a [méksiko]?
> ⊘ ¿Cuándo dices que será tu próximo viaje a [méjiko]?

i > *LEC*, pág. 103; *OLE*, págs. 157-158.

....

PARA SABER MÁS...

Sobre la escritura de estas palabras: ⇨ 46. En algunos préstamos de voces amerindias la letra *x* representa unas veces el sonido [j] como en *xiote* 'cierta enfermedad de la piel', pronunciada [jióte], y otras veces el sonido [sh], como en *xolco* 'falto de algún diente', pronunciado [shólko].

....

13. **¿Cómo se pronuncian las palabras que tienen *w*?**

La letra *w,* que no formaba parte inicialmente del abecedario latino, puede articularse de diferentes formas:

- Como un sonido vocálico [u] o como la secuencia de sonidos [gu] cuando la *w* aparece seguida de una vocal, generalmente en palabras procedentes del inglés y mayoritariamente al comienzo de palabra: *waterpolo* [guaterpólo], *sándwich* [sánguich], *wéstern* [guéster], *taekwondo* [taekuóndo], *hawaiano* [jaguaiáno]:

  > ⊗ Esta noche, para cenar, tomaré un [sánbich].
  > ⊘ Esta noche, para cenar, tomaré un [sánguich].

- Como un sonido consonántico [b] cuando la *w* aparece en nombres germánicos o de origen visigodo: *Wagner* [bágner], *wolframio* [bolfrámio], *Wenceslao* [bencesláo]:

  > ⊗ *El bosque animado* es una novela de [uenzesláo] Fernández Flórez.
  > ⊘ *El bosque animado* es una novela de [benzesláo] Fernández Flórez.

- En algunas zonas la *w* se pronuncia como [b] en posición intervocálica anterior a vocal: *Kuwait* [kubáit], *Hollywood* [jólibud].

Actualmente, puesto que la *w* está incorporada a nuestro alfabeto, la Academia propone conservarla en aquellos préstamos que la contienen (*kiwi, waterpolo*):

⊗ ¿Sabías que la palabra kiui puede referirse a un fruto o a un ave?
⊘ ¿Sabías que la palabra kiwi puede referirse a un fruto o a un ave?

La letra *w* no existía en latín y por tanto se emplea solo en la escritura de palabras tomadas de otras lenguas, cuyas adaptaciones gráficas se han realizado mayoritariamente con la grafía *v* (*wagon* → *vagón, wáter* → *váter, watio* → *vatio*), o *gu* (*welf* → *güelfo*).

i › *OLE*, págs. 85-87, 99-100, 614.

....

PARA SABER MÁS...

En inglés la forma *whiskey* se emplea para designar la variedad irlandesa o americana de este licor, y la forma *whisky* para referirse a la variedad escocesa. En español no se distingue entre ambas variedades, y se recomienda usar la forma *wiski*, que conserva la *w* y la *k* originales. La forma *güisqui*, que se recomendó hace algún tiempo, ha tenido escaso seguimiento.

⊗ No sé cómo puedes echarle agua a este güiski tan caro.
⊕ No sé cómo puedes echarle agua a este wiski tan caro.

....

14. ¿Cómo se pronuncia la *x* en *exquisito*?

Como una /s/: [eskisíto]. Esta es la pronunciación habitual de la *x* cuando va situada ante consonante o al comienzo de la palabra: [estensión] para *extensión*, [esklusíbo] para *exclusivo*, [silófono] para *xilófono*:

⊗ Nos preparó un postre [ekskisíto].
⊘ Nos preparó un postre [eskisíto].
⊗ El [ksilófono] se llama así porque sus láminas son de madera.
⊘ El [silófono] se llama así porque sus láminas son de madera.

Cuando aparece entre vocales o al final de una palabra, la *x* se pronuncia como [gs] o [ks]: *éxito* se pronuncia [égsito] o [éksito] y *sílex* se pronuncia [sílegs] o [síleks]. La pronunciación [gs], más relajada, es preferible a la pronunciación [ks], que puede resultar afectada en la mayoría de los casos, y es incorrecta la reducción al sonido [s] cuando aparece entre vocales: *[esámen] para *examen*.

⊗ Ya solo me falta un [esámen] para terminar el curso.

⊖ Ya solo me falta un [eksámen] para terminar el curso.

⊕ Ya solo me falta un [egsámen] para terminar el curso.

Esta diferenciación fonética de la *x* respecto a la *s* es especialmente importante cuando existen dos palabras que solo se distinguen por la presencia de una de esas dos consonantes: *extático/estático, excusa/escusa, excavar/escavar*.

i › Navarro Tomás, *Manual*, págs. 130-131; *LEC*, pág. 103; *OLE*, págs. 153-161.

....

PARA SABER MÁS...

Otros casos de paronimia por el uso de *x* y de *s:* ⇨ 428.

....

15. ¿*Bacalao* está bien dicho?

Sí. *Bacalao* es la forma correcta para nombrar a ese pez comestible. La forma *bacalado* es una **ultracorrección,** un error que consiste en la deformación de una palabra correcta por considerarla una forma errónea. En este caso el hablante asocia la terminación -*ao* a los errores que se producen al pronunciar descuidadamente formas como *abogado, acabado, terminado, soldado*, etc.:

⊗ En este restaurante la especialidad es el bacalado al pil-pil.

⊘ En este restaurante la especialidad es el bacalao al pil-pil.

⊗ Si quieres denunciar ese contrato, tendrás que buscarte un abogao.

⊘ Si quieres denunciar ese contrato, tendrás que buscarte un abogado.

La ultracorrección es un fenómeno que se da también en estos otros casos:

- La pronunciación o la escritura con -*cc*- doble de palabras que tienen esta consonante simple, pues la consonante doble se percibe como un rasgo culto: *aficción* por *afición*, *concrección* por *concreción*, *discrección* por *discreción*, *inflacción* por *inflación*, *objección* por *objeción* y *relacción* por *relación*.

- La pronunciación como esdrújulas de palabras llanas mediante la sustitución del diptongo por un hiato: *batráceo*, por *batracio*, *espúreo* por *espurio*, *geráneo* por *geranio* o *literáreo* por *literario*.

- La pronunciación y escritura con *ex-* de palabras que comienzan por *es-* por considerar la primera opción más refinada: *excéptico* por *escéptico*, *expectáculo* por *espectáculo*, *expléndido* por *espléndido*, *expontáneo* por *espontáneo*, *extrabismo* por *estrabismo* o *extructura* por *estructura*.

- La utilización del prefijo *trans-* donde corresponde *tras-*: *translado* por *traslado*, *transnochar* por *trasnochar*, *transplantar* por *trasplantar*, *transtienda* por *trastienda*, *transtorno* por *trastorno*.

ı› *LEC*, págs. 110-112.

16. ¿Es correcto decir *un cantaor flamenco*?

Sí. La palabra *cantaor* aparece recogida en el *DRAE* como forma sincopada de la palabra *cantador* para referirse a un 'cantante de flamenco'. Del ámbito del arte flamenco proceden también las palabras *bailaor* y *tablao,* igualmente correctas en esta forma sincopada:

⊗ Manolo Caracol es considerado el mejor cantador de todos los tiempos.

⊘ Manolo Caracol es considerado el mejor cantaor de todos los tiempos.

⊗ En este tablado actúan los mejores bailadores del momento.

⊘ En este tablao actúan los mejores bailaores del momento.

La relajación de la pronunciación del sonido [d] cuando aparece entre dos vocales es un fenómeno que se admite solo en el habla coloquial para los participios verbales acabados en *-ado*, como [akabáo] por *acabado* o [enkontráo] por *encontrado*, pero se considera vulgarismo en los siguientes casos:

- En otros participios acabados en *-ido*: *[benío]* por *venido*, *[partío]* por *partido*.

- En adjetivos que terminan en *-ada*: *[agotá]* por *agotada*.

- En sustantivos: *[ensalá]* por *ensalada*, *[abogáo]* por *abogado*.

- En palabras terminadas en *-ador/-adora*, como *[soldaór]* por *soldador* o *[tostaóra]* por *tostadora*. El caso de *cantaor* es una excepción por el significado específico de la palabra.

- En diminutivos formados a partir de participios: *[kansaíto]* en lugar de *cansadito* o *[kayaíta]* por *calladita*.

ı› *DRAE, s. v. cantaor; LEC*, pág. 100; *OLE*, pág. 35.

17. ¿Cuántas veces se pronuncia la *o* en *alcohol*?

Se debe pronunciar como un sonido más largo que una *o* normal. La simplificación de dos vocales contiguas en palabras como *alcohol, creer, azahar* o *friísimo* se considera impropia de una pronunciación esmerada, aunque es frecuente en el habla coloquial o informal.

⊖ Cuando vayas al volante, mucho cuidado con el [alkól].
⊕ Cuando vayas al volante, mucho cuidado con el [alkoól].

No obstante, hay determinadas voces en las que esta reducción no es admisible ni siquiera en el habla coloquial, pues provoca cambios de significado, como en estos pares de palabras:

azar ('casualidad')/azahar ('flor del naranjo').
reemitir ('volver a emitir')/remitir ('enviar' o 'diferir')
semiilegal ('medio ilegal')/semilegal ('medio legal')
ultraamoral ('más allá de lo amoral')/ultramoral ('más allá de lo moral')

i › *OLE*, págs. 164-174; Navarro Tomás, *Manual*, págs. 153-154.

....

PARA SABER MÁS...
Otros casos de homófonos por *h:* ⇨ 424.
Palabras con doble vocal por prefijación: ⇨ 47. También: ⇨ 19.
....

18. ¿Cómo se dice: *cuclillas, cluquillas* o *cluclillas*?

La forma correcta es *cuclillas*. Tanto en *cluclillas como en *cluquillas hay ciertos sonidos que han cambiado de posición, es decir, se ha producido una **metátesis.** Se considera vulgarismo fonético trasladar un sonido a un lugar que no le corresponde en la palabra, así como intercambiar la posición de dos sonidos dentro de una palabra: *[klukíllas] por *cuclillas*, *[kokréta] por *croqueta*, *[aksfísia] por *asfixia*:

⊗ Este trabajo hay que hacerlo en cluclillas.
⊗ Este trabajo hay que hacerlo en cluquillas.
⊘ Este trabajo hay que hacerlo en cuclillas.
⊗ Mi abuela hacía unas cocretas deliciosas.
⊘ Mi abuela hacía unas croquetas deliciosas.
⊗ En primavera, con la alergia, se axfisia.
⊘ En primavera, con la alergia, se asfixia.

Otros vulgarismos fonéticos relacionados con la pronunciación de las palabras son:

- La **supresión** de una consonante entre vocales o al final de la palabra: *[miája] por *migaja*, *[aujéro] por *agujero*, *[kantá] por *cantar*, *[madrí] por *Madrid*, *[paré] por *pared* o *[usté] por *usted*. Se acepta, sin embargo, la supresión de consonantes finales en las adaptaciones de los extranjerismos: *chalé, carné, parqué.*

- La **adición** de una consonante al principio, en medio o al final de una palabra: *[tobáya] por *toalla*, *[bakaládo] por *bacalao*, *[desajerár] por *exagerar*. Es muy frecuente en las palabras que comienzan por *hue-*: *[guéso] por *hueso*, *[guéko] por *hueco.*

- La **sustitución** de una consonante por otra: *[abúja] por *aguja*, *[aguélo] por *abuelo*, *[arkilér] por *alquiler*, *[almário] por *armario*, *[espárda] por *espalda*, *[arzénso] por *ascenso*, *[dórzientos] por *doscientos*, *[berdáz] por *verdad*, *[ustéz] por *usted*, *[almóndiga] por *albóndiga*. Hay que cuidar especialmente el cambio de la *-d* por la *-r* que se produce en el imperativo de los verbos: *[dibujár] por *dibujad*, *[subír] por *subid.*

También se considera vulgar la **pronunciación aspirada de la hache inicial** en algunas palabras que en latín tenían F-: *[jámbre] por *hambre*, *[jígo] por *higo*, y **la aspiración de la f** en palabras que empiezan por *fue-*: *[juérza] por *fuerza*, *[juégo] por *fuego.*

i› *DPD, s. v. cuclillas; LEC,* págs. 104-105.

19. ¿Cómo se lee el número 700?

Se lee *setecientos,* no *⊛sietecientos.* El error se produce al conservar el diptongo de la palabra *siete,* de la que deriva *setecientos.*

⊗ El billete de avión me ha costado sietecientos veinticinco euros.
⊘ El billete de avión me ha costado setecientos veinticinco euros.

Los vulgarismos por mantenimiento del diptongo original en los derivados se encuentran también en otros casos, como *⊛nuevecien-*

tos por *novecientos* o *enfebrecido* por *enfebrecido*. Otros vulgarismos relacionados con la pronunciación de las vocales son:

- Simplificar dos vocales adyacentes en una sola *[alkól] por *alcohol*, *[krénzia] por *creencia*, *[azár] por *azahar*.

- Pronunciar una vocal por otra: *[invídia] por *envidia*, *[entestíno] por *intestino*, *[ayér kantémos] por *ayer cantamos*.

- Sustituir una vocal por otra creando un diptongo donde había un hiato: *[juakín] por *Joaquín*, *[espontánio] por *espontáneo*.

- Añadir una vocal al comienzo o en medio de una palabra: *[amóto], por *moto*, *[aluégo] por *luego*.

- Suprimir una de las vocales de un diptongo: *[urópa] por *Europa*, *[ventidós] por *veintidós*, *[frégo] por *friego*, *[rrégas] por *riegas*.

- Cambiar la posición de una vocal dentro de la palabra: *[metereológico] por *meteorológico*.

- Contraer en una sola dos vocales que entran en contacto en la cadena hablada: *[man dícho] por *me han dicho*.

i › *LEC*, págs. 97-99.

....

PARA SABER MÁS...
Otros casos de vulgarismos en la pronunciación de las vocales: ⇨ 17.
....

20. **¿Es un vulgarismo decir *quizás*?**

No, esta forma del adverbio es perfectamente válida. La forma original para este adverbio de duda o posibilidad es *quizá*, que es la preferida por la Academia, pero por analogía con otros adverbios (*además, jamás*) se creó la forma *quizás*, que resulta igualmente válida:

    ⊘ Quizá vuelva mañana.
    ⊘ Quizás vuelva mañana.

En cambio, se considera un vulgarismo la adición de *-s* en el adverbio *inclusives* cuando aparece junto a sustantivos o pronombres en plural. Lo correcto es mantener *inclusive* invariable, como corresponde a su carácter adverbial.

⊗ Los plazos son del 15 al 28 de julio, ambos inclusives.
⊘ Los plazos son del 15 al 28 de julio, ambos inclusive.

La adición de una -*s* al final de palabra se considera vulgarismo también en otros casos, como en el sustantivo *taxis*, para el singular, en lugar de *taxi*. Este error es muy frecuente en la segunda persona del pretérito de los verbos: *[komístes] por *comiste*, *[bístes] por *viste*.

⊗ Voy a pedir un taxis para ir al aeropuerto.
⊘ Voy a pedir un taxi para ir al aeropuerto.
⊗ Me lo pedistes y yo te lo di.
⊘ Me lo pediste y yo te lo di.

i〉 *NGLE*, pág. 960; *DRAE*, s. v. *quizá*.

21. ¿Se dice *adecue* o *adecúe*?

Ambas formas son correctas ya que esta palabra puede pronunciarse como trisílaba con diptongo [a-dé-kue] o polisílaba con hiato [a-de-kú-e]. Igualmente válidas son, por tanto, las formas con o sin tilde correspondientes:

⊘ Estoy buscando un regalo que se adecúe al gusto de Marta.
⊘ Estoy buscando un regalo que se adecue al gusto de Marta.

Esta doble acentuación es extensible a las tres personas del singular y a la tercera del plural del presente de indicativo (*adecuo/adecúo, adecuas/adecúas, adecua/adecúa, adecuan/adecúan*) y del presente de subjuntivo (*adecue/adecúe, adecues/adecúes, adecuen/adecúen*) y a la segunda persona del singular del presente de imperativo de las áreas no voseantes (*adecua/adecúa*).

i〉 *OLE*, pág. 211.

....

PARA SABER MÁS...
Sobre la conjugación de estos verbos y otros similares: ⇨ 242.

....

22. ¿*Estadio* o *estadío*?

Estadio. Se trata de una palabra trisílaba, que se pronuncia con diptongo y se escribe sin tilde porque es llana y acaba en vocal. La palabra *estadio* tiene dos significados: 'recinto con grandes dimensiones con graderías para los espectadores, destinado a competiciones deportivas' y 'periodo o fase de un proceso'.

⊗ El estadío olímpico está siendo remodelado para las próximas competiciones.

⊘ El estadio olímpico está siendo remodelado para las próximas competiciones.

⊗ Su enfermedad se encuentra en un estadío terminal.

⊘ Su enfermedad se encuentra en un estadio terminal.

La forma *estadío no se admite para ninguno de los dos significados, pese a que en algunos textos especializados se observa el uso erróneo de *estadío para aludir a las diferentes etapas del desarrollo o fases de una enfermedad, en un intento de distinguirlo del primer significado, 'recinto deportivo'. Pero esta variante gráfica no está siquiera recogida en las obras médicas especializadas, como el *Diccionario de términos médicos* de la Real Academia Nacional de Medicina.

⊗ Cada vez es más frecuente la detección del cáncer en estadíos iniciales.

⊘ Cada vez es más frecuente la detección del cáncer en estadios iniciales.

ℹ⟩ *DPD, s. v. estadio.*

23. ¿Cómo se pronuncia *airbag*?

Debe pronunciarse tal y como se lee en español, con acentuación llana: [áirbag]. Como norma general se recomienda pronunciar los extranjerismos que conservan la grafía de su lengua de origen adaptándolos fonéticamente a la pronunciación española.

Como formas alternativas a este extranjerismo se pueden utilizar los calcos y traducciones *bolsa de aire, cojín de aire* o *colchón de aire*.

ℹ⟩ *OLE, págs. 596-604; DPD, s. v. airbag.*

PARA SABER MÁS...

Puede escribirse también con guion: *air-bag* y su forma del plural es *airbags*.
Sobre la escritura de los extranjerismos: ⇨ 56.

24. ¿Cómo se pronuncia *currículum vítae*?

Son igualmente válidas la pronunciación tal como se lee [kurríkulum
bítae] y la pronunciación en la que el diptongo latino *ae* se pronuncia
como *e* [kurríkulum bíte]. No es admisible la pronunciación [kurríku-
lum bitáe], con el segundo término acentuado en la penúltima sílaba:

⊗ Aún no he terminado de redactar mi [kurríkulum bitáe].
⊘ Aún no he terminado de redactar mi [kurríkulum bítae].
⊘ Aún no he terminado de redactar mi [kurríkulum bíte].

Currículum vítae es una locución latina que significa literalmente 'carrera de la vida'. Es una expresión que se ha extendido en
español por influencia anglosajona y se usa para designar el documento que contiene la relación de los datos personales, formación
académica, actividad laboral y méritos de una persona.

i ⟩ *DPD, s. v. currículum vítae; OLE*, págs. 624-628.

PARA SABER MÁS...

Para cuestiones relacionadas con la escritura de esta expresión: ⇨ 36.

25. ¿Cómo se pronuncia la palabra latina *quid*?

La pronunciación recomendada para las palabras latinas que comienzan por *qu* es articularlas como dos sonidos [ku]: *quid* se pronuncia [kuíd], *quídam* se debe emitir como [kuídam], *quórum* se
pronuncia [kuórum].

La expresión latina *quid pro quo*, que significa 'cosa que se recibe como compensación por la cesión de otra', se pronuncia [kuíd
pro kuó]:

⊗ Te haré este favor, pero ya sabes [kíd pro kuó], luego te toca a ti.
⊘ Te haré este favor, pero ya sabes [kuíd pro kuó], luego te toca a ti.

Sin embargo, en la expresión *el quid de la cuestión,* con el significado de 'esencia o punto clave' se pronuncia corrientemente [kíd] y se consideran incorrectas las pronunciaciones *[kíz],*[kuíz] o *[kuíd].

⊗ Este es el [kíz] de la cuestión.
⊗ Este es el [kuíz] de la cuestión.
⊗ Este es el [kuíd] de la cuestión.
⊘ Este es el [kíd] de la cuestión.

i › *DPD, s. v. quid; OLE,* págs. 607-610.

26. ¿Cuál es la forma correcta de pronunciar *atlético*?

En el español general, cuando la *t* queda en final de sílaba, en palabras como *atlético, atlas, atlántico, atmósfera, etnología*..., se pronuncia con un sonido menos tenso que en posición inicial (*tarta, tomate*). En estos casos se admite una pronunciación relajada, más próxima al sonido [d]: [adlétiko], [ádlas], [adlántiko], [admósfera], [ednolojía], pero no se admite la supresión del sonido:

⊗ A pesar de su avanzada edad, conserva un aire muy [alétiko].
⊘ A pesar de su avanzada edad, conserva un aire muy [adlétiko].

La secuencia -*tl*- se pronuncia separando en sílabas distintas la -*t* de la consonante siguiente en casi todos los territorios donde se habla español ([at-lé-ta], [at-lán-ti-ko], etc.), excepto en México y los países del Caribe, donde se silabea [a-tlé-ta] y [a-tlán-ti-ko].

i › *LEC,* pág. 110; Navarro Tomás, *Manual,* págs. 102-103.

PARA SABER MÁS...
Sobre la pronunciación de otros grupos consonánticos: ⇨ 27 y 28.

27. ¿Cómo se pronuncian las consonantes agrupadas en palabras como *acción, administrar, diptongo, obvio, opción*?

La pronunciación que corresponde a estas palabras es, respectivamente, [akzión] [administrár], [diptóngo], [óbbio], [opzión], es decir, conservando todos los sonidos de los grupos consonánticos que aparecen en su interior.

En la mayoría de los casos se admite la pronunciación más relajada del fonema que ocupa la posición inicial de la secuencia, pero no se considera correcta ni la supresión de la primera consonante de la secuencia ni su sustitución por otra consonante: [*azzión/ *azión], [*azministrár/*aministrár], [*diztóngo/*ditóngo], [*óbio], [*ozión/*okzión], [*azlétiko/*alétiko].

⊗ Las películas de [azzión] me resultan muy entretenidas.
⊗ Las películas de [azión] me resultan muy entretenidas.
⊘ Las películas de [akzión] me resultan muy entretenidas.

La pronunciación de consonantes agrupadas en el interior de una palabra responde, por lo general, a la norma expresada anteriormente y se aplica a estas secuencias:

- *bv* *[óbio] en *obvio*
- *dj* *[abjetívo] *[ajetívo] en *adjetivo*
- *dm* *[aministradór] *[alministradór] en *administrador*
- *dk* *[azkisizión] en *adquisición*
- *dv* *[abersário] en *adversario*
- *ft* *[oztalmólogo] *[otalmólogo] en *oftalmólogo*
- *cc* *[rreazzión] en *reacción*
- *ct* *[rreaztór] en *reactor*
- *gd* *[amídala] en *amígdala*
- *pc* *[okzión] en *opción*
- *tl* *[azlánte] en *atlante*
- *tm* *[azmósfera] en *atmósfera*
- *tc* *[ezzétera] en *etcétera*

i › Navarro Tomás, *Manual*, págs. 177-179; *LEC*, págs. 105-110; *OLE*, págs. 174-188.

....

PARA SABER MÁS...

Sobre la pronunciación de otros grupos consonánticos: ⇨ 26 y 28.

Las secuencias que acabamos de ver no deben confundirse con estas otras, que admiten variaciones incluso en la escritura.

- *bs.* Se admite, incluso en la escritura, la variación entre *bs* y *s* en algunas palabras: *suscribir ~subscribir, sustraer ~ substraer, sustantivo ~ substantivo*.

- *gn.* En posición inicial de palabra se admite la supresión del sonido *g* incluso en la escritura (*nómico ~ gnómico*).

- *ps.* En posición inicial se admite tanto *ps-* como la simplificación *s-* (*psicología ~ sicología*), pero solo la variante reducida en el prefijo *seudo-* (*seudónimo, seudociencia*).

Otros casos especiales son:

- *mn.* No se debe igualar el primer sonido con el segundo: ⊛[annésia] por *amnesia*.

- *nm.* Se puede mantener la distinción entre las dos consonantes o bien realizar ambos como un sonido [m] más prolongado. No es correcto reducir los sonidos: ⊛[iménso] por *inmenso*.

- *nn.* Se deben conservar ambas consonantes, o bien realizarlas como un sonido [n] prolongado: ⊛[inobazión] por *innovación*.

- «*ns* + consonante». En la mayor parte de las palabras con el prefijo *trans-* se acepta la variante *tras-* (*transporte ~ trasporte, transcurrir ~ trascurrir, trascender ~ transcender, trasferir ~ transferir*). Si la palabra que se añade a *trans-* comienza por *s-*, no es posible la reducción del prefijo (*transustanciar*). Cuando la secuencia no corresponde al prefijo, deben mantenerse diferenciados todos los sonidos consonánticos: ⊛[istitúto] por *instituto*.

- *pt.* Por regla general, deben conservarse los dos sonidos consonánticos, sin que pueda sustituirse el primero por otro: ⊛[diztóngo] por *diptongo*. En algunos casos, sin embargo, alternan, incluso en la escritura, la conservación y la reducción a *t*: *septiembre ~ setiembre, séptimo ~ sétimo*, aunque en la lengua escrita es más habitual la conservación del grupo.

....

28. ¿Se puede decir *oscuro* o hay que decir *obscuro*?

Aunque se puede escribir, y por tanto pronunciar, de ambas formas, se recomienda usar la forma simple, *oscuro*, tanto en la escritura como en la pronunciación:

⊖ No se veía nada porque estaba muy obscuro [obskúro].

⊕ No se veía nada porque estaba muy oscuro [oskúro].

Esta misma recomendación de usar la forma simplificada afecta también a las siguientes palabras y sus derivados: *subscribir/suscribir, substancia/sustancia, substituir/sustituir, substraer/sustraer, substrato/sustrato*.

⊖ Ha dicho el mecánico que tendrá que substituir varias piezas del motor.

⊕ Ha dicho el mecánico que tendrá que sustituir varias piezas del motor.

⊖ Ya no recibo la revista, porque olvidé pagar la subscripción.

⊕ Ya no recibo la revista, porque olvidé pagar la suscripción.

i › *DPD, s. v. oscuro; OLE,* págs. 184-185.

PARA SABER MÁS...

Sobre la pronunciación de otros grupos consonánticos: ⇨ 26 y 27.

29. ¿Cómo se separa en sílabas la palabra *adhesión*?

Para dividir en sílabas las palabras que contienen hache intercalada debe seguirse el criterio fónico, puesto que esta letra no representa ningún sonido:

- Si a la hache le sigue una consonante o está entre dos vocales que forman diptongo, se silabea como si la *h* no existiera: *inhibición* se pronuncia [i-ni-bi-zión], *adhesión* como [a-de-sión], *prohibir* como [proi-bír], *cohibido* como [koi-bí-do], *rehilar* como [rrei-lár], *desahucio* como[de-sáu-zio].

- En aquellas palabras en que la hache aparece intercalada entre dos vocales en hiato, forma sílaba con la segunda de ellas: *búho* se divide en dos sílabas, [bú-o], *rehén* en [rre-én], *rehacer* en [rre-a-zér], *vehículo* en [be-í-ku-lo].

- Si se trata de palabras formadas por prefijación o por composición, la división silábica puede realizarse, además, separando sus componentes: *deshacer* puede dividirse en [des-a-zér] o en [de-sa-zér], *sobrehilado* puede pronunciarse [so-bre-i-lá-do] o [so-brei-lá-do].

i › *OLE,* págs. 197, 406-407.

PARA SABER MÁS...

Otros casos de separación de sílabas: ⇨ 30 y 31.

Sobre separación de sílabas al final del renglón: ⇨ 148, 149, 150 y 151.

30. ¿Cómo se separan en sílabas las palabras que tienen dos consonantes agrupadas?

En la separación silábica de los grupos consonánticos, por lo general, cada consonante forma parte de una sílaba distinta: *ob-vio*, *ad-je-ti-vo*, *ad-mi-nis-tra-do*, *ad-qui-si-ción*, *ad-ver-sa-rio*, *of-tal-mó-lo-go*, *re-ac-ción*, *op-ción*, *et-cé-te-ra*, *pe-ren-ne*, *sub-bé-ti-co*, *ob-se-quio*.

Los grupos consonánticos *-bs-* y *-ns-* cuando van seguidos de otra consonante son casos especiales, pues aparecen siempre en posición final de sílaba y por tanto no se separan en el silabeo: *⊛ob-struc-ción* por *obs-truc-ción*, *⊛con-struir* por *cons-truir*.

i⟩ *OLE*, págs. 174-188.

....

PARA SABER MÁS...
Otros casos de separación de sílabas: ⇨ 29 y 31.
Sobre la separación de sílabas al final del renglón: ⇨ 148, 149, 150 y 151.

....

31. ¿Cuál es la correcta separación silábica de la palabra *geografía*?

Geografía tiene cinco sílabas (*ge-o-gra-fí-a*) porque contiene dos hiatos. Las vocales *e* y *o* que aparecen en segunda y tercera posición forman un hiato porque ambas son abiertas y las vocales *í* y *a* del final de la palabra también forman un hiato, en este caso porque la vocal cerrada (*í*) es tónica.

En español las sílabas se estructuran en torno a un núcleo vocálico que puede estar formado por una vocal, dos (diptongo) o tres (triptongo), y que es el único elemento imprescindible para constituir una sílaba, como puede verse en la palabra *geografía*, que tiene dos sílabas formadas únicamente por sendas vocales: *ge-o-gra-fí-a*. Delante y detrás del núcleo vocálico pueden aparecer una o varias consonantes configurando una amplia variedad de estructuras como las que se muestran a modo de ejemplo (representamos el núcleo vocálico con V y cada consonante con una C):

$V = $ a*migo*, $CV = $ *viento*, $CCV = $ **tra***gedia*, $VC = $ **al***cance*, $VCC = $ **abs***tracto*, $CVVC = $ *can***ción**, $CCVC = $ *encon***trar**, $CVCC = $ *re***cons***tituyente*, $CVCCC = $ **tungs***teno*...

> *i* OLE, págs. 195-199.

....

PARA SABER MÁS...

Otros casos de separación de sílabas: ⇨ 29 y 30.
Sobre la separación de sílabas al final del renglón: ⇨ 148, 149, 150 y 151.

....

32. ¿Está bien dicho *Cada cual coma su comida*?

Desde el punto de vista gramatical o léxico está bien dicho. Sin embargo, al pronunciarlo en voz alta notaremos que la repetición del sonido [k] produce un efecto incómodo. Es lo que se denomina **cacofonía**. Este término se define en el *DRAE* como 'disonancia que resulta de la inarmónica combinación de los elementos acústicos de la palabra'.

Las causas más frecuentes de cacofonía son repetir el mismo sonido, colocar muy cerca sílabas iguales o muy similares, especialmente si son trabadas, y repetir palabras con el mismo sufijo, sobre todo adverbios acabados en -*mente* y gerundios. Para solucionar este defecto, es preciso modificar la redacción de la frase en la que se contenga la cacofonía.

⊖ Cada cual coma su comida.
⊕ Cada uno se debe comer lo suyo.
⊖ La plaza era un plácido lugar.
⊕ La plaza era un lugar tranquilo.
⊖ Indudablemente la decisión se debe tomar urgentemente.
⊕ Indudablemente la decisión se debe tomar con urgencia.
⊖ Si vamos andando en un par de horas estaremos llegando.
⊕ Si vamos a pie, llegaremos en un par de horas.

> *i* DRAE, s. v. cacofonía; LEC, págs. 40-41.

....

PARA SABER MÁS...

Cuando la repetición de sonidos se utiliza de forma voluntaria, con intención estética, en textos literarios, en anuncios publicitarios, etc., se denomina **aliteración**.

Bono bueno, el bono bus. (*anuncio de bono bus*)
Un no sé qué que quedan balbuciendo. (*S. Juan de la Cruz*)

....

33. ¿Es bueno titubear cuando hablamos?

Las pausas, los titubeos y las interrupciones sonoras del discurso (*estooo, ehh, ajá, uhummmm, uf, mmmm...*) son elementos propios y expresivos dentro de la comunicación oral. *Titubear* es, según el *DRAE*, 'tropezar o vacilar en la elección o pronunciación de las palabras' y esta vacilación no recibe la misma interpretación en todas las culturas.

Así, en la cultura anglosajona, el titubeo y los silencios que interrumpen la expresión oral se valoran de forma positiva por considerarse que se usan para reflexionar y elaborar detenidamente lo que se dice, en registros formales. En la cultura hispana, sin embargo, se consideran propias del registro coloquial e informal y se interpretan como síntomas de inseguridad y de falta de planificación por parte del hablante.

El uso moderado y expresivo de estas interrupciones sonoras del discurso aporta ciertas ventajas: permite al emisor controlar y organizar su mensaje, le ayuda a evitar las muletillas y expresiones de relleno, y mantiene la atención del receptor al tiempo que contribuye a crear la sensación de que lo que dice es relevante.

i⟩ *LEC*, págs. 120-121.

SOBRE LA ORTOGRAFÍA

34. ¿Cómo podemos saber si una palabra se escribe con *b* o con *v*?

No hay una norma segura. La causa de las dudas entre estas dos letras y otros casos similares, como saber si se escribe con *g* o con *j*, con *h* o sin ella, es que en español no existe una correspondencia biunívoca entre los fonemas y las letras que los representan. Esta falta de correspondencia se manifiesta de varias formas:

- Fonemas que pueden ser representados por varias letras:

Fonema	Letras	Ejemplos
/b/	b, v, w	*brazo, aviso, wolframio*
/k/	c, qu, k, q	*carne, quebrada, kiosco, quórum*

Fonema	Letras	Ejemplos
/g/	g, gu	*gato, seguir*
/j/	g, j, x	*ángel, ajo, texano*
/z/	c, z	*cerilla, zapato*
/s/	s, c, x	*sombrilla, cerca, extremo*
/y/	y, ll	*castillo, suyo*
/i/	i, y	*buey, isla*
/rr/	r, rr	*remoto, carreta*

- Letras que no representan ningún fonema: la letra *h* no tiene correspondencia sonora: *horno* [órno], *ahuecar* [auekár].

- Letras que representan fonemas agrupados: la letra *x* representa la agrupación de dos fonemas [ks]: *examinar* [eksaminár].

- Los dígrafos, agrupamientos de dos letras para representar un solo fonema: *ch, ll, rr, qu, gu.*

Para evitar errores lo principal es adoptar una actitud vigilante sobre nuestra ortografía, preguntarnos si aquello que escribimos tiene la forma correcta y, ante la duda, utilizar las siguientes herramientas y estrategias:

- **El diccionario.** Si podemos consultarlo, el diccionario nos dará la forma correcta y, en muchos casos, la explicación correspondiente:

  > ***aun.*** ORTOGR. *Escr. con acento cuando pueda sustituirse por todavía. En los demás casos, se escribirá sin tilde.*

- **Las reglas de ortografía.** La *Ortografía* de la RAE nos proporciona orientaciones sobre el uso de las letras para representar los diferentes fonemas:

  > *Se escriben con g ante -i, las palabras que empiezan por* legi- *(legible, legión, legítimo)* excepto *lejía, lejísimos, lejitos.*

  Es recomendable conocer y recordar algunas reglas que abarquen muchas palabras y tengan pocas o ninguna excepción (las reglas generales de acentuación cumplen estos requisitos).

- **El principio de analogía.** Las palabras derivadas de otra conservan, por regla general, la ortografía de la palabra de la que provienen. Así, sabremos que *abría* se escribe sin *h* cuando es una forma del verbo *abrir*, pero se escribe con *h* inicial cuando es forma del verbo *haber*:

    Si hubiera estado allí, lo habría visto cuando abría la puerta.

- **Evitar el error.** Si no podemos utilizar las herramientas o estrategias anteriores, podemos evitar caer en el error sustituyendo el término que nos plantea dudas por un sinónimo o una expresión equivalente:

    Tenía el (¿*®ábito?*, ¿*hábito?*, ¿*habito?*) de saludar a todo el mundo.
    Tenía la costumbre de saludar a todo el mundo.

i › *OLE*, págs. 161-164.

....

PARA SABER MÁS...

El principio de analogía a veces se ve alterado para ajustarse a las normas ortográficas generales. Así, *corrija*, por ejemplo, se escribe con *j* porque va ante *a*, pese a ser una forma del verbo *corregir*, que se escribe con *g*:

    Lo corrija quien lo corrija, él nunca se corrige: es incorregible.

....

35. ¿*Espléndido* o *expléndido*?

La forma correcta es *espléndido*, con *s*. Esta palabra es, junto con la palabra *espliego*, una excepción a la regla general que indica que el grupo consonántico *-pl* va precedido por *ex-*, no por *es-*, como en *explanada*, *explosión*, *explicación*, *expletivo*.

⊗ El acto de entrega de diplomas fue expléndido.
⊘ El acto de entrega de diplomas fue espléndido.
⊗ El espliego es la base aromática de numerosos perfumes.
⊘ El espliego es la base aromática de numerosos perfumes.

i › *OLE*, págs. 154-156.

....

PARA SABER MÁS...

Palabras que comienzan por *ex-* o por *es-*: ⇨ 55.

....

36. ¿*Currículum vítae* o *curriculum vitae*?

La recomendación es escribirlo en letra redonda y con tilde en ambas palabras: currículum vítae. Es una locución latina que significa 'historial profesional' y designa la relación de los datos personales, formación académica, actividad laboral y méritos de una persona:

⊗ He presentado mi curriculum vitae en varias empresas.
⊘ He presentado mi currículum vítae en varias empresas.

Cuando se utiliza la forma simplificada de esta locución (*currículum*), es preferible usar la voz adaptada: *currículo* (plural *currículos*):

⊗ ¿Ya sabes elaborar un currículum?
⊘ ¿Ya sabes elaborar un currículo?

No debe usarse el plural latino *currícula,* sino *los currículos* o *los currículum vítae* (⇨ 235):

⊗ Hemos preparado cuatro currícula diferentes.
⊘ Hemos preparado cuatro currículos diferentes.
⊘ Hemos preparado cuatro currículum vítae diferentes.

i › *DPD, s. v. currículum vítae; OLE*, págs. 608, 609.

....

PARA SABER MÁS...

Sobre pronunciación: ⇨ 24.
Otras locuciones latinas: ⇨ 443 y 444.

....

37. ¿Cuál es la forma correcta: *carei* o *carey*?

La forma correcta es *carey,* para nombrar una 'cierta tortuga de mar' y la 'materia córnea que se obtiene de sus escamas', pues se escriben con y las palabras que acaban en el sonido [i] formando diptongo o triptongo con otra vocal tónica: *carey* [karéi], *fray, buey, rey, convoy.* Las excepciones a esta norma son palabras de otras lenguas: *Hanói, agnusdéi, bonsái, samurái.*

⊗ Me gustan mucho las gafas de carei, aunque resultan caras.
⊘ Me gustan mucho las gafas de carey, aunque resultan caras.
⊗ Como le gustan tanto las plantas, le hemos regalado un bonsáy.
⊘ Como le gustan tanto las plantas, le hemos regalado un bonsái.

Si el sonido [i] del diptongo que cierra la palabra es tónico, se representará con *i: creí, benjuí, alauí,* exceptuando la palabra *muy* [muí].

En español el sonido [i] precedido de consonante se representa con *i*, por lo que los extranjerismos que presentan la secuencia consonante + *y* al final de palabra, deben adaptar su forma a consonante + *i: derby > derbi, curry > curri, penalty > penalti:*

⊗ La final se resolvió en el último penalty.
⊘ La final se resolvió en el último penalti.

i › *OLE*, págs. 78-79; *DPD, s. v. carey.*

PARA SABER MÁS...
Para el plural de las palabras terminadas en *-y:* ⇨ 225.

38. ¿Cuándo se escribe *a* con hache y sin hache?

Existen tres palabras homófonas con el sonido [a]: *a, ha* y *¡ah!*

- *a:* es una preposición que se escribe sin *h.*

  Se dedica a la horticultura.

- *ha:* es la tercera persona del singular del presente de indicativo del verbo haber. En el uso actual esta forma verbal solo se emplea como verbo auxiliar en formas compuestas, por lo que siempre va seguida de un participio.

  Por fin ha encontrado un trabajo que le gusta.

- *¡ah!:* es una interjección, empleada para expresar admiración, sorpresa o pena. Se escribe entre signos de exclamación.

  ¡Ah, qué tiempos aquellos!

La duda y los errores ortográficos que conlleva vienen provocados por las dos primeras palabras: *a* y *ha.* Para comprobar cuál de ellas es la adecuada, podemos aplicar esta regla:

Si admite la *n*, admite la *h*

Podremos cambiar el número de la forma singular *ha* a la forma plural *han* en caso de que se trate del verbo *haber*, pero no podremos hacerlo si se trata de la preposición, pues es invariable:

> Por fin ha encontrado un trabajo que le gusta. → Por fin han encontrado un trabajo que le gusta.
> Se dedica a la horticultura. → *Se dedican an la horticultura.

i › OLE, pág. 74.

39. ¿Cuándo se escribe *e* con hache y sin hache?

También en este caso tenemos tres palabras homófonas con el sonido [e]: *e, he* y *¡eh!*

- *e:* conjunción copulativa que sustituye a la *y* cuando la palabra siguiente comienza por el sonido [i] (⇨ 40).

    Padre e hijo se llaman Andrés.

- *he:* primera persona del singular del presente de indicativo del verbo haber. Se usa como verbo auxiliar de las formas compuestas, seguido de un participio.

    He buscado por todas partes y no lo encuentro.

- *¡eh!:* interjección utilizada para llamar, preguntar o advertir. Se escribe entre signos de exclamación.

    ¡Eh, escúchame!

Aunque no suele provocar tantos errores como en el caso de *a, ha* y *¡ah!*, pues el uso de la conjunción *e* es menos frecuente que el de la preposición *a*, la prueba para evitar la confusión entre *e* y *he* es la misma: cambiar el número del verbo (*e/he* → *hemos*).

> He buscado por todas partes. → Hemos buscado por todas partes.
> Padre e hijo se llaman Andrés. → *Padre hemos hijo se llaman Andrés.

i › OLE, pág. 74; *DPD, s. v. y*².

40. ¿*Agua y hielo* o *agua e hielo*?

Agua y hielo. La conjunción copulativa *y* adopta la forma *e* para evitar la cacofonía que se produce cuando la palabra que sigue comien-

za también por el sonido [i]. Este sonido puede aparecer representado por distintas letras:

- Como *i:*

  ⊗ Andrés siempre anda contando mentiras y insidias.
  ⊘ Andrés siempre anda contando mentiras e insidias.

- Como *hi-:*

  ⊗ Alberto y Higinio estudian Geografía y Historia respectivamente.
  ⊘ Alberto e Higinio estudian Geografía e Historia respectivamente.

- Como *y:*

  ⊗ Rodríguez y Yrigoyen son los dos últimos apellidos de la lista.
  ⊘ Rodríguez e Yrigoyen son los dos últimos apellidos de la lista.

- Como *ea* en palabras inglesas:

  ⊗ Las dos compañías aéreas más económicas son Ryanair y Easyjet.
  ⊘ Las dos compañías aéreas más económicas son Ryanair e Easyjet.

Se mantiene la *y*, sin embargo, en los siguientes casos:

- Cuando la palabra que sigue comienza por *i* en diptongo:

  ⊗ La estatua estaba íntegramente construida con cobre e hierro.
  ⊘ La estatua estaba íntegramente construida con cobre y hierro.

- Cuando la *y* tiene valor adverbial:

  ⊗ ¿E Ignacio?, ¿qué tal anda?
  ⊘ ¿Y Ignacio?, ¿qué tal anda?

Ante las palabras *hiato, ion* se admiten ambas posibilidades: *e,
y,* ya que la sílaba inicial de estas palabras puede pronunciarse con o
sin diptongo.

  ⊘ ¿Sabrías explicarme la diferencia entre diptongo e hiato?
  ⊘ ¿Sabrías explicarme la diferencia entre diptongo y hiato?

i › *OLE*, pág. 77; *DPD, s. v. y²*.

41. ¿En qué casos se debe cambiar la *o* por *u*?

Cuando la palabra que sigue a esta conjunción disyuntiva comienza
también por el sonido [o]. Si la conjunción precede a una cifra que
comienza por este sonido, también debe cambiarse.

⊗ Uno o otro tendréis que resolver este conflicto.
⊘ Uno u otro tendréis que resolver este conflicto.
⊗ Había allí por lo menos 800 o 850 personas.
⊘ Había allí por lo menos 800 u 850 personas.

i ⟩ *OLE*, pág. 77; *DPD, s. v. o.*

....

PARA SABER MÁS...
Sobre la *o* entre números: ⇨ 86.

....

42. ¿Se escribe *iregular*, con una *r*, o *irregular*, con dos?

Irregular se escribe con *r* doble. En las palabras prefijadas o compuestas debe escribirse erre doble cuando el fonema /rr/ queda entre dos vocales, como en *prerrenacentista, antirreflectante, infarrojo.* Hay que tener en cuenta que la palabra simple se escribe con *r-* simple, (*renacentista, reflectante, rojo*) porque esa es la única grafía en posición inicial de palabra.

⊗ Obtuvo un resultado muy iregular.
⊘ Obtuvo un resultado muy irregular.
⊗ El Giotto está considerado como el pintor prerenacentista más importante.
⊘ El Giotto está considerado como el pintor prerrenacentista más importante.

Si el prefijo o el primer elemento del compuesto acaban en consonante, el sonido [rr] se representa con *r* simple: *subrayado, postromántico:*

⊗ Casi todos los estudiantes practican la técnica del subrrayado.
⊘ Casi todos los estudiantes practican la técnica del subrayado.

El sonido [rr] también se representa con *r* simple tras las consonantes *l, n, s: Enrique, israelí, alrededores.*

⊗ Llegaremos alrrededor de las siete de la mañana.
⊘ Llegaremos alrededor de las siete de la mañana.

i ⟩ *NGLE*, pág. 717; *OLE*, págs. 118-119.

43. ¿Mahonesa, mayonesa o bayonesa?

Para referirnos a la 'salsa que se hace batiendo aceite y huevo' podemos usar *mahonesa* o *mayonesa*. La forma *bayonesa es incorrecta para este significado, pues se refiere a una 'especie de pastel, hecho con dos capas delgadas de masa al horno, que llevan entremedias cabello de ángel'.

⊗ En casa nos encanta tomar la verdura con bayonesa.
⊘ En casa nos encanta tomar la verdura con mahonesa ~ mayonesa.
⊗ La masa de la mayonesa estaba aún crujiente.
⊘ La masa de la bayonesa estaba aún crujiente.

i › *DRAE. s. vv.* mahonesa, mayonesa, bayonesa.

44. ¿Por qué se escribe *zeta* con zeta?

Es una excepción a la norma, ya que en español el sonido [z] se representa con la letra *z* ante las vocales *a, o, u,* y con la letra *c* ante las vocales *e, i,* pero hay un pequeño grupo de palabras que se escriben con *z* ante las vocales *e, i,* entre ellas, el propio nombre de la letra (*zeta*) y otros cultismos griegos, arabismos y préstamos que contienen esta grafía en su forma originaria: *zeugma, zepelín, enzima, zigurat, Nueva Zelanda, Zimbabue, Zenón*.

También existe otro grupo de palabras que admiten doble grafía para representar este sonido ante las vocales *e, i*: *ácimo ~ ázimo, bencina ~ benzina, cinc ~ zinc, cíngaro ~ zíngaro, circonita ~ zirconita, magacín ~ magazín*, entre otras.

Por último, encontramos un tercer grupo de palabras que se escriben con *s, z,* o *c* ante *e, i,* cuyas variantes se han generado como consecuencia de trasladar a la escritura las pronunciaciones seseantes o bien por ultracorrección. Se citan, a modo de ejemplo, algunos de estos casos:

bisnieto ~ biznieto
cascarria ~ cazcarria
parduzco ~ pardusco
cebiche-ceviche ~ sebiche-seviche
cuscús ~ cuzcuz
manisero ~ manicero

santafesino ~ santafecino
zonzo ~ sonso

i › OLE, págs. 129-141.

45. ¿Se escribe *kiosco* o *quiosco*?

Ambas formas son válidas, pero se recomienda la forma *quiosco*. La explicación es que se trata de un extranjerismo tomado del francés (*kiosque*), cuya adaptación al español ha dado dos formas: la que conserva la *k* original, etimológica, *kiosco*, y la que ha representado este sonido con la grafía equivalente en español, la *qu*, *quiosco*. En ningún caso es admisible *kiosko*.

⊗ Este tipo de revistas especializadas no se encuentran en los kioskos.

⊕ Este tipo de revistas especializadas no se encuentran en los quioscos.

⊖ Este tipo de revistas especializadas no se encuentran en los kioscos.

Por la misma razón existen otras voces con esta doble grafía. Enumeramos las de mayor uso, colocando en primer lugar de cada pareja la forma preferible:

alaskeño ~ alasqueño	Marrakech ~ Marraquech
bikini ~ biquini	neoyorquino ~ neoyorkino
caqui ~ kaki (color y fruta)	pakistaní ~ paquistaní
cuáquero ~ cuákero	pekinés ~ pequinés
euskera ~ eusquera	póker ~ póquer
folclor(e) ~ folklor(e)	queroseno ~ keroseno
harakiri ~ haraquiri	telequinesia ~ telekinesia
kermés ~ quermés	Turquestán ~ Turkestán
kimono ~ quimono	valquiria ~ valkiria

i › OLE, págs. 116-118.

....

PARA SABER MÁS...

Un error relacionado con esta grafía que debemos evitar es el de escribir con *k* la palabra *quilate*:

⊗ Este anillo es de oro de 25 kilates.

⊘ Este anillo es de oro de 25 quilates.

....

46. ¿Se escribe *México* o *Méjico*?

Se puede escribir de ambas formas, pero se recomienda la forma *México*. El valor fonético de [j] para la grafía *x* es un uso arcaico que se conserva también en los topónimos *Oaxaca* y *Texas*, así como en todos sus derivados: *mexicano, mexicanismo, oaxaqueño, texano...*

⊖ Me encantaría visitar Méjico alguna vez, porque no lo conozco.
⊕ Me encantaría visitar México alguna vez, porque no lo conozco.
⊕ La palabra *balacera* es un mexicanismo que significa *tiroteo*.
⊖ La palabra *balacera* es un mejicanismo que significa *tiroteo*.

i > *OLE*, págs. 157-158.

....

PARA SABER MÁS...

Solo se admite la pronunciación con el sonido [j]: [méjiko], pero no *[méksiko]: ⇨ 12.

....

47. ¿Es *antiimpacto, anti impacto* o *anti-impacto*?

Las formas correctas en este caso son *antiimpacto* y *antimpacto*, porque las palabras prefijadas se escriben como una sola unidad léxica. Por otro lado, la coincidencia de vocales idénticas es frecuente en casos de prefijación: *contraataque, reescribir, pluriideológico, autoobservación* y cuando esto sucede, pueden emplearse igualmente las formas con vocal doble o reducida pero la tendencia es a reducir las dos vocales a una, al escribirlas y al pronunciarlas:

⊗ El parabrisas no es de cristal irrompible, pero sí anti impacto.
⊘ El parabrisas no es de cristal irrompible, pero sí antiimpacto/antimpacto.
⊖ Este equipo juega muy bien al contraataque.
⊕ Este equipo juega muy bien al contrataque.
⊖ Para revisar este texto tendrás que reescribirlo de nuevo.
⊕ Para revisar este texto tendrás que rescribirlo de nuevo.

Aunque lo recomendable es usar la grafía simplificada, constituyen una excepción las palabras en las que la *i-* inicial de la segunda parte del compuesto corresponde a su vez a un prefijo, pues se originan dos palabras de significados diferentes, cuando no opuestos:

semi + i + legal > semiilegal/semi + legal > semilegal
archi + i + regular > archiirregular/archi + regular > archirregular

i > *NGLE*, págs. 709-713; *OLE*, págs. 164-171, 531.

....

PARA SABER MÁS...

Consultar ⇨ 17.

....

48. ¿Se dice *bisnieto* o *biznieto*?

Ambas palabras son válidas, aunque es más usada la primera de
ellas: *bisnieto:*

⊘ Aunque parece más joven, Lucía ya tiene un bisnieto.
⊘ Aunque parece más joven, Lucía ya tiene un biznieto.

Existe un número importante de palabras que admiten dos
formas ortográficamente distintas, de las cuales presentamos una
selección. La forma preferible es la que aparece en primer lugar:

- **Con *b* y con *v*:** *bargueño ~ vargueño, chabola ~ chavola.*
- **Con *c* y con *z*:** *acimut ~ azimut, ázimo ~ ácimo, bencina ~ benzina, cebra ~ zebra, cedilla ~ zedilla, cenit ~ zenit, cinc ~ zinc, cigoto ~ zigoto, zeta ~ ceta.*
- **Con *c/qu* y con *k*:** *camicace ~ kamikace, folclore ~ folklore, karst ~ carst, kayac ~ cayac, kilo ~ quilo, kirie ~ quirie, quiosco ~ kiosco, vodka ~ vodca.*
- **Con *h* y sin *h*:** *acera ~ hacera, alhelí ~ alelí, armonía ~ harmonía, arpa ~ harpa, arpía ~ harpía, barahúnda ~ baraúnda, hatajo ~ atajo* ('grupo de animales'), *iguana ~ higuana, invierno ~ hibierno, ológrafo ~ hológrafo, urraca ~ hurraca.*
- **Con *g* o con *j*:** *giga ~ jiga, jenízaro ~ genízaro, jineta ~ gineta.*
- **Con *hie-* o con *ye-*:** *hiedra ~ yedra, hierba ~ yerba, yero ~ hiero* ('algarroba').
- **Con *s* o con *z*:** *cascarria ~ cazcarria, casabe ~ cazabe.*
- **Con *gn* o con *n*:** *gnomo ~ nomo, gnóstico ~ nóstico.*
- **Con *mn* o con *n*:** *nemotecnia ~ mnemotecnia, nemotécnico ~ mnemotécnico.*
- **Con *ps* o con *s*:** *psicología ~ sicología, psicólogo ~ sicólogo, psicópata ~ sicópata, psiquiatra ~ siquiatra.*

- **Con cambio de vocales:** *autostop ~ autoestop, brócoli ~ bróculi, beicon ~ bacón, cacahuete ~ cacahuate, cactus ~ cacto, caleidoscopio ~ calidoscopio, chapurrear ~ chapurrar, kétchup ~ cátchup, quichua ~ quechua, reembolso ~ rembolso, reemplazar ~ remplazar.*
- **Otras variantes:** *agur ~ abur, abolladura ~ bolladura, ambidiestro ~ ambidextro, besamel ~ bechamel, calima ~ calina, cantinela ~ cantilena, carbunco ~ carbunclo, carillón ~ carrillón, chifonier ~ sifonier, harén ~ harem, mixtura ~ mistura, pijama ~ piyama, volframio ~ wolframio.*
- **Palabras que admiten tres formas o más:** *bistec ~ bisté ~ biftec, buhardilla ~ bohardilla ~ boardilla ~ guardilla, brahmán ~ bracmán ~ brahmín, cachemir ~ cachemira ~ casimir, cebiche ~ ceviche ~ sebiche ~ seviche, mejunje ~ menjunje ~ menjurje, repantigarse ~ repantingarse ~ repanchigarse ~ repanchingarse.*

ℹ⟩ *LEC,* págs. 183-184.

49. ¿Por qué se escribe *biznieto* con *b* y *vizconde* con *v*?

Porque se trata de prefijos diferentes. El prefijo *biz-,* que tiene también las variantes *bi-* y *bis-,* significa 'dos': *bicicleta* ('vehículo de dos ruedas'), *bisabuela* ('la madre del abuelo o abuela'), *bizcocho* ('cocido dos veces'). El prefijo *viz-,* que dispone también de las alternativas *vi-* y *vice-,* significa 'en vez de' o 'que hace las veces de': *virrey* ('quien se encargaba de representar la persona del rey'), *vicedirector* ('persona que hace las veces del director'), *vizconde* ('hombre que el conde ponía por sustituto').

> ⊗ Felipe II era nieto de Juana la Loca y viznieto de Fernando el Católico.
> ⊘ Felipe II era nieto de Juana la Loca y biznieto de Fernando el Católico.
> ⊗ El título de bizconde es inferior al de conde.
> ⊘ El título de vizconde es inferior al de conde.

ℹ⟩ *NGLE,* pág. 716; *DRAE s. vv. bi-, vi-.*

50. ¿*Deshaucio* o *desahucio*?

La forma correcta en este caso es *desahucio,* pero no existe una regla ortográfica que nos dé pautas infalibles a la hora de colocar estas haches intercaladas y por tanto estamos ante una de esas dudas cuya única vía de resolución es la consulta al diccionario.

⊗ Con la ayuda de sus familiares, evitó el deshaucio de su vivienda.
⊘ Con la ayuda de sus familiares, evitó el desahucio de su vivienda.

En cuanto al acento, el verbo *desahuciar* sigue el modelo de *anunciar*: *desahucio, desahucias, desahucia,* etc. No son correctas formas gráficas como **desahucío, *desahucías, *desahúcio, *desahúcias,* etc., ni tampoco las pronunciaciones correspondientes a estas formas anómalas.

⊗ El médico lo dejó muy claro: «No lo desahucío, pero está muy grave».
⊘ El médico lo dejó muy claro: «No lo desahucio, pero está muy grave».

i⟩ *OLE,* págs. 142-153; *DPD, s. v. desahuciar.*

51. ¿*Buardilla* o *buhardilla*?

La forma correcta es *buhardilla,* con hache intercalada, aunque también podemos utilizar *boardilla, bohardilla* y *guardilla,* pero no **buardilla,* para designar la 'parte de un edificio situada inmediatamente debajo del tejado, con techo en pendiente y destinada a vivienda' o la 'ventana que se levanta por encima del tejado de una casa, con su caballete cubierto de tejas o pizarras, y sirve para dar luz a los desvanes o para salir por ella a los tejados'.

⊗ Las buardillas son viviendas cargadas de connotaciones bohemias.
⊘ Las buhardillas son viviendas cargadas de connotaciones bohemias.
⊗ Para revisar el tejado tendrás que salir por la buardilla.
⊘ Para revisar el tejado tendrás que salir por la guardilla.
⊗ Hemos habilitado la buardilla de la casa como cuarto trastero.
⊘ Hemos habilitado la bohardilla de la casa como cuarto trastero.

La hache intercalada ha desaparecido en algunas palabras del español y en otras está en proceso de desaparición, lo que hace que podamos encontrar palabras válidas con ambas grafías, con hache y sin hache, aunque es preferible la palabra sin *h-*.

alacena ~ alhacena
alajú ~ alhajú
alelí ~ alhelí

auyama ~ ahuyama
baraúnda ~ barahúnda
bataola ~ batahola
desarrapado ~ desharrapado
sabiondo ~ sabihondo

i › *OLE*, págs. 150-152.

52. ¿Los nombres propios tienen una forma ortográfica fija?

A los nombres propios se les aplican las mismas reglas de ortografía que al resto de palabras del español, tanto en la acentuación como en las letras que los componen. La idea de que «los nombres propios no tienen ortografía» responde al hecho de que los nombres de persona pueden plasmarse con una forma ortográfica determinada cuando se inscriben en el registro civil, como sucede con *Helena* o *Elena*, *Jerónimo* o *Gerónimo*. Respecto a la acentuación, por su carácter discriminatorio, si alguien decidiera escribir su apellido como *Gonzalez* (sin tilde), deberá asumir que los demás lo pronuncien como palabra aguda [gonzaléz]:

⊗ Mi nombre es Ana María Gonzalez.
⊘ Mi nombre es Ana María González.

La elección del nombre de pila es totalmente libre, hasta el punto de que estos nombres pueden ser creados o inventados mediante fórmulas tales como la combinación de varios (*Mariángeles; Juanjosé*), anagramas (*Ariam*, de *María*) o la fusión de palabras (*Yotuel*, de *yo, tú, él*), entre otros. Todas estas creaciones lingüísticas son aceptables siempre que se ajusten a la norma ortográfica vigente:

⊗ ¿No te parece muy original el nombre de Yotuél?
⊘ ¿No te parece muy original el nombre de Yotuel?
⊗ Oficialmente me llamo Ángeles, pero para los amigos prefiero ángela.
⊘ Oficialmente me llamo Ángeles, pero para los amigos prefiero Ángela.

i › *OLE*, págs. 624-628.

....

PARA SABER MÁS...

El conjunto formado por el nombre de pila más los apellidos de cada uno de los progenitores recibe el nombre de **antropónimo**.

....

53. ¿Hay que decir *Me voy de viaje a Lleida* o *Me voy de viaje a Lérida*?

Lo indicado en este caso sería *Me voy de viaje a Lérida*, porque el resto de la frase está en castellano. En España, muchos nombres de lugares de las zonas bilingües (Cataluña, País Vasco, Galicia, Comunidad Valenciana e Islas Baleares) tienen dos formas: *Girona/Gerona, Ondarribia/Fuenterrabía, Ourense/Orense, Xixona/Jijona, Eivissa/Ibiza...* La elección entre una u otra forma vendrá determinada, en general, por la lengua que se esté utilizando, salvo en aquellos casos en que no exista más que la forma propia de la lengua cooficial: *Sant Cugat, Ortigueira.*

⊖ Me voy de viaje a Lleida este fin de semana.
⊕ Me voy de viaje a Lérida este fin de semana.

La mención conjunta del nombre castellano y su forma en la lengua cooficial correspondiente se expresa con un guion: *Vitoria-Gasteiz, La Coruña-A Coruña.*

i〉 OLE, págs. 640-642.

....

PARA SABER MÁS...

Los nombres propios de lugares se llaman **topónimos:** *Lérida, Lima, Jaén, Bogotá...*

....

54. ¿Cómo se escriben los nombres propios de persona extranjeros?

Hay dos posibilidades de escribir en español los **antropónimos** extranjeros: mantener su forma original, tanto en grafías como en acentos, o adaptar el nombre a las normas ortográficas de nuestra lengua. La recomendación actual es la de usarlos en su forma de origen:

⊖ La próxima semana se espera la visita de Ángela Merkel.
⊕ La próxima semana se espera la visita de Angela Merkel.
⊖ Los padres terrícolas de Superman se llaman Jonatan Kent y Marta Kent.
⊕ Los padres terrícolas de Superman se llaman Jonathan Kent y Martha Kent.

Solo se traducen literalmente los antropónimos de:

- El nombre del papa durante su pontificado: *Francisco, Juan Pablo II*.
- El nombre de los miembros de las casas reales: *Gustavo de Suecia*. En este caso se está imponiendo también la transferencia: *Frederik de Noruega*.
- Los nombres de personajes bíblicos, históricos o célebres: *Miguel Ángel, Herodes, Julio César*.
- Los nombres de los indios norteamericanos: *Toro Sentado, Caballo Loco*.
- Los nombres motivados y los apodos: *Iván el Terrible, Catalina la Grande*.

Para los nombres de personajes de ficción se dan históricamente ambas soluciones: la traducción (*Gregorio Samsa*) y la transferencia (*Leopold Bloom*). La recomendación actual es la transferencia en todos los casos, excepto algunos nombres muy significativos, que se recomienda mantener en la versión tradicional española (*Blancanieves, Cenicienta*).

i › OLE, págs. 633-635.

55. ¿Cómo podemos saber si una palabra empieza por *es-* o por *ex-*?

Se escribe *ex* al comienzo de las palabras que comienzan con los prefijos *ex-, exo-* y *extra-*: *expresidente, exosfera, extraordinario*, y ante hache intercalada: *exhalar, exhibir, exhortar, exhumar*.

- ⊗ El espresidente pronunciará mañana una conferencia en la universidad.
- ⊘ El expresidente pronunciará mañana una conferencia en la universidad.
- ⊗ La última capa de la atmósfera se llama esosfera.
- ⊘ La última capa de la atmósfera se llama exosfera.
- ⊗ El concierto nos pareció estraordinario.
- ⊘ El concierto nos pareció extraordinario.
- ⊗ Para realizar la autopsia tendrán que eshumar el cadáver.
- ⊘ Para realizar la autopsia tendrán que exhumar el cadáver.

Además, en los casos que aparecen en el siguiente cuadro la mayoría de las veces se utiliza *ex-*, pero las excepciones son muy relevantes.

	Empiezan por *ex-*	Empiezan por *es-*
Ante el grupo -*pr*	La mayoría de las palabras: *expresión, exprimir, expropiar...*	Algunos extranjerismos adaptados seguidos de -*pr*: *espray* y *esprínter*
Ante el grupo -*pl*	La mayoría de las palabras: *explanada, explotar, explosión...*	*espliego, espléndido* y su familia léxica (*esplendor*) Las derivadas de la raíz *esplen-* (bazo): *esplenectomía*
Ante vocal	La mayoría de las palabras: *examen, execrable, éxito, exonerar, exuberante*	Los demostrativos *ese, esas, esos, esas* El nombre de la letra *ese, esencia, esófago, esotérico, Esaú* y *Esopo*

ⓘ OLE, págs. 154-156.

....

PARA SABER MÁS...

Sobre la pronunciación de la *x*: ⇨ 14.
espléndido o *expléndido*: ⇨ 35.

....

56. ¿Es correcto escribir los extranjerismos como suenan?

Sí, porque en la mayoría de los casos ese es el procedimiento que siguen estas palabras para adaptarse a nuestra lengua.

> football [fútbol] → fútbol
> boulevard [bulebár] → bulevar
> atrezzo [atrézo] → atrezo

⊗ Estuvimos dando un agradable paseo por el boulevar Américo Castro.

⊘ Estuvimos dando un agradable paseo por el bulevar Américo Castro.

En caso de duda, cuando un extranjerismo aún no está adaptado ortográficamente, lo recomendable es escribirlo en su forma original y con letra cursiva si lo hacemos a máquina o entre comillas si utilizamos la escritura a mano.

⊗ No consigo adaptarme bien a este nuevo software.
⊘ No consigo adaptarme bien a este nuevo *software*.

El proceso de adaptación de los extranjerismos a nuestra lengua se realiza, por lo general, cambiando sus grafías para adaptarlas a la pronunciación española de su sonido original:

> *croissant* → cruasán
> *capuccino* → capuchino
> *meeting* → mitin
> *paddle* → pádel

En algunos casos, sin embargo, adaptamos el extranjerismo a su pronunciación en español, no a su pronunciación original: *iceberg* se pronuncia [áisberg] en inglés y en muchos países de América se mantiene esa forma, pero en España se suele pronunciar [izebérg] por quienes distinguen *s* de *z* o cecean, e [isebérg] por quienes sesean.

i › OLE, págs. 602- 604.

....

PARA SABER MÁS...
Sobre la pronunciación de los extranjerismos: ⇨ 23.

....

SOBRE LA ACENTUACIÓN

57. ¿Qué es el acento?

El *acento* es un modo de emitir los sonidos, se refiere a la mayor intensidad con que se pronuncia y se percibe una determinada sílaba dentro de una palabra (sílaba tónica). Según la posición que ocupa la sílaba tónica dentro de una palabra, estas se clasifican en cuatro grupos:

	Esquema acentual	Sílaba acentuada	Terminación prototípica	Ejemplos
Agudas	o o o **ó**	última	en consonante distinta de *n* o *s*	*marfil* *estabilidad* *aterrizar*

	Esquema acentual	Sílaba acentuada	Terminación prototípica	Ejemplos
Llanas	o o **ó** o	penúltima	en vocal, en *n*, en *s*	*espesura* *recojan* *viernes*
Esdrújulas	o **ó** o o	antepenúltima	irrelevante	*mágico* *crítico* *numérico*
Sobreesdrújulas	**ó** o o o	antes de la antepenúltima	irrelevante	*entrégaselos* *repíteselo*

Con frecuencia la palabra *acento* se refiere a dos conceptos al mismo tiempo: el acento prosódico y el acento ortográfico o tilde. En el lenguaje común se dice que una palabra lleva acento cuando se quiere decir que lleva una marca, la tilde (⇨ 58), que coincide también con el acento. Si decimos que la palabra *ortografía* lleva acento en la *i,* estamos señalando que sobre la *i* de esa palabra debe escribirse una tilde para ajustarse a las normas ortográficas del español.

i › *OLE,* págs. 190-195; Paredes, *Guía,* págs. 26-28.

....

PARA SABER MÁS...
Las palabras sobresdrújulas en español son siempre palabras que se forman añadiendo a un verbo uno o varios pronombres o compuestas con *-mente: déjaselo, entréganosla, rápidamente, fácilmente* (⇨ 63).
....

58. ¿Qué es la tilde?

La *tilde* es el signo ortográfico que se coloca sobre la vocal de la sílaba tónica en determinados casos para identificarla como tal. Consiste en una línea oblicua descendente de derecha a izquierda (′).

En español, la mayor parte de las palabras no necesitan tilde, porque se ajustan a la terminación prototípica correspondiente a su acentuación (⇨ 57). Se señalan con tilde precisamente aquellas cuya terminación no corresponde con la prototípica:

- Las palabras agudas que terminan en vocal, en *-n* o en *-s: persiguió, glotón, Tomás*.

- Las palabras llanas que no acaban en vocal, en *-n*, o en *-s: huésped, mártir, cráter*. Son excepción a esta regla las palabras llanas que acaban en consonante doble, que sí llevan tilde: *bíceps, wéstern, cómics* (⇨ 59).

- Todas las palabras esdrújulas y sobresdrújulas: *Copérnico, inútiles, entrégueselo*.

i ⟩ *OLE*, págs. 190-195, 231-232; Paredes, *Guía*, págs. 26-28.

....

PARA SABER MÁS...

No llevan tilde los monosílabos (las palabras que se componen de una única sílaba, como *sed, fue, Luis, pie, mar*), salvo en los casos de tilde diacrítica (⇨ 81 y 82).

Tilde y acento son parecidos en parte: la tilde siempre señala la sílaba en la que va el acento (*difícil, entregó*), aunque el acento no siempre va señalado con una tilde (*tarjeta, calefactor*).

....

59. **¿Por qué lleva tilde la palabra *cómics* si es llana y termina en *-s*?**

Esta palabra forma parte de un reducido grupo de palabras llanas que acaban en doble consonante y que deben llevar tilde, aunque la consonante final sea una *n* o una *s*. En el mismo caso están palabras como *wéstern, bíceps, fórceps, ítems, récords* y pocas más:

⊗ Miguel Ángel es un experto en comics.
⊘ Miguel Ángel es un experto en cómics.
⊗ ¿Cuántos items contiene el cuestionario que debes rellenar?
⊘ ¿Cuántos ítems contiene el cuestionario que debes rellenar?
⊗ Las lesiones del biceps femoral resultan muy dolorosas.
⊘ Las lesiones del bíceps femoral resultan muy dolorosas.

i ⟩ *OLE*, pág. 232.

....

PARA SABER MÁS...

Sobre la tilde: ⇨ 58.

....

60. **¿Por qué no lleva tilde la palabra *tictacs* si es aguda y termina en -*s*?**

Porque constituye una excepción a la regla general de acentuación que indica que no llevan tilde las palabras agudas terminadas en *s* precedida de otra consonante, como *tictacs, zigzags, esnobs* o *mamuts:*

⊗ Su oído es tan agudo que percibe a distancia los tictács de los relojes.

⊘ Su oído es tan agudo que percibe a distancia los tictacs de los relojes.

⊗ Como consecuencia del mareo, iba haciendo zigzágs por la carretera.

⊘ Como consecuencia del mareo, iba haciendo zigzags por la carretera.

⊗ Los mamúts ocuparon estas tierras hace millones de años.

⊘ Los mamuts ocuparon estas tierras hace millones de años.

i ⟩ *OLE*, pág. 232.

....

PARA SABER MÁS...
Sobre la tilde: ⇨ 58.

....

61. **¿Todas las palabras acabadas en -*on* llevan tilde?**

No todas las palabras que acaban en -*on* deben llevar tilde: solo las agudas y las esdrújulas, como indican las normas de acentuación. El error es bastante frecuente entre algunos estudiantes y aprendices, y puede estar motivado por el hecho de que en español hay muchas palabras agudas que acaban en -*ón* y que, por tanto, han de llevar tilde, como *cañón, ambición, satisfacción* o *sustitución.*

Pero no todas las palabras que acaban en -*on* son agudas. No lo son las formas verbales de plural que presentan esta desinencia, como *dejaron, encontraron, salieron:*

⊗ Dejarón la habitación muy desordenada.

⊘ Dejaron la habitación muy desordenada.

⊗ Después de mucho cavilar, encontrarón una solución satisfactoria para todos.

⊘ Después de mucho cavilar, encontraron una solución satisfactoria para todos.

⊗ Salierón por la puerta del salón.
⊘ Salieron por la puerta del salón.

i › *OLE*, pág. 231.

62. ¿Por qué no llevan tilde palabras como *volumen, joven, imagen, examen* o *gravamen*?

En todos los casos se trata de palabras llanas acabadas en -*n* y por lo tanto no deben llevar tilde. La causa del error reside en que sus correspondientes formas de plural son palabras esdrújulas: *volúmenes, jóvenes, imágenes, exámenes,* y se traspasa la tilde de estas formas plurales al singular:

⊗ Debes preparar bien este exámen.
⊘ Debes preparar bien este examen.
⊘ Debes preparar bien estos exámenes.
⊗ El director era un hombre bastante jóven para el cargo que ocupaba.
⊘ El director era un hombre bastante joven para el cargo que ocupaba.
⊘ Los directores eran hombres bastante jóvenes para el cargo que ocupaban.
⊗ La imágen se veía con total nitidez.
⊘ La imagen se veía con total nitidez.
⊘ Las imágenes se veían con total nitidez.

i › *OLE*, pág. 232.

63. ¿Dónde se pone la tilde en los adverbios acabados en -*mente*?

En el primer elemento del compuesto, y solo si el adjetivo a partir del cual se forma el adverbio la tenía. Este tipo de palabras compuestas se construye a partir de la forma femenina del adjetivo que en su origen calificaba al sustantivo femenino, *mente* 'ánimo', 'intención':

Ramón habla tranquilamente. ('con ánimo tranquilo')

En la actualidad -*mente* es un sufijo para formar adverbios, pero conserva su acentuación, por lo que estos adverbios tienen doble acentuación prosódica (una sílaba tónica por cada elemento).

No obstante, como se trata de un compuesto que se escribe en una sola palabra, solo pueden tener una acentuación gráfica:

*rá*pida + *men*te → *rá*pidamente
in*ú*til + *men*te → in*ú*til*men*te
tran*quí*la + *men*te → tran*quí*la*men*te
ve*loz* + *men*te → ve*loz**men*te
cor*tés* + *men*te → cor*tés**men*te

i › *OLE*, pág. 529.

....

PARA SABER MÁS...

Sobre la escritura de los adverbios acabados en -*mente* cuando aparecen coordinados: ⇨ 325.
Otras palabras compuestas y su acentuación: ⇨ 64, 65 y 79.

....

64. ¿Por qué no lleva tilde la palabra *balonmano,* si *balón* la lleva?

Porque es una palabra llana acabada en vocal. La duda surge porque se trata de una palabra compuesta cuyo primer elemento, *balón,* se escribe con tilde. Pero cuando el resultado de la composición es una sola palabra (*sacapuntas, balompié*) se aplican las reglas generales de acentuación: *balón* + *mano* > *balonmano* (palabra llana acabada en vocal); *veinte* + *seis* > *veintiséis* (palabra aguda acabada en -*s*); *arco* + *iris* > *arcoíris* (palabra llana acabada en -*s*, acentuada en la *í* para indicar que hay un hiato):

⊗ Desde pequeño se aficionó al balónmano.
∅ Desde pequeño se aficionó al balonmano.
⊗ Tendrá unos veintiseis o veintiocho años.
∅ Tendrá unos veintiséis o veintiocho años.
⊗ Conseguí una preciosa fotografía del arcoiris.
∅ Conseguí una preciosa fotografía del arcoíris.

i › *OLE*, pág. 273.

....

PARA SABER MÁS...

Sobre otras palabras compuestas y su acentuación: ⇨ 63, 65 y 79.

....

65. ¿Por qué lleva dos tildes la palabra *físico-químico*?

Porque es un adjetivo compuesto. Como norma general, las palabras en español solo pueden llevar una tilde, que se coloca en la sílaba tónica conforme a las reglas generales de acentuación: *máximo, demuéstranoslo, extralimitación*. La norma vale incluso para las palabras polisílabas, que además del acento primario, situado en la sílaba tónica, se pronuncian con acentos secundarios, situados a dos sílabas de distancia de la tónica.

Las únicas excepciones a esta norma son las palabras compuestas que se escriben separadas con guion, porque en estos casos se considera prioritario mantener la forma gráfica de cada palabra independiente.

- ⊗ Se trata de un proceso fisico-químico de enorme complejidad.
- ⊘ Se trata de un proceso físico-químico de enorme complejidad.
- ⊗ La prueba consta de un ejercicio teorico-práctico escrito y otro oral.
- ⊘ La prueba consta de un ejercicio teórico-práctico escrito y otro oral.
- ⊗ Han fichado a un famoso jugador de fútbol de origen italo-argentino.
- ⊘ Han fichado a un famoso jugador de fútbol de origen ítalo-argentino.

También están en el mismo caso los nombres propios de persona compuestos: *Ángel María, María Inés* y las expresiones complejas formadas por yuxtaposición, como *buque escuela, piel roja* o *vigésimo cuarto,* en que cada palabra constituyente conserva la tilde de forma individual:

- ⊗ Finalmente bautizaron a su hijo Angel Maria.
- ⊘ Finalmente bautizaron a su hijo Ángel María.
- ⊗ Llegó en la vigesimo cuarta posición.
- ⊘ Llegó en la vigésimo cuarta posición.

ℹ⟩ *OLE*, págs. 201, 275.

....

PARA SABER MÁS...

Sobre otras palabras compuestas y su acentuación: ⇨ 63, 64 y 79.

....

66. ¿Por qué no llevan tilde las palabras *fue, dio, vio* y *fui*?

Porque son palabras monosílabas y los monosílabos no llevan tilde (⇨ 58). El error podría estar motivado en estos casos porque las palabras *fue, dio, vio* y *fui* corresponden a la primera o tercera persona del singular del pretérito perfecto simple de indicativo, forma verbal que lleva tilde en todos los verbos regulares (*entró, cogió, salió, salí...*).

⊗ ¿Alguien vió quién lo hizo?
⊘ ¿Alguien vio quién lo hizo?
⊗ El examen fué muy fácil.
⊘ El examen fue muy fácil.
⊗ Todo el mundo nos dió las gracias al final.
⊘ Todo el mundo nos dio las gracias al final.
⊗ Acabé mis asuntos y me fuí de allí.
⊘ Acabé mis asuntos y me fui de allí.

Los monosílabos solo llevan tilde diacrítica cuando es necesario diferenciar dos palabras que se escriben igual pero tienen significados o funciones distintos: *té/te, mí/mi, quién/quien...* (Sobre estos casos: ⇨ 81, 82 y 87).

i › *OLE*, pág. 231.

....

PARA SABER MÁS...

Otra posible causa del error es que hasta 1959 la norma señalaba que las palabras *vio, dio, fue* y *fui* debían llevar tilde, pero a partir de ese año se consideró que debían seguir la regla general.

....

67. ¿Por qué no lleva tilde la palabra *guion*?

Porque a efectos gráficos es un monosílabo, ya que las vocales *i* y *o* forman un diptongo (⇨ 71). La duda surge en aquellos hablantes que pronuncian como bisílabas esta palabra y otras similares que contienen una vocal cerrada átona seguida de una vocal abierta tónica: *gui-on, cri-e* (pretérito del verbo criar), *pi-e* (pretérito del verbo piar), *fi-e* (pretérito del verbo fiar), *tru-han*. Así pues, al considerarlas bisílabas, agudas y acabadas en vocal o -*n*, las escriben con tilde.

⊗ Lo que menos me gustó de la película fue el guión.
⊘ Lo que menos me gustó de la película fue el guion.
⊗ Ese es el pueblecito donde yo me crié.
⊘ Ese es el pueblecito donde me crie.

⊗ Nunca me fié de él.
⊘ Nunca me fie de él.
⊗ El actor representa aquí el papel de un truhán malvado.
⊘ El actor representa aquí el papel de un truhan malvado.

La *Ortografía* académica de 1999 ya señalaba que se debía considerar diptongo toda combinación formada por vocal cerrada y vocal abierta o viceversa: (⇨ 71) y dejaba a la elección del hablante escribir este tipo de palabras con tilde o sin ella según fuera su percepción fonética (*guion/*⊗*guión, lie/*⊗*lié, truhan/*⊗*truhán*). En la edición de 2010 se suprime la doble forma y se consideran todas ellas diptongos a efectos gráficos. Las palabras afectadas por este cambio son:

- *crie, crio* (pronunciadas [krié], [krió]), de *criar*
- *criais, crieis* y las de voseo *crias, cria* (pron. [kriás], [kriá]), de *criar*
- *fie, fio* (pron. [fié], [fió]), y las de voseo *fias, fia* (pron. [fiás], [fiá]), de *fiar*
- *flui, fluis*, de *fluir*
- *frio* (pron. [frió]), *friais*, de *freír*
- *frui, fruis*, de *fruir*
- *guie, guio* (pron. [gié], [gió]), y las de voseo *guias, guia* (pron. [giás], [giá]), de *guiar*
- *hui, huis*, de *huir*
- *lie, lio* (pron. [lié], [lió]), y las de voseo *lias, lia* (pron. [liás], [liá]), de *liar*
- *pie, pio* (pron. [pié], [pió]), y las de voseo *pias, pia* (pron. [piás], [piá]), de *piar*
- *rio* (pron. [rrió]), de *reír*
- sustantivos como *guion, ion, muon, pion, prion, ruan* y *truhan*
- ciertos nombres propios, como *Ruan* y *Sion*

ⁱ⟩ *OLE*, págs. 235-236.

68. ¿Cuál es la forma correcta: *fútbol* o *futbol*?

Ambas formas son correctas, porque se trata de un caso de doble acentuación, relacionado con los diferentes usos de España y de América. En América se pronuncia aguda, [futból], conservando su pronunciación original en inglés, lengua de la que procede, y por tanto no lleva tilde y en España se pronuncia llana y se escribe con tilde en la *u*:

⊘ El próximo campeonato mundial de futbol promete ser emocionante.

⊘ El próximo campeonato mundial de fútbol promete ser emocionante.

Estos son otros casos de acentuación diferente en diversas zonas de América y en España:

América	España	América	España
basquetbol	*básquetbol*	*daiquirí*	*daiquiri*
beisbol	*béisbol*	*nené*	*nene*
bebe	*bebé*	*pudín*	*pudin*
búmeran	*bumerán*	*quepís*	*quepis*
búngalo	*bungaló*	*video*	*vídeo*
chofer	*chófer*	*biósfera*	*biosfera*
coctel	*cóctel*	*estratósfera*	*estratosfera*
chasís	*chasis*	*hidrósfera*	*hidrosfera*

i ⟩ Paredes, *Guía*, pág. 27.

69. ¿Se dice *especimen* o *espécimen*?

Se trata de una palabra esdrújula, pues el acento prosódico recae en la sílaba -*pe*-, y por tanto debe llevar tilde. El error se produce al contagiarse de su forma plural, *especímenes*, que desplaza el acento prosódico y la tilde a la sílaba -*ci*-:

⊗ En la selva amazónica han descubierto un nuevo especimen de mono.

⊘ En la selva amazónica han descubierto un nuevo espécimen de mono.

⊘ Los exploradores encontraron varios especímenes sin catalogar.

Este fenómeno se da también en la palabra *régimen*, ya que el plural de *régimen* es *regímenes*, no *régimenes:

⊗ Por más régimenes que sigue, no consigue adelgazar.

⊘ Por más regímenes que sigue, no consigue adelgazar.

En español la posición del acento está restringida a las tres últimas sílabas de las palabras (agudas, llanas y esdrújulas), de modo que no existen palabras sobreesdrújulas, salvo en el caso de las formas verbales con pronombres enclíticos (*enviando* + *se* + *lo* > *enviándoselo*). Esa es la razón por la que las palabras *régimen* y *espécimen* desplazan la sílaba tónica en el plural. En otros casos similares, la esdrújula acabada en consonante se mantiene inalterable en el plural (*los asíndeton, los cárdigan*).

⊗ Los cardiganes y las gabardinas le sientan muy bien.
⊘ Los cárdigan y las gabardinas le sientan muy bien.

i › OLE, pág. 206.

70. ¿Se dice *tactiles* o *táctiles*?

El plural de *táctil* es *táctiles*, porque las formas del plural, como norma, conservan el acento sobre la misma sílaba que lo lleva en la forma singular correspondiente: *sofá* > *sofás*, *mesa* > *mesas*.

⊗ En el futuro todas las pantallas de ordenador serán tactiles.
⊘ En el futuro todas las pantallas de ordenador serán táctiles.

En algunos casos para formar el plural de una palabra es necesario añadir una sílaba, como sucede con los nombres y adjetivos acabados en consonante. Esto provoca un desplazamiento de la sílaba acentuada dentro de la palabra, que se retrasa una posición. Así, las palabras que son agudas en singular se convierten en llanas en su forma plural (*farol* > *faroles, colchón* > *colchones*), las palabras llanas pasan a ser esdrújulas (*fácil* > *fáciles, táctil* > *táctiles*) y las esdrújulas desplazan el acento a la sílaba siguiente (*régimen* > *regímenes, espécimen* > *especímenes*) puesto que no existen palabras sobreesdrújulas (⇨ 57).

La palabra *carácter* es una excepción a esta norma que suele provocar dudas y errores, ya que el plural de *carácter* no es ⊗*carácteres*, sino *caracteres*:

⊗ Siempre están discutiendo: son carácteres incompatibles.
⊘ Siempre están discutiendo: son caracteres incompatibles.

i › OLE, pág. 206; Navarro Tomás, *Manual*, pág. 185.

71. ¿Qué es un diptongo?

El diptongo es la secuencia de dos vocales dentro de una misma sílaba. Tal secuencia solo es posible en español si combinamos las vocales de la siguiente forma:

vocal abierta	vocal cerrada	diptongos	ejemplos
a e o	i u	ai au ei eu oi ou	tráigame Paula reineta Eugenio boina estadounidense
vocal cerrada	vocal abierta	diptongos	ejemplos
i u	a e o	ia ie io ua ue uo	triángulo viento biológico actualidad risueño antiguo
vocal cerrada	vocal cerrada	diptongos	ejemplos
i u	u i	iu ui	ciudadano buitre

ⁱ⟩ *OLE*, págs. 197, 235-237.

72. ¿Cuándo se acentúa un diptongo?

Las palabras que contienen diptongo se ajustan a las reglas generales de acentuación: *dio* no lleva tilde por ser monosílabo, *bonsái* la lleva por ser aguda y terminar en vocal, y *huésped* porque es llana y acaba en consonante distinta de *n* o *s*. Como las sílabas tónicas de estas palabras tienen la peculiaridad de que se componen de dos vocales contiguas, hemos de saber sobre cuál de las dos vocales hay que colocar la tilde. Las reglas son estas:

- Si el diptongo está formado por una vocal abierta (*a, e, o*) y otra cerrada (*i, u*) o viceversa, la tilde recaerá sobre la vocal abierta: *ignoráis, entiéndelo, acción.*

- Si el diptongo está formado por dos vocales cerradas, la tilde deberá colocarse sobre la que está colocada en segundo lugar: *casuística, veintiún.*

Es importante tener en cuenta que todas estas consideraciones se refieren al modo en que han de tratarse gráficamente las palabras que contienen estas secuencias de vocales, no a los modos posibles de pronunciarla. Una palabra como *piano* hay hablantes que la pronuncian bisílaba [piá-no] y otros como trisílaba [pi-á-no], y ambas son igualmente válidas. Pero, a efectos gráficos se considera siempre un diptongo y, por tanto, no debe llevar tilde.

i ▸ OLE, págs. 234, 236-237.

73. ¿Qué es un triptongo y cuándo se acentúa?

El triptongo es la secuencia de tres vocales juntas dentro de una misma sílaba. Para que se produzca un triptongo es necesario que una vocal abierta vaya precedida por una vocal cerrada y seguida de otra: *guau, averigüéis, acuciáis, confiéis, buey.*

Al igual que ocurre con los diptongos, las palabras que contienen triptongos responden a las reglas generales de acentuación: *lieis* no lleva tilde por ser monosílabo, *limpiéis* la lleva por ser aguda y acabar en *-s.*

Cuando la sílaba tónica contiene un triptongo y debe llevar tilde, esta recaerá sobre la vocal abierta: *sonriáis, averigüéis.* Si el acento recae sobre una de las vocales cerradas de la secuencia, se deshace el triptongo: *caíais (ca-í-ais), viviríais (vi-vi-rí-ais).*

i ▸ OLE, págs. 198, 234, 237-238.

74. ¿Qué es un hiato y cuándo se acentúa?

El hiato es la secuencia de dos vocales consecutivas que se pronuncian en sílabas distintas. Los hiatos pueden ser de tres tipos:

- Hiatos formados por la secuencia de dos vocales abiertas distintas: *le-al-tad, Ja-én, a-ho-rro, cro-ar, le-ón, bó-er.*

- Hiatos formados por una vocal abierta seguida o precedida de una vocal cerrada tónica: *Ma-rí-a, Ca-ín, tí-o, o-í, ba-úl, pú-a, cre-í, rí-e.*

- Hiatos formados por dos vocales idénticas: *a-za-har, lo-or, al-co-hol, chi-i-ta, du-un-vi-ro.*

Los hiatos se acentúan conforme a las reglas generales de acentuación si están formados por dos vocales abiertas diferentes o dos vocales idénticas: *azahar, Jaén, ahorro, rehén, lealtad, león, alcohol, croar, bóer, soez.*

Si el hiato está formado por una vocal abierta seguida o precedida de una vocal cerrada tónica, la palabra lleva tilde siempre, que se coloca sobre la vocal cerrada: *geografía, estío, oí, Raúl, actúa, tahúr.*

ℹ️> *OLE*, págs. 198-200, 238-239.

75. ¿Se escribe *construido* o *construído*?

Se debe escribir *construido*, sin tilde, porque es palabra llana y acabada en vocal. En algunas palabras que contienen dos vocales cerradas seguidas, hay hablantes de español que pronuncian diptongo (*construi-do*) y otros hiato (*cons-tru-i-do*). Sin embargo, a efectos gráficos estas secuencias se consideran siempre diptongos, por lo que han de ajustarse a las normas generales de acentuación (⇨ 58). Así, *construido* o *huida* no llevan tilde porque son palabras llanas acabadas en vocal, *cuídate* sí la lleva por ser esdrújula (aunque no en las zonas voseantes) y *alauí* también la lleva por ser aguda acabada en vocal.

⊗ Por fin han construído el nuevo dispensario médico.
∅ Por fin han construido el nuevo dispensario médico.
⊗ Antes de huír, los ladrones desvalijaron varias cajas de caudales.
∅ Antes de huir, los ladrones desvalijaron varias cajas de caudales.
⊗ *Alauí* y *alauita* no son sinónimos de *marroquí*.
∅ *Alaui* y *alauita* no son sinónimos de *marroquí*.

Las consideraciones precedentes sirven también para las secuencias de dos vocales cerradas seguidas. Es frecuente el error de poner tilde en los diminutivos *°riíto, °tiíto, °Rociíto* o *°diíta* por influencia de las palabras de las que derivan: *río, tío, Rocío* o *día*. Las formas correctas son *riito, tiito, Rociito* y *diita*.

⊗ ¿Prefieres que te llamen Rocío o Rociíto?

⊘ ¿Prefieres que te llamen Rocío o Rociito?

⊗ Mi sobrino, que ya tiene treinta años, aún me llama tiíto.

⊘ Mi sobrino, que ya tiene treinta años, aún me llama tiito.

i › *OLE*, págs. 197-198.

PARA SABER MÁS...

¿Qué es un diptongo? ⇨ 71.

¿Qué es un hiato? ⇨ 74.

76. ¿Se escribe *período* o *periodo*?

Las dos formas son igualmente válidas, pero la forma recomendada es *periodo,* con acentuación llana. Aunque la mayoría de las palabras del español tienen una única acentuación y por tanto una sola pronunciación, existe un grupo de palabras que pueden acentuarse y pronunciarse de dos maneras distintas sin que ello suponga un cambio de significado, como *aeróbic ~ aerobic, cartel ~ cártel, frijol ~ fríjol, haiku ~ haikú, olimpiada ~ olimpíada, reuma ~ reúma, travesti ~ travestí* o *video ~ vídeo,* entre otras.

⊕ Después de su primera obra atravesó un largo periodo de inactividad.

⊖ Después de su primera obra atravesó un largo período de inactividad.

⊕ Si no mejora su marca, no podrá acudir a la próxima olimpiada.

⊖ Si no mejora su marca, no podrá acudir a la próxima olimpíada.

⊕ El haiku es un poema tradicional japonés de tres versos.

⊖ El haikú es un poema tradicional japonés de tres versos.

También admiten doble acentuación las palabras formadas a partir de los componentes:

■ *-mancia ~ -mancía (bibliomancia* o *bibliomancía).* Con uso mayoritario de la terminación en diptongo: *quiromancia.*

■ *-plejia ~ -plejía (hemiplejia* o *hemiplejía).* El uso mayoritario es con diptongo: *tetraplejia.*

■ *-iaco/a ~ -íaco/a (austriaco* o *austríaco).* El uso mayoritario es con diptongo: *policiaco.*

- *-sfera* (*atmósfera* o *atmosfera*). En el español de América estos compuestos se pronuncian y escriben como esdrújulos (*hidrósfera*), pero en el español europeo se prefiere la pronunciación llana (*litosfera*), excepto en *atmósfera*.

- *-scopia ~ -scopía* (*artroscopia* o *artroscopía*). Con preferencia por el uso con diptongo: *microscopia*.

La doble pronunciación suele ser un fenómeno transitorio en el tiempo que se resuelve siguiendo dos tendencias:

- Se impone la pronunciación llana porque es la que responde al patrón acentual del español (*austriaco* frente a *austríaco*).

- Se impone la pronunciación esdrújula en los cultismos o en aquellas palabras que se perciben como cultismos por su significado (*médula* frente a *medula*).

ⁱ⟩ *OLE*, pág. 231.

···

PARA SABER MÁS...

Existe un término con triple pronunciación: *bustrofedón, bustrofedon* y *bustrófedon*. El *DRAE* define este término como: 'manera de escribir, empleada en la Grecia antigua, que consiste en trazar un renglón de izquierda a derecha y el siguiente de derecha a izquierda'.

···

77. ¿Las siglas llevan tilde?

No, nunca. Ni tampoco los acrónimos, que son un tipo especial de siglas cuyas letras se leen de seguido, sin deletrearlas. Las siglas se escriben con todas sus letras en mayúscula, sin tilde y sin plural (*IVA, CD, NIF, ONG, ISO*). Por ejemplo, el acrónimo *CIA* se escribe sin tilde, aunque se pronuncie con un hiato:

⊗ En las películas, siempre es la CÍA quien se encarga de estos asuntos.

⊘ En las películas siempre es la CIA quien se encarga de estos asuntos.

⊗ La resolución se ha publicado ya en el BÓE.

⊘ La resolución se ha publicado ya en el BOE.

Solo deben someterse a las reglas de acentuación gráfica los acrónimos lexicalizados, que se escriben con minúsculas: *Renfe, Unesco, sida, ovni, láser, Fundéu*:

- ⊗ La cirugía con laser apenas deja cicatriz.
- ⊘ La cirugía con láser apenas deja cicatriz.
- ⊗ La Fundeu tiene una magnífica página de consultas lingüísticas en Internet.
- ⊘ La Fundéu tiene una magnífica página de consultas lingüísticas en Internet.

i › *OLE*, pág. 584.

....

PARA SABER MÁS...
¿Qué es una sigla? ⇨ 171.

....

78. ¿Las abreviaturas llevan tilde?

Si la palabra completa tiene una vocal con tilde y la abreviatura incluye esa vocal, debe mantenerse también la tilde: *Admón.* por *Administración*, *pág.* por *página*, *Cía.* por *Compañía*, *núm.* por *número*, etc.:

- ⊗ Para más información, consúltese la pag. 15.
- ⊘ Para más información, consúltese la pág. 15.
- ⊗ El seguro del coche lo tengo contratado con Vuelcos y Cia.
- ⊘ El seguro del coche lo tengo contratado con Vuelcos y Cía.
- ⊗ Enviar documento num. 153.
- ⊘ Enviar documento núm. 153.

En este mismo sentido, cuando se abrevia un nombre propio con sus iniciales, se debe aplicar la misma norma, de modo que escribiremos *J. Á.* para *José Ángel*:

- ⊘ Entregar en mano a J. Á. Ramírez Sanz.

i › *OLE*, pág. 575.

79. ¿Cuántas tildes se ponen sobre los nombres propios de persona compuestos?

Tantas como deban llevar los nombres simples correspondientes. El nombre *María Angélica* lleva dos, porque *María* es palabra llana acaba en vocal, pero lleva tilde en la *í* para señalar el hiato, y *Angélica* es palabra esdrújula. El nombre *José Ramón* también, porque ambas son palabras agudas.

> ⊘ ¿Has avisado a María Angélica?
> ⊘ No sé si José Ramón podrá acompañarnos.

En el caso de los nombres propios de persona compuestos, cuando ambos nombres se funden gráficamente en una sola palabra, se elimina la tilde del primero de ellos, en caso de llevarla.

> ⊘ También hemos invitado a Josemaría.
> ⊘ Marialuisa y Angelamaría han confirmado su asistencia.

Hay que tener en cuenta que, si el compuesto resultante es una palabra que deba llevar tilde, hay que ponérsela, aunque los nombres originales no la llevaran. La forma correcta de escribir en una sola palabra *Juan Luis* es *Juanluís*, porque el compuesto es una palabra aguda acabada en -*s*.

> ⊗ ¿No ha llamado aún Juanluis?
> ⊘ ¿No ha llamado aún Juanluís?

i › *OLE*, págs. 273-276.

....

PARA SABER MÁS...

Sobre la acentuación de palabras compuestas: ⇨ 63, 64 y 65.

A pesar de que los nombres propios de persona pueden escribirse en una sola palabra, no conviene hacerlo si el resultado de la fusión gráfica deforma la pronunciación original del nombre. Así, es desaconsejable escribir los nombres compuestos Ángel Luis o Isaac Héctor como ®*Angelluis* e ®*Isaachéctor* respectivamente.

....

80. **¿Por qué *denos* no lleva tilde, si es el imperativo de *dar*?**

Porque se trata de una palabra llana acabada en -*s*. La duda aparece porque el primer elemento del compuesto es la forma verbal *dé,* con tilde diacrítica para diferenciarla de la preposición *de,* pero en este caso de compuestos por fusión gráfica el primer elemento pierde la tilde en caso de llevarla.

⊗ Por favor, dénos dos entradas de patio centradas.
⊘ Por favor, denos dos entradas de patio centradas.
⊗ Este trabajo está incompleto. Déle un repaso.
⊘ Este trabajo está incompleto. Dele un repaso.

Este error a veces se extiende a otras palabras que ni siquiera llevan tilde en la forma verbal del compuesto, como ⊛*díle* (*di + le*) o ⊛*dínos* (*di + nos*).

⊗ Díle la verdad.
⊘ Dile la verdad.
⊗ Dínos quién miente.
⊘ Dinos quién miente.

i › *OLE*, págs. 274-275.

81. ¿*Tú mismo* o *tu mismo*?

Las dos expresiones son válidas, pero tienen significados diferentes y se usan en contextos muy distintos. La primera contiene el pronombre personal *tú* y se usa para identificar a la persona que habla (*Lo puedes hacer tú mismo; Entra tú mismo*) y para advertir al interlocutor de que se atenga a las consecuencias de sus decisiones (*¿Insistes en discutir con tu jefe? Tú mismo*). La expresión *tu mismo* contiene el determinante posesivo *tu* y debe aparecer seguido de un nombre (*He seguido tu mismo criterio*).

El *tú* pronombre personal sujeto de segunda persona del singular es una palabra tónica y se escribe con tilde diacrítica, para diferenciarlo del *tu* posesivo, que es átono y no lleva tilde pues es una palabra monosílaba.

⊗ Tu ya lo conoces...
⊘ Tú ya lo conoces...
⊗ ¿Aquel es tú coche?
⊘ ¿Aquel es tu coche?

La **tilde diacrítica** se emplea para diferenciar dos palabras de idéntica forma pero diferente función, cuando al menos una de las dos no posee significado pleno. Por eso no se emplea para diferenciar, por ejemplo, *sal* (verbo *salir*) y *sal* (nombre de una sustancia):

⊘ Sal un momento al supermercado y compra pan, tomates y sal.

Los monosílabos que pueden llevar tilde diacrítica en español, aparte de los interrogativos (⇨ 87), son los siguientes:

Preposición: *Viajaremos de Córdoba a Jaén.* Nombre de letra: *La letra de es la cuarta letra del alfabeto.*	*de*	*dé*	Verbo dar (3.ª p. s. presente subjuntivo /imperativo): *¿Quieres que les dé un riego a las plantas?*
Artículo: *Baja un poco el tono.*	*el*	*él*	Pronombre personal: *Eso deberías contárselo a él.*
Conjunción adversativa equivalente a *pero* (de uso exclusivamente literario): *Se lo pedí por favor, mas no quiso escucharme.*	*mas*	*más*	Cuantificador (adverbio, determinante o pronombre): *No le pongas más sal a la ensalada.* Conjunción equivalente a *y*: *Ocho más dos son diez.* Nombre del signo matemático: *En esta ecuación falta un más.*
Posesivo: *Esa es mi hermana.* Nombre de una nota musical: *Ese mi bemol no está bien ahí.*	*mi*	*mí*	Pronombre personal: *¿Me lo dices a mí?*
Pronombre personal: *Ahora mismo se acaba de enterar.*	*se*	*sé*	Verbo saber (1.ª p. s. presente de indicativo): *Ya sé lo que dices.* Verbo ser (2.ª p. s. presente de imperativo): *Por favor, sé prudente.*
Conjunción condicional: *Si no me avisas, ni me entero.* Conjunción completiva: *No me dijo si vendría o no.* Nombre de una nota musical: *Entre si y do solo hay medio tono.*	*si*	*sí*	Adverbio de afirmación: *Ha dicho que sí vendrá.* Pronombre personal: *Parece muy satisfecha de sí misma.* Nombre equivalente a 'aprobación': *Aún no ha dado el sí definitivo.*
Pronombre personal: *Espero que te guste el regalo.* Nombre de la letra: *Teresa se escribe con te mayúscula.*	*te*	*té*	Nombre de la planta y de la infusión que se prepara con ella: *¿Conoces la planta del té?*

ⁱ⟩ *OLE*, págs. 242-245.

82. ¿En qué casos lleva tilde la palabra *ti*?

Nunca. La palabra *ti* se escribe siempre sin tilde, porque es un monosílabo y los monosílabos solo llevan tilde diacrítica cuando tienen una forma átona y otra tónica y queremos distinguir ambas. En este caso el pronombre *ti* es la única forma en español de esta palabra y es siempre tónico.

⊗ ¿A tí qué te importa?
⊘ ¿A ti qué te importa?

La causa más probable de este error es que los dos pronombres correspondientes a la primera y tercera persona del singular: *mí* y *sí* llevan tilde diacrítica para distinguirse del determinante posesivo y de la conjunción condicional respectivamente.

i › *OLE*, pág. 244.

PARA SABER MÁS...

Sobre los acentos diacríticos: ⇨ 81 y 87.

83. ¿Cuándo se escribe *solo* con tilde?

Ya no se admite en ningún caso. Hasta hace muy poco se utilizaba un acento diacrítico en *solo* adverbio, que equivale a *solamente,* para diferenciarlo del adjetivo, equivalente a *solitario, sin compañía,* pero en sus últimas recomendaciones la Academia suprime el uso de la tilde diacrítica en el adverbio *solo* puesto que no cumple el requisito de oponer palabras tónicas a palabras átonas, ya que *solo* es tónica en cualquiera de sus funciones.

⊗ Sólo tengo una hermana.
⊘ Solo tengo una hermana.
⊗ Estuve sólo toda la tarde.
⊘ Estuve solo toda la tarde.

⊗ Sólo tomo café solo cuando estoy solo.
⊘ Solo tomo café solo cuando estoy solo.

Para los casos de posible ambigüedad, tales como *tomé el café solo,* que puede interpretarse como 'únicamente tomé el café' y 'tomé el café sin leche'; o *estuve solo en el parque* que puede entenderse como 'estuve en el parque y en ningún otro sitio' o 'estuve en el parque sin ninguna compañía', se señala que son raros y rebuscados y que pueden evitarse mediante recursos que fuercen a una única interpretación, como:

- El empleo de sinónimos (*Tomé solamente el café*).
- Una puntuación adecuada (*Estuve solo. En el parque*).
- La inclusión de algún elemento que impida el doble sentido (*Estuve en el parque, solo con mis pensamientos*).
- El cambio en el orden de palabras (*Solo tomé el café*).

i ⟩ *OLE*, págs. 269-270.

....

PARA SABER MÁS...
Otros casos de ambigüedad: ⇨ 403, 404 y 405.

....

84. ¿Cuándo se debe poner tilde a *este*?

En ningún caso. Los demostrativos *este, ese, aquel* y sus correspondientes variantes en género y número (*esta, esa, aquella, estos, esos, aquellos, estas, esas, aquellas, esto, eso, aquello*) son palabras agudas acabadas en *-l*, o llanas acabadas en vocal o en *-s*, por lo que no deben escribirse con tilde, independientemente de que las usemos como determinantes o como pronombres:

⊗ Aquel abrigo no me gusta por el color, pero éste sí.
⊘ Aquel abrigo no me gusta por el color, pero este sí.
⊗ Me he encontrado dos bufandas, ¿de quién es ésta?
⊘ Me he encontrado dos bufandas, ¿de quién es esta?
⊗ No sé si la que va aquí es esta pieza o ésa otra.
⊘ No sé si la que va aquí es esta pieza o esa otra.

El uso de la tilde diacrítica para distinguir la función de determinativo de la función de pronombre se ha suprimido recientemente por la RAE, por las mismas razones aducidas para la forma *solo* (⇨ 83).

En cuanto a las formas neutras de los demostrativos, *esto, eso, aquello*, no cabe la duda: la norma ha exigido siempre que se escribieran sin tilde, ya que solo pueden funcionar como pronombres.

i › *OLE*, pág. 269.

85. ¿En qué casos se escribe *aún* con tilde y en cuáles no?

La palabra *aún* se escribe con tilde y se pronuncia como bisílaba, tónica y con hiato cuando puede sustituirse por *todavía*, pero se escribe sin tilde, como palabra átona y monosílaba, cuando equivale a *hasta*, *incluso*, *también* o (ni) *siquiera*.

- ⊗ ¿Aun no has terminado de comer?
- ⊘ ¿Aún no has terminado de comer? = ¿Todavía no has terminado de comer?
- ⊗ Su nueva novela es mejor aun que la anterior.
- ⊘ Su nueva novela es mejor aún que la anterior. = Su nueva novela es todavía mejor que la anterior.
- ⊗ Aún los más inteligentes fracasaron.
- ⊘ Aun los más inteligentes fracasaron. = Hasta los más inteligentes fracasaron.
- ⊗ Vinieron todos los que estaban invitados y aún algunos que no lo estaban.
- ⊘ Vinieron todos los que estaban invitados y aun algunos que no lo estaban. = Vinieron todos los que estaban invitados y también algunos que no lo estaban.
- ⊗ Aún lesionado, jugó un buen partido.
- ⊘ Aun lesionado, jugó un buen partido. = Incluso lesionado, jugó un buen partido.
- ⊗ Ni aún tú, con tu simpatía, conseguiste convencerlo.
- ⊘ Ni aun tú, con tu simpatía, conseguiste convencerlo. = Ni siquiera tú, con tu simpatía, conseguiste convencerlo.

La tilde que se usa en *aún* no es una tilde diacrítica sino que responde a las reglas ortográficas, para marcar el hiato en el caso de la bisílaba *aún*. Esta diferencia en la pronunciación (*aún* bisílaba tónica frente a *aun* monosílaba átona) debería servirnos para establecer la distinción gráfica en la escritura.

i › *OLE*, págs. 271-272.

86. ¿La conjunción *o* entre dos números debe llevar tilde?

No, porque es un monosílabo átono y solo las palabras tónicas pueden llevar tilde, salvo que sea diacrítica. Hasta ahora se recomendaba tildar la *o* cuando aparecía entre dos números, para evitar que se confundiera con ellos (*2 o 3*, frente a *203*), pero esta tilde es innecesaria porque la diferencia entre la *o* y el *0* es bastante apreciable en tamaño y forma, además de que la *o* va separada por espacios a ambos lados, tanto en la escritura manual como en la mecánica.

⊗ ¿Cuál es la solución?, ¿2537 ó 2637?
⊘ ¿Cuál es la solución?, ¿2537 o 2637?

Tampoco es admisible el uso de la *o* con tilde entre dos palabras que designan números escritos con letras.

⊗ Asistieron seis ó siete personas.
⊘ Asistieron seis o siete personas.

i › OLE, pág. 270.

....

PARA SABER MÁS...

Sobre el uso de la *o* y la *u* como conjunciones: ⇨ 41.

....

87. ¿Cómo puedo saber en qué casos se acentúan las palabras *qué, quién, cuándo, dónde, cómo...*?

Las palabras *qué, quién* (*quiénes*), *cuál, cómo, cuándo, dónde, cuánto* (*cuánta, cuántos, cuántas*), *cuán* y *adónde* llevan tilde diacrítica para diferenciar su uso como formas tónicas de su uso como formas átonas, conforme a la siguiente tabla:

			Ejemplos
CON TILDE	Pronombres y adverbios interrogativos	Directas	*¿Qué dice ahí?* *¡Quién lo iba a decir!* *¿Cuáles son tus calcetines?* *¡Cómo te has puesto!* *¿Cuántas veces tengo que decírtelo?* *¿Dónde quedamos?*
		Indirectas	*No sé dónde lo he puesto.* *Ignoro cuándo llegaron.* *Me pregunto cómo lo hace.* *Imagina cuánto se rieron al verlo.*
	Pronombres y adverbios sustantivados por un artículo o determinante		*En estos asuntos tan complejos importa, no solo el dónde, sino también el qué, el quién, el cuándo y, por supuesto, el cuánto.*

		Ejemplos
CON TILDE	En unidades fraseológicas: *el qué dirán, mira por dónde, quién sabe, quién lo iba a decir...*	*Le importa mucho el qué dirán.* *Mira por dónde, has acertado.* *Quién sabe dónde andará.*
SIN TILDE	Relativos	*Esta es la casa donde vivió Cervantes.* *No me gusta el modo como me mira.* *Me dejé en casa los libros que compré en la feria.* *Come cuanto gustes.*
	Conjunciones	*Quisiera que me escucharas.* *No es tan simpático como parecía.* *Cuando él lo afirma, será cierto.*
	En unidades fraseológicas: *¿a que...?, como si tal cosa, cual más, cual menos, cuando más/menos, en cuanto, cada cual/quien*	*¿A que no te atreves a decírselo?* *Me lo dijo y se quedó como si tal cosa.* *Cual más cual menos, todos tenemos secretos.* *Debes lavarte los dientes cuando menos tres veces al día.* *En cuanto lo veas, me lo dices.* *Cada quien atienda a sus asuntos.*

Si prestamos atención al modo en que las pronunciamos, reconoceremos cuándo se trata de formas átonas y cuándo son formas tónicas, ya que la diferencia entre ambas produce variaciones en el significado, como se ve en estas parejas de expresiones:

No dijo que había comido./No dijo qué había comido.
Investigué donde se cometió el crimen./Investigué dónde se cometió el crimen.
Yo no miro como miras tú./Yo no miro cómo miras tú.
Me preguntó cuando llegábamos./Me preguntó cuándo llegábamos.
Ya sé cuanto debo saber./Ya sé cuánto debo saber.

Estos pronombres y adverbios en el inicio de oraciones interrogativas totales (aquellas en que la pregunta se refiere solo al verbo y se puede contestar con un *sí* o un *no*), no son partículas interrogativas, como se puede ver en la pronunciación, por lo que no deben llevar tilde:

⊗ ¿Qué no vais a venir?
⊘ ¿Que no vais a venir?

85

⊗ ¿Quién llegue el último pierde la apuesta?
⊘ ¿Quien llegue el último pierde la apuesta?
⊗ ¿Cuándo lo pones en marcha hace un ruido extraño?
⊘ ¿Cuando lo pones en marcha hace un ruido extraño?
⊗ ¿Dónde viven tus padres hay ascensor?
⊘ ¿Donde viven tus padres hay ascensor?
⊗ ¿Cómo tú lo hiciste puedo hacerlo yo?
⊘ ¿Como tú lo hiciste puedo hacerlo yo?

i › *OLE*, págs. 245-268.

SOBRE EL USO DE LAS MAYÚSCULAS

88. ¿Las mayúsculas se acentúan?

Sí. Las letras mayúsculas deben llevar tilde siempre que lo exijan las reglas de acentuación. Esta norma se aplica tanto a las que van en posición inicial en los nombres propios (*Álvaro, África, Écija*) como a las que aparecen al comienzo de un enunciado (*Él lo sabe mejor que nadie*) o las palabras que se escriben con todas sus letras en mayúsculas (*COMPAÑÍA TELEFÓNICA NACIONAL*):

⊗ ¿Qué te parece Alvaro como nombre?
⊘ ¿Qué te parece Álvaro como nombre?
⊗ He recibido una circular de la COMPAÑIA TELEFONICA NACIONAL.
⊘ He recibido una circular de la COMPAÑÍA TELEFÓNICA NACIONAL.

La causa de la afirmación errónea de que «Las mayúsculas no se acentúan» hay que buscarla en antiguos problemas técnicos relacionados con los tipos de imprenta o con las máquinas de escribir, lo cual nunca afectó a la letra manuscrita.

i › *OLE*, pág. 448.

....

PARA SABER MÁS...

Igualmente, las letras mayúsculas deben escribirse con diéresis (¨) cuando lo exija su pronunciación:

⊗ HERMANOS ANGUÍ, PARAGUEROS.
⊘ HERMANOS ANGÜÍ, PARAGÜEROS.

Ambas normas, respecto a la tilde y la diéresis, son de aplicación también en el caso de las letras versalitas (⇨ 187). El único signo que no se usa igual en las minúsculas y las mayúsculas es el punto, que lo llevan las minúsculas *i, j*, pero no debe colocarse sobre las mayúsculas respectivas, *I, J*.

....

89. **¿Todos los nombres de lugar son nombres propios?**

Depende del nombre al que nos estemos refiriendo. El nombre con el que se designa un lugar determinado se denomina **topónimo** y es un nombre propio que, por tanto, debe escribirse con mayúscula, conforme a las normas ortográficas: *Villanueva de la Serena, Valparaíso, Ciudad Juárez, Venezuela, Hispanoamérica*.

Los nombres que designan accidentes geográficos o áreas territoriales, sin embargo, son nombres comunes y se deben escribir en minúscula: *pueblo, región, provincia, comarca, cordillera, sierra, lago, río, océano*. Como es natural, se exceptúan los casos en que estos nombres comunes forman parte de un nombre propio: *Sierra Leona*.

ⓘ *OLE*, págs. 475, 640.

....

PARA SABER MÁS...
Sobre las denominaciones geográficas: ⇨ 98.

....

90. **¿La palabra *país* se escribe con mayúscula o con minúscula?**

La palabra *país* se escribe con minúscula cuando se usa como nombre común, pero se escribe con mayúscula cuando forma parte de un topónimo:

- ⊗ Fuimos de vacaciones a Chile y durante dos meses recorrimos todo el País.
- ⊘ Fuimos de vacaciones a Chile y durante dos meses recorrimos todo el país.
- ⊗ Estuve de vacaciones en el país vasco.
- ⊘ Estuve de vacaciones en el País Vasco.

Este uso de las mayúsculas es extensible a un grupo de sustantivos comunes que pueden usarse como propios cuando designan entidades, organismos o instituciones: *la Administración, el Ejército, la Iglesia, la Universidad,* etc., para distinguirlos de su uso como nombres comunes: *administración, ejército, iglesia, universidad,* etc.

- ⊗ El Ejército enemigo se aprestó al combate.
- ⊘ El ejército enemigo se aprestó al combate.
- ⊗ El ejército se convirtió en el principal soporte del gobierno.
- ⊘ El Ejército se convirtió en el principal soporte del Gobierno.

Existe un grupo de palabras, como *nación, humanidad, misa, bandera,* etc., que a veces pueden aparecer con mayúsculas para destacar la relevancia que quien escribe quiere dar a lo designado. Este tipo de mayúsculas no está justificado lingüísticamente y tiene un carácter subjetivo, por lo cual se recomienda evitarlas.

- ⊖ Para finalizar, se celebró un sentido homenaje a la Bandera nacional.
- ⊕ Para finalizar, se celebró un sentido homenaje a la bandera nacional.

i › *OLE,* págs. 475-482.

91. ¿Cómo se debe escribir: *La Habana* o *la Habana*?

Para referirnos a la capital de Cuba, la forma correcta es *La Habana,* porque el artículo forma parte del nombre propio, como en otros topónimos similares: *La Haya, Las Palmas* o *El Cairo.* En los casos en que no forma parte del topónimo, el artículo se escribirá con minúscula:

- ⊗ Visitaremos la Habana, Bayamo y Santiago de Cuba.
- ⊘ Visitaremos La Habana, Bayamo y Santiago de Cuba.
- ⊗ Me encanta La Córdoba de los patios engalanados.
- ⊘ Me encanta la Córdoba de los patios engalanados.

Para determinar si el artículo forma parte del topónimo o no, podemos comprobar que los topónimos con artículo permiten anteponer al grupo otro determinante, posesivo o demostrativo, pero no permiten intercalar un adjetivo entre el artículo y el nombre:

- ⊘ Aquella Las Palmas que yo conocí era muy distinta.
- ⊘ Las Palmas que yo conocí era muy distinta.
- ⊗ Estuvimos visitando la industrial Haya.

⊘ Estuvimos visitando la industrial La Haya.
⊗ Te llevaré a conocer aquel El Madrid de mis años de estudiante.
⊘ Te llevaré a conocer aquel Madrid de mis años de estudiante.
⊘ Iremos a explorar el fabuloso Amazonas.
⊘ Iremos a explorar el Amazonas.

Sin embargo, precisamente el nombre de la capital cubana que comentamos en esta sección es una excepción a esta regla, ya que permite expresiones en las que se elimina el artículo, junto a otras en las que lo conserva, como se ve en los siguientes casos:

⊘ Esta es mi Habana favorita.
⊘ Así era la maravillosa Habana en que yo nací.
⊘ Así era la maravillosa La Habana en que yo nací.

i〉 *OLE*, págs. 463-465.

92. ¿*Dirígete hacia el norte* o *Dirígete hacia el Norte*?

Dirígete hacia el norte, pues los nombres de los puntos cardinales son nombres comunes y se escriben con minúscula cuando indican una dirección o una orientación. Solo se escriben con mayúscula cuando forman parte de un nombre propio compuesto:

⊗ Bolivia está al Norte de Chile.
⊘ Bolivia está al norte de Chile.
⊗ Europa del este comenzó a desaparecer en 1989.
⊘ Europa del Este comenzó a desaparecer en 1989.

i〉 *OLE*, pág. 499.

....

PARA SABER MÁS...
Los símbolos de los puntos cardinales se escriben con mayúscula y sin punto (⇨ 168 y 169).
....

93. ¿Se debe escribir *internet,* con minúscula, o *Internet,* con mayúscula?

El *DRAE*, en su avance de la vigésima tercera edición, presenta la entrada de esta palabra en minúscula, pero admite que también se puede escribir con mayúscula inicial.

⊖ Ahí, está, todo el día enganchado a Internet.
⊕ Ahí, está, todo el día enganchado a internet.

La palabra *internet* se define como 'red informática mundial, descentralizada, formada por la conexión directa entre computadoras mediante un protocolo especial de comunicación'. En su origen es el nombre propio de una red concreta, por ello se recomendaba su escritura con mayúscula inicial (en el *DPD* podemos leer esta recomendación) pero se ha lexicalizado como nombre común, puesto que ahora se habla de *internet* como de un medio o canal de comunicación (*Pueden ver el programa a través de internet; Escucho la radio por internet*). Puede usarse precedido de un determinante masculino, pero no es necesario. También puede seguir a un artículo o determinante femenino, pues en este caso estamos omitiendo la palabra *red* (equivalente español del inglés *net*).

⊘ El internet que yo conocí entonces era muy diferente a este internet que manejamos ahora.
⊘ La [red de] internet que yo conocí entonces era muy diferente a esta internet que manejamos ahora.

i › *DRAE, s. v. internet; DPD, s. v. Internet.*

....

PARA SABER MÁS...

Se trata de un extranjerismo adaptado, por lo que se puede escribir en letras redondas. La palabra se pronuncia como aguda, no como esdrújula, por lo que debe escribirse sin tilde: *⊛ínternet*.

....

94. ¿Cómo se debe escribir: *Llegó la Navidad* o *Llegó la navidad*?

Se debe escribir *Llegó la Navidad*, con mayúscula inicial en la palabra *Navidad* porque los nombres y los adjetivos con que se denominan las festividades se escriben con mayúscula.

⊗ No todo el mundo disfruta de la navidad.
⊘ No todo el mundo disfruta de la Navidad.
⊗ En la oficina hemos celebrado el día internacional de la Mujer.
⊘ En la oficina hemos celebrado el Día Internacional de la Mujer.
⊗ La fiesta de Año nuevo será en casa de Lorenzo.
⊘ La fiesta de Año Nuevo será en casa de Lorenzo.

Cuando el nombre de la festividad se usa para referirse al periodo en que se celebra, se usa generalmente en plural y puede escribirse también con minúsculas.

⊘ ¿Vendréis a visitarnos por Navidades?
⊘ ¿Vendréis a visitarnos por navidades?
⊘ La Semana Santa pasada viajamos a Andalucía.
⊘ La semana santa pasada viajamos a Andalucía.
⊘ Las próximas Pascuas habrá luna llena.
⊘ Las próximas pascuas habrá luna llena.

i › *OLE*, págs. 502-503; *DPD*, *s. v.* Navidad.

95. ¿Se escribe *presidente del Gobierno*, *Presidente del Gobierno* o *presidente del gobierno*?

Debemos escribir *presidente del Gobierno* ya que los nombres que designan cargos, títulos o dignidades (*presidente, secretario, papa, infanta, rey...*) se deben escribir con minúscula.

⊗ El Papa realizará una visita a nuestro país durante los próximos cuatro días.
⊘ El papa realizará una visita a nuestro país durante los próximos cuatro días.
⊗ El Presidente del tribunal de cuentas presentó ayer su informe anual.
⊘ El presidente del Tribunal de Cuentas presentó ayer su informe anual.
⊗ El Rey y la Reina presidirán la entrega del premio cervantes.
⊘ El rey y la reina presidirán la entrega del Premio Cervantes.
⊗ El Jefe de Estudios es el encargado de elaborar los horarios de los profesores.
⊘ El jefe de estudios es el encargado de elaborar los horarios de los profesores.

Se escriben con mayúscula, en cambio, las palabras significativas de la denominación de entidades, instituciones, organismos, organizaciones, partidos políticos, asociaciones, etc.: *Gobierno, Universidad Complutense, Ministerio de Justicia, Asociación de Damnificados por el Terremoto de Lorca*, etc.

⊗ Está cursando un máster en la Universidad complutense.
⊘ Está cursando un máster en la Universidad Complutense.

⊗ Las normas del ministerio de Justicia entrarán en vigor inmediatamente.

⊘ Las normas del Ministerio de Justicia entrarán en vigor inmediatamente.

⊗ La Reina visitó la Asociación de refugiados y asilados.

⊘ La reina visitó la Asociación de Refugiados y Asilados.

En los nombres de instituciones o asociaciones que incluyan preposiciones con carga semántica significativa, la preposición puede escribirse también con mayúsculas.

⊗ Me gustaría ser colaborador de Periodistas sin Fronteras

⊘ Me gustaría ser colaborador de Periodistas Sin Fronteras

i › *OLE*, págs. 470-471, 482-483.

96. Para referirme a la novela, ¿debo escribir *Los Miserables, los Miserables* o *Los miserables*?

La forma correcta es *Los miserables*. Debe escribirse con mayúscula solo la primera palabra del título de cualquier obra de creación (*Cien años de soledad, El pensador*), salvo que alguna de las palabras del título requiera el uso de mayúscula por razón de su entidad (*La importancia de llamarse Ernesto, Los fusilamientos de la Moncloa*).

⊗ No conozco la versión cinematográfica del musical de *los Miserables*.

⊘ No conozco la versión cinematográfica del musical de *Los miserables*.

⊗ Si visitas el museo Rodin, dedícale un buen rato a contemplar *El Pensador*.

⊘ Si visitas el museo Rodin, dedícale un buen rato a contemplar *El pensador*.

Es un error frecuente escribir con mayúscula el artículo con el que presentamos el título de una obra, cuando no forma parte de él:

⊗ Durante este curso leeré *La Odisea* y *La Ilíada*.

⊘ Durante este curso leeré la *Odisea* y la *Ilíada*.

i › *OLE*, págs. 487-488.

PARA SABER MÁS...

Sobre el uso de la cursiva para los títulos de las obras: ⇨ 188 y 189.

97. ¿Se escribe *profesor de matemáticas* o *profesor de Matemáticas*?

La forma correcta en este caso es *profesor de Matemáticas*, con mayúscula. Los nombres y adjetivos de las disciplinas científicas y las ramas de conocimiento se escriben, en general, con minúscula, pero se escriben en mayúscula en contextos académicos o cuando designan el nombre de una materia de estudio.

⊗ Las Matemáticas me resultan muy entretenidas.
⊘ Las matemáticas me resultan muy entretenidas.
⊗ Soy licenciado en económicas y ahora me he matriculado en historia.
⊘ Soy licenciado en Económicas y ahora me he matriculado en Historia.
⊗ La Historia y la Filosofía son dos temas que me apasionan.
⊘ La historia y la filosofía son dos temas que me apasionan.

i › *OLE*, pág.493-494.

....

PARA SABER MÁS...

Cuando el nombre de una asignatura resulta excesivamente largo, solo se escribe con mayúscula la primera palabra; la denominación completa se escribe entre comillas, para delimitar su extensión:

> Este año voy a cursar «Introducción al pensamiento de Hegel» durante el primer cuatrimestre.

....

98. ¿Se escribe *Océano Atlántico* u *océano Atlántico*?

La forma correcta es *océano Atlántico*. Estas denominaciones de accidentes geográficos están formadas por un sustantivo común genérico, en este caso *océano*, y otro propio y distintivo, como *Atlántico*: *el lago Titicaca, el río Orinoco, la sierra de Gata, el pico de Los Claveles, el mar Mediterráneo*.

⊗ El Océano Atlántico ocupa el 20 % de la superficie del planeta.
⊘ El océano Atlántico ocupa el 20 % de la superficie del planeta.
⊗ Venezuela y Colombia comparten el Río Orinoco.
⊘ Venezuela y Colombia comparten el río Orinoco.

Cuando se suprime el nombre genérico en la denominación, el artículo se sigue escribiendo con minúscula: *el lago Titicaca > el*

Titicaca, el río Orinoco > el Orinoco, el mar Mediterráneo > el Mediterráneo.

⊗ ¿Qué río es más caudaloso: El Orinoco o El Amazonas?
⊘ ¿Qué río es más caudaloso: el Orinoco o el Amazonas?

Si el nombre genérico forma parte del nombre propio, deberá escribirse con mayúscula: *Picos de Europa, Sierra Morena, Montañas Rocosas.*

⊗ El monte Elbert es el pico más alto de las montañas Rocosas.
⊘ El monte Elbert es el pico más alto de las Montañas Rocosas.

Cuando nos referimos a un accidente geográfico usando un nombre genérico más un adjetivo derivado del nombre del lugar (topónimo), ambos elementos deben escribirse en minúsculas: *península ibérica* (de Iberia), *islas británicas* (de Britania), *meseta toledana* (de Toledo), *cordillera andina* (de los Andes). Nótese la diferencia con expresiones como *islas Canarias* en las que *Canarias* no es término derivado de un topónimo anterior.

⊗ El Aconcagua es el punto más alto de la Cordillera Andina.
⊘ El Aconcagua es el punto más alto de la cordillera andina.
⊗ Las Islas Canarias tienen un clima muy benigno.
⊘ Las islas Canarias tienen un clima muy benigno.

i⟩ OLE, págs. 460-463, 476-477.

....

PARA SABER MÁS...
Sobre la escritura de los nombres propios de lugar: ⇨ 89.

....

99. ¿Está bien escrito *don* en *don Francisco de Quevedo*?

Sí. Las fórmulas de tratamiento son nombres y adjetivos comunes y deben escribirse con minúscula, tanto si preceden a un nombre como si se utilizan en función apelativa, para dirigirnos a las personas.

⊗ Uno de los más grandes poetas del Renacimiento es Fray Luis de León.
⊘ Uno de los más grandes poetas del Renacimiento es fray Luis de León.
⊗ ¿Puede recibirme, Doctor?
⊘ ¿Puede recibirme, doctor?

Sin embargo, si la fórmula de tratamiento es parte integrante de un nombre propio, debemos escribirlo en mayúscula.

⊗ Este año nos gustaría ir a Pamplona por san Fermín.
⊘ Este año nos gustaría ir a Pamplona por San Fermín.
⊗ Mis padres vivieron muchos años en don Benito, en Badajoz.
⊘ Mis padres vivieron muchos años en Don Benito, en Badajoz.

Las fórmulas honoríficas correspondientes a las más altas dignidades (*su santidad, su majestad, su excelencia*) pueden escribirse con mayúscula cuando se utilizan con carácter individualizador, es decir, cuando no van acompañadas del nombre.

⊗ El próximo año recibiremos la visita pastoral de su santidad.
⊘ El próximo año recibiremos la visita pastoral de Su Santidad.
⊗ El próximo año recibiremos la visita pastoral de Su Santidad Francisco.
⊘ El próximo año recibiremos la visita pastoral de su santidad Francisco.

i › *OLE*, págs. 469-470.

PARA SABER MÁS...

Sobre las abreviaturas de los tratamientos: ⇨ 179.
Sobre la concordancia de estos tratamientos con el nombre al que acompañan: ⇨ 236.

100. ¿Cómo se sabe si una abreviatura va con mayúscula o con minúscula?

Las abreviaturas deben respetar la ortografía de la palabra o expresión abreviada, tanto en las mayúsculas y minúsculas como en las grafías y la acentuación. Así, si la palabra abreviada es un nombre propio, como en el caso de *Estados Unidos*, la abreviatura se escribirá con mayúsculas, pero si se trata de un nombre común, como *página,* se escribirá con minúsculas.

⊗ El equipo de baloncesto de ee. uu. pasó a la final.
⊘ El equipo de baloncesto de EE. UU. pasó a la final.
⊗ Para más información, consultar Pág. 32.
⊘ Para más información, consultar pág. 32.

Se contemplan cuatro excepciones a lo dicho:

- La abreviatura para *código postal* es *C. P.*
- Igualmente se usa *N. del T.* para *nota del traductor.*
- La expresión *por orden* puede abreviarse en las formas *P. O.* y *p. o.*
- La fórmula *que Dios guarde* se puede abreviar *Q. D. G.* y *q. D. g.*

i › *OLE*, págs. 575-576.

PARA SABER MÁS...

Sobre qué es una abreviatura: ⇨ 166.

Las abreviaturas de las fórmulas de tratamiento siempre se escriben con mayúscula inicial (⇨ 179).

101. ¿Se escribe *Lunes, 30 de Abril* o *lunes, 30 de abril*?

La forma correcta es *lunes, 30 de abril.* Los nombres que designan los días de la semana, los meses y las estaciones del año, son nombres comunes y se escriben con minúscula.

- ⊗ El próximo Lunes 30 de Abril comienzo mis vacaciones.
- ⊘ El próximo lunes 30 de abril comienzo mis vacaciones.
- ⊗ La Primavera ha sido muy lluviosa este año.
- ⊘ La primavera ha sido muy lluviosa este año.

Solo en el caso de que estos nombres formen parte de expresiones denominativas se escribirán con mayúscula.

- ⊗ Este año el jueves Santo no será festivo.
- ⊘ Este año el Jueves Santo no será festivo.
- ⊗ El mayo francés tuvo lugar en 1968.
- ⊘ El Mayo francés tuvo lugar en 1968.

i › *OLE*, pág. 502.

PARA SABER MÁS...

Sobre la escritura de las fechas: ⇨ 155.

102. Al escribir una dirección, ¿la palabra *calle* va con mayúscula o con minúscula?

Con minúscula. En las denominaciones de las calles y otros espacios urbanos el primer elemento (*calle, vía, avenida, paseo, rambla, plaza, barrio, urbanización...*) es un nombre genérico que se escribe con minúscula. El siguiente, el nombre propio de la calle, vía, etc., se escribe con mayúscula: *calle Libertadores, parque del Estudio, rambla de Belén, paseo de Gracia, plaza de Mayo.*

⊗ Durante el curso mi domicilio será Calle Libertadores, n.º 4.
⊘ Durante el curso mi domicilio será calle Libertadores, n.º 4.
⊗ ¿Qué te parece si nos encontramos en la Plaza de Mayo a las diez?
⊘ ¿Qué te parece si nos encontramos en la plaza de Mayo a las diez?

Excepcionalmente estos nombres genéricos se escriben con mayúscula cuando son traducciones o préstamos de otras lenguas y aparecen pospuestos al nombre específico, como en *Sexta Avenida* o *Hyde Park.*

⊗ En todas las guías de Londres se recomienda visitar Hyde park.
⊘ En todas las guías de Londres se recomienda visitar Hyde Park.

Esta norma de uso de mayúsculas y minúsculas es de aplicación a otras denominaciones, como son:

- Las estancias o recintos de un edificio, excepto cuando forman parte de una designación específica:

  ⊘ Estuvimos sentados al fresco en el patio de la casa.
  ⊗ El patio de los Leones de la Alhambra ha sido restaurado recientemente.
  ⊘ El Patio de los Leones de la Alhambra ha sido restaurado recientemente.

- Los puertos, aeropuertos y estaciones, cuando el nombre genérico se refiere al espacio físico y no forma parte de la designación de una entidad.

  ⊗ Llegarán a las doce al Puerto de Cartagena.
  ⊘ Llegarán a las doce al puerto de Cartagena.
  ⊗ Uno de los principales destinos turísticos de Jalisco es puerto Vallarta.
  ⊘ Uno de los principales destinos turísticos de Jalisco es Puerto Vallarta.

- Vías de comunicación:

⊗ Tendrás que coger la Autopista del Sur y desviarte luego por la N-650.

⊘ Tendrás que coger la autopista del Sur y desviarte luego por la N-650.

i › *OLE*, págs. 481-482.

103. ¿Después del signo de interrogación o exclamación se escribe mayúscula?

Los signos de cierre de exclamación e interrogación equivalen a un punto cuando tras ellos no se coloca ningún otro signo de puntuación. En estos casos la palabra que sigue al signo de cierre se escribirá con mayúscula.

¿No quieres venir? Pues te quedarás solo.
¡Vamos! Hay que darse prisa.

Si tras el signo de cierre escribimos otro signo de puntuación la palabra siguiente se debe escribir con minúscula.

¿Dónde has estado?, le preguntó nada más entrar.
¡Vaya desbarajuste!: todo estaba desordenado y tirado por los suelos.

i › *OLE*, págs. 387-394.

....

PARA SABER MÁS...
Sobre el uso de los signos de interrogación y exclamación: ⇨ 127, 128, 129, 130 y 131.
....

SOBRE EL MODO DE ESCRIBIR LAS PALABRAS (JUNTAS O SEPARADAS)

104. ¿*Deprisa* o *de prisa*?

Ambas formas son admisibles, pero la recomendada es *deprisa*, en una sola palabra. Es un adverbio que significa 'con celeridad, presteza o prontitud' y provoca dudas sobre su escritura porque procede de una locución adverbial, *de prisa,* que ha acabado fundiéndose en una sola forma, como sucede con otras locuciones *en hora buena > enhorabuena; boca abajo > bocabajo.*

Durante el proceso de fusión es posible que coexistan las dos formas de escritura de estas expresiones, juntas o separadas; pero la tendencia general es que acaben fundiéndose en una única palabra, como recomienda la norma.

⊖ Leyó muy de prisa y casi no se le entendía.
⊕ Leyó muy deprisa y casi no se le entendía.
⊖ Cuando terminó su exposición, el profesor le dio la en hora buena.
⊕ Cuando terminó su exposición, el profesor le dio la enhorabuena.
⊖ No lo dejes así, colócalo boca abajo.
⊕ No lo dejes así, colócalo bocabajo.

A continuación mostramos una lista de palabras que admiten doble forma y para las que también se recomienda la escritura en una sola palabra:

alrededor	enseguida	nomás
altamar	entretanto	padrenuestro
aposta	malhumor	pavorreal
aprisa	maleducado	perogrullo
bocabajo	(la) medianoche	puercoespín
bocarriba	medioambiente	quintaesencia
deprisa	Nochebuena	sanseacabó
enfrente	Nochevieja	sobremanera

i › *OLE,* págs. 544-562.

105. ¿Cuándo se escribe *si no* y cuándo se escribe *sino*?

Se escriben en una sola palabra, *sino,* el sustantivo que significa 'fatalidad, destino', de uso bastante restringido, y la conjunción adversativa que se utiliza para contraponer una idea afirmativa a otra negativa expresada anteriormente.

⊗ Al protagonista le persigue un si no fatal desde el principio de la obra.
⊘ Al protagonista le persigue un sino fatal desde el principio de la obra.

⊗ No he pedido té, si no café.
∅ No he pedido té, sino café.

Se escribe separada la expresión *si no*, formada por la conjunción condicional *si* más el adverbio de negación *no*, cuando queremos introducir una condición negativa:

⊗ No lo conseguirás sino te esfuerzas.
∅ No lo conseguirás si no te esfuerzas.

La duda surge esencialmente entre la conjunción *sino* y la secuencia *si no*. Para resolverla puede ser de gran ayuda prestar atención a la pronunciación y acentuación de ambas, ya que la conjunción es átona [sino] mientras que la secuencia *si no* es tónica [sinó]:

No me disgustó su respuesta, sino [sino] su actitud.
No lo conseguiré si no [sinó] me ayudas.

En esta tabla aparecen los distintos usos y las formas equivalentes que pueden orientarnos a elegir la forma correcta en cada caso:

	Categoría gramatical	Forma equivalente	Ejemplos
sino	Sustantivo	'fatalidad, destino'	*Algunos creen que nacemos con un sino predeterminado.* *Algunos creen que nacemos con un destino predeterminado.*
	Conjunción adversativa	pero sí	*Lo malo no es lo que dice, sino cómo lo dice.* *Lo malo no es lo que dice, pero sí cómo lo dice.*
		excepto, además de	*¿Qué más puedo desear, sino salud?* *¿Qué más puedo desear, excepto salud?*
		más que, otra cosa que	*Aquello no era sino el principio.* *Aquello no era más que el principio.*
		también/ sino también	*No solo me ofreció apoyo, sino consuelo.* *No solo me ofreció apoyo, sino también consuelo.*
si no	Conjunción condicional + negación	si acaso no si (sujeto) no	*No lo lograrás si no lo intentas.* *No lo lograrás si acaso no lo intentas.* *No lo lograrás si (tú) no lo intentas.*

i › OLE, págs. 544-562.

106. ¿Se escribe *agusto* o *a gusto*?

La forma correcta es *a gusto*, en dos palabras, para la locución adverbial que significa 'cómodamente' y 'a placer, sin embarazo ni impedimento alguno'. Esta locución no admite la escritura en una sola palabra.

> ⊗ En tu casa siempre me encuentro muy agusto.
> ⊘ En tu casa siempre me encuentro muy a gusto.

Otras locuciones que deben escribirse siempre separadas son:

- ### *de repente:*

  > ⊗ Todo ocurrió derepente, sin que pudiéramos protegernos.
  > ⊘ Todo ocurrió de repente, sin que pudiéramos protegernos.

- ### *de acuerdo:*

  > ⊗ Todos estuvieron deacuerdo en que había que buscar una solución.
  > ⊘ Todos estuvieron de acuerdo en que había que buscar una solución.

- ### *así que:*

  > ⊗ Tengo mucha prisa, asíque no me puedo entretener.
  > ⊘ Tengo mucha prisa, así que no me puedo entretener.

- ### *o sea:*

  > ⊗ Eso es inaplazable, osea que no se puede demorar.
  > ⊘ Eso es inaplazable, o sea que no se puede demorar.

- ### *de nuevo:*

  > ⊗ ¿Me lo puede repetir denuevo, por favor?
  > ⊘ ¿Me lo puede repetir de nuevo, por favor?

- ### *en medio:*

  > ⊗ Se colocó enmedio de la puerta y no dejaba pasar a nadie.
  > ⊘ Se colocó en medio de la puerta y no dejaba pasar a nadie.

- ### *a punto de:*

  > ⊗ Me puse tan nervioso que estuve apunto de estallar.
  > ⊘ Me puse tan nervioso que estuve a punto de estallar.

i › *OLE*, págs. 544-562; *DPD. s. v. gusto.*

107. ¿Se escribe *así mismo, a sí mismo* o *asimismo*?

Las tres formas son válidas, pero tienen significados diferentes según se escriban en una, dos o tres palabras.

- *asimismo y así mismo* equivalen a 'también'.

  > La nueva directora asumió asimismo/así mismo las tareas de coordinadora del equipo.

- *así mismo* es, además, una locución adverbial de modo que significa 'de la misma forma'.

  > Déjalo así mismo, como lo encontraste.

- *a sí mismo* es una secuencia formada por la preposición *a* más el pronombre reflexivo *sí* más el adjetivo *mismo*.

  > Es tan egocéntrico que se dedicó el libro a sí mismo.

Cuando se escribe junto, *asimismo* se escribe sin tilde, por lo que no es correcta la grafía ⊛*asímismo*, error que se produce al conservar la tilde de *así + mismo*.

> ⊗ Quisiera, asímismo, agradecer a todos su atención.
> ⊘ Quisiera, asimismo, agradecer a todos su atención.

La Academia desaconseja usar *así mismo* con el significado de *también,* para diferenciar los valores propios de ambas formas.

> ⊖ Nos recomendó una lectura de Galdós y así mismo otra de García Márquez.
> ⊕ Nos recomendó una lectura de Galdós y asimismo otra de García Márquez.

Otras expresiones que tienen distintos significados cuando se escriben juntas o separadas son:

acerca de = 'sobre', 'en relación a' *Hablamos acerca del accidente que sufrió.*	**a cerca de** = 'a un número aproximado de' *El asunto afecta a cerca de mil personas.*
aparte de = 'además de' *Nadie conoce el asunto, aparte de nosotros.*	**a parte de** = 'a una parte de' *Dejó fuera de combate a parte de sus rivales.*
avemaría = el nombre de la oración *Rezó tres avemarías con gran devoción.*	**Ave María** = título de una obra musical *Interpretó el Ave María de Schubert.*

contrarreloj = nombre de prueba cronometrada *El corredor suizo ganó la contrarreloj.*	**contra reloj** = contra el reloj, 'a toda prisa' *Las negociaciones se han desarrollado a contra reloj.*
demás = lo otro, los/las otros *Esto es vida. Lo demás, es cuento.*	**de más** = en exceso, en demasía *Me devolvieron de más en el cambio.*
entorno = 'ambiente' *La casa está situada en un entorno magnífico.*	**en torno** = 'alrededor', 'acerca de', 'aproximadamente' *Se congregaron en torno a veinte personas.*
exabrupto = 'salida de tono' *Lanzó un exabrupto y salió dando un portazo.*	***ex abrupto*** (locución latina) = 'de repente, de improviso' *Apareció ex abrupto y nos dejó boquiabiertos.*
malentendido = 'confusión, equívoco' *Sus palabras provocaron el malentendido.*	**mal entendido** = 'mal comprendido' *Su mensaje siempre fue mal entendido.*
mediodía = 'Las 12, la parte central del día' *Nos veremos aquí, a mediodía.*	**medio día** = 'la mitad del día' *Pasó medio día con nosotros.*
pormenor = 'detalle, aspecto secundario' *Nos informó de todos los pormenores del tema.*	**(al) por menor** = lo contrario de al por mayor *La venta al por menor deja muchas ganancias.*
porvenir = 'futuro' *Tiene un brillante porvenir.*	**por venir** = 'por llegar, por suceder' *Los años por venir serán mejores aún.*
quehacer = 'tarea, faena' *Su quehacer diario es muy importante.*	**que hacer** = que realizar *¿Qué hay que hacer para salir de aquí?*
sobretodo = abrigo, impermeable *Ponte un sobretodo, que está refrescando.*	**sobre todo** = 'especialmente, principalmente' *Me preocupa, sobre todo, su salud.*
también = 'además' *Avisa a Luis y también a los primos.*	**tan bien** = así de bien *Se está tan bien aquí...*
tampoco = negación añadida a otra anterior *No me gustan sus bromas y tampoco sus chistes.*	**tan poco** = así de poco *Llovió tan poco que no caló en la tierra.*

i › OLE, págs. 544-562.

108. ¿*Exmarido* o *ex marido*?

La *OLE* recomienda escribir este tipo de derivadas en una sola palabra, sin espacio ni guion entre el prefijo *ex-* ('que fue y ya no es') y el sustantivo al que se añade.

> ⊗ Se entrevistó con su ex marido para renegociar los términos del divorcio.
>
> ⊘ Se entrevistó con su exmarido para renegociar los términos del divorcio.

Hasta 2010 la *Ortografía* de la Academia indicaba que estas formas prefijadas debían escribirse con el prefijo separado cuando se antepone a ocupaciones, cargos, relaciones o parentescos, como en nuestro caso: *ex novio, ex secretario, ex coronel*. En la edición de 2010 se recomienda unificar los criterios de uso de este prefijo con los del resto, para los que se prescribe la escritura en una sola palabra (*exnovio, exsecretario, excoronel*).

> ⊗ Su padre es ex coronel del ejército de aviación.
>
> ⊘ Su padre es excoronel del ejército de aviación.

Sin embargo, se debe mantener la separación cuando el prefijo afecta a un compuesto que se escribe en dos o más palabras (*ex primer ministro, ex teniente coronel*).

> ⊗ La entrevista televisiva al exprimerministro tuvo una gran audiencia.
>
> ⊘ La entrevista televisiva al ex primer ministro tuvo una gran audiencia.

i › *OLE*, págs. 531-540.

109. ¿Cuándo se escribe *a donde* y cuándo *adonde*?

Las dos formas son equivalentes y pueden usarse de forma indistinta pues en ambos casos se trata de un adverbio relativo que indica dirección. Igualmente son indistintas las formas del interrogativo o exclamativo, que se escriben con tilde: *a dónde* y *adónde*:

> ⊘ Te llevaré a donde me digas.
>
> ⊘ Te llevaré adonde me digas.

- ⊘ ¿A dónde quieres ir?
- ⊘ ¿Adónde quieres ir?
- ⊘ ¡A dónde iremos a parar!
- ⊘ ¡Adónde iremos a parar!

i › OLE, págs. 553-554.

110. ¿*Dondequiera que* o *donde quiera que*?

Si usamos esta secuencia para referirnos a un lugar indeterminado, lo correcto es *dondequiera que*. Esta construcción forma parte de un grupo de compuestos que se denominan relativos inespecíficos, formados por los relativos *(a)donde, como, cuando* y *quien* más la forma verbal *quiera,* de significado indeterminado, seguidos de una oración encabezada por el relativo *que*:

- ⊗ Lo encontraré donde quiera que se esconda.
- ⊘ Lo encontraré dondequiera que se esconda.
- ⊗ Te seguiré adonde quiera que vayas.
- ⊘ Te seguiré adondequiera que vayas.
- ⊗ Como quiera que llovía a mares, no pudimos salir.
- ⊘ Comoquiera que llovía a mares, no pudimos salir.
- ⊗ Cuando quiera que vengas te estaré esperando.
- ⊘ Cuandoquiera que vengas te estaré esperando.
- ⊗ ¡Conteste, por favor, quien quiera que sea!
- ⊘ ¡Conteste, por favor, quienquiera que sea!

No deben confundirse estos compuestos con las combinaciones libres correspondientes de los relativos *donde, adonde, como, cuando, quien* más el verbo *quiera*:

- ⊗ Dile que deje el abrigo dondequiera.
- ⊘ Dile que deje el abrigo donde quiera.
- ⊗ Váyase usted adondequiera.
- ⊘ Váyase usted adonde quiera.
- ⊗ Hágalo así o comoquiera.
- ⊘ Hágalo así o como quiera.
- ⊗ Cuandoquiera te llamaré.
- ⊘ Cuando quiera te llamaré.
- ⊗ Quienquiera algo, que me lo pida.
- ⊘ Quien quiera algo, que me lo pida.

i › OLE, págs. 554-556.

111. ¿Cuándo debemos escribir *conque* junto y *con que* separado?

Conque, escrito en una sola palabra, es una conjunción subordinante consecutiva que se emplea para introducir en la oración la consecuencia derivada de lo dicho anteriormente o en oraciones independientes para expresar ironía o sorpresa:

⊗ Aquí no eres bien recibido, con que deberías marcharte.
∅ Aquí no eres bien recibido, conque deberías marcharte.
⊗ ¿Con que esas tenemos, eh?
∅ ¿Conque esas tenemos, eh?

Con que es una secuencia que presenta dos valores distintos:

- la preposición *con* más el pronombre relativo *que*. En este caso el relativo puede ir precedido de un artículo (*el, la, los, las*) o sustituirse por otro relativo equivalente (*el cual, la cual, los cuales, las cuales*):

⊗ Préstale un pañuelo conque se limpie las lágrimas.
∅ Préstale un pañuelo con que se limpie las lágrimas.
∅ Préstale un pañuelo con el que se limpie las lágrimas.
∅ Préstale un pañuelo con el cual se limpie las lágrimas.

- la preposición *con* más la conjunción *que*. Mediante esta secuencia se introducen complementos del verbo cuando este va regido por la preposición *con* (*venir con que..., bastar con que..., conformarse con que..., ser suficiente con que..., estar/ mostrarse de acuerdo con que...* El complemento introducido por la secuencia puede sustituirse por *con eso:*

⊗ No me vengas conque perdiste el autobús.
∅ No me vengas con que perdiste el autobús. → No me vengas con eso.
⊗ Me basta conque me lo pidas tú.
∅ Me basta con que me lo pidas tú. →Me basta con eso.
⊗ Confórmate conque la cosa no vaya a más.
∅ Confórmate con que la cosa no vaya a más. → Confórmate con eso.
⊗ ¿No es suficiente conque te lo digan una vez?
∅ ¿No es suficiente con que te lo digan una vez? → ¿No es suficiente con eso?
⊗ Todos se mostraron de acuerdo conque había que arbitrar nuevas medidas.
∅ Todos se mostraron de acuerdo con que había que arbitrar nuevas medidas. → Todos se mostraron de acuerdo con eso.

En esta tabla se recoge lo explicado anteriormente:

	Categoría gramatical	Forma equivalente	Ejemplos
con que	Preposición + relativo	con (el, la, los, las) que/ cuales	*¿Esta es el arma con que se cometió el crimen?* *¿Esta es el arma con la que se cometió el crimen?* *¿Esta es el arma con la cual se cometió el crimen?*
	Preposición + conjunción	con eso	*Me conformo con que no me sancionen.* *Me conformo con eso.* *Están de acuerdo con que firmemos el contrato.* *Están de acuerdo con eso.*
conque	Conjunción consecutiva	así que, pues, por lo tanto	*Esto se ha acabado, conque nos vamos.* *Esto se ha acabado, así que/por lo tanto nos vamos*

El pronombre *que* de la secuencia «*con* + pronombre» se debe escribir con tilde cuando se usa con valor interrogativo.

⊗ ¿Con que herramientas piensas arreglar esto?
⊘ ¿Con qué herramientas piensas arreglar esto?
⊗ Ignoro con que argumentos nos va a convencer.
⊘ Ignoro con qué argumentos nos va a convencer.

i › *OLE*, págs. 556-557.

112. ¿Se escribe *Eres un sin vergüenza* o *Eres un sinvergüenza*?

Si queremos calificar a alguien, de 'pícaro, bribón, inmoral o descarado' utilizaremos el adjetivo invariable *sinvergüenza,* escrito en una sola palabra. Este adjetivo suena igual que la secuencia formada por la preposición *sin* más el sustantivo *vergüenza*, pero tiene un significado diferente, pues explica el modo en que se realiza una acción, y equivale a 'sin pudor, sin recato':

- ⊗ Se comportó como un sin vergüenza.
- ⊘ Se comportó como un sinvergüenza.
- ⊗ Se comportó sinvergüenza.
- ⊘ Se comportó sin vergüenza.

En los casos que aparecen a continuación se produce el mismo fenómeno:

- **sinsentido** ('absurdo'):

  - ⊗ Lo que dice es un sin sentido.
  - ⊘ Lo que dice es un sinsentido.

- **sin sentido** ('falto o carente de sentido'):

  - ⊗ Solo dice palabras sinsentido.
  - ⊘ Solo dice palabras sin sentido.

- **sinhueso** (coloquialmente, 'la lengua, en cuanto órgano')/**sin hueso** (carente de hueso).

- **sinrazón** ('acción hecha contra justicia y fuera de lo razonable o debido')/**sin razón** ('falto o carente de razón').

- **sinsabor** ('desabrimiento del paladar. Pesar, desazón moral, pesadumbre')/**sin sabor** ('falto o carente de sabor').

- **sinvivir** ('estado de angustia que hace vivir con intranquilidad a quien lo sufre')/**sin vivir** ('que no puede vivir').

- **sinfín** ('gran número de cosas o personas')/**sin fin** ('carente de fin').

- **sinnúmero** ('número incalculable de personas o cosas')/**sin número** ('falto o carente de número').

- **sinsustancia** ('persona insustancial o frívola')/**sin sustancia** ('falto o carente de sustancia').

Aunque menos frecuentes, también podemos encontrar esta doble forma en:

- **sintecho** ('persona que vive en la calle')/**sin techo** ('falto o carente de techo').

- **simpapeles** ('inmigrante que carece de la documentación necesaria para residir legalmente en un país')/**sin papeles** ('falto o carente de papeles').

- **sintierra** (en Paraguay, 'integrante de un movimiento político-social que busca el acceso a la tierra como medio de subsistencia')/**sin tierra** ('falto o carente de tierra').

i › *OLE*, págs. 540-542.

113. ¿Cuál es la diferencia entre *por qué, porqué, porque* y *por que*?

Es una de las dudas que más problemas suscitan en español, especialmente para diferenciar la forma que utilizamos para preguntar por la causa de algo (*por qué*) y la que usamos para explicarla (*porque*). Pero esta no es la única diferencia, como veremos.

- **por qué.** Forma compuesta de la preposición *por* y el interrogativo o exclamativo tónico *qué* (con tilde para distinguirlo del relativo y de la conjunción *que*). La utilizamos para introducir oraciones interrogativas y exclamativas, tanto directas como indirectas:

  ¿Por qué te fuiste tan pronto?
  ¡Por qué barrizal nos has metido!
  No nos quiso decir por qué se había enfadado.

  En el caso de las interrogativas, reconoceremos esta forma porque permite que añadamos detrás de ella los sustantivos *causa, razón* o *motivo*:

  ¿Por qué (razón, causa o motivo) te fuiste tan pronto?
  No nos quiso decir por qué (razón, causa o motivo) se había enfadado.

- **porqué.** Es un sustantivo masculino que equivale a *causa, motivo, razón*. La tilde no es diacrítica en este caso, pues es una palabra aguda terminada en vocal. Se reconoce porque aparece casi siempre precedido por un artículo u otro determinante, puede ser sustituido por uno de sus sinónimos (*razón, causa* o *motivo*) y puede ponerse en plural:

  Intentaba ocultar el porqué de su comportamiento.
  Intentaba ocultar la razón, la causa o el motivo de su comportamiento.
  Intentaba ocultar los porqués de su comportamiento.

- **porque.** Es una conjunción causal siempre átona, que se emplea para encabezar las respuestas a las preguntas introducidas por la secuencia *por qué*. Para reconocer esta forma, podemos sustituirla en el enunciado por otras conjunciones causales de valor semejante: *ya que, pues, puesto que*.

  > Le pusieron una multa porque aparcó en zona prohibida
  > Le pusieron una multa puesto que/pues/ya que aparcó en zona prohibida.

- **por que.** Tiene dos valores:
  — La preposición *por* más el pronombre relativo *que*. Esta forma se identifica porque podemos anteponer un artículo al relativo, que es la construcción más frecuente (*el que, los que*).

  > Ignoro el motivo por que le despidieron.
  > Ignoro el motivo por (el) que le despidieron.
  > No te imaginas los problemas por que estoy pasando.
  > No te imaginas los problemas por (los) que estoy pasando.

  — La preposición *por* más la conjunción subordinante *que*. Esta secuencia aparece con verbos, sustantivos o adjetivos que rigen un complemento introducido por la preposición *por* y llevan además una oración subordinada introducida por la conjunción *que*. Para identificarla podemos sustituir la secuencia que sigue a la preposición *por* con el pronombre *eso*.

  > Me inclino por que pidamos ayuda externa. → Me inclino por eso.
  > Está muy preocupado por que la lluvia no estropee la fiesta. → Está muy preocupado por eso.
  > Esa actriz tiene obsesión por que todo el mundo la reconozca. → Esa actriz tiene obsesión por eso.

La forma *porque* también puede usarse con valor final en lugar de *para que*.

> Se esforzó mucho porque (para que) todo saliera bien.

En estos casos la RAE prefiere la escritura en una sola palabra, pero también admite la escritura separada.

> Se esforzó mucho porque/por que (para que) todo saliera bien.

En la tabla siguiente se resumen las diferencias entre estas tres formas.

i ⟩ *OLE*, págs. 558-559.

		Forma	Categoría gramatical	Tipos de oración en que aparece	Comprobación	Ejemplos
Con tilde	separadas	*por qué*	preposición + interrogativo exclamativo tónico	Interrogativas directas	Se puede añadir *causa, motivo o razón*.	*¿Por qué no dejas en paz a tu hermano?*
				Interrogativas indirectas		*Me preguntó por qué lo había hecho.*
				Oraciones interrogativas y exclamativas no causales	Se puede cambiar *qué* por *cuál* o *cuáles* o *cuán*.	*No me dijo por qué medios pensaba conseguirlo.* / *Por qué poco te has librado.*
	juntas	*porqué*	sustantivo		Se puede sustituir por un sinónimo equivalente: *causa, motivo o razón*. Se puede poner en plural.	*No pudo aclarar el porqué de sus actos.* / *No pudo aclarar los porqués de sus actos.*
Sin tilde	separadas	*por que*	Preposición + pronombre relativo		Es una forma desusada. Se puede anteponer un artículo (*el, lo, los, las*) al relativo o cambiarlo por otra forma equivalente (*el/la cual, los/las cuales*), que es la fórmula más frecuente.	*No imaginas los problemas por que estoy pasando.* / *No imaginas los problemas por (los) que estoy pasando.* / *No imaginas los problemas por los cuales estoy pasando.*
			preposición + conjunción	Subordinadas de complemento de un nombre, adjetivo o de complemento de régimen	Podemos sustituir la secuencia que sigue a la preposición *por* con el pronombre *eso*.	*Se preocupa mucho por que no le falte de nada a su familia.* / *Se preocupa mucho por eso.* / *Está inquieta por que la llamen.* / *Está inquieta por eso.*
	juntas	*porque*	Conjunción causal	Subordinadas causales	Se puede conmutar por otra conjunción causal equivalente: *ya que, pues, puesto que*.	*Se cayó porque tropezó con el escalón.*

111

SOBRE LOS SIGNOS DE PUNTUACIÓN Y OTROS SIGNOS

114. ¿Se dice *punto y seguido* o *punto seguido*?

Las nuevas reglas de ortografía recogidas por la Academia recomiendan la expresión *punto y seguido*, aunque se reconoce, y no se considera incorrecta, la fórmula *punto seguido*. El punto y seguido es el que escribimos entre oraciones que componen un mismo párrafo.

También es preferible la expresión *punto y aparte*, en lugar de *punto aparte* (forma esta que se usa en algunas zonas de América). Este signo de puntuación es el que se usa para cerrar un párrafo, dando comienzo, a su vez y en una nueva línea, a otro párrafo.

En cambio, es incorrecto establecer la analogía con estas dos fórmulas y decir ⊛*punto y final*: lo correcto es *punto final*. Este signo se utiliza para cerrar todo el texto.

i › OLE, págs. 293-294.

115. ¿Es correcto separar con una coma el sujeto del predicado?

El sujeto y el predicado no se pueden separar con una coma: las comas sirven para delimitar elementos dentro de una oración, y si la oración la componen el sujeto y el predicado no debemos aislar uno del otro.

A veces el sujeto es muy largo y en el discurso oral hacemos una pausa tras él, pero no debemos transcribir esa pausa en la escritura mediante ningún signo de puntuación:

⊗ Ese guitarrista tan bueno que tocaba en aquella banda de versiones de rock que formamos, se ha pasado a un grupo pop.

⊘ Ese guitarrista tan bueno que tocaba en aquella banda de versiones de rock que formamos se ha pasado a un grupo pop.

Hay solo dos casos en los que está permitido este uso de la coma:

■ Si el sujeto es una enumeración que termina con un *etc.*: *Tus padres, tus tíos, tus sobrinos, tus primos, etc., estarán en esa parte.* En el resto de casos en que el sujeto es una enumeración, el último elemento no debe llevar coma: *Raúl, Diego, Pablo son los nombres que hemos barajado.*

- Si entre el sujeto y el verbo insertamos un inciso: *Su casa, que es nueva, es aquella del fondo.*

i› OLE, págs. 313-315.

116. ¿Está bien puntuada la frase *Tu amigo Pedro, ha venido*?

No, no está bien puntuada. *Tu amigo Pedro* puede ser el sujeto de la oración, en cuyo caso no debemos separarlo mediante una coma de *ha venido*, que es el predicado.

Otra opción es que *Pedro* sea un vocativo, y en ese caso la frase correcta sería la siguiente:

⊘ Tu amigo, Pedro, ha venido.

Los vocativos son sustantivos o pronombres que sirven para llamar la atención de nuestro interlocutor: en este ejemplo estamos anunciándole a *Pedro* que un amigo suyo ha venido. Los vocativos siempre tienen que ir rodeados por dos comas, o bien por una sola coma si se sitúan al comienzo o final de la frase:

⊘ Pedro, tu amigo ha venido.
⊘ Tu amigo ha venido, Pedro.

Volvamos al primer ejemplo: si queremos remarcar que se trata de *Tu amigo Pedro*, y no de otro, en la cadena hablada podríamos hacer una pausa antes y después de *Pedro*, pero eso no se puede traducir en comas en la cadena escrita porque, como hemos dicho, entonces tendríamos un vocativo. Si queremos marcarlo tendríamos que señalarlo de otro modo, con algún resalte tipográfico, si es posible, o bien deberíamos escribir la frase de otro modo:

⊘ Tu amigo Pedro ha venido.
⊘ Pedro, tu amigo, ha venido.
⊘ Tu amigo Pedro... ha venido.
⊘ Tu amigo Pedro (!) ha venido.
⊘ Tu amigo Pedro (sí, Pedro) ha venido.
⊘ Tu «amigo» Pedro ha venido.

En el último ejemplo estamos ofreciendo más información todavía: esas comillas marcan la ironía con la que emitiríamos la frase.

i› OLE, pág. 312.

PARA SABER MÁS...

Sobre el uso de la coma: ⇨ 119.
Sobre la ambigüedad que puede ocasionar el mal uso de los signos de puntuación: ⇨ 405.

117. ¿Qué falta en la frase *Todos, incluido tú os habéis reído*?

Falta una coma tras el *tú*:

> ∅ Todos, incluido tú, os habéis reído.

Incluido tú es un **inciso,** esto es, un elemento suplementario que aporta más información a la frase. Puesto que se trata de una información adicional deberemos aislarlo entre dos comas: no podemos escribir solo la primera o la última (a menos que el inciso comience o finalice la frase).

Hay varios tipos de inciso:

- Estructuras que introducen alguna explicación: *El libro, que era muy antiguo, estaba descatalogado.* Entre estas estructuras se incluyen los apodos: *Hoy voy a poner música de Elvis Presley, el Rey.*

- Construcciones absolutas, en las que no tenemos un verbo conjugado: *El presidente de la comunidad, finalizada la reunión, vino a hablar conmigo.*

- Expresiones accesorias: *Ha venido para decirme, ¡qué tontería!, que ya no quiere trabajar aquí.*

- Comentarios o precisiones a lo que estamos diciendo: *Todos, incluido tú, os habéis reído.*

i> *OLE*, págs. 307-311.

PARA SABER MÁS...

Sobre el uso de la coma como signo doble: ⇨ 119.

118. ¿*Además* se escribe siempre entre comas?

En casi todos los casos, el adverbio conector *además* tiene que aparecer rodeado o bien por dos comas o bien por una coma y otro signo de puntuación (un punto, un punto y coma o dos puntos).

Si situamos el conector al principio o al final de una frase, deberemos aislarlo de esta mediante una coma. De este modo señalaremos que el conector se refiere a toda la oración:

⊗ No quería venir. Además tampoco sabía cómo llegar a su casa.
⊘ No quería venir. Además, tampoco sabía cómo llegar a su casa.
⊗ Parecía asustado y no sabía hablar bien el idioma además.
⊘ Parecía asustado y no sabía hablar bien el idioma, además.

Si el conector se sitúa en medio de la frase deberemos separarlo con dos (y siempre dos) comas:

⊗ Me dijo además que me fuera de allí.
⊗ Me dijo además, que me fuera de allí.
⊘ Me dijo, además, que me fuera de allí.

Hay solo una excepción a esta regla: las comas son optativas si antes del conector escribimos un nexo subordinante (*si, cuando, aunque*, etc.) o una conjunción coordinante (*pero, y*, etc.). Escribir o no este signo doble de puntuación depende del efecto que queramos conseguir con nuestro texto, pues las comas provocan una lectura más fragmentada a nuestro escrito, y la ausencia de ellas supone una mayor fluidez.

⊗ Trabajarás mejor en este hotel si además, hablas bien el inglés.
⊘ Trabajarás mejor en este hotel si, además, hablas bien el inglés.
⊘ Trabajarás mejor en este hotel si además hablas bien el inglés.

El resto de conectores (*es más, de hecho, es decir, ahora bien, no obstante, dicho de otro modo, así pues, entonces, mejor dicho, así las cosas, por cierto, en definitiva*, etc.) se comportan de igual modo: podemos escribirlos entre comas u obviar las comas solo en este último caso.

⊗ Y sin embargo, decidiste venir.
⊘ Y, sin embargo, decidiste venir.
⊘ Y sin embargo decidiste venir.

Hay algunas palabras que solo funcionan como conectores si las rodeamos entre comas, y cumplen otras funciones si no están aisladas. Debemos tener cuidado en estos casos con la puntuación, para no construir oraciones ambiguas ni incorrectas:

⊘ Y entonces salimos de su casa. ('en aquel momento')
⊘ Y, entonces, salimos de su casa. ('por lo tanto')

i ⟩ OLE, págs. 343-346.

....

PARA SABER MÁS...
Sobre el uso de la coma como signo doble: ⇨ 119.

....

119. ¿Cuándo debemos usar como signo doble la coma?

La coma se comporta como signo independiente en la mayoría de los casos, pero, a veces, necesariamente, tiene que aparecer por duplicado, porque si solo escribimos una coma cometemos una falta de ortografía. La falta de una de las comas que van por parejas es uno de los errores más frecuentes en el uso de este signo de puntuación. Debemos escribir dos comas rodeando esta serie de expresiones:

- **Incisos:** elementos supletorios que aportan más información a la frase.

  ⊗ El euskera, cuyo origen es desconocido me apasiona.
  ∅ El euskera, cuyo origen es desconocido, me apasiona.

- **Vocativos:** grupos nominales o pronominales que sirven para llamar la atención del interlocutor.

  ⊗ Sergio, querido acércame la sal.
  ∅ Sergio, querido, acércame la sal.

- **Interjecciones:** expresión exclamativa con la que expresamos reacciones o sensaciones, o con la que inducimos a una reacción por parte de nuestro interlocutor.

  ⊗ Y vos che, lo sabés todo.
  ∅ Y vos, che, lo sabés todo.

- **Apéndices confirmativos:** expresiones interrogativas que se unen a enunciados aseverativos, con los que solicitamos una respuesta de nuestro interlocutor.

  ⊗ Me ayudarás ¿no?
  ∅ Me ayudarás, ¿no?

- **Conectores:** enlaces (normalmente adverbios o locuciones adverbiales) que relacionan dos secuencias.

  ⊗ Esa corrala por ejemplo, está restaurada.
  ∅ Esa corrala, por ejemplo, está restaurada.

i › OLE, págs. 306-312.

120. ¿Se puede poner una coma antes de *y*?

Normalmente la conjunción *y* sirve para enumerar elementos, como la coma, por lo que combinar los dos elementos supone una redundancia. Ahora bien, hay ocasiones en que, para entender el texto, sí está permitido combinarlos.

- Cuando *y* se une a un elemento que no es el que le precede:

  > Ayer estuvieron en casa Diego y Juan, y ninguno de los dos me preguntó por ti.

- Cuando *y* es el comienzo de un inciso:

  > No me cae nada bien, y él lo sabe, su «queridísima» hermana.

- Cuando *y* es la primera palabra tras un inciso:

  > Van a actuar Vicky, a la que ya conoces, y Patri.

En otros casos, la coma antes de la *y* es optativa:

- Cuando *y* equivale a un *pero*:

  > ⊘ Le dijeron que no fuera y quiso acercarse igualmente.
  > ⊘ Le dijeron que no fuera, y quiso acercarse igualmente.

- En una enumeración en la que todos los elementos comienzan con la conjunción:

  > ⊘ Ya que estaba pinté la pared del fondo, y las de la habitación, y las de la cocina, y las del servicio también.
  > ⊘ Ya que estaba pinté la pared del fondo y las de la habitación y las de la cocina y las del servicio también.

- En los casos en que *y* une dos oraciones coordinadas y la primera es muy extensa:

  > ⊘ ¿Decidiste aparecer antes de la hora prevista en su casa para darle una sorpresa, y ella estaba con otro?
  > ⊘ ¿Decidiste aparecer antes de la hora prevista en su casa para darle una sorpresa y ella estaba con otro?

i › *OLE*, págs. 323-326; Gómez Torrego, *Ortografía*, pág. 133.

121. ¿Se puede escribir una coma después de *pero*?

Como norma general, no. *Pero* es una conjunción adversativa que introduce una oración subordinada o un grupo sintáctico dentro de una oración mayor, y guarda una estrecha vinculación con los elementos que le siguen, por eso no puede separarse de ellos por medio de una coma.

⊗ Iba a sacar la basura pero, había un perro en la calle y me dio miedo salir.

⊘ Iba a sacar la basura pero había un perro en la calle y me dio miedo salir.

Tampoco debemos separarlo si tras el *pero* abrimos una pregunta o una exclamación:

⊗ Pero, ¿qué me estás contando?

⊘ Pero ¿qué me estás contando?

Solo hay una excepción: si detrás de *pero* escribimos un inciso o una expresión que debe ir entre comas (un vocativo o una interjección, por ejemplo). En estos casos también escribiremos una coma antes del *pero*.

⊗ Pueden irse todos, pero Alicia, usted debe quedarse.

⊘ Pueden irse todos, pero, Alicia, usted debe quedarse.

⊗ Si no quieres, no vengas, pero ¡eh!, no digas luego que no te advertí.

⊘ Si no quieres, no vengas, pero, ¡eh!, no digas luego que no te advertí.

⊗ Tiene la tarde libre pero, que yo sepa, no estaba citada hoy.

⊘ Tiene la tarde libre, pero, que yo sepa, no estaba citada hoy.

i › *OLE*, pág. 327.

PARA SABER MÁS...

Sobre el uso de las comas: ⇨ 119 y 123.

122. ¿Hay que separar con una coma el complemento circunstancial?

No hay ninguna norma que diga que debamos separar con una coma el complemento circunstancial del resto de la frase. Los complementos circunstanciales sirven para contextualizar una oración, para aportar más datos, y suelen situarse en los extremos de esta: o bien al principio, o bien al final. Esta posición facilita la comprensión de la frase, de modo que no necesitamos ayudarnos de una coma para su lectura.

⊖ Dentro de unos meses, acabaré el proyecto final de carrera.
⊕ Dentro de unos meses acabaré el proyecto final de carrera.

Ahora bien, se recomienda el uso de la coma para separar los complementos circunstanciales en estos casos:

■ Si el complemento es muy extenso.

⊘ Durante los primeros días de aquella maravillosa y calurosa primavera de 1997, Isabel y Francisco decidieron mudarse a su casa de campo.

■ Si el complemento circunstancial ofrece una información que afecta a toda la oración, y no solo al verbo.

⊘ En mayo de 2011, un movimiento ciudadano compuesto por los llamados «indignados» abarrotó las plazas de Madrid.

■ Si el complemento circunstancial se sitúa dentro de un enunciado complejo. En este caso el complemento funciona como un inciso y debe estar rodeado por dos comas.

⊘ El nuevo profesor de matemáticas nos ha pedido hoy que, para mañana, tengamos hecho el ejercicio veinticuatro.

i › *OLE*, pág. 316.

123. **¿Se escribe una coma para separar expresiones como *menos... que* o *tanto... como*?**

No, este tipo de expresiones coordinadas no se separan mediante una coma, a pesar de que en la cadena hablada podamos hacer una pausa entre una parte y la otra:

⊗ Quisiera ser tan alta, como la luna.
⊘ Quisiera ser tan alta como la luna.
⊗ Edgar es más moreno, que su hermano mayor.
⊘ Edgar es más moreno que su hermano mayor.

⊗ La elección del candidato dependerá tanto de su currículo, como de la entrevista personal.

⊘ La elección del candidato dependerá tanto de su currículo como de la entrevista personal.

Escribimos erróneamente la coma en estos casos por influencia de fórmulas parecidas que sí se separan: *ora..., ora*; *no..., sino*; *bien..., bien*, etc.

⊘ Siguen dudándolo: o bien alquilan la casa del tercer piso, o bien se cambian de barrio.

⊘ No solo ha dicho que viene, sino que además ha ofrecido su coche para llevarnos.

i› *OLE*, págs. 321, 314-315.

....

PARA SABER MÁS...

La razón de que en la primera tirada de ejemplos no podamos escribir una coma y en la segunda sí es porque se trata de conjunciones diferentes: en el primer caso los miembros de las secuencias se unen mediante conjunciones *copulativas* discontinuas, y en el segundo, mediante conjunciones *disyuntivas* discontinuas.

....

124. ¿Qué diferencia de uso hay entre una coma, un punto y un punto y coma?

Entre estos tres signos de puntuación se establece una especie de jerarquía: la coma separa secuencias más dependientes entre sí que las que separa el punto y coma, y el punto y coma, a su vez, separa secuencias más dependientes que las que separa el punto. Por lo general, usamos el punto para separar oraciones diferentes, el punto y coma para las unidades textuales que componen una oración y la coma para separar elementos dentro de una oración.

$$\boxed{.} > \boxed{;} > \boxed{,}$$

Esta jerarquía nos permite organizar nuestro texto y darle coherencia, de modo que nos ayuda a establecer qué secuencias tienen que ir muy separadas, gracias al punto, qué otras tienen más relación entre sí y pueden unirse con un punto y coma, y cuáles están tan relacionadas que solo debemos separarlas por una coma.

Ahora bien, hay casos en los que podemos elegir una u otra opción y todas son correctas, aunque cada una de las elecciones ofrece un resultado distinto. Estos tres ejemplos comparten un mismo significado literal y, sin embargo, parecen diferentes:

> Llegó a tiempo. Afortunadamente.
> Llegó a tiempo; afortunadamente.
> Llegó a tiempo, afortunadamente.

La diferencia que se establece tiene que ver con cómo se recibe la lectura de cada uno de los ejemplos; por lo tanto, la elección de uno u otro modo de puntuación depende del criterio estético del autor y, sobre todo, del efecto que quiera conseguir con su texto.

⊡ → Si escribimos frases cortas y las terminamos con un punto y seguido, lograremos ofrecer una lectura más rápida, más entrecortada.

> Eran más tarde de las once. Ernesto no había llegado a casa. Y su celular estaba apagado.

⊡ → Si queremos que la lectura sea más sosegada, más tranquila, entonces usaremos el punto y coma.

> Eran más tarde de las once; Ernesto no había llegado a casa; y su celular estaba apagado.

⊡ → Tendremos una lectura mucho más lenta todavía si utilizamos las comas para separar las secuencias, que, a su vez, nos parecerán mucho más cercanas entre sí.

> Eran más tarde de las once, Ernesto no había llegado a casa, y su celular estaba apagado.

i › *OLE*, págs. 303, 350 y 352.

125. ¿Detrás del punto y coma hay que escribir mayúscula?

No, nunca, salvo que la primera palabra que escribamos tras el punto y coma sea un nombre propio.

> ⊗ Puede que simplemente no me acuerde; Se me olvidan algunas cosas.

Ⓢ Puede que simplemente no me acuerde; se me olvidan algunas cosas.

Ⓢ Puede que simplemente no me acuerde; Benjamín dice que se me olvidan algunas cosas.

⊗ ¿Tú cómo lo sabes?; ¿Con quién has hablado?

Ⓢ ¿Tú cómo lo sabes?; ¿con quién has hablado?

También podemos ver una mayúscula inicial tras el punto y coma en las obras de contenido lingüístico (como esta), en las que pueden aparecer varios ejemplos de un fenómeno, y se pueden escribir seguidos: *Perdone, caballero, ¿le conozco de algo?; No sabrá, querida, dónde ha pasado la noche; Oye, tú, ven aquí; Alberto, cariño, no escuches esa música.*

ⓘ *OLE*, pág. 349.

126. ¿Hay que escribir mayúscula después de los dos puntos?

No siempre. Depende de qué venga detrás de los dos puntos.

Este signo de puntuación tiene dos grandes usos: puede servir como conector de dos elementos dentro de una misma unidad de sentido, o bien como introductor de una unidad nueva.

En el primer caso tendremos enumeraciones, estructuras con un elemento anticipador u oraciones de causa-efecto, explicativas, conclusivas, etc.:

> Esta mañana he visto dos películas: la nueva de Scorsese y la penúltima de Woody Allen.
>
> Te lo advierto: no quiero que ella vuelva aquí.
>
> Ya no va a venir: es demasiado tarde.
>
> No lo entiendo: me dice que no me quiere pero me escribe a diario.
>
> Esta mañana fui a la compra: traje tomates, lechuga, cebollas, maíz, atún, sal y aceite.

Sí hay que escribir mayúscula inicial, sin embargo, cuando los dos puntos preceden a una unidad independiente. Normalmente, en estos casos, el texto que sigue a los dos puntos se sitúa en la siguiente línea. Por ejemplo:

■ Tras los saludos de las cartas y los correos electrónicos.

> Querido Javier:
> No he podido escribirte antes porque he estado con bastante lío en el trabajo.

- En las instancias y otros documentos administrativos en los que suele haber un verbo en mayúsculas que da pie al texto.

> EXPONE:
> Que el solicitante presentó correctamente toda la documentación requerida.

- En epígrafes en los que el texto sigue al título del epígrafe en la misma línea.

> Las vanguardias históricas: El término *vanguardismo* está tomado del léxico militar y designa la parte del ejército que se sitúa delante del cuerpo principal de soldados. Los vanguardistas, por tanto, se consideraban...

- Para introducir citas textuales o diálogos en estilo directo.

> Él siempre dice lo mismo: «Un mago nunca llega tarde o temprano: siempre llega cuando tiene que llegar».
> Se levantó de la silla y trató de ponerse en pie:
> —Estoy bien, estoy bien —el olor a vodka llegaba hasta la otra parte de la mesa.

ESQUEMA

Dos puntos

- **Minúscula**
  - → Conector.
    No vino: estaba muy cansado.
  - → Introductor.
    Apunta lo que nos falta: los folios, los rotuladores, las gomas de borrar y los sacapuntas.

- **Mayúscula**
  - **Fórmulas**
    - → Introducción (cartas y correos).
      Estimado Ernesto:
      ¿Cómo fue la reunión?
    - → Documentos oficiales.
      CERTIFICA:
      Que el arrendatario...
  - → Títulos y epígrafes.
    El neoplasticismo: Este movimiento artístico comienza en Holanda en el año 1917, de la mano de Piet Mondrian.
  - → Citas textuales o diálogos.
    Ricardo se sabe de memoria esa frase de Shakespeare: «¡En guardia, Macduff, y que la maldición caiga sobre el primero que diga "Basta"!».

i › OLE, págs. 355, 453-454.

127. ¿Debemos escribir un punto tras el signo de interrogación o exclamación de cierre?

No. Tras el signo de exclamación o interrogación de cierre podemos añadir una coma (o un punto y coma, o un paréntesis, por ejemplo si no hemos acabado la frase, pero, por lo general, los signos de exclamación e interrogación encierran enunciados completos.

Con el segundo signo (? o !) señalamos que la frase está terminada, por lo que poner un punto sería redundante. En los correctores de Word©, de hecho, se señala este error con un subrayado. La frase que sigue al punto de interrogación o exclamación debe comenzar con mayúscula.

⊗ ¿Quieres venirte con nosotros?. Venga, ¡será divertido!.

⊘ ¿Quieres venirte con nosotros? Venga, ¡será divertido!

i› *OLE*, págs. 300-301, 393.

. . . .

PARA SABER MÁS...

Sobre la combinación de los puntos de interrogación o exclamación con otros signos: ⇨ 128.

Sobre el uso de la mayúscula tras el signo de interrogación o exclamación de cierre: ⇨ 103.

. . . .

128. ¿Se puede poner una coma antes o después del signo de interrogación?

Sí. Los signos de interrogación o exclamación pueden combinarse perfectamente con cualquier otro signo, excepto con el punto, por lo que podemos escribir una coma antes o después del signo de apertura o cierre. En el caso de que la coma siga al signo de exclamación o interrogación de cierre deberemos escribir los dos signos seguidos, sin espacio entre ellos:

⊗ ¿De verdad que no? , Elisa, no mientas.

⊘ ¿De verdad que no?, Elisa, no mientas.

Deberemos escribir minúscula en la primera palabra después de la coma a menos que la siguiente palabra empiece por mayúscula inicial (sería el caso de un nombre propio, como en el ejemplo anterior).

⊗ ¿Que por qué estoy aquí?, Madre mía, ¡Y yo qué sé!

⊘ ¿Que por qué estoy aquí?, madre mía, ¡y yo qué sé!

i ⟩ OLE, pág. 394.

....

PARA SABER MÁS...

El uso del punto tras el signo de interrogación: ⇨ 127.

....

129. ¿Por qué es necesario el signo de apertura de interrogación o exclamación?

En español tenemos dos signos de interrogación y exclamación: el de apertura y el de cierre. Podríamos pensar que el de apertura no es necesario puesto que en otras lenguas, como el inglés, el francés o el portugués, no se usa. Ahora bien, esas lenguas tienen ciertos mecanismos gramaticales para señalar cuándo el enunciado es una pregunta: o bien palabras específicas que solo se encuentran en contextos interrogativos o exclamativos, o bien recursos gramaticales para alterar el orden de una frase y así convertirla en una pregunta o exclamación (por ejemplo: en inglés una oración enunciativa comenzaría con la estructura *I am*, 'yo soy', mientras que una pregunta tendría que formularse *Am I*, 'soy yo').

En español no tenemos estructuras gramaticales exclusivas para los contextos interrogativos o exclamativos. Ni siquiera utilizamos en todos los casos las partículas interrogativas o exclamativas (*qué, por qué, cómo, cuándo, dónde, quién,* etc.), y podemos formular preguntas o exclamaciones como *¿Que de verdad tiene quince años?*

Por este motivo debemos enmarcar las preguntas y exclamaciones entre sus signos correspondientes, de modo que podamos identificar que se trata de un tipo de oración diferente al enunciativo y, además, sepamos dónde comienza exactamente la exclamación o la interrogación, pues el cambio de posición provoca cambios en el significado de nuestro enunciado:

⊗ Ella quería venir o quería quedarse?

⊘ ¿Ella quería venir o quería quedarse?

⊘ Ella quería venir ¿o quería quedarse?

⊗ Y vos no podés hacer nada!

⊘ ¡Y vos no podés hacer nada!

⊘ Y vos ¡no podés hacer nada!

⊘ Y vos no podés hacer ¡nada!

ℹ› *OLE*, pág. 388.

....

PARA SABER MÁS...

El empleo de un solo signo de interrogación o exclamación: ⇨ 130.

....

130. ¿Hay algún caso en el que se pueda escribir solamente el signo de cierre de interrogación o exclamación?

Solo es correcto escribir el signo de exclamación o interrogación de cierre cuando lo escribimos entre paréntesis:

⊘ Su amigo (?) no ha venido a ver cómo está.

⊘ Decía que era feliz (!) a su lado.

Este recurso se utiliza cuando queremos marcar la ironía de la frase que estamos escribiendo. Por eso mismo no debemos abusar de él, ni emplearlo en textos oficiales o formales, sino reservarlo para medios más distendidos, como las redes sociales, el chat o los correos electrónicos informales.

ℹ› *OLE*, pág. 393.

....

PARA SABER MÁS...

Para el empleo de los signos de interrogación o exclamación: ⇨ 129.

....

131. ¿Se pueden combinar el signo de exclamación y el de interrogación?

Sí. A veces una oración es interrogativa y exclamativa a la vez, por lo que podemos combinar ambos signos, o bien usando el de interrogación para abrir y el de exclamación para cerrar (o viceversa), o bien escribiendo los dos a la vez (en este caso tenemos que respetar el mismo orden para la apertura y el cierre):

⊗ ¿Qué dices?!

⊘ ¡¿Qué dices?!

⊘ ¿¡Qué dices!?

Ø ¡Cómo te ha podido hacer eso!
Ø ¡Cómo te ha podido hacer eso?

i › *OLE*, pág. 393.

132. La interjección *eh*, ¿debe ponerse entre interrogaciones o entre exclamaciones?

Ambas formas son correctas pero sirven para transmitir significados diferentes.

- **¿Eh?** es una pregunta, equivalente a *¿cómo?* o a *¿verdad?*:

  ¿Eh? ¡No te entiendo!
  Es guapa, ¿eh?

- **¡Eh!** es una exclamación que se usa para llamar la atención del interlocutor:

  ¡Eh! ¡No te pases ni un pelo!

A veces, y especialmente en medios como el chat o las redes sociales, escribimos la exclamación en lugar de la interrogación porque parece más expresiva, o porque parece que el *eh* «no suena» a pregunta. En caso de que queramos darle expresividad a la interjección podemos duplicar el signo, o combinar la interrogación y la exclamación.

  ¿Entiendes?¿¿Eh??
  ¡¡¡Eh!!! ¡Mira esto!
  ¿¡Eh!? ¿En serio lo dices?
  ¡¿Eh?! ¡Venga ya!

i › *OLE*, pág. 390.

....

PARA SABER MÁS...

Sobre las interjecciones: *NGLE Manual*, págs. 623-633.
Sobre las interjecciones no formularias: *NGLE Manual*, pág. 629.
....

133. ¿Se escribe *Hoy no vienes, ¿no?* o hay que poner todo entre interrogaciones?

Lo correcto es escribirlo de esa manera: la interrogación no afecta a toda la frase, sino solo al adverbio *no*.

En realidad, cuando utilizamos este tipo de fórmulas, como *¿no?, ¿eh?, ¿verdad?, ¿cierto?* y otras parecidas, no queremos hacer una pregunta. Estas expresiones son una especie de apéndice a la oración principal que ayudan, por un lado, a que nuestra frase no suene demasiado categórica y, por otro lado, nos sirven para establecer una comunicación más cercana con el interlocutor, al que pedimos una respuesta (aunque solo sea que asienta o niegue con la cabeza). Si decimos *Esta tarde vamos a salir,* parece que estamos dando una orden al interlocutor; sin embargo, si añadimos un *¿no?,* somos corteses y estamos haciendo partícipe al otro de la propuesta.

Se trata, por tanto, de una afirmación, a la que le sigue una duda o una solicitud de confirmación. Por ese motivo solo debemos escribir entre interrogantes esa duda o confirmación, ese «apéndice»:

⊗ ¿Me dijiste que no tenías problema para trabajar los fines de semana, verdad?

⊘ Me dijiste que no tenías problema para trabajar los fines de semana, ¿verdad?

⊗ ¿No quiere saberlo, eh?

⊘ No quiere saberlo, ¿eh?

i ⟩ *OLE,* pág. 390.

PARA SABER MÁS...

Sobre el uso de la coma como signo doble: ⇨ 119.
No debemos abusar de este tipo de expresiones, para no convertirlas en muletillas (⇨ 439).

134. ¿Es preferible escribir paréntesis o rayas para enmarcar una aclaración?

Cualquiera de las dos opciones es válida: ambos signos sirven, entre otras cosas, para introducir incisos en una oración principal. La elección de un signo o de otro dependerá de los gustos o preferencias del autor.

⊘ Estaban preocupados (y no era para menos) porque era tarde y no habías vuelto.

⊘ Estaban preocupados —y no era para menos— porque era tarde y no habías vuelto.

Debemos, eso sí, ser coherentes en nuestro texto: no debemos usar aleatoriamente estos dos signos ni, mucho menos, combinarlos para un mismo inciso:

⊗ Estaban preocupados (y no era para menos— porque era tarde y no habías vuelto.

En caso de que dentro de un inciso queramos escribir otro inciso debemos seguir siempre la jerarquía paréntesis > rayas:

⊗ Estaban preocupados —y no era para menos (ya era la segunda vez que desaparecías)— porque era tarde y no habías vuelto.
⊘ Estaban preocupados (y no era para menos —ya era la segunda vez que desaparecías—) porque era tarde y no habías vuelto.

Ambos son signos dobles, con apertura y cierre: no podemos escribir solo el primer signo y no el segundo, incluso si el final de la oración acaba con ese inciso. En inglés es común encontrarnos con este tipo de incisos que comienzan con una raya y acaban sin ella y con el punto, pero en español debemos delimitar completamente dicho inciso:

⊗ No supo cómo llegar a tu casa —y era la tercera vez que venía.
⊘ No supo cómo llegar a tu casa —y era la tercera vez que venía—.

i › *OLE*, págs. 365, 374.

....

PARA SABER MÁS...

En los teclados suele encontrarse solo el guion (-), que es más corto que la raya (—). Ahora bien, en los programas de tratamiento de textos se convierte el guion en una raya cuando unimos este signo a una palabra. No sucede lo mismo como signo de cierre: el programa lo escribe como guion. La raya hay que buscarla en la sección de símbolos del programa de escritura que tengamos en el ordenador, e insertarla.

La raya se usa también para escribir los diálogos en las obras literarias (⇨ 145 y 146).

....

135. Una oración entre paréntesis ¿se cierra con punto?

No, nunca. Las oraciones que escribimos dentro de los paréntesis no terminan con un punto: el punto se escribe detrás del paréntesis de cierre.

⊗ Cayó en la cama en cuanto llegó a casa (había trabajado desde la noche anterior sin parar.).

⊘ Cayó en la cama en cuanto llegó a casa (había trabajado desde la noche anterior sin parar).

La misma regla sirve para las acotaciones o los apartes en teatro.

⊗ (Una celda en la que hay un banco, un colchón y tres mujeres: la MADRE, que está embarazada; la MUJER, que viste un chaleco de hombre y está tumbada en el colchón; y la NIÑA, que se está haciendo una trenza en el pelo.)

⊘ (Una celda en la que hay un banco, un colchón y tres mujeres: la MADRE, que está embarazada; la MUJER, que viste un chaleco de hombre y está tumbada en el colchón; y la NIÑA, que se está haciendo una trenza en el pelo).

⊗ NIÑA. —(*Riendo.*) No digas eso.

⊘ NIÑA. —(*Riendo*). No digas eso.

Sí podemos escribir, sin embargo, puntos suspensivos o signos interrogativos o exclamativos de cierre antes del segundo paréntesis.

⊘ Tengo alergia a los gatos (¿cuántas veces se lo habré dicho ya?).

⊘ Dice que tienes razón (y para una vez que te hace caso...).

i › *OLE*, pág. 369.

136. ¿Sirven para lo mismo los corchetes y los paréntesis?

Ambos signos sirven para insertar en un enunciado ciertas informaciones complementarias, pero mientras que podemos usar los paréntesis con más libertad, los corchetes tienen un uso más restringido.

Los corchetes se utilizan para introducir informaciones dentro de una secuencia escrita entre paréntesis, de modo que se establece una jerarquía entre estos dos signos de puntuación: paréntesis > corchetes.

⊗ Algunos de ellos [no todos (y además, solo los hombres)] se levantaron y se fueron.

⊘ Algunos de ellos (no todos [y además, solo los hombres]) se levantaron y se fueron.

Dentro de las citas podemos insertar, mediante los corchetes, informaciones que no pertenecen a la cita textual pero que ayudan a comprenderla o contextualizarla. Los paréntesis solo serían correctos, en este caso, si se encuentran en la cita.

⊗ «Durante el Proceso de Reorganización Nacional (de 1976 a 1983) desaparecieron más de treinta mil personas».

∅ «Durante el Proceso de Reorganización Nacional [de 1976 a 1983] desaparecieron más de treinta mil personas».

Usaremos los corchetes, mejor que los paréntesis, para señalar una parte elidida dentro de una cita:

⊖ «Ambos signos sirven para insertar en un enunciado ciertas informaciones complementarias, pero (...) los corchetes solo se usan en determinados contextos».

⊕ «Ambos signos sirven para insertar en un enunciado ciertas informaciones complementarias, pero [...] los corchetes solo se usan en determinados contextos».

i › *OLE*, págs. 370-372.

....

PARA SABER MÁS...

Sobre el uso de los paréntesis: ⇨ 134.

Además de estos usos, los corchetes tienen otras funciones para contextos más específicos:

- En las transcripciones de textos sirven para señalar letras o palabras que el editor modifica del texto original, o bien para desarrollar las abreviaturas: *¿Vosotros sois [h]ombres nobles?*
- En las obras lingüísticas sirven para señalar las transcripciones fonéticas de las palabras: [kása], 'casa'.
- En las fórmulas matemáticas los corchetes encierran operaciones que contienen otras operaciones más pequeñas ya encerradas entre paréntesis: $[(8 - 5) + (6 \times 4)] - (7 + 3)$.

....

137. ¿Hay que escribir mayúscula después de los puntos suspensivos?

No siempre. Depende de si los puntos suspensivos cierran una oración o no: si la cierran, deberemos comenzar a escribir la siguiente oración con mayúscula, tal y como haríamos después de escribir un punto; si no cierran una oración, debemos escribir la siguiente palabra con minúscula inicial, tal y como haríamos tras una coma.

Los puntos suspensivos tienen, básicamente, dos funciones: sirven para marcar una pausa o interrupción en el discurso, o bien para señalar la omisión de algo (desde una palabra malsonante hasta toda una frase, si no queremos terminarla). Debemos saber, por tanto, si las pausas o las omisiones que escribimos cierran un enunciado o no.

Las dos oraciones que aparecen a continuación son válidas, pero transmiten significados distintos:

⊘ No sé si iré o... no iré.
⊘ No sé si iré o... No iré.

En el primer caso hacemos una pausa dentro de una misma oración, y mostramos una duda: aún no sabemos si esa persona irá o no. En el segundo caso dejamos en suspense una oración, hacemos una pausa, y abrimos otra oración diferente: el emisor de esa oración ha tomado la decisión de no ir.

De este modo, en función de lo que queramos contar, podremos escribir mayúscula o minúscula tras los puntos suspensivos.

ℹ⟩ OLE, págs. 394-398.

138. ¿Se puede poner coma antes de los puntos suspensivos?

No, nunca. Podemos escribir cualquier signo de puntuación (excepto el punto) detrás de los puntos suspensivos, pero nunca antes. El signo de puntuación que escribamos tiene que ir pegado al tercero de los puntos suspensivos.

⊗ Si mi cuñada se encarga de elegir los manteles, las servilletas, los centros de flores,... me quito un peso de encima.
⊘ Si mi cuñada se encarga de elegir los manteles, las servilletas, los centros de flores..., me quito un peso de encima.

No podemos escribir un punto después de los tres puntos suspensivos porque estos pueden finalizar el enunciado, de modo que sería redundante escribir dos signos que sirven para lo mismo. Además, no es correcto escribir más de tres puntos seguidos, salvo si antes de ellos hay una abreviatura (que siempre se escribe con punto), como es el caso de *D., admón., Sr.,* entre otras.

ℹ⟩ OLE, pág. 398.

PARA SABER MÁS...

Sobre el uso de las mayúsculas tras los puntos suspensivos: ⇨ 137.

139. ¿Se pueden combinar los puntos suspensivos y el etcétera?

Uno de los usos de los puntos suspensivos coincide con el de la palabra *etcétera:* dejar abierta una enumeración. Escribir los dos signos juntos sería una redundancia, por lo que es preferible elegir uno de los dos: o bien los tres puntos suspensivos, o bien el *etc.*, en su forma plena o abreviada. Es un error muy común usar ambos simultáneamente.

> ⊗ Ordena todo eso: los libros, los papeles, las libretas, los dos ordenadores, los lápices, etc...
>
> ⊗ Ordena todo eso: los libros, los papeles, las libretas, los dos ordenadores, los lápices..., etc.
>
> ⊘ Ordena todo eso: los libros, los papeles, las libretas, los dos ordenadores, los lápices, etc.
>
> ⊘ Ordena todo eso: los libros, los papeles, las libretas, los dos ordenadores, los lápices...

i > *OLE*, pág. 397.

140. ¿Hay que escribir comillas angulares («») o inglesas ("")?

Cualquiera de los dos tipos de comillas es correcto y válido en español, pero en los textos impresos se recomienda usar preferentemente las comillas angulares (también llamadas latinas o españolas).

En caso de que dentro de las comillas tengamos que escribir otras comillas deberemos escribir en primer lugar las angulares y, dentro de ellas, las inglesas (« " " »):

> ⊗ En los últimos días ha estado repitiendo la misma frase: "Mi padre decía: «Nunca digas nunca», pero se equivocaba, se equivocaba".
>
> ⊘ En los últimos días ha estado repitiendo la misma frase: «Mi padre decía: "Nunca digas nunca", pero se equivocaba, se equivocaba».

Los teclados de los ordenadores marcan solo las comillas inglesas, pero si queremos usar las angulares podemos buscarlas en la opción de «insertar símbolo» que ofrezca el programa de escritura.

i > *OLE*, pág. 380.

141. ¿Los apodos van entre comillas?

Los apodos son denominaciones que acompañan o sustituyen a un nombre propio, generalmente de persona, y suelen tener un carácter descriptivo. Se escriben siempre con mayúscula inicial y si les acompaña un artículo, este irá con minúscula inicial.

Si el apodo está dentro del nombre propio, deberemos señalarlo, o bien escribiéndolo entre comillas, o bien en letra cursiva:

> Ernesto «Che» Guevara
> José Ángel *Mantequilla* Nápoles

Si el apodo acompaña o sustituye al nombre, debemos escribirlo en letras redondas y sin las comillas. En caso de que acompañe al nombre, para marcar que se trata de un apodo deberemos separar nombre y apodo mediante una coma: *el Vaquilla*; *Fernando Torres, el Niño*.

i⟩ OLE, pág. 469.

....

PARA SABER MÁS...

No debemos confundir el apodo con el sobrenombre, que siempre acompaña al nombre propio y no puede sustituirlo: *Felipe el Hermoso* nunca sería designado solo con *el Hermoso*.

....

142. ¿Hay alguna manera de señalar que nos referimos al significado de una palabra?

Sí. Para señalar que estamos escribiendo el significado de una palabra usaremos las comillas simples.

> ⊗ Una *paranoia* es una «perturbación mental fijada en una idea o un orden de ideas».
> ⊘ Una *paranoia* es una 'perturbación mental fijada en una idea o un orden de ideas'.
> ⊗ Cuando decís «no sé» querés decir «no», ¿verdad?

⊘ Cuando decís «no sé» querés decir 'no', ¿verdad?
⊗ La palabra francesa *tête*, «cabeza», viene del latín *testum*, «tiesto».
⊘ La palabra francesa *tête*, 'cabeza', viene del latín *testum*, 'tiesto'.

Las comillas simples se emplean también para resaltar una expresión con comillas, cuando ya hemos seguido la jerarquía de comillas angulares y comillas inglesas (« " ' " »):

⊘ Siempre lo cuenta de la misma forma: «Mi padre fue directo a mi madre y le preguntó: "¿Me da 'licencia' para bailar con usted?", mi madre se echó a reír por la manera de pedirlo, y aceptó el baile».

i › *OLE*, pág. 380; *LEC*, pág. 177.

....

PARA SABER MÁS...

Sobre el uso de las comillas dobles: ⇨ 140.

....

143. **¿Cómo se separan los versos de un poema cuando se escriben en la misma línea?**

Cuando estamos escribiendo un poema, si disponemos de espacio, debemos separar cada verso del siguiente mediante un salto de línea: es decir, cada verso debe iniciarse en una nueva línea. Si no disponemos de espacio, debemos separar cada verso del siguiente mediante la barra (/), para señalar cuál era la estructura versal del texto. Dejaremos un espacio en blanco entre la última palabra de un verso y la barra, y entre esta y la primera palabra del verso siguiente:

⊘ Salinas lo expresa muy bien: «Ese es tu sino: vivirte. / No hagas nada. / Tu obra eres tú, nada más».

La barra se usa también para:

■ Marcar ciertas abreviaciones, como por ejemplo *c/*, 'calle', o *km/h*, 'kilómetros por hora'.
■ Indicar la existencia de dos opciones, o bien de una misma palabra (como en *todos/as*, 'todos y todas', o en *señor/es*, 'señor y señores'), o bien de varias (*hombre/mujer*, *alto/bajo*; *Sepárense los que vengan conmigo/se queden aquí*).

En estos casos debemos escribir la barra pegada tanto a la última como a la primera letra de las palabras.

i › *OLE*, pág. 425.

....

PARA SABER MÁS...

Se usa el corchete cuadrado para indicar que un verso no cabe en una línea: ⇨ 144.
Otros usos de los corchetes: ⇨ 137.

....

144. ¿Qué se hace si no cabe un verso completo en una línea?

En caso de que no tengamos espacio para escribir un verso completo de un poema en una misma línea, deberemos comenzar la línea siguiente con un corchete de apertura, y alineándola a la derecha. Este es el único caso en el que podemos escribir una parte de este signo doble: no hay que escribir, al final del verso, el corchete de cierre, sino el punto o el signo con que se cierre el verso.

⊗ Y qué vamos a hacer sin bárbaros ahora.
Aquellos hombres eran una cierta
[solución.

⊗ Y qué vamos a hacer sin bárbaros ahora.
Aquellos hombres eran una cierta
[solución].

⊘ Y qué vamos a hacer sin bárbaros ahora.
Aquellos hombres eran una cierta
[solución.
(«Esperando a los bárbaros», C. P. Cavafis)

i › *OLE*, pág. 371.

145. ¿Cómo se escriben los diálogos en una novela?

Para señalar, en los textos narrativos (y lo mismo sirve para los poéticos), que estamos reproduciendo la conversación entre varios personajes, deberemos usar las rayas (—) para dar pie a la voz de cada uno de ellos.

—No sé cómo explicártelo.

La raya se escribe pegada a la siguiente palabra, sin espacios. Si queremos interrumpir la voz del personaje para añadir alguna información, deberemos escribir otra raya, esta vez separada de la última palabra del personaje, pero unida a la primera del narrador, que siempre escribiremos en minúscula:

—Inténtalo —le respondió enfurecida.

Si la voz del personaje continúa tras la intervención del narrador, y en caso de que deba aparecer un signo de puntuación primario (esto es, punto, coma, punto y coma o dos puntos), colocaremos este signo tras el inciso del narrador:

—Amor mío —le temblaba la voz—, no quería contarte nada. Se supone que tenía que ser una sorpresa.

La intervención de cada personaje se escribirá en una línea nueva:

—No sé cómo explicártelo.
—Inténtalo —le respondió enfurecida.
—Amor mío —le temblaba la voz—, no quería contarte nada. Se supone que tenía que ser una sorpresa.

i› OLE, pág. 377.

....

PARA SABER MÁS...
Sobre la transcripción de diálogos en obras teatrales: ⇨ 146.
Otros usos de la raya: ⇨ 134.

....

146. **¿Cómo se escriben los diálogos en una obra de teatro?**

El caso de los diálogos teatrales es algo diferente al de las obras narrativas o poéticas: al nombre del personaje (que, preferiblemente, se escribe en mayúsculas) debe seguirle la combinación punto y raya (.—) para dar comienzo a la voz de ese personaje.

Deberemos, además, dejar un espacio entre la raya y la primera palabra que escribamos.

MADRE.— Qué frío.
MUJER.— Es la humedad.
MADRE.— Sí.

i› OLE, pág. 379.

....

PARA SABER MÁS...
Sobre la transcripción de diálogos en las novelas: ⇨ 145.

....

147. ¿Es correcto escribir *vente p'acá*?

Si queremos reproducir en la escritura la supresión de sonidos de la lengua coloquial podemos utilizar el apóstrofo, como en este caso. Pero del mismo modo que no sería adecuado decir esto en determinados contextos, tampoco deberíamos escribirlo en un documento formal.

El apóstrofo, que tiene forma de coma alta, señala la pérdida de sonidos en la pronunciación de una palabra que se junta con la anterior o la siguiente. Pueden ser sonidos que afectan a la palabra a la que este signo ortográfico sigue, o a la que precede:

    ⊘ Vente *p'acá*, acércate, que hace frío.
    ⊘ Iban caminando *pa'l* norte.

Ahora bien, si queremos marcar el apócope (supresión de algún sonido final de una palabra) o la aféresis (supresión de algún sonido inicial) de una palabra, sin que esto afecte a la palabra anterior o siguiente, no debemos escribir el apóstrofo: debemos escribir la palabra acortada, sin más.

    ⊗ ¿Pa' qué habrás venido?
    ⊘ ¿*Pa* qué habrás venido?

i › *OLE*, págs. 433-434.

....

PARA SABER MÁS...
No debemos confundir el apóstrofo con las comillas simples: se debe buscar en cada teclado la posición en la que se encuentra el apóstrofo y las comillas simples (por lo general, en los PC el apóstrofo se sitúa en la misma tecla que el signo de interrogación de cierre, mientras que las comillas simples comparten tecla con la diéresis y la llave de apertura).

....

148. ¿Por dónde se corta una palabra al llegar al final de renglón?

Al llegar a final de renglón las palabras se deben cortar por la separación entre dos sílabas, teniendo en cuenta las siguientes restricciones (se marca con | el final de renglón):

- No se debe dejar una letra aislada al final del renglón: *animar* no puede cortarse *a-|nimar*, sino *ani-|mar*, pero *hacerlo* puede separarse *ha-|cerlo*.

- Las palabras prefijadas o compuestas puede cortarse, además, separando sus elementos formativos, aunque no se respete la separación silábica: *reiniciar* puede descomponerse *re-|iniciar* o *rei-|niciar*, *malentendido* puede descomponerse en *mal-|entendido* o *ma-|lentendido*.

- Se recomienda no cortar a final de renglón las palabras de cuatro letras: *ga-|to; *es-|tá*. Aunque esta división no es ortográficamente incorrecta, puede dificultar la legibilidad del texto.

Esta norma tiene varias restricciones:

- En las palabras prefijadas debe reconocerse la palabra a la que se añade el prefijo: es correcto *in-|estable* (*in* + *estable*), pero no *in-|erme* (*in* + *erme*) sino *iner-|me*.

- En las compuestas deben ser reconocibles los elementos del compuesto: *nosotros* puede separarse *no-|sotros* (por el corte silábico) o *nos-|otros* (por componentes), pero *boquiabierto* puede separarse *bo-|quiabierto* y no *boqui-|abierto* porque el elemento *boqui* no es una palabra existente en español.

- No se debe separar un dígrafo (*ll, ch, rr*), pues los elementos que lo componen representan un único fonema: *gal-|llina* en lugar de *ga-|llina*, *cac-|halote* en vez de *ca-|chalote*, *car-|rrera* por *ca-|rrera*.

  Si el dígrafo *rr* es consecuencia de sumar un prefijo acabado en *r* más una palabra comenzada también por *r*, pueden separarse ambas letras: *hiperrealista* se separa *hiper-|realista*, no *hipe-|rrealista*.

- No se debe separar nunca la secuencia de dos o tres vocales contiguas, formen o no diptongo: *faena* tiene tres sílabas (*fa-e-na*) pero no admite el corte *fa-|ena* al final de línea, sino *fae-|na*; *cogeríais* tiene cuatro sílabas (*co-ge-rí-ais*), pero no admite el corte *cogerí-|ais*, sino *coge-|ríais*; *empeine* no admite la división silábica *empe-|ine* sino *empei-|ne*, porque la sílaba central contiene un diptongo.

- La letra *x* se considera siempre comienzo de sílaba cuando va ante vocal, y final de sílaba cuando va ante consonante por lo que el corte al final de renglón debe ir delante o detrás de esta letra, según la posición que ocupe: cortaremos *fle-|xionar, cone-|xión* , pero *ex-|tensión, ex-|torsionar*.

- La hache muda intercalada no puede quedar a comienzo de sílaba, salvo cuando se trata de palabras prefijadas o compuestas: no podemos cortar ⊛*pro-|hibición*, sino *prohi-|bición*, pero sí es correcto *des-|humanizado* o *quebranta-|huesos*.

  No son admisibles, sin embargo, divisiones silábicas que produzcan al inicio de renglón combinaciones anómalas, como ⊛*de-|shumanizado*.

i › *OLE*, págs. 403-408.

....

PARA SABER MÁS...
Otras separaciones de palabras a final de renglón: ⇨ 149, 150 y 151.
Sobre cómo se separan las sílabas de las palabras al pronunciarlas: ⇨ 29, 30 y 31.
....

149. ¿Se puede cortar una sigla si no cabe en el renglón?

No. Las siglas no se pueden cortar al llegar al final de renglón, por carecer de estructura silábica. Tampoco se pueden cortar las abreviaturas, las expresiones numéricas en cifras ni las palabras separadas con barra.

⊗ Actualmente está trabajando contratado por la NA-|SA.
⊘ Actualmente está trabajando contratado por la |NASA.
⊗ La documentación será remitida al ap-|do. 208802.
⊘ La documentación será remitida al |apdo. 208802.
⊗ El precio final quedó fijado en 25-|000 euros.
⊘ El precio final quedó fijado en |25 000 euros.
⊗ Este restaurante mantiene una excelente relación precio/cali-|dad.
⊘ Este restaurante mantiene una excelente relación precio/|calidad.

Con el fin de evitar problemas de interpretación, no se deben cortar al final de renglón los títulos de las obras artísticas, los titulares de prensa, los subtítulos y los rótulos televisivos o cinematográficos ni los carteles e indicaciones del tráfico.

i › *OLE*, págs. 403-408.

....

PARA SABER MÁS...
Sobre las siglas: ⇨ 171.
Otras separaciones de palabras a final de renglón: ⇨ 148, 150 y 151.
Sobre cómo se separan las sílabas de las palabras al pronunciarlas: ⇨ 29, 30 y 31.

....

150. ¿Se puede cortar al final del renglón una palabra compuesta con guion, como *franco-alemán*?

Lo recomendable es evitar la división silábica de estos compuestos a final de renglón. Si el corte se produce por el guion, se escribirá uno al final de la línea y otro al comienzo de la línea siguiente.

⊗ Este nuevo producto es el resultado de un complejo proceso físico-|químico.

⊘ Este nuevo producto es el resultado de un complejo proceso físico-|-químico.

También se recomienda evitar la división silábica a final de renglón en aquellas divisiones que produzcan repetición de sílabas al final o al principio de renglón, o cuando después de punto y seguido queda al final de línea una palabra de tres letras o menos:

⊗ Esta es la causa de que se consu-|ma mayor cantidad de productos.

⊘ Esta es la causa de que se con-|suma mayor cantidad de productos.

⊗ Se alejó sin despedirse. To-|dos quedamos atónitos

⊘ Se alejó sin despedirse. |Todos quedamos atónitos

i › *OLE*, págs. 403-408.

....

PARA SABER MÁS...
La última línea de un párrafo debe contener más de cinco caracteres, además del punto final:

⊗ Cuando se marcharon todos los demás, quedaron solos ellos |dos.

⊘ Cuando se marcharon todos los demás, quedaron solos |ellos dos.

Se ha de evitar que coincidan más de tres líneas seguidas con guion en un mismo párrafo.

Sobre otras separaciones de palabras a final de renglón: ⇨ 148, 149 y 151.

Sobre cómo se separan las sílabas de las palabras al pronunciarlas: ⇨ 29, 30 y 31.

....

151. ¿Se puede cortar una palabra extranjera al final de renglón?

Las palabras procedentes de otras lenguas que no se han adaptado al español no pueden cortarse al final de renglón, pues la separación origina secuencias irreconocibles en nuestra lengua:

- ⊗ Para abrir el programa, pulse con el puntero del *mou-|se* sobre el icono.
- ⊘ Para abrir el programa, pulse con el puntero del *mouse* |sobre el icono.
- ⊗ No olviden llevar en la mochila bebida abundante y algún *sand-|wich.*
- ⊘ No olviden llevar en la mochila bebida abundante y algún |*sandwich.*

Tampoco son admisibles las divisiones que generen fragmentos que coinciden con palabras malsonantes o que generen malentendidos:

- ⊗ El público disfrutó mucho con aquel magnífico espectá-|culo.
- ⊘ El público disfrutó mucho con aquel magnífico es-|pectáculo.
- ⊗ En caso de robo o extravío, el casi-|no declina toda responsabilidad.
- ⊘ En caso de robo o extravío, el casino |declina toda responsabilidad

i › *OLE,* págs. 403-408.

....

PARA SABER MÁS...

Otras separaciones de palabras a final de renglón: ⇨ 148, 149 y 150.

Sobre cómo se separan las sílabas de las palabras al pronunciarlas: ⇨ 29, 30 y 31.

....

SOBRE LA ESCRITURA DE LOS NÚMEROS

152. ¿Hay que escribir los números con cifras o con letras?

Depende del contexto.

Es preferible escribir los números con letras siempre que:

- El número se pueda decir en una o en dos palabras coordinadas:

  > Me han regalado dos camisetas iguales.
  > Hay seis millones de parados, ¡madre mía!
  > Dijo que tenía unos cuarenta y cinco años.

- El número corresponda con una fecha histórica:

  > Estuvimos tomando algo en la plaza del Dos de Mayo.

- El número corresponda con una fracción, fuera de contextos científicos:

  > La riqueza está concentrada en menos de un tercio de la población mundial.

En textos científicos, operaciones o fórmulas matemáticas, para facilitar la legibilidad, encontraremos los números escritos en cifras. Por esa misma razón también se permite su escritura en cifras en los titulares de los medios de comunicación, así como en los anuncios publicitarios. Fuera del contexto científico, además, podremos escribir en cifras:

- Números de más de tres palabras:

  > ⊗ El camión pesaba exactamente cinco mil ochocientos veintitrés kilos.
  > ⊘ El camión pesaba exactamente 5823 kg.

- Las fechas:

  > Don McLean decía que el 3 de febrero de 1952 murió la música.

- Los números seguidos o precedidos por símbolos o abreviaturas:

  > ⊗ La casa tiene noventa m².
  > ⊘ La casa tiene 90 m².
  > ⊗ Abran el libro por la pág. sesenta y cuatro.
  > ⊘ Abran el libro por la pág. 64.
  > ⊘ Abran el libro por la página sesenta y cuatro.

ⁱ⁾ OLE, págs. 682-686.

PARA SABER MÁS...

Otros aspectos relativos a la escritura de los números: ⇨ 155, 162 y 175.

153. ¿Cómo se escribe 21 con letras? ¿Y 32?

El número 21 se escribe en una sola palabra: *veintiuno*. El número 32 se escribe preferiblemente en tres palabras: *treinta y dos*; aunque la forma simple *treintaidós* también es válida, su uso es minoritario.

⊗ El número veinte y uno es múltiplo de tres y el treintaidós, no.
⊘ El número veintiuno es múltiplo de tres y el treinta y dos, no.

Los números simples siempre se escriben en una sola palabra: *cero, uno, cinco, siete, diez, veinte, treinta, cuarenta, cien, doscientos, mil*, etc.

Es preferible escribir los números complejos, a partir del 31, en varias palabras, aunque su grafía en una sola palabra está aceptada. En caso de escribirlos en su grafía simple deberemos recordar que si aparece la conjunción *y*, esta adopta la forma *i*:

⊗ Conté exactamente cuarentaynueve personas en la sala.
⊖ Conté exactamente cuarentainueve personas en la sala.
⊘ Conté exactamente cuarenta y nueve personas en la sala.

Los compuestos de *mil* también se escriben en varias palabras (*dos mil, tres mil, cincuenta mil, cincuenta y siete mil*...) a menos que estén sustantivados (en ese caso, admiten también la formación en plural).

⊘ En su próxima expedición, el famoso montañero intentará coronar un ochomil.
⊘ Con este son cuatro ochomiles los que ha conquistado en su carrera.

i ⟩ *OLE*, págs. 668-674.

PARA SABER MÁS...

Sobre la escritura de los números: ⇨ 152.

Se considera un vulgarismo fonético (⇨ 454) la reducción del diptongo en la pronunciación de algunas cifras que lo contienen: [⊛]*ventisiete* por *veintisiete*, [⊛]*trentaisiete* por *treintaisiete* y, a la inversa, el desdoblamiento de vocales simples: [⊛]*sietecientos* por *setecientos*. También: ⇨ 19.

154. ¿Año 1986, año 1.986 o año mil novecientos ochenta y seis?

No es correcto escribir un punto para separar los millares, porque podría confundirse con la escritura de un número decimal.

Los números de cuatro cifras o menos deben escribirse sin separación alguna:

⊗ Toledo fue declarada ciudad Patrimonio de la Humanidad en 1.986.

⊘ Toledo fue declarada ciudad Patrimonio de la Humanidad en 1986.

Por otro lado, los años generalmente se escriben con cifras. Solo se escriben con letra en los documentos oficiales, como escrituras públicas, actas notariales o cheques, como un modo complementario de certificar el documento. De hecho, en estos mismos documentos se suelen escribir las cantidades en cifra y en letra, como garantía de que no hay error.

En el caso de cifras con más de cuatro dígitos lo correcto es agrupar los dígitos de tres en tres, empezando por la derecha, y dejar un espacio entre los grupos:

⊗ Ese año se presentaron 13.584 personas para las 6.704 plazas convocadas.

⊘ Ese año se presentaron 13 584 personas para las 6704 plazas convocadas.

La escritura de los códigos postales o apartados de correos, así como la de los códigos identificadores (en documentos oficiales, sobre todo, como el documento nacional de identidad) no se adaptan a esta norma y se escriben seguidos, sin puntos, comas ni espacios en blanco:

⊗ Apunta también el código postal, que es el 46 006.

⊘ Apunta también el código postal, que es el 46006.

ⓘ OLE, págs. 663-664.

155. ¿Cómo se escriben las fechas?

Tenemos dos opciones para escribir la fecha: la versión corta o la versión larga.

- Versión corta: podemos marcar solo las cifras del día, mes y año (por ese orden), separados por un guion, una barra o un punto. El año puede expresarse con sus cuatro dígitos o solo con los dos últimos, sin apóstrofo ni otro signo delante del número. El mes, aunque es poco frecuente, puede escribirse con números romanos.

  - ⊗ 07-12-'09
  - ⊘ 07-12-09
  - ⊘ 21/VII/1988
  - ⊘ 26.1.2013

- Versión larga: podemos desarrollar ese modelo y escribir el mes con letras y minúscula inicial, dejando el día y el año con cifras. Estos tres elementos deben estar separados por la preposición *de*, sin comas. No debemos escribir el artículo *el* antes de la cifra del año, a menos que se trate del 2000 en adelante: en ese caso el uso del artículo es opcional, si bien la Academia aconseja el uso sin artículo, en especial en la datación de cartas y documentos.

  - ⊗ cinco de mayo de 2010
  - ⊗ 26 del 11 de 1976
  - ⊗ 12 de abril, de 1982
  - ⊘ 3 de febrero de 1997
  - ⊘ 8 de marzo de 2011

Si queremos acompañar a la fecha del lugar, debemos añadir el nombre de la ciudad al principio y separarlo de la estructura larga mediante una coma.

  - ⊗ Cali 1 de febrero de 2011
  - ⊘ Cali, 1 de febrero de 2011

Lo mismo sucede si queremos indicar el día de la semana. En este caso, puesto que se trata de un comienzo de línea, escribiremos el nombre del día con mayúscula inicial.

  - ⊘ Jueves, 30 de mayo de 2002

i › *OLE*, págs. 422 y 694; *DPD, s. v. fecha.*

....

PARA SABER MÁS...

Sobre la escritura del año, con o sin punto: ⇨ 154.
Sobre la mayúscula o minúscula de los días de la semana: ⇨ 101.

....

156. ¿Años '70, años 70 o años 70's?

Lo adecuado es escribir las dos últimas cifras del año, sin apóstrofo: *años 70*.

⊗ Últimamente solo escucho música de los años '70.
⊗ Últimamente solo escucho música de los años 70's.
⊘ Últimamente solo escucho música de los años 70.

El resto de combinaciones son posibles en inglés, pero en español no son recomendables. Recordemos que el número es un símbolo y, por tanto, no varía su forma en plural. Sabremos que se trata de un plural o de un singular según el contexto en que aparezca esta cifra. Es lo mismo que ocurre con otros símbolos, como *h*, de 'horas' o *l* de 'litros'. Así, escribiremos *70* en estos dos ejemplos:

⊘ Brasil ganó la copa mundial de fútbol en el 70.
⊘ En los 70 estaban de moda los pantalones campana.

i › OLE, págs. 434 y 695.

....

PARA SABER MÁS...
Sobre la escritura completa de los años: ⇨ 154.

....

157. ¿Cómo se escriben los números decimales?

Un número decimal es el que se compone de una parte entera, la unidad, y un submúltiplo o fracción de esa unidad. Ambas partes se separan en la escritura mediante una coma o un punto, nunca mediante un apóstrofo:

⊗ El resultado correcto de esa operación es 20'7.
⊘ El resultado correcto de esa operación es 20,7.
⊘ El resultado correcto de esa operación es 20.7.

A menos que se trate de un documento administrativo, los números decimales se deben escribir con cifras, y no con letras. Estas cantidades se leen separando la parte entera de la decimal mediante la preposición *con* o la conjunción *y*, o bien leyendo el signo de puntuación. Así, el número decimal *20,7* se puede leer de todas estas formas:

⊘ veinte unidades y setenta centésimas
⊘ veinte con setenta
⊘ veinte con siete (décimas)

⊘ veinte punto setenta

⊘ veinte coma siete

En el caso de que la parte decimal represente la mitad de la unidad (*0,5*), además de las opciones anteriores, puede leerse también añadiendo *y medio* a la cifra entera:

⊘ Ha sacado un cinco con cinco en el examen.

⊘ Ha sacado un cinco y medio en el examen.

i › *OLE*, pág. 666.

158. ¿*Undécimo* o *decimoprimero*?

Ambas formas son correctas e igualmente válidas. La primera se corresponde con la forma etimológica, del latín *undecimus,* y la segunda se ha creado por analogía con el resto de números ordinales: *decimotercero, vigesimocuarto,* etc. La variante etimológica *undécimo* es la preferida en el uso más culto.

La segunda forma, además, puede escribirse en una sola palabra, *decimoprimero,* o en dos, *décimo primero.* En el primer caso la palabra formada es llana acabada en vocal, por lo que no debe llevar tilde; en el segundo caso la tilde es necesaria en *décimo,* por ser una palabra esdrújula. Estas formas se pueden apocopar, tanto en su forma simple *decimoprimer,* como en la compleja *décimo primer.* La variación de género se reflejará solo en el segundo componente si usamos una única palabra, *decimoprimera,* y en los dos si lo escribimos en dos palabras, *décima primera.*

⊗ Había diez plazas, y quedó el décimoprimero.

⊘ Había diez plazas, y quedó el decimoprimero.

⊘ Había diez plazas, y quedó el décimo primero.

⊕ Había diez plazas, y quedó el undécimo.

Reglas de escritura de los ordinales compuestos

- En una palabra → el primer elemento sin tilde y sin concordancia de género y número: *vigesimoséptimo, decimonovenos.*

- En dos o más palabras → el primer elemento con tilde y concordando en género y número: *vigésima segunda, décimos novenos.*

---

i › *OLE*, pág. 675.

159. ¿Cómo son los numerales ordinales a partir de cien?

Los numerales ordinales son los que expresan orden o sucesión. Se leen en una sola palabra los que corresponden a los números del 1 al 9 (*primero, segundo, noveno*, etc.), las decenas (*décimo, trigésimo*, etc.), las centenas (*centésimo, ducentésimo*, etc.) y los ordinales correspondientes a 1000 y a potencias superiores (*milésimo, billonésimo*, etc.). El resto de numerales ordinales se componen de dos o más palabras.

En el caso de los ordinales superiores a cien, deberemos hacer combinaciones con las formas simples. Así, diremos: *centésimo primero* (para 101.º), *centésimo vigésimo cuarto* (para 124.º), *ducentésimo* (200.º), *tricentésimo* (300.º), *cuadringentésimo* (400.º), *quingentésimo* (500.º), *sexcentésimo* (600.º), *septingentésimo* (700.º), *octingentésimo* (800.º), *noningentésimo* (900.º) o *milésimo ducentésimo cuadragésimo octavo* (1248.º). Ahora bien, puesto que decir estos números resulta complicado, lo habitual es que a partir de la segunda o tercera decena usemos los números cardinales. En este caso debemos recordar que los ordinales pueden situarse delante o detrás del nombre al que determinan, pero los cardinales solo pueden colocarse delante.

> ⊗ Quedó en el treinta y cuatro puesto.
> ⊘ Quedó en el puesto treinta y cuatro.
> ⊘ Quedó en el puesto trigésimo cuarto.
> ⊘ Quedó en el trigésimo cuarto puesto.

i › *OLE*, págs. 674-678.

160. ¿Se dice la *decimocuarta* o la *catorceava parte*?

En este caso solo se acepta la segunda forma, acabada en *-ava*. Los numerales fraccionarios o partitivos son aquellos que designan las partes en que una unidad se ha dividido. La forma de algunos de estos numerales coincide con el femenino de los numerales ordinales, pero no ocurre así en el caso del número catorce:

> ⊗ Para los trabajadores que recibían paga extra, se procederá a reducir una decimocuarta parte de su recaudación total anual.
>
> ⊘ Para los trabajadores que recibían paga extra, se procederá a reducir una catorceava parte de su recaudación total anual.

Usamos el femenino del ordinal en los casos de los números de tres a diez (*tercera, quinta, décima*, etc.), o de cien, mil o un millón y sus múltiplos (*centésima, milésima, millonésima*, etc.). Los números once y doce y los correspondientes a las decenas aceptan las formas del femenino ordinal aunque se prefieren las terminaciones en *-avo/a*:

> ⊖ Me corresponde la duodécima parte de su herencia.
> ⊕ Me corresponde la doceava parte de su herencia.
> ⊖ El llamado «reloj eterno» solo se retrasa una vigésima parte de segundo cada catorce mil millones de años.
> ⊕ El llamado «reloj eterno» solo se retrasa una veinteava parte de segundo cada catorce mil millones de años.

Los numerales fraccionarios pueden funcionar como adjetivos, si acompañan al sustantivo *parte*, o como sustantivos. En el primer caso tendrán que escribirse siempre en femenino, mientras que si funcionan como sustantivos son siempre masculinos, excepto los que corresponden a diez, cien, mil y sus múltiplos, que admiten las dos formas (el masculino se usa más en América que en España).

> ⊘ Una catorceava parte de los asistentes abandonó la sala.
> ⊘ Un catorceavo de los asistentes abandonó la sala.
> ⊘ No puedes moverte ni un décimo de milímetro.
> ⊘ No puedes moverte ni una décima de milímetro.

i› *OLE*, págs. 677, 679.

....

PARA SABER MÁS...

Los numerales fraccionarios que corresponden a las fracciones 1/2 y 1/3 son *mitad* y *tercio* cuando se trata de sustantivos, y *medio/a* o *tercera* si funcionan como adjetivos. No debemos confundir los numerales fraccionarios con los numerales ordinales:

⊗ Estamos preparando el catorceavo concurso literario de la facultad.

⊘ Estamos preparando el decimocuarto concurso literario de la facultad.

....

161. ¿Está bien escrito *Compra ½ pollo*?

No. Fuera de los contextos matemáticos o técnicos, es preferible escribir los números fraccionarios con letras, de modo que lo mejor sería escribir *Compra medio pollo*.

Lo mismo serviría para fracciones que no se expresan con una sola palabra:

⊗ 2/3 de las fortunas mundiales se esconden en paraísos fiscales.

⊘ Dos tercios de las fortunas mundiales se esconden en paraísos fiscales.

Se puede admitir la escritura de estas fracciones en cifras (así como de los números, en general) si disponemos los elementos en una lista:

— 6 huevos
— 1/2 litro de leche
— 150 g de nata líquida

i⟩ OLE, págs. 683, 686.

162. ¿Cómo se escriben las horas?

Siempre que sea posible, lo más adecuado es escribir las horas con letras y señalando la franja horaria:

> Estaba preocupada: eran las tres y media de la madrugada y aún no había vuelto.

En algunos casos, sin embargo, es más útil escribir la hora con cifras, porque ofrece mayor precisión. En ese caso escribiremos cuatro dígitos (o tres, si el primero de ellos es un cero), separados por dos puntos o por un punto (pero nunca por una coma, porque este signo señala números decimales).

Tenemos dos opciones de escritura:

- Usar el modelo de doce horas y diferenciar la mañana de la tarde:

  Subo al avión a las 11:30 a.m. y me bajaré de él a las 7:00 p.m.

- Usar el modelo de veinticuatro horas, al que puede seguir el símbolo *h*, 'horas', separado del último dígito por un espacio en blanco:

  ⊗ Dejé una nota y te pedí que vinieras a por mí a las 21:45h.
  ⊘ Dejé una nota y te pedí que vinieras a por mí a las 21:45 h.
  ⊘ Dejé una nota y te pedí que vinieras a por mí a las 21:45.

Si se trata de horas en punto podemos prescindir de los últimos dos dígitos, pero en este caso el símbolo *h* es obligatorio, no opcional:

  ⊗ Se retrasa la reunión a las 19.
  ⊘ Se retrasa la reunión a las 19.00.
  ⊘ Se retrasa la reunión a las 19 h.

i › OLE, págs. 687-691; Martínez de Sousa, *Ortografía*, págs. 271-272.

....

PARA SABER MÁS...

El punto que sigue a la *h* en estos ejemplos se ha colocado por ser final de oración, pero si estuviera en medio de la frase no habría que escribirlo, puesto que *h* es un símbolo (⇨ 168 y 169).

....

163. **¿Cómo se escriben los números de teléfono?**

Los números de teléfono se separan en bloques generalmente con un espacio en blanco entre ellos, aunque también es posible separarlos mediante un guion o un punto, pero nunca mediante barras. A ellos hay que añadirle, si estamos en el extranjero, el prefijo del país, precedido o bien de dos ceros (separados del prefijo) o bien del símbolo + (unido al prefijo).

  ⊗ +56/2713/6000
  ⊗ 0056 2713 6000
  ⊘ 00 56 2713 6000
  ⊘ +562713 6000
  ⊘ 2713-6000
  ⊘ 901.33.55.33
  ⊘ 901 33 55 33

i › OLE, pág. 665.

164. ¿*Porciento* o *por ciento*?

Si estamos hablando de porcentajes y no queremos utilizar el símbolo % deberemos escribir *por ciento*, en dos palabras. La escritura en una sola palabra solo es válida para el sustantivo masculino *porciento*, que se usa sobre todo en el español del Caribe, como equivalente al más extendido *porcentaje*.

⊗ No sabemos aún si se ha aumentado el por ciento de ganancia que esperábamos.

⊘ No sabemos aún si se ha aumentado el porciento de ganancia que esperábamos.

⊘ No sabemos aún si se ha aumentado el porcentaje de ganancia que esperábamos.

Si escribimos el símbolo % deberemos acompañarlo de la cifra escrita en números, y si escribimos la cifra con letras tendremos que combinarla exclusivamente con la locución *por ciento*.

⊗ El 80 por ciento de los estudiantes que aprobaron la selectividad había estudiado en un centro público.

⊗ El ochenta % de los estudiantes que aprobaron la selectividad había estudiado en un centro público.

⊘ El 80 % de los estudiantes que aprobaron la selectividad había estudiado en un centro público.

⊘ El ochenta por ciento de los estudiantes que aprobaron la selectividad había estudiado en un centro público.

Lo más normal es que los porcentajes superiores a diez se escriban con cifras, porque es más sencillo leerlos así, especialmente si el número tiene más de una palabra. En caso de que estemos escribiendo un porcentaje de un número decimal, deberemos escribirlo con cifras: 7,5 %. Si coordinamos dos porcentajes podemos escribirlo de alguna de estas tres maneras:

⊘ Se prevé que acuda a la huelga entre el 25 y el 30 % de los médicos.

⊘ Se prevé que acuda a la huelga entre el 25 % y el 30 % de los médicos.

⊘ Se prevé que acuda a la huelga entre el 25-30 % de los médicos.

i ⟩ *OLE*, págs. 696, 551.

PARA SABER MÁS...

El símbolo % se lee siempre «por ciento», excepto en la expresión *100 %*, que se lee «cien por cien».

Sobre la escritura de los números en cifras o letras: ⇨ 152.

Sobre la escritura de los números decimales: ⇨ 157.

....

165. *¿Parto duplo o parto doble?*

Están admitidas las dos formas, aunque se prefiere la segunda, que es la más usada hoy en día:

⊖ Soraya ha tenido un parto duplo.
⊕ Soraya ha tenido un parto doble.

Los numerales multiplicativos expresan el resultado obtenido de una multiplicación, y pueden funcionar como adjetivos (en este caso, se refieren al número de veces que el número se repite, o el número de veces en que se divide: *doble salto mortal; habitaciones cuádruples*) o como sustantivos (siempre son masculinos y suelen acompañarse del artículo *el* o *los*, y significan 'cantidad *n* veces mayor': *el doble, el duplo, el triple*, etc.). Suelen preferirse las formas acabadas en -*e*.

⊖ El porcentaje de desempleados es superior al duplo de la media nacional.
⊕ El porcentaje de desempleados es superior al doble de la media nacional.

Es frecuente el uso de los multiplicativos del número dos, tres e incluso cuatro (*doble, triple, cuádruple*), pero el resto no se suele utilizar, especialmente a partir del número nueve (*nónuplo*): en lugar de usar los multiplicativos se usa el número cardinal seguido de las fórmulas *veces mayor* o *veces más*.

⊖ Por aquel entonces, la deuda pública en Japón era un terciodécuplo mayor que la de España.
⊕ Por aquel entonces, la deuda pública en Japón era trece veces mayor que la de España.

i ⟩ *OLE*, pág. 682.

SOBRE LAS ABREVIACIONES
(SIGLAS, ACRÓNIMOS, SIGNOS Y SÍMBOLOS)

166. ¿Qué es una abreviatura?

La abreviatura es una representación gráfica reducida de una palabra. Esto significa que en la escritura veremos la palabra acortada, pero al leerla la pronunciaremos en su forma completa. Las abreviaturas siempre terminan en un punto que señala, precisamente, que la palabra ha sido acortada.

Una abreviatura se forma por dos procesos:

■ Por truncamiento: se reducen las sílabas del final de la palabra, como en el caso de *pág.*, 'página' o *art.*, 'artículo'.

■ Por contracción: se conservan solo las letras más representativas de la palabra, como en *S. M.*, 'Su Majestad', *Sr.*, 'señor', *dcha.*, 'derecha' o *p.*, 'página'.

En caso de que la abreviatura tenga una letra voladita, deberemos escribir el punto antes de la letra voladita, y esta preferiblemente sin subrayado:

⊗ Ya ha salido el nº 3 de la revista.
⊗ Ya ha salido el nº. 3 de la revista.
⊘ Ya ha salido el n.º 3 de la revista.

Si la palabra completa tenía una tilde en una letra que se conserva en la abreviatura, debemos mantener esa tilde:

⊗ Véase pag. 766.
⊘ Véase pág. 766.

i › *OLE*, págs. 568-573; *LEC*, págs. 189-190.

....

PARA SABER MÁS...

Sobre si las abreviaturas llevan o no tilde: ⇨ 78 y 180.
Sobre el uso de la mayúscula inicial: ⇨ 100.

....

167. ¿Cómo se forma el plural de una abreviatura?

Hay dos maneras de formar el plural de una abreviatura:

- Si la abreviatura tiene una sola letra, la repetiremos y colocaremos el punto al final:

  > Aprende para el próximo ensayo los vv. 1723-1793: los del monólogo de Laurencia.

  En caso de que se trate de una abreviatura extrema compuesta por dos iniciales (es decir, abreviatura de dos palabras), repetiremos la misma inicial dos veces, escribiremos un punto tras ellas y, después de un espacio en blanco, volveremos a hacer la misma operación con la siguiente inicial:

  > SS. MM. los Reyes Magos de Oriente pasaron por aquí y dejaron estos regalos.

- Si la abreviatura tiene más de una letra, hay que añadir una -*s* (o -*es*) antes del punto (y nunca después):

  > Las págs. 25 y 26 están mal impresas: hay que repetirlas.

i › *OLE*, págs. 573-574.

168. ¿Qué diferencias hay entre una abreviatura y un símbolo?

Las más importantes son estas tres:

- Las abreviaturas son acortamientos de palabras, de expresiones lingüísticas, mientras que los símbolos son, en general, representaciones gráficas de conceptos o realidades abstractas (que, además, suelen tener que ver con el ámbito científico). Así, las abreviaturas suelen estar ligadas a una comunidad de hablantes, mientras que los símbolos pertenecen a un ámbito más internacional.

- Las abreviaturas siempre se escriben con punto final, y los símbolos nunca lo llevan: *etc.*, 'etcétera', y *N*, 'norte'.

- Las abreviaturas tienen plural, pero los símbolos son invariables: *pág.*, 'página' y *págs.*, 'páginas', frente a *km*, 'kilómetro' y 'kilómetros'.

Por lo general, si una palabra admite las dos formas de abreviamiento, usamos una u otra forma en función del contexto:

así, la abreviatura de *centímetros cúbicos, c. c.,* se usa para hablar de la cilindrada del motor, mientras que el símbolo cm^3 se usa como unidad de medida. Lo mismo ocurre con la palabra *gramo(s):* se reserva el uso de la abreviatura *gr.* (o *grs.*, en plural) para explicar los ingredientes de una receta, y el símbolo *g* para el resto de casos.

i › *OLE*, págs. 586-591.

PARA SABER MÁS...

Sobre las semejanzas entre símbolos y abreviaturas: ⇨ 169.

169. ¿En qué se parecen una abreviatura y un símbolo?

Aparte de que ambos sirven para representar una expresión más larga, en la manera de usarlos se comportan del mismo modo en los siguientes aspectos:

- Ninguno de los dos puede escribirse junto a una cifra expresada en letras:

  ⊗ dos m² ⊘ dos metros cuadrados
  ⊗ dos mss. ⊘ dos manuscritos

- En ambos casos, hay que dejar un espacio en blanco entre la cifra y el símbolo o la abreviatura.

  ⊗ 5m ⊘ 5 m
  ⊗ 8cts. ⊘ 8 cts.

- No es correcto escribir en líneas diferentes la cifra y el símbolo o la abreviatura.

  ⊗ 30 | € ⊘ 30 €
  ⊗ 30 | págs. ⊘ 30 págs.

i › *OLE*, págs. 590-591.

PARA SABER MÁS...

Sobre las diferencias entre el símbolo y la abreviatura: ⇨ 168.

170. ¿Debemos suprimir el punto de la abreviatura cuando le siguen los tres puntos suspensivos?

No, el punto de las abreviaturas no debe suprimirse en ningún caso, porque es lo que señala que una palabra está cortada. Tras él se podrá escribir cualquiera de los signos de puntuación, salvo el punto: coma, punto y coma, dos puntos, paréntesis, signos de interrogación o exclamación, tres puntos suspensivos, etc. Si la abreviatura es la última palabra de una oración no hay que añadir el punto final, esto es, no hay que escribir dos puntos seguidos. Sí habrá que escribir punto final en caso de que la abreviatura tenga letra voladita.

⊗ Algunas abreviaturas de grados militares son: Almte, Gral, Valmte, Alfz...

⊘ Algunas abreviaturas de grados militares son: Almte., Gral., Valmte., Alfz....

⊗ Siempre firma con la abreviatura y no con el nombre: Mª.

⊗ Siempre firma con la abreviatura y no con el nombre: M.ª

⊘ Siempre firma con la abreviatura y no con el nombre: M.ª.

i › *OLE*, pág. 575.

PARA SABER MÁS...

Sobre la combinación de *etc.* y los puntos suspensivos: ⇨ 139.

171. ¿Qué es una sigla?

Las siglas son signos lingüísticos formados por las iniciales de varias palabras. Es un tipo de abreviación diferente al de la abreviatura porque:

- Las siglas no tienen un punto final.

  ⊗ Ahora está trabajando en la U.B.A., en la Facultad de Filosofía.
  ⊘ Ahora está trabajando en la UBA, en la Facultad de Filosofía.

- Las siglas no tienen plural.

  ⊗ Víctor me regaló los cinco primeros CDs de Tom Waits.
  ⊘ Víctor me regaló los cinco primeros CD de Tom Waits.

- Las siglas se leen deletreando las iniciales: *ONG* se lee como [ó éne jé], *ITV* como [í té úbe] o *DNI* como [dé éne í].

Por otra parte, la primera vez que escribimos las siglas de algo en un texto debemos desarrollar toda la expresión para que nuestro lector sepa de qué estamos hablando:

> El FBI (Oficina Federal de Investigación, en inglés *Federation Bureau of Investigation*) comenzó a funcionar como departamento de justicia por los derechos civiles desde su origen, en 1908.

i> *NGLE*, págs. 168-69; *DPD: s. v. sigla; OLE*, págs. 577-585.

....

PARA SABER MÁS...

Las iniciales que componen las siglas no se pueden separar (⇨ 149).
Otros aspectos de las siglas: ⇨ 77 y 234.

....

172. ¿Qué es un acrónimo?

Es un tipo especial de sigla cuya lectura se hace sin necesidad de deletrear las iniciales que componen sus palabras. Se escriben, como las siglas, en mayúsculas, sin puntos ni espacios que separen las iniciales; y se mantienen invariables en plural.

> Vos sabés que las FARC siguen presentes en muchas zonas, ¿no?
> «¡OTAN no! ¡Bases fuera!», coreaban todos por aquel entonces.
> Tomé el AVE para llegar lo antes posible.

Muchas de estas palabras están tan integradas dentro del lenguaje común que han pasado a lexicalizarse, de modo que se escriben con letras minúsculas y tienen su plural normal:

> Está enganchado al programa ese en el que hablan de ovnis y fantasmas.
> ¿Te han operado con láser alguna vez?

Además, los acrónimos pueden ser también palabras formadas no solo por iniciales, sino por la unión de varios fragmentos de otras palabras:

> El INSALUD (Instituto Nacional de la Salud) se creó en 1978.
> Ahora está preparando un docudrama sobre las villas miseria.
> Cuando eras pequeña te daban miedo los teleñecos, ¿recuerdas?

i> *OLE*, págs. 577-585.

....

PARA SABER MÁS...
Otros aspectos relativos a los acrónimos: ⇨ 77 y 234.

....

173. ¿Las siglas se pueden escribir en cursiva?

Solo las que corresponden a los títulos de libros o publicaciones. En el resto de los casos, las siglas se escriben en letra mayúscula redonda, aunque se correspondan con expresiones extranjeras.

⊗ En esa versión del DRAE (Diccionario de la Real Academia Española) aparece la palabra *bluyín.*

⊘ En esa versión del *DRAE* (*Diccionario de la Real Academia Española*) aparece la palabra *bluyín.*

⊗ La película ya está a la venta en *DVD* (Digital Video Disc).

⊘ La película ya está a la venta en DVD (Digital Video Disc).

i › *OLE*, pág. 585.

174. ¿Cómo se abrevia la palabra *etcétera*?

La abreviatura es *etc.*, con ese orden de las letras y con el punto al final. Las formas *ecc.* o *ect.* son incorrectas: *etc.* es la abreviatura de *etcétera*, que proviene del latín *et cetera*, 'y lo demás'.

No podemos olvidarnos de escribir el punto tras la *c*, porque se trata de una abreviatura y hay que marcarla como tal.

⊗ García Márquez, Vargas Llosa, Rulfo, ect, ¿no has leído nada de ellos?

⊗ García Márquez, Vargas Llosa, Rulfo, ecc., ¿no has leído nada de ellos?

⊘ García Márquez, Vargas Llosa, Rulfo, etc., ¿no has leído nada de ellos?

i › Martínez de Sousa, *Ortografía*, pág. 198.

175. ¿*Kgs.* o *kg*?

Las dos son formas válidas, pero se trata de expresiones distintas: la primera es una abreviatura y la segunda, un símbolo. Se recomienda el uso del símbolo *kg*, ya que pertenece al sistema internacional.

Las abreviaturas se escriben con un punto al final y su forma varía si se trata de un singular o de un plural: *kg./kgs.* El punto es obligatorio y debe situarse al final de la abreviatura: es la marca que señala que la palabra está acortada.

⊗ Hallaron 30 kg.s de cocaína en su maletero.

⊘ Hallaron 30 kgs. de cocaína en su maletero.

Los símbolos nunca terminan con un punto y son invariables, de modo que la misma forma servirá para el plural y para el singular:

⊘ Hallaron 30 kg de cocaína en su maletero.

Incorrecto	Correcto	
20 ⊛kgs	20 kg	20 kilogramos
4 ⊛ls	4 l	4 litros
125 ⊛cms	125 cm	125 centímetros
60 ⊛kws	60 kw	60 kilovatios
8 ⊛GBs	8 GB	8 gigabytes

Entre la cifra y el símbolo o la abreviatura hay que dejar un espacio en blanco.

Ni las abreviaturas ni los símbolos deben combinarse con una cantidad numérica escrita en letras y si el número se expresa en una sola palabra es preferible escribirlo con letras, de modo que lo más adecuado en este ejemplo concreto sería escribir:

⊘ Hallaron treinta kilos de cocaína en su maletero.

i > *OLE*, págs. 568-569, 589-590.

....

PARA SABER MÁS...

Sobre la escritura de los números, con letras o cifras: ⇨ 152.

Lo mismo le ocurre al resto de unidades básicas de medida del sistema internacional: es preferible usar el símbolo (*l, km, s*, etc.), aunque en algunos contextos se entiende el uso de la abreviatura. Por ejemplo, en una receta de cocina es más normal encontrar la abreviatura *gr.* que el símbolo *g*.

....

176. ¿*Sra.* o *Sr.ª*?

Ambas opciones están aceptadas. El femenino de las abreviaturas formadas por contracción (es decir, que en la abreviatura mantienen letras del principio y del final) puede escribirse con letra voladita o con la -*a* en su altura normal. Es preferible, sin embargo, la primera opción, *Sra.*, que guarda una relación mejor con el masculino *Sr.*

> ⊖ A la atención de la Sr.ª Bayo.
> ⊕ A la atención de la Sra. Bayo.

i> *OLE*, pág. 573.

177. ¿Es correcta la fórmula *s/g* para abreviar *según*?

No, no es correcta. La palabra *según* no tiene ninguna abreviatura fija, por lo que lo mejor es escribir la palabra completa, sin abreviar.

La barra puede servir como medio de abreviación en algunos casos, pero si se trata de una sola palabra tendrá que escribirse al final, como en *c/*, 'calle'. Podemos escribir dos letras si estamos abreviando dos palabras que siempre se escriben juntas: *a/a*, por 'aire acondicionado', o *s/n*, 'sin número'. En ninguno de los dos casos deberemos escribir un punto tras ninguna de las dos letras.

i> *OLE*, pág. 575.

178. ¿Cuál es la abreviatura de *alias*?

En español, la abreviatura de *alias* es *(a)*. Es la única abreviatura que no se escribe con punto y que se marca con paréntesis doble. Prácticamente no se usa y se prefiere la palabra completa, escrita en letras redondas.

> ⊖ Antonio García, (a) *el Tuerto*, fue detenido.
> ⊕ Antonio García (alias *el Tuerto*) fue detenido.
> ⊕ Antonio García, alias *el Tuerto*, fue detenido.

i> *OLE*, pág. 575; Martínez de Sousa, *Manual*, pág. 245.

179. ¿La abreviatura de *usted* es *Ud.* o *ud.*?

La abreviatura de la fórmula de tratamiento *usted* se escribe con mayúscula inicial, para diferenciarla de *ud.*, 'unidad'. También pueden usarse las formas *U.* o, con uve, mucho menos usadas, *V.* y *Vd.* Su plural es *Uds.* y *Vds.* Ahora bien, siempre que sea posible, lo más recomendable es escribir la palabra completa y con minúscula inicial.

⊗ ¿Sabía ud. que para extraer el coltán se han invadido los parques nacionales del Congo?

⊖ ¿Sabía Vd. que para extraer el coltán se han invadido los parques nacionales del Congo?

⊕ ¿Sabía Ud. que para extraer el coltán se han invadido los parques nacionales del Congo?

⊕ ¿Sabía usted que para extraer el coltán se han invadido los parques nacionales del Congo?

Las fórmulas de tratamiento son apelativos para dirigirse o referirse a una persona, o bien en función de su cargo (*reina, presidente, papa, jefe*, etc.), o bien como fórmula de cortesía (*don, señor, excelencia, señoría*, etc.). Hay una tendencia a usar para estas fórmulas la llamada «mayúscula de relevancia», pues este tipo de letra parece otorgar mayor solemnidad, importancia o respeto. Pensemos en la expresión *con mayúscula(s)*, con la que elevamos al más alto grado una expresión: *Pero hablo del Amor con mayúscula; Ese hombre es imbécil, con mayúsculas*. Ahora bien, todas las fórmulas de tratamiento son nombres comunes, por lo que no deben escribirse con mayúscula inicial. Las abreviaturas de estas fórmulas, no obstante, han quedado fosilizadas con mayúscula inicial y así siguen escribiéndose: *D., Dña., Ilmo., Dra., S.*, etc.

i › *OLE*, págs. 469, 514, 574.

PARA SABER MÁS...

Cuando este tipo de expresiones forma parte de un nombre propio ya no funciona como fórmula de tratamiento, por lo que sí debe escribirse con mayúscula inicial: *San Fermín, San Sebastián, Don Juan Tenorio*, etc. También ⇨ 99 y 236.

Otras abreviaturas escritas con mayúscula inicial: ⇨ 100.

180. **¿Para abreviar la palabra *párrafo* podemos escribir *par.*?**

No, no podemos. Hay dos errores en la construcción de esta abreviatura: se ha eliminado la tilde y se ha roto el dígrafo compuesto por las dos erres. Si la palabra completa lleva tilde y la abreviatura incluye la vocal sobre la que cae el acento, debemos mantener la tilde en la abreviatura. Por otro lado, si la abreviatura se forma por truncamiento, esto es, eliminando letras finales de la palabra, debemos terminarla con una consonante; y si el truncamiento coincide con un dígrafo, hay que respetarlo completo: *fich.*, 'fichero', *Vall.*, 'Valladolid'.

⊗ Hay que revisar el pár. 4 de la pag. 15.
⊘ Hay que revisar el párr. 4 de la pág. 15.

i ⟩ *OLE*, pág. 570.

PARA SABER MÁS...
Sobre la tilde en las abreviaturas: ⇨ 78.

181. ¿Se escribe *S. XVI* o *s. XVI*?

Lo correcto es escribirlo de la segunda forma. La abreviatura de *siglo* es *s.*, con minúscula. La mayúscula *S.* se usa solo para abreviar la fórmula de tratamiento 'San'. Tampoco es correcto usar la abreviatura *sig.*, porque corresponde a 'siguiente'. Por otro lado, se recomienda escribir los números romanos en letras versalitas, no en mayúsculas.

⊗ La novela picaresca nació en el S. XVI.
⊘ La novela picaresca nació en el s. XVI.

i ⟩ *OLE*, pág. 709.

PARA SABER MÁS...
Sobre el uso de la letra versalita: ⇨ 187.

182. ¿Los nombres de los meses se pueden abreviar?

Sí, los nombres de los meses se pueden escribir de forma acortada. Puesto que estos nombres se escriben con minúscula inicial, no hay que poner mayúscula a las abreviaturas correspondientes. Lo mejor es respetar las abreviaturas clásicas, a saber:

en. (*enero*), febr. (*febrero*), mzo. (*marzo*), abr. (*abril*), my. (*mayo*), jun. (*junio*), jul. (*julio*), ag./ agt. (*agosto*), set./sept./setbre. (*septiembre*), oct. (*octubre*), nov./novbre. (*noviembre*), dic./dicbre. (*diciembre*).

También podemos usar símbolos para acortar el nombre de los meses. En este caso usaremos una, dos o tres letras mayúsculas, que nunca irán seguidas de punto (puesto que en este caso se trata de símbolos).

E/EN/ENE (*enero*), F/FE/FEB (*febrero*), M/MA/MAR (*marzo*), A/AB/ABR (*abril*), M/MY/MAY (*mayo*), J/JN/JUN (*junio*), J/JL/JUL (*julio*), A/AG/AGO (*agosto*), S/SE/SET/SEP (*septiembre*), O/OC/OCT (*octubre*), N/NO/NOV (*noviembre*), D/DI/DIC (*diciembre*).

Puesto que hay meses cuyos símbolos de una letra coinciden (*M*, para mayo y marzo; *J*, para junio y julio) es preferible usar, si hay lugar a confusión, los símbolos de dos o tres letras.

Tanto las abreviaturas como los símbolos deben usarse solo en aquellos contextos en los que su uso sea imprescindible: en calendarios, en textos con espacio limitado, etc. No se deben usar ni en la escritura de las fechas ni en las redacciones al uso.

⊗ Lima, 16 de nov. de 2013
⊗ Lima, 16 de NO de 2013
⊘ Lima, 16 de noviembre de 2013
⊗ Aquel mes de ENE fue más frío que los anteriores.
⊘ Aquel mes de enero fue más frío que los anteriores.

i › Fundación del Español Urgente (www.fundeu.es).

PARA SABER MÁS...
Sobre la escritura de las fechas: ⇨ 155.
Sobre el uso de la mayúscula inicial en los días de la semana y los meses: ⇨ 101.

183. ¿Es correcto usar el símbolo &?

Solo está aceptado, en español, para los nombres propios, usados generalmente para marcas comerciales, o para reproducir una expresión extranjera, pero no es correcto usarlo fuera de esos contextos.

En la época del imperio romano se usaba el símbolo & como abreviación de *et*, 'y'. En lenguas como el inglés o el francés, cuyas conjunciones copulativas son, respectivamente, *and* y *et*, el símbolo sigue cumpliendo una función sintética y abrevia la palabra. Sin embargo, en español, la conjunción *y* es tan breve como el símbolo, por lo que no tiene sentido sustituir una por otro.

⊗ Estuvimos en casa de Alberto & Teresa.
⊘ Estuvimos en casa de Alberto y Teresa.

i › Fundación del Español Urgente.

184. ¿Se puede escribir *mp3*?

Lo correcto es escribir *MP3*, con mayúsculas, puesto que se trata de siglas (del inglés *Moving Picture Experts Gropus versión 3*).

⊗ Pásame el archivo en formato mp3.
⊘ Pásame el archivo en formato MP3.

En algunos casos, las siglas pueden combinar no solo las mayúsculas de palabras, sino también otros símbolos: *I+D* (investigación y desarrollo), *15M* o *15-M* (por el movimiento ciudadano surgido en Madrid el quince de mayo de 2011), *G20* (por el grupo de los veinte países en desarrollo) o *E/LE* (español como lengua extranjera).

i › *OLE*, pág. 580.

....

PARA SABER MÁS...
No es obligatorio separar con guion la parte numérica de la literal, y su uso es cada vez menos frecuente (se prefiere *15M* a *15-M*).
....

185. Las abreviaciones como *q*, escritas en un SMS, ¿deben acabar con un punto?

No. Este tipo de abreviaciones no son exactamente abreviaturas ni son siglas, aunque coincidan con las dos en algunos aspectos. Se trata de abreviaciones creadas para textos en los que hay una limitación de espacio, una urgencia por escribir rápidamente o ambas cosas, por lo que poner ese punto sería contradictorio con el objetivo de las propias abreviaciones.

Este tipo de fórmulas trata de crear palabras lo más cortas posibles a partir de la combinación de los sonidos de letras, números y símbolos (como *a2*, 'adiós'; *q~*, 'qué onda'; *ad+*, 'además'; etc.), por eso no son exactamente abreviaturas. Tampoco son siglas porque, aunque combinen en algunos casos las iniciales de varias palabras, no se suelen escribir con mayúsculas (*tqm*, 'te quiero mucho'), ya que las mayúsculas, en este tipo de textos (los SMS, los chats, los tuits y demás textos electrónicos), se relacionan con el grito en el habla.

i ⟩ *OLE*, pág. 585.

....

PARA SABER MÁS...

Debemos tener cuidado de no extrapolar este tipo de abreviaciones a textos donde su uso no está extendido: correos electrónicos, cartas y, por supuesto, documentos formales. Así como hay que cuidar que las abreviaciones no sean demasiado complicadas y dificulten la lectura. Recordemos que una de las utilidades de las abreviaciones es la comunicación más rápida: si el lector tarda demasiado tiempo en descifrar nuestro mensaje no servirá de nada haberlo escrito abreviado.

Sobre el uso de estas abreviaciones en los correos electrónicos: ⇨489.

....

SOBRE LOS RESALTES TIPOGRÁFICOS

186. **¿A qué se le llama letra redonda? ¿Y letra cursiva?**

La letra redonda es la que tiene un trazo vertical, a diferencia de la cursiva, que se presenta inclinada hacia la derecha.

> Letra redonda
> *Letra cursiva*

La letra redonda es la «no marcada», la que se usa generalmente en todos los textos, y la cursiva funciona como contraste, esto es, que solo con la tipografía cursiva se nos ofrece más información acerca de una expresión. Por ejemplo:

> Estaba cansado porque había subidos *dos* pisos por las escaleras.

El autor, al marcar ese *dos* en cursiva, no solo ofrece información lingüística: en este ejemplo, la cursiva puede otorgar ironía a la frase, o puede evidenciar que realmente se trata de muchos pisos para subirlos andando.

Ambos tipos de letra pueden ser, además, mayúsculas, versalitas o minúsculas, y pueden subrayarse o presentarse en negrita.

> **Letra redonda en negrita**
> *Letra cursiva subrayada*

i › *OLE*, pág. 417.

....

PARA SABER MÁS...

Si el texto está escrito en letra cursiva, usaremos la redonda como la «marcada».

Sobre otros usos de la letra cursiva: ⇨ 188, 191, 192, 193 y 194.

....

187. ¿Es lo mismo la letra mayúscula que la versalita?

No, no es lo mismo. Aunque ambos tipos de letra presentan la misma forma, tienen distinto tamaño: la letra versalita es más pequeña que la mayúscula (tiene aproximadamente la misma altura que la minúscula). La confusión proviene, seguramente, de que a la letra mayúscula también se le llama *versal*.

> MAYÚSCULAS
> VERSALITAS

Las letras versalitas tienen restringido su uso para un número limitado de casos, entre los que destacan los siguientes:

- Apellidos de autores en la bibliografía y la firma de prólogos, artículos y noticias en las publicaciones (en ambos casos, el uso de la minúscula también está aceptado).

   > BEAUMAN, Ned, (2012), *Escarabajo Hitler,* Ed. Funambulista, Madrid.
   > Mario SÁNCHEZ ARSENAL
   > Universidad Complutense - Dpto. Historia del Arte

- Cifras romanas, si la palabra a la que acompañan se escribe con minúscula inicial, como en el caso de los siglos, dinastías, volúmenes, etc.

⊗ La locomotora fue uno de los primeros inventos del s. XIX.
⊘ La locomotora fue uno de los primeros inventos del s. XIX.
⊗ Ahora está estudiando el volumen IV para la oposición.
⊘ Ahora está estudiando el volumen IV para la oposición.

Si la palabra que precede a la cifra se escribe con mayúscula inicial, el número romano se escribirá con mayúscula, no con versalita: *Felipe III*.

- En algunos escritos formales podemos usar las versalitas para dirigirnos a los interlocutores.

  ESTIMADOS COMPAÑEROS:

- En los artículos periodísticos se puede usar este tipo de letra para citar el nombre de un periódico.

  La batalla entre manifestantes y policía ha provocado al menos un muerto, según ha podido saber EL PAÍS.

- Nombres de personajes en los diálogos de las obras literarias y en los repartos de las comedias.

  FERNÁN GÓMEZ, Comendador de Fuente Obejuna.
  FRONDOSO, labrador.
  LAURENCIA, labradora.

Como vemos en los ejemplos, la letra versalita se escribe con mayúscula inicial cuando es obligatorio escribirla.

ℹ️ *OLE*, pág. 447; Martínez de Sousa, *Ortografía*, pág. 415; *LEC*, pág. 196.

··

PARA SABER MÁS...

La letra versalita se encuentra en los programas de textos de los PC, por lo general, aplicando la combinación de las teclas *control + tecla de mayúsculas* (↑) *+ L* sobre una palabra que esté escrita en minúsculas.
Las letras versalitas, como las mayúsculas, se acentúan si tienen que hacerlo (⇨ 88).

··

188. ¿Cómo se escriben los títulos de las películas?

Los títulos de las películas son nombres de obra, como los de un libro o un disco de música, por ello se escriben en cursiva. También se escriben en cursiva los nombres de los cuadros, las esculturas, las fotografías o los programas de televisión o radio.

No debemos entrecomillar estos títulos, ni marcarlos a la vez con cursiva y comillas.

⊗ ¿Todavía no has visto «*Annie Hall*»?
⊗ ¿Todavía no has visto «Annie Hall»?
⊘ ¿Todavía no has visto *Annie Hall*?

i › *OLE*, pág. 384.

PARA SABER MÁS...

Sobre la tipografía en otros títulos: ⇨ 189.

189. Escribiendo a mano, ¿cómo se señala el título de un libro?

En los textos informáticos contamos con la cursiva para señalar el título de los libros, el nombre de los periódicos, de las películas y de las obras de arte en general. Escribiendo a mano es más difícil marcar la cursiva, por lo que la opción es subrayar esos títulos y esos nombres. No debemos escribir los títulos de libros entre comillas, porque estas sirven solo para los títulos de los artículos o capítulos de libros.

⊗ Cuando era pequeña, mi padre me leía "La historia interminable" antes de dormir.
⊘ Cuando era pequeña, mi padre me leía <u>La historia interminable</u> antes de dormir.

i › *LEC*, pág. 195.

PARA SABER MÁS...

Sobre la tipografía en otros títulos: ⇨ 188.

190. ¿Cómo se escribe el título de un poema?

Los títulos de los poemas generalmente se escriben entre comillas, para diferenciarlos de los títulos de los poemarios o de las obras en las que están incluidos (títulos que se escriben en cursiva). Se escriben, por tanto, entre comillas, porque son parte de un todo. Lo mismo sucede con los artículos, los nombres de los capítulos de libros o las canciones de un disco.

> ⊗ El *Romance de la luna, luna* es el primero de los poemas del *Romancero gitano*, de Lorca.
>
> ⊘ El «Romance de la luna, luna» es el primero de los poemas del *Romancero gitano*, de Lorca.
>
> ⊘ Siempre me ha parecido que «Cortez the Killer» es la mejor canción del disco *Zuma*, de Neil Young.

Ahora bien, cuando escribimos el nombre del poema sin mencionar la obra a la que pertenece, podemos presentarlo o bien entre comillas o bien con cursiva (porque en este caso consideramos el poema como una obra completa).

> ⊘ El profesor nos ha mandado hacer un comentario de texto del poema «Ítaca», de Cavafis.
>
> ⊘ El profesor nos ha mandado hacer un comentario de texto del poema *Ítaca*, de Cavafis.

i⟩ OLE, pág. 384.

....

PARA SABER MÁS...

Sobre la tipografía en otros títulos: ⇨ 188.

....

191. Cuando se escribe una palabra en inglés, ¿hay que marcarla de algún modo?

Sí. Los extranjerismos deben quedar señalados y destacados en nuestro texto, para que el lector sepa que es una palabra ajena a nuestra lengua. En los textos manuscritos deberemos escribir el extranjerismo entre comillas, y en el resto de textos usaremos la letra cursiva (o, si el texto está escrito en cursiva, el extranjerismo aparecerá en letra redonda).

> ⊗ Su tesis doctoral trata sobre la cultura negra durante los años del apartheid en Sudáfrica.
>
> ⊗ Su tesis doctoral trata sobre la cultura negra durante los años del «apartheid» en Sudáfrica.
>
> ⊘ Su tesis doctoral trata sobre la cultura negra durante los años del *apartheid* en Sudáfrica.

El segundo ejemplo solo sería correcto en caso de que estuviésemos escribiendo a mano.

Solo hay un caso en el que podemos escribir los extranjerismos en letra redonda y sin comillas: cuando estas palabras están adaptadas a nuestro idioma. Por ejemplo, en español tenemos el extranjerismo *dossier*, que podemos adaptar al español escribiéndolo con una sola *s*: dosier. Los extranjerismos adaptados se amoldan a las reglas ortográficas y gramaticales del español; es decir que, por ejemplo, siguen las reglas generales de acentuación y de formación del plural.

⊗ Tenemos que entregar el dossier del proyecto antes de final de mes.

⊘ Tenemos que entregar el *dossier* del proyecto antes de final de mes.

⊘ Tenemos que entregar el dosier del proyecto antes de final de mes.

i › *OLE*, págs. 601-603.

PARA SABER MÁS...

Sobre algunos casos de extranjerismos: ⇨ 445 y 446.

192. ¿Cómo se señala que algo es un vulgarismo?

Para señalar que estamos reproduciendo una palabra pronunciada incorrectamente aplicaremos la letra cursiva en esa expresión (o la redonda si estamos escribiendo en letras cursivas).

⊗ Cómete una «mondarina», que están muy ricas.

⊘ Cómete una *mondarina*, que están muy ricas.

Podemos usar las comillas si escribimos a mano o en un formato que no acepte la letra cursiva (como, por ejemplo, los tuits o los SMS).

i › Martínez de Sousa, *Ortografía*, pág. 424.

PARA SABER MÁS...

Otros aspectos sobre los vulgarismos: ⇨ 454.

193. ¿Cómo se señala que algo está escrito en cursiva, si no podemos usar la letra cursiva?

Algunos formatos de texto, como los tuits o los SMS, no permiten que escribamos en cursiva, por lo que debemos buscar otras fórmulas que sustituyan ese resalte tipográfico.

Si queremos escribir, por ejemplo, el título de un libro y no tenemos opción de insertar la letra cursiva, la RAE recomienda que envolvamos ese título entre guiones bajos, sin espacio entre el guion y la palabra:

⊘ ¿Has visto la versión de _La gaviota_ que ha hecho Daniel Veronese?

En el caso de la escritura manual, como ya hemos señalado, deberemos subrayar aquello que iría en cursiva.

i › OLE, pág. 424.

PARA SABER MÁS...

Otros usos de la cursiva: ⇨ 189-191.

194. ¿Cómo se señala que algo está escrito en negrita, si no podemos usar la letra negrita?

Si en el formato de texto que estamos utilizando no podemos usar la letra negrita para remarcar una palabra o una serie de palabras, podemos valernos del asterisco. Usaremos un asterisco inicial y otro final, ambos pegados al fragmento que queramos destacar.

Así, si en un tuit, por ejemplo, queremos destacar una palabra y preferimos no usar las letras mayúsculas, podremos escribir lo siguiente:

⊘ Dijiste que *no* querías más seguidores, ¿no?

i › OLE, pág. 437.

PARA SABER MÁS...

Otros modos de marcar texto: ⇨ 193.

195. ¿Es correcto escribir *La palabra «palabra»*?

Para mencionar una palabra y hablar de ella, debemos usar la letra cursiva y no las comillas.

⊗ Deletrea la palabra «palabra».
⊘ Deletrea la palabra *palabra*.
⊘ Mi palabra favorita es *cremallera*.

Solo será válido usar las comillas si estamos escribiendo a mano o en algún formato de texto que no acepte la letra cursiva.

i › Martínez de Sousa, *Ortografía*, pág. 422.

196. ¿Es posible usar las mayúsculas para resaltar una palabra?

Sí, es posible, especialmente en los textos en los que no hay demasiadas opciones tipográficas, como los tuits, los SMS y, a veces, la escritura de los chats. En estos casos usaremos la mayúscula u optaremos por no resaltar la palabra, pero no será correcto escribir la palabra entre comillas.

⊗ Le dije que no viniera. Que "no" viniera.
⊘ Le dije que no viniera. Que NO viniera.

Este uso de la mayúscula también puede verse en otros ámbitos específicos, como la publicidad o el diseño gráfico. En el resto de textos es preferible utilizar la letra cursiva o la negrita (o el subrayado, en última instancia, y sobre todo si escribimos a mano).

Debemos tener en cuenta que, dado que el tamaño de las mayúsculas hace que destaquen especialmente en el texto, en los textos electrónicos (publicaciones en las redes sociales, mensajes de texto, chats y textos de blogs y páginas web) la letra mayúscula equivale al grito en el habla. Podemos usarlas como recurso humorístico, pero no debemos abusar de ellas o nuestro lector creerá que le estamos gritando todo el tiempo.

i › *OLE*, págs. 515-517.

3
Dudas sobre la gramática

SOBRE LA FORMACIÓN DE LAS PALABRAS

197. **¿El *rechace* del balón en el poste o el *rechazo*?**

Si acudimos al *DRAE*, podemos ver que *rechace* no figura en él, por lo que la forma correcta debe ser *rechazo*, una de cuyas acepciones es 'retroceso de un cuerpo por encontrarse con alguna resistencia'. No obstante, *rechace* es un neologismo ajustado a las normas de formación de palabras del español. La palabra sí se registra en la *NGLE* como una voz de creación reciente propia de la lengua deportiva, del estilo de otras palabras procedentes de verbos construidas con el mismo sufijo -*e*, como *remate, chute, despeje, saque, regate, pase*, etc.

Por otra parte, el análisis de los contextos en los que se usan *rechazo* y *rechace* indica que, al parecer, se está produciendo una especialización en el significado de las dos voces: *rechazo* define la actitud contraria a algo, mientras que *rechace* se ha especializado en el significado físico, al efecto de retroceder un objeto.

En otros casos encontramos también una doble posibilidad para las creaciones léxicas con sufijo vocálico: *pago ~ paga, gozo ~ goce, recargo ~ recarga, embarco ~ embarque, traza ~ trazo, trueque ~ trueco*, etc. Aunque más raras, existen incluso formas con tres variantes, como *coste ~ costo ~ costa*, que comparten el mismo significado en una de sus acepciones.

i › *NGLE*, págs. 373-374 y 408-410.

198. **¿Se dice *compartimento* o *compartimiento*?**

Para referirse a 'cada una de las partes en las que se divide un espacio' son válidas ambas formas. Se trata de dos variantes del mismo sufijo, y aunque en el *DRAE* se señala la preferencia por la primera, las diferencias en el uso están relacionadas con la geografía: en España se prefiere *compartimento* mientras que en América es más normal *compartimiento*.

Ø La maleta no estaba en el compartimento de equipajes.
Ø La maleta no estaba en el compartimiento de equipajes.

Son escasas las palabras que no cambian de significado al variar de sufijo. Ocurre en *entablamento* y *entablamiento*, poco usados ambos, que se refieren al conjunto de molduras que coronan un edificio. Con sufijos diferentes sí se dan más pares de palabras de igual significado, al menos en algunas de las acepciones de la palabra, como en *confrontación* y *confrontamiento, acotación* y *acotamiento, congelación* y *congelamiento, igualación* e *igualamiento, embotellado* y *embotellamiento, envasado* y *envase*, entre otras.

No obstante, lo habitual es que las palabras presenten matices de significado diferente cuando llevan sufijos distintos, como por ejemplo ocurre en *divertimento* que se aplica a una 'obra artística ligera' y *divertimiento* 'diversión' o en *apartamento* 'vivienda' y *apartamiento* 'alejamiento'.

i › NGLE, págs. 365-366; DRAE, s. v. compartimento.

199. ¿Cuál es la forma correcta: *barajar* o *barajear*?

Existen las dos variantes, pero la norma culta prefiere *barajar*, tanto para el significado primario 'mezclar las cartas', como para el metafórico, 'considerar varias posibilidades antes de tomar una decisión'.

No son muchas las palabras que presentan dos variantes para un mismo significado. Estos son algunos ejemplos de esta alternancia: *agujerar ~ agujerear, chapurrar ~ chapurrear, forcejar ~ forcejear, purpurar ~ purpurear, veranar ~ veranear*. El uso de una u otra variante está a menudo relacionada con la geografía: el sufijo *-ear* suele ser más productivo en el español americano que en España, aunque algunas variantes con *-ar* se usan más en América. Consultar el *DRAE* nos puede servir de ayuda para conocer cuáles son las variantes preferidas en cada caso.

⊖ Es admirable cómo barajea las cartas el crupier.
⊕ Es admirable cómo baraja las cartas el crupier.
⊖ El comerciante comenzó a gritar y forcejar.
⊕ El comerciante comenzó a gritar y forcejear.

En relación con el verbo *barajar* anotemos aquí un uso incorrecto. Por su significado, el verbo requiere que el complemento directo sea plural, pues no se puede mezclar una sola carta ni se puede elegir cuando solo hay una opción. Cuando no hay alternativas, se deben usar verbos como *estudiar, analizar, considerar, proponer* o bien usar otras fórmulas gramaticales.

⊗ La policía baraja la hipótesis de que el móvil sea sexual.
⊘ La policía considera la hipótesis de que el móvil sea sexual.
⊘ Entre otras hipótesis, la policía baraja la de que el móvil sea sexual.

ⁱ⟩ *NGLE*, págs. 597-598; *DPD*, s. v. barajar; *DRAE*, s. vv. barajar, barajear, forcejar, forcejear.

200. ¿Se dice *el salvamanteles y el cortacéspedes* o *el salvamantel y el cortacésped*?

Son dos casos diferentes. Los nombres compuestos formados por un verbo y un sustantivo suelen construirse con el segundo elemento en plural si el nombre que forma el compuesto es contable (*abrelatas, limpiabotas, sacapuntas, rompeolas, correcaminos, friegaplatos*) o si el compuesto se usa con valor calificativo y designa cualidades negativas de las personas (*cantamañanas, buscavidas, sacamuelas, aguafiestas*). Por el contrario, si el nombre que forma el compuesto es no contable, suele aparecer en singular: *tragaluz, crecepelo, quitaesmalte, cortacésped*.

⊗ El salvamantel se ha manchado.
⊘ El salvamanteles se ha manchado.
⊗ ¿Me prestas el cortacéspedes?
⊘ ¿Me prestas el cortacésped?

No obstante, hay algunas excepciones: algunos compuestos formados con nombres contables se usan en singular (*girasol, portafusil, guardameta*) y en otros se admite la variante en singular o en plural:

⊘ El guardabosque atendió nuestra llamada.
⊘ El guardabosques atendió nuestra llamada.

⊘ Le han colocado un marcapaso.
⊘ Le han colocado un marcapasos.

i › *NGLE*, págs. 770-779.

201. ¿Se puede decir *una crema antiedad*?

La palabra °*antiedad* no figura en el *DRAE* y, además, si atendemos al significado que se deduce de los elementos que la componen, la construcción resulta poco coherente, pues no se entiende bien cómo una crema puede ir 'en contra de la edad', que sería el significado literal de la creación léxica. En todo caso, la crema actuaría contra los efectos de la edad, esto es, contra las arrugas, y para ello ya existe la palabra *antiarrugas*. Así pues, lo más adecuado sería sustituir *crema antiedad* por *crema antiarrugas*.

⊖ He comprado la nueva crema antiedad.
⊕ He comprado la nueva crema antiarrugas.

A pesar de lo dicho, hay que observar que *antiedad* es una palabra bien formada, un neologismo ajustado a los principios de formación de palabras del español, pues se compone de un prefijo (*anti-*) que se adjunta a un sustantivo (*edad*), como *contrarreforma*, *ultratumba*, *viceministro* y tantas otras. Esta palabra se crea en el mundo de la publicidad con unos fines muy determinados y, como en todos los neologismos, serán los propios hablantes los que decidan si acaba triunfando o no, independientemente del carácter más o menos lógico del significado. Por ejemplo, y sin abandonar el ambiente de los cosméticos, a casi nadie extraña la expresión *crema rejuvenecedora*, aunque está claro que resulta imposible que alguien se vuelva más joven simplemente por aplicarse una crema.

i › *NGLE*, págs. 726-727.

202. ¿Cuál es el diminutivo de *pie*?

La palabra *pie* tiene dos diminutivos: *piececito* y *piecito*. La primera forma es la más generalizada en España, mientras que la segunda es más habitual en América.

Para la formación del diminutivo el español dispone de dos procedimientos: añadir el sufijo -*it* (*casita*, *barquito*, *problemita*) o el sufijo *-ecit/-cit* (*cancioncita, hombrecito, airecito*). El uso de uno y otro procedimiento depende de características diversas de la palabra, como la cantidad de sílabas, la terminación, la posición del acento o el significado. El siguiente esquema recoge los modos más frecuentes de formar el diminutivo:

-ito
- Palabras de más de dos sílabas: *caballito, maquinita*
- Palabras que tienen un diptongo: *cuadrito, ruidito* (pero *tiernecito, jueguecito*)
- Palabras acabadas en *-io, -ia: armarito, rubita, despacito*
- Palabras acabadas en consonante distinta de *-n* o *-r: naricita, relojito, mantelito*

-ecito
- Monosílabos: *vocecita, lucecita, solecito, mesecito*
- Palabras bisílabas acabadas en *-e: madrecita, hombrecito*

-cito
- Palabras acabadas en *-n: jovencito, camioncito*
- Palabras que terminan en *-r: dolorcito, colorcito* (pero *señorito*)

No se suelen usar en diminutivo ni los sustantivos terminados en *-d* (*lealtad, amistad, virtud*) ni los acabados en *-í, -ó, -ú* (*jabalí, bongó, tabú*).

i > *NGLE*, págs. 643-651.

....

PARA SABER MÁS...

Muchos sustantivos y adjetivos aceptan más de una forma de diminutivo, aunque el uso de una u otra está relacionado con diferencias entre España y América. En los siguientes pares de ejemplos, el primero corresponde al uso más extendido en los países americanos y el segundo en el territorio español: *bebito/bebecito; nuevito/nuevecito; golito/golecito; hambrita/hambrecita; dolorito/dolorcito; barcito/barecito; florcita/florecita; alfilercito/alfilerito.*

Hay diminutivos de uso americano casi exclusivamente, como ocurre con *cualquierita* (de *cualquiera*), *ahicito* (de *ahí*), *allacito* (de *allá*), *allicito* (de *allí*). En estos últimos ejemplos no debe escribirse el sufijo con *s*: *ᵒallasito, ᵒahisito, ᵒallisito*. También es un error escribir *ᵒcariesita* como diminutivo de *caries*; la forma ortográfica correcta es *cariecita*.

....

179

SOBRE EL GÉNERO

203. **¿Cuántos géneros gramaticales tiene el español?**

El género es una propiedad de los sustantivos y pronombres que permite la concordancia con determinadas formas de los adjetivos y determinantes e impide otras. Los sustantivos solo pueden ser de dos géneros, masculino o femenino; algunos adjetivos y pronombres pueden presentarse también en género neutro.

	Masculino	Femenino	Neutro
Sustantivos	patio	casa	
Adjetivos	blanco	blanca	lo blanco
Determinantes	aquel	aquella	aquello
Pronombres	él	ella	ello

Hay, sin embargo, un número restringido de sustantivos que admiten la combinación con adjetivos y determinantes de ambos géneros. Estas palabras forman dos grupos según el cambio de género tenga efectos sobre el significado o no: por una parte, los sustantivos de género ambiguo y, por otra, los de género común.

Son sustantivos de género ambiguo aquellos que admiten la combinación con los adjetivos y determinantes de ambos géneros sin variar de significado. Se trata de nombres que denotan objetos o seres inanimados y asexuados: *agravante, azúcar, interrogante, doblez, linde, mar, lente, fin,* etc. También *ánade, chotacabras, chuparrosa* y *cobaya* se incluyen en este grupo a pesar de referirse a seres sexuados. Son también de género ambiguo los nombres propios de ciudades.

Los sustantivos de género común denominan seres sexuados, personas o animales. En estos casos, la elección de uno u otro género depende del sexo del referente del sustantivo. También pertenecen a este grupo los sustantivos que describen cualidades aplicables a las personas: *un/una bocazas, un/una manazas, un/una aguafiestas, un/una metepatas.* Asimismo, son de género común algunos nombres aplicables a personas: *el/la taxista, el/la bañista, el/la cantante, el/la pediatra, el/la suicida, el/la espía, el/la modelo, el/la testigo, el/la mártir.*

i › NGLE, págs. 81-84.

....

PARA SABER MÁS...

Sobre el género de los nombres de ciudades: ⇨ 209.
Sobre el género de los nombres de profesiones y oficios: ⇨ 214.

....

204. ¿De qué sexo es la palabra *antílope*?

En la pregunta hay una confusión importante, la de mezclar sexo y género, dos elementos que pertenecen a ámbitos totalmente diferentes. El género es un término de la lingüística y señala una propiedad gramatical de algunas palabras (los sustantivos y los pronombres); el sexo, en cambio, es una característica biológica de los seres vivos. La «palabra» *antílope* tiene género (en español es masculino), pero el «animal» al que se alude con ese nombre será o bien macho o bien hembra.

Desde el punto de vista gramatical, el género es una marca que sirve para indicar si la palabra pertenece al grupo masculino o al femenino y para poder combinarla con el adjetivo adecuado. La marca de género es inherente al sustantivo y se aplica tanto a seres sexuados (*el toro, la hormiga, el álamo*), como a entidades no sexuadas (*el sol, la luna, el brazo, la pierna*).

⊗ La ley no debe establecer diferencias según el género de las personas.

⊘ La ley no debe establecer diferencias según el sexo de las personas.

La confusión entre género y sexo puede deberse a que, con ciertas palabras, se utiliza una marca para aludir al macho y otra marca para aludir a la hembra: *gallo/gallina; muchacho/muchacha; lector/lectora; mono/mona*. Esta coincidencia entre género y sexo es la que suele estar en el origen de la confusión. A ella ha contribuido también la gramática tradicional al hablar de género epiceno, bajo cuyo rótulo se incluirían los nombres de seres sexuados que, sin variación en la forma, pueden referirse tanto al macho como a la hembra, es decir, términos como *personaje, lagarto, salmón, alce, víctima, lechuza, rana,* o *serpiente*. Pero en todos estos casos el sustantivo o bien es masculino, como en los cuatro primeros ejemplos, o bien es femenino, como en los cuatro últimos. Es decir, solo tiene un género gramatical, de manera que es un error seguir considerando el epiceno como un género gramatical.

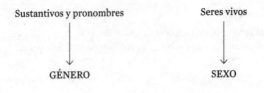

Sustantivos y pronombres → GÉNERO

Seres vivos → SEXO

> Solo algunos sustantivos que se refieren a un ser vivo indican el sexo mediante una marca de género.

i › *NGLE*, págs. 81-84.

PARA SABER MÁS...

Otros aspectos relacionados con la distinción entre género y sexo: ⇨ 203 y 465.

205. Se escuchan y se leen a menudo expresiones como *ciudadanos y ciudadanas, trabajadores y trabajadoras, diputados y diputadas.* ¿Son correctas?

No son incorrectas, pero en nuestra opinión resultan inadecuadas por redundantes. Al igual que en otras lenguas, en español el masculino es el género no marcado, sobre todo si se usa en plural, lo que quiere decir que incluye normalmente a los individuos de los dos sexos. De esta manera, en una frase como *Los lobos han atacado al rebaño*, lo que queremos decir es que han sido animales de la especie lobo los que han atacado, no que lo hayan hecho solo los machos; por el contrario, si dijéramos *Las lobas han atacado al rebaño* estaríamos excluyendo expresamente a los lobos macho.

Quienes defienden el empleo de las expresiones duplicadas lo justifican como un modo de hacer patente que el hablante se dirige a los dos grupos, entendiendo que de otra manera quedarían excluidas las mujeres. A este respecto hay que decir que la duplicidad no aporta claridad al texto; al contrario, dificulta y hace pesada la lectura cuando se usa de manera continuada. El empleo del masculino no es un uso discriminatorio, sino un recurso básico de economía lingüística que busca conseguir el máximo de información con el mínimo de elementos.

⊖ Los invitados y las invitadas participaron con entusiasmo en la ceremonia.
⊕ Los invitados participaron con entusiasmo en la ceremonia.
⊖ Cada vez están más preparados los jóvenes y las jóvenes de esta generación.
⊕ Cada vez están más preparados los jóvenes de esta generación.

En relación con el uso no discriminador del lenguaje, si el mensaje va dirigido a hombres y mujeres, es suficiente con incluir ocasionalmente expresiones que muestren que el autor tiene en mente a ambos grupos. Por ejemplo, basta con usar al comienzo del texto fórmulas como *compañeras y compañeros, amigos y amigas, señoras y señores,* o similares, para que se entienda que todo lo que se diga a continuación está dirigido al conjunto sin exclusiones. Solo es necesario recurrir a la fórmula desdoblada si el contexto no resulta suficientemente claro o si lo que se pretende es hablar de manera independiente de cada grupo.

> Luis no tiene ni amigos ni amigas.
> A las pruebas físicas deben acceder tanto los mineros como las mineras.
> Se están actualizando los contratos de los secretarios, no los de las secretarias.

i› *NGLE*, págs. 85-87.

....

PARA SABER MÁS...
Sobre la idoneidad de la expresión *violencia de género:* ⇨ 465.

....

206. ¿El ama de llaves o la ama de llaves?

Se recomienda usar *el ama de llaves.* Aunque los sustantivos femeninos deben combinarse con la forma femenina del artículo, un restringido grupo, entre los que se encuentra *ama,* constituye una excepción, pues se combinan con *el.* Deben ajustarse a esta norma tanto los nombres que comienzan por *a-* tónica (como *arpa, ave, ala, aula, águila, arte, ánima, aura, arca, aspa, ansia, alga, arma, asta,* etc.), como los que comienzan por *ha-* tónica, (como *haba, habla, hacha, hada, hampa, haya, haza,* etc.). Así pues, se dice *el ama* y no ®*la ama, el aula* y no ®*la aula, el hampa* y no ®*la hampa, el habla* y no ®*la habla,* etc.

⊗ Nos recibió la ama de llaves.
⊘ Nos recibió el ama de llaves.
⊗ La hada nos concederá nuestros deseos.
⊘ El hada nos concederá nuestros deseos.

Se exceptúan de esta norma los nombres de letras (*la a*, *la hache*), los nombres propios y apellidos (*Estuvo la Águeda que tú conoces; Salió la Ana del segundo piso*) y los nombres formados por siglas (*la AMPA*). Con los topónimos que comienzan por *a-* tónica fluctúa el uso entre el artículo *el* y *la*: *el África subsahariana, la Asia Central, la Ávila del* XVI.

Hay que tener presente que solo se admite *el* ante sustantivos, no ante adjetivos (*la áspera, la agria*) y que el artículo debe recuperar la forma *la* del femenino en los siguientes casos: en plural (*las hayas, las arcas, las artes*), si se intercala otro elemento entre el artículo y el nombre (*la mejor agua, una nueva aula, la blanca haya, la fresca aura*), o si la sílaba inicial de esa palabra deja de ser tónica: *la alita, la agüita, la arquita*.

⊗ El buen hada nos concederá nuestros deseos.
⊘ La buena hada nos concederá nuestros deseos.
⊗ Giraban sin cesar los aspas del molino.
⊘ Giraban sin cesar las aspas del molino.
⊗ Ha frito el alita del pollo.
⊘ Ha frito la alita del pollo.

i › *NGLE*, págs. 82-83, 1031-1034; *DPD*, s. v. *el*.

⋯⋯

PARA SABER MÁS...

El sustantivo *azúcar* admite también la combinación con *el* incluso cuando lleva un adjetivo femenino: *el azúcar tostada*. Se trata también de un uso arcaizante.

Sobre la combinación «determinante + sustantivo femenino» que comienza por *a-* tónica: ⇨ 207 y 208.

⋯⋯

207. He visto ¿un águila o una águila?

Son válidas las dos formas, aunque se prefiere la primera. El artículo indeterminado y numeral *una* puede usarse con la forma plena o con la apocopada *un* ante los sustantivos femeninos que comienzan por *a-* o *ha-* tónicas. En este contexto, la variante apocopada es la más frecuente en la actualidad y, por ello, se considera la forma preferible.

⊕ He visto un águila.

⊖ He visto una águila.

⊕ Se ha redactado un acta de la reunión.

⊖ Se ha redactado una acta de la reunión.

⊕ Necesitaremos un hacha de mejor calidad.

⊖ Necesitaremos una hacha de mejor calidad.

Lo que se ha señalado para *un* vale también para los indefinidos que lo contienen, como ocurre con los compuestos *algún* y *ningún*. Estos determinantes admiten las formas plena y desarrollada ante esos mismos sustantivos femeninos.

⊕ No he encontrado ningún hacha de mi agrado.

⊖ No he encontrado ninguna hacha de mi agrado.

⊕ ¿Hay algún haya en este bosque?

⊖ ¿Hay alguna haya en este bosque?

Igual que sucede en el caso del artículo *el* (⇨ 206), las formas apocopadas *un, algún, ningún* solo se admiten si el determinante está contiguo al nombre. Si se inserta cualquier elemento entre ellos, debe usarse la forma desarrollada en femenino.

⊗ Se ha redactado un nuevo acta de la reunión.

⊘ Se ha redactado una nueva acta de la reunión.

⊗ ¿Hay algún otro haya en este bosque?

⊘ ¿Hay alguna otra haya en este bosque?

i › *NGLE*, págs. 82-83, 1088-1089 y 1401-1402; *DPD, s. vv. un, alguno, ninguno.*

208. ¿Da lo mismo decir *mucho agua* que *mucha agua*?

Solo es correcta la expresión *mucha agua*. *Agua* es un sustantivo femenino, como muestra la concordancia con los adjetivos (*agua clara*), por lo que solo es aceptable la combinación con determinantes y adjetivos de ese mismo género. No es aceptable usar las formas masculinas de otros determinantes, como *este, mucho, poco, todo, otro*, etc.

⊗ Nunca digas: «De este agua no beberé».

⊘ Nunca digas: «De esta agua no beberé».

⊗ Sonó otro arpa a lo lejos.

⊘ Sonó otra arpa a lo lejos.

⊗ Esta granja tiene muchos aves.
⊘ Esta granja tiene muchas aves.
⊗ La inundación afectó a todo el área norte del país.
⊘ La inundación afectó a toda el área norte del país.
⊗ La gente de esta región tiene otro habla.
⊘ La gente de esta región tiene otra habla.

i > NGLE, págs. 82-83, 1088 (combinación con *un*), 1277 (combinación con *este*), 1401-1402 (combinación con *algún, ningún*), 1409 (combinación con *todo*); *DPD, s. v. el.*

....

PARA SABER MÁS...

Sobre las razones por las que se dice *el agua* o *un agua* (es decir, la combinación «artículo + sustantivo femenino» que comienza por *a-* tónica): ⇨ 206.

....

209. ¿Qué género tienen los nombres de las ciudades y los países?

Los nombres propios de ciudades y países son ambiguos en cuanto al género, esto es, pueden usarse tanto en masculino como en femenino. Tienden a usarse mayoritariamente como masculinos los que acaban en consonante o en vocal distinta de *-a* átona y como femeninos los que acaban en *-a* átona, como vemos en los siguientes ejemplos: en masculino, *el Perú, el Japón, el Indostán, el Panamá del futuro, París entero, el Bagdad de antes de la guerra, mi Buenos Aires querido, México lindo y querido;* en femenino, *la China, la India, la Nicaragua costera, la Europa renacentista, la Argentina de mediados de siglo, la Guadalajara mexicana, América entera.*

No obstante, para las ciudades también es posible establecer la concordancia con el femenino del nombre común *ciudad: la imperial Toledo, la Buenos Aires de mi infancia, aquella Bagdad de antes de la guerra, París entera.*

i > NGLE, págs. 125-126; *DPD, s. v.* género[2].

210. ¿Es correcta la expresión *Esta tequila tiene mucha graduación*?

Es válida, pero lo recomendable es *este tequila*, ya que la variante en masculino es la preferida por la norma en algunas palabras acabadas en -*a* que admiten el uso de ambos géneros. En el caso de *tequila*, se considera voz masculina, de manera que se desaconseja su empleo como femenino; igual sucede con *aneurisma,* donde también se considera preferible el masculino.

⊖ Esta tequila tiene mucha graduación.
⊕ Este tequila tiene mucha graduación.
⊖ Intervinieron a la paciente de una aneurisma.
⊕ Intervinieron a la paciente de un aneurisma.

El empleo de *tequila* como femenino puede explicarse por analogía: como la mayor parte de los sustantivos que terminan en -*a* en español son de género femenino (*la espalda, la sala, la cama, la flauta*), en caso de duda se le asigna este género a todos los que tienen esa terminación. Este tipo de vacilación es más frecuente entre los aprendices de español como segunda lengua, pero también puede producirse en hispanohablantes de los niveles culturales más bajos, y da lugar a errores como *la mapa, *la planeta, *la eccema, *la fantasma, *la aroma.

⊗ Ese país no aparece en esta mapa.
⊘ Ese país no aparece en este mapa.
⊗ Sigue con la misma tema de siempre.
⊘ Sigue con el mismo tema de siempre.
⊗ Se le apareció una fantasma.
⊘ Se le apareció un fantasma.
⊗ Esta rosa desprende buena aroma.
⊘ Esta rosa desprende buen aroma.

Para *vodka* se recomienda el uso masculino, aunque se acepta su empleo como femenino por ser el género etimológico de la palabra en ruso.

⊘ La vodka le produjo un fuerte dolor de cabeza.
⊘ El vodka le produjo un fuerte dolor de cabeza.

Los casos de *tanga* y *pijama* demuestran diferencias de uso entre el español de España y el de América. En la mayor parte de los países hispanoamericanos estas voces suelen usarse en femenino, mientras que en España se utilizan como voces masculinas.

⊘ Al pantaloncillo tradicional le ha salido un competidor: la tanga. (América)
⊘ Apareció en la pasarela con un tanga de leopardo. (España)

- ⊘ Al acostarse se puso el pijama nuevo. (España)
- ⊘ Solo usa el pantalón de la pijama. (América)

i› *NGLE*, págs. 115-119; *DPD*, s. vv. *aneurisma, aroma, eccema, mapa, pijama, tanga, tequila, vodka.*

··

PARA SABER MÁS...

No hay que confundir este tipo de error con el de combinar los determinantes masculinos con sustantivos femeninos como *agua* (⇨ 206, 207 y 208).

Respecto a la forma gráfica de algunas palabras tratadas en esta pregunta, junto a *vodka*, forma preferida, se admite también *vodca*, mientras que se considera un error *wodka*, grafía de influencia alemana. Son aceptables tanto *pijama* y *eccema* como *piyama* y *eczema*.

··

211. ¿A un hombre que domina varias lenguas se le puede llamar *polígloto*?

Sí. Se trata de un adjetivo de doble terminación, *polígloto* y *políglota,* que puede aplicarse tanto a los textos escritos en varias lenguas como a las personas que dominan más de una lengua. Son igualmente correctas, por tanto, las expresiones siguientes:

- ⊘ Entre las joyas de la exposición se encontraba la Biblia políglota alcalaína.
- ⊘ El códice contiene un Nuevo Testamento polígloto.
- ⊘ Necesitaremos una directora políglota para el nuevo departamento.
- ⊘ Necesitamos un director polígloto para el nuevo departamento.

No obstante, en la lengua actual tiende a usarse *políglota* como adjetivo invariable y se aplica tanto para el masculino como para el femenino.

- ⊘ Necesitamos un director políglota para el nuevo departamento.

Esta misma tendencia a la invariabilidad se observa en *autodidacta* y *gualda,* adjetivos también de doble terminación que se usan de manera habitual solo en la forma femenina. No obstante, son correctas las formas correspondientes terminadas en *-o*.

- ⊘ Se considera un pintor autodidacta.
- ⊘ Se considera un pintor autodidacto.

⊘ El castillo blanco destacaba sobre el fondo gualda.
⊘ El castillo blanco destacaba sobre el fondo gualdo.

i > *DPD, s. vv. polígloto, autodidacto, gualdo.*

212. ¿Por qué algunas personas dicen *el afoto*?

La forma correcta es *la foto*, de manera que al decir *⁕el afoto* se están cometiendo dos errores: uno en el género y otro en la forma de la palabra. Cada uno de esos errores obedece a una razón distinta.

El error de género se debe a la analogía: se le asigna erróneamente el género masculino porque la mayor parte de los sustantivos acabados en -*o* son de este género: *el lobo, el espacio*. Pero hay que tener en cuenta que el género de las palabras no viene marcado por la terminación. Con idéntica terminación, unos nombres pueden ser masculinos, como *alhelí, espíritu, regaliz*, y otros femeninos, como *hurí, tribu, nariz*. Del mismo modo, palabras acabadas en -*o* pueden ser tanto masculinas (*rasgo, colmo*), como femeninas (*mano, libido, nao, seo*). Por la misma razón, los nombres propios acabados en -*o* pueden aplicarse tanto a hombres (*Antonio, Pablo, Santiago*) como a mujeres (*Amparo, Sagrario, Socorro*).

El segundo error deriva del anterior y conduce al hablante a una falsa segmentación de la cadena hablada, pues oye [unafóto] y asigna la *a* correspondiente al artículo al sustantivo [un afóto] y, a partir de ahí, *⁕el afoto*.

Foto es un acortamiento de *fotografía*, y los acortamientos deben conservar el género de la palabra original. Este tipo de errores producen vulgarismos como *⁕un amoto, ⁕el arradio*. También son errores de segmentación *⁕el leuro, ⁕una nalisis, ⁕una neurisma* en lugar de *el euro, un análisis, un aneurisma*.

i > *NGLE*, págs. 89-92.

....

PARA SABER MÁS...

Una excepción en el género del acortamiento es *cromo*, usada como masculino a pesar de que procede de un femenino, *cromolitografía*.
Más información sobre el género de los sustantivos acabados en -*a:* ⇒ 210.
....

213. El picotazo de la avispa me ha causado ¿*una hinchazón* o *un hinchazón*?

Aunque el sustantivo *hinchazón* se combina con los dos géneros gramaticales, la norma recomienda usar el femenino, *una hinchazón*. El género de la palabra a veces se marca con una terminación específica, pero no siempre, y se da el caso de que a palabras con igual terminación corresponden géneros distintos, como *el césped* o *la virtud*.

Los errores en este sentido a menudo se deben a que la terminación de la palabra es opaca a la información de género. Así, por ejemplo, entre los sustantivos acabados en -*e* se considera preferible el masculino en *aceite, acné, alambre, apéndice, detonante, interrogante, mimbre, tizne, vinagre* o *vislumbre,* pero se recomienda el femenino para *aguachirle* (y la mayor parte de los compuestos con *agua: aguamiel, aguagoma, aguadulce, aguanieve,* etc.), *apócope, cochambre, dote* (en el sentido de 'conjunto de bienes' o de 'capacidad o cualidad'), *hemorroide, índole, lumbre* o *pelambre.* El siguiente cuadro contiene el género recomendado para otras palabras cuya terminación no denota específicamente el género.

Masculino	Femenino
apocalipsis	apoteosis
áspid	comezón
arroz	macro
avestruz	parálisis
contraluz	porción
doblez	

i⟩ *NGLE*, pág. 117.

....

PARA SABER MÁS...

Otros errores sobre el género de los sustantivos: ⇨ 210.

....

214. ¿Es mejor decir *la médica* que *la médico*? ¿O en este caso es preferible usar *la doctora*?

Cualquiera de las tres formas es aceptable, pues responden a los tres modos de que dispone el español para expresar el género. Si se usa *la médica,* se recurre al cambio de morfema, como se hace en *niño* y *niña, esposo* y *esposa*. Si se opta por *la médico*, estamos convirtiendo el sustantivo en común en cuanto al género, es decir, lo mantenemos invariable y marcamos el género con los artículos y determinantes, como en *el pianista* y *la pianista*, *este alférez* y *esta alférez*. Al optar por *la doctora* (que es también el femenino de *doctor*) en lugar de *médica* se recurre a la heteronimia, es decir, se emplea una palabra distinta para expresar el sexo del referente, como sucede en casos como *padre* y *madre*, *marido* y *mujer*.

Son razones extralingüísticas las que han influido en la forma que presentan los nombres de profesiones, cargos y actividades. La incorporación de la mujer a puestos que tradicionalmente habían sido desempeñados por hombres provoca que hayamos tenido que adaptar el lenguaje.

Las recomendaciones respecto a los nombres de los oficios y profesiones desempeñadas por mujeres se resumen en el siguiente cuadro esquemático:

Terminación	Forma preferida de género	Ejemplos	Excepciones
-o	alternancia	*ministro/ministra*	*el/la piloto* *el/la soldado*
-a	común	*el/la astronauta*	*papa/papisa* *modista/modisto* *azafata/azafato*
-e	común	*el/la cónyuge* *el/la conserje*	*cliente/clienta* *jefe/jefa*
-í, -ú, -y	común	*el/la maniquí* *el/la gurú*	*rey, reina*
-ar, -er, -ir	común	*el/la mártir* *el/la prócer*	*juglar/juglaresa*
-l, -z	común	*el/la fiscal* *el/la capataz*	*juez/jueza* *concejal/ concejala* *aprendiz/ aprendiza*
-on, -ín, -or	alternancia	*ladrón/ladrona* *bailarín/bailarina* *doctor/doctora* *actor/actriz*	

ⁱ ⟩ *NGLE*, págs. 105-109; *DPD*, s. v. género².

215. ¿Se dice *una detective privado* o *una detective privada*?

Cuando el nombre de una profesión u oficio es un compuesto formado por un sustantivo y un adjetivo, es obligatorio que haya concordancia de género entre ellos, así como con el resto de determinantes si los hubiera. En consecuencia, solo es correcta la forma *una detective privada*.

⊗ En la agencia nos atendió una detective privado.
⊘ En la agencia nos atendió una detective privada.

Esta misma concordancia ha de darse en otros compuestos, como *primer ministro, guarda jurado,* como se ejemplifica en las oraciones que siguen.

⊗ La primera ministro accedió a recibir a la delegación sindical.
⊘ La primera ministra accedió a recibir a la delegación sindical.
⊗ Mientras, otra guarda jurado los estuvo examinando disimula- .
    damente.
⊘ Mientras, otra guarda jurada los estuvo examinando disimula-
    damente.

i ⟩ *DPD, s. v.* género².

216. ¿Cuál es el género de *radio*?

La palabra *radio* es un sustantivo ambiguo, es decir, puede usarse tanto en masculino como en femenino, si bien la elección de uno u otro género es obligatoria para expresar un determinado significado. Es solo masculino, *el radio*, cuando significa 'elemento químico', 'hueso del antebrazo' o 'línea', mientras que solo admite el femenino, *la radio,* cuando denota un 'medio de difusión de noticias'.

⊘ Se cayó y se fracturó el cúbito y el radio.
⊘ El radio se descubrió en el siglo XX.
⊘ El radio de la circunferencia es la mitad del diámetro.
⊘ Los medios de comunicación, como la radio o la televisión.

La posibilidad de combinarse con ambos géneros se da cuando significa 'aparato receptor de ondas'. El uso mayoritario en español es femenino, aunque en los países andinos, las Antillas, el Caribe, Centroamérica y México se emplea en masculino.

⊘ Llevamos la radio al técnico, porque se ha estropeado.

⊘ Guadalupe escuchaba en el radio la voz engolada del locutor.

i › NGLE, pág. 91; DPD, s. v. radio.

....

PARA SABER MÁS...

Sobre las razones del vulgarismo *el arradio*, debido a la inadecuada segmentación: ⇨ 212.

Otros casos de variación de género en palabras acabadas en -*o:* ⇨ 204.

....

217. Para referirse a la orilla de un río, ¿se dice *el margen izquierdo* o *la margen izquierda*?

Puede usarse cualquiera de las dos formas, aunque se prefiere el femenino. *Margen* es un sustantivo ambiguo (⇨ 216) cuyo significado cambia según el género: en masculino es el 'espacio en blanco alrededor del papel escrito', 'diferencia prevista' o también 'espacio para hacer algo'; en femenino significa 'orilla del río'.

⊘ Había una anotación en el margen de la página siete.

⊘ El margen de beneficios ha sido escaso.

⊘ Cada vez el margen de maniobra era menor.

⊖ El margen del río estaba poblado de sauces y alisos.

A continuación presentamos algunas muestras de homónimos frecuentes que son comunes en cuanto al género.

Masculino	Significado	Femenino	Significado
el editorial	'tipo de artículo periodístico'	*la editorial*	'empresa editora'
el guarda	'persona que vigila una casa o una finca'	*la guarda*	'tutela' 'espera', 'protección', etc.
el esperma	'semen'	*la esperma*	'grasa de ballena'
el capital	'hacienda, patrimonio'	*la capital*	'población destacada'
el clave	'instrumento musical'	*la clave*	'código'
el cólera	'enfermedad'	*la cólera*	'ira'
el cura	'sacerdote'	*la cura*	'curación'

Masculino	Significado	Femenino	Significado
el frente	'coalición de partidos', 'primera fila militar', 'parte frontal de un edificio o una cosa'	la frente	'parte del rostro', 'parte delantera de algo'
el orden	'colocación'	la orden	'mandato'
el parte	'informe breve'	la parte	'porción, fragmento'

i › *NGLE*, págs. 114-119; *DPD*, s. v. género²; *LEC*, págs. 203-204.

....

PARA SABER MÁS...

Otros nombres comunes en cuanto al género: ⇨ 209 y 220.
Sobre la homonimia: ⇨ 415-432.

....

218. ¿Por qué algunas palabras como *azúcar* o *mar* admiten tanto el masculino como el femenino?

Los sustantivos *azúcar* o *mar* son palabras de género ambiguo, lo que quiere decir que se pueden usar tanto en masculino como en femenino sin que ello implique ningún cambio en el significado (⇨ 216). Esta posibilidad es poco frecuente en español, pero se da en algunos casos; además de los dos señalados son también ambiguos, por ejemplo, *ábside, acné, agave, agravante, ánade, apóstrofe, armazón, arte, azumbre, bajante, canal, chinche, cobaya, cochambre, doblez, esperma, estambre, herpe(s), hojaldre, interrogante, lente, linde, margen, mimbre, orden, pelambre, pringue, prez, pro, pus, reuma* (o *reúma*), *testuz, tilde, tizne, trípode, vertiente, visa, vislumbre, vodka* (o *vodca*), etc.

Son varias las razones que determinan la posibilidad de alternancia en las palabras:

- Evolución histórica: *calor* o *puente* admitían el femenino en épocas pasadas, pero hoy ya solo se considera correcto el masculino.
- Distribución geográfica: *pijama* se usa como femenino en la norma culta solo en algunas regiones de Hispanoamérica; *pus* se acepta como femenino en México y como ambiguo en Chile.

- Usos técnicos de las palabras: *arte* es femenino en el sentido técnico de 'conjunto de principios para hacer algo': *arte poética, arte amatoria.*
- Causas sociales: *sartén*, que en el habla culta es femenino, solo se usa como masculino en las hablas populares de algunas regiones.

Además, suele haber restricciones gramaticales y semánticas en el empleo de estos nombres en uno u otro género: *mar* y *arte* solo se usan como ambiguos en singular (*el/la mar*, pero *los mares*, no *⊛las mares*; *las artes marciales*, no *⊛los bellos artes*); *dote* solo es ambiguo cuando significa en singular 'conjunto de bienes que aporta la mujer al matrimonio' (*la dote* o *el dote*), pero cuando significa 'cualidades personales' solo debe usarse en femenino (*sus magníficas dotes*).

i › *NGLE*, págs. 114-119; *DPD*, *s. v.* género²; *LEC*, págs. 203-204.

PARA SABER MÁS...

No hay que confundir los sustantivos ambiguos con los comunes en cuanto al género. Sobre su diferencia: ⇨ 214, 216 y 217.

219. ¿Se debe escribir *la edición decimasexta* o *décimosexta*?

Ninguna de las formas es correcta, pues cada una contiene un error diferente. Los ordinales compuestos correspondientes a la primera o segunda decena suelen escribirse hoy en una sola palabra (*decimosexto, vigesimosegundo*), pero se admite también su escritura en dos tramos (*décimo sexto, vigésimo segundo*). Hay que tener en cuenta que, si se escribe en una palabra, el primer elemento pierde la tilde, y si se escribe en dos palabras, además de conservar la tilde el primer elemento, se debe mantener la concordancia de género y número:

⊗ Esta es ya la edición decimasexta.
⊗ Esta es ya la edición décimo sexta.
⊘ Esta es la edición décima sexta.
⊗ Esta es la edición décimosexta.
⊘ Esta es la edición decimosexta.

i › *DPD*, *s. v.* ordinales.

PARA SABER MÁS...

Sobre las reglas de la tilde en este tipo de palabras compuestas: ⇨ 63, 64 y 65.

Sobre su escritura: ⇨ 104-113.

SOBRE EL NÚMERO

220. ¿Por qué no es correcto decir *el paragua*, si nos referimos a un solo objeto?

Porque el sustantivo *paraguas* es un compuesto formado por un verbo (*para*) y un nombre (*agua*) y en este tipo de compuestos lo habitual es que el segundo elemento se presente en plural: *aguafiestas, aparcacoches, cortafuegos, cuentakilómetros, espantapájaros, guardabarreras, lanzallamas, montacargas, pasamontañas, quitamanchas, rompehielos, taparrabos*, etc.

A pesar de la marca de número plural que lleva el segundo elemento, la palabra compuesta no es ni singular ni plural en sí, sino que sirve indistintamente para ambos números: *el portalámparas, los portalámparas*. Se considera incorrecto, por tanto, utilizar estos compuestos con el segundo elemento en singular. En el caso de *paraguas,* en casi todas las zonas del español solo se admite la forma con el sustantivo en plural, aunque en Chile, en los registros menos cultos, se usa la forma *⊛paragua*, con un singular regresivo.

⊗ Toma el paragua, que llueve.
⊘ Toma el paraguas, que llueve.
⊗ Es mejor usar un quitamancha de confianza.
⊘ Es mejor usar un quitamanchas de confianza.

i⟩ *NGLE*, págs. 770-779; *DPD s. v. paraguas.*

PARA SABER MÁS...

Otros aspectos sobre los nombres compuestos: ⇨ 104-113.

221. ¿Se puede decir de una persona que *es un chapuza*?

Aunque se oye a veces, es incorrecto. Esta palabra pertenece a un grupo de sustantivos y adjetivos terminados en *-as* o en *-es* que designan cualidades por lo general negativas de las personas, como *berzotas, bocas, bocazas, calzonazos, chapuzas, frescales, gilipollas, guaperas, manazas, manitas, narizotas, tufillas, vainazas, vivales*, etc. También se incluyen en este grupo numerosos nombres compuestos, como *aguafiestas, apagavelas, cascarrabias, cantamañanas, buscavidas, chupalámparas, destripacuentos, engañabobos, lameculos, metepatas, papanatas, perdonavidas, pinchaúvas, pintamonas, rompecorazones, sacamuelas, saltabarrancos, tocapelotas, tumbaollas, vendehúmos, zampabollos, zampatortas*, etc.

Estos nombres carecen de variación en singular y plural. La forma sin *-s* final es un falso singular regresivo y se considera incorrecto.

⊗ Este fontanero es un chapuza.
⊘ Este fontanero es un chapuzas.
⊗ ¡Che, qué papanata el viejo tuyo!
⊘ ¡Che, qué papanatas el viejo tuyo!

i › *NGLE*, págs. 136-137.

222. La frase *Escribe unas as que parecen os*, ¿está bien?

Está mal; lo correcto es *Escribe unas aes que parecen oes*. En los monosílabos acabados en *-a, -o*, la norma culta solo admite la terminación *-es*, con alguna excepción, como el pronombre *yo*, donde se prefiere el plural *yoes* pero se admite también *yos*, o el sustantivo *pro*, cuyo plural es únicamente *pros*.

⊗ La votación arroja un resultado de nueve *sis* y cinco *nos*.
⊘ La votación arroja un resultado de nueve *síes* y cinco *noes*.
⊖ En cada uno de nosotros habitan varios *yos*.
⊕ En cada uno de nosotros habitan varios *yoes*.

Entre los nombres de las letras, las vocales, menos la *e*, siguen la norma general de los monosílabos, añadiendo *-es*, mientras que las consonantes añaden *-s*: *las aes, las es, las íes, las oes, las úes*.

⊗ Escribe unas *as* que parecen *os*.
⊘ Escribe unas *aes* que parecen *oes*.

⊗ Y con esta ya están pintadas todas las ees del rótulo.
⊘ Y con esta ya están pintadas todas las es del rótulo.

Los nombres de las notas musicales solo admiten plural en -*s*, menos *sol*: *varios dos sostenidos, cinco res, dos mis, tres fas, los soles, dos las, ocho sis.*

⊗ La soprano alcanzaba las dos y las síes más agudas.
⊘ La soprano alcanzaba fácilmente las dos y las sis más agudas.

i > *NGLE*, págs. 132-134, 138-139; *DPD*, s. v. plural.

....

PARA SABER MÁS...

Sobre el plural de las palabras agudas no monosílabas acabadas en vocal:
⇨ 223.

....

223. **El plural de** *ayatolá* **¿es** *ayatolás, ayatolaes* **o** *ayatolases*?

La norma culta solo admite *ayatolás*. La norma general es que los sustantivos agudos de más de una sílaba acabados en -*á, -é, -ó* o en diptongo suelen hacer el plural añadiendo -*s*, según refleja el siguiente cuadro.

-*a*		-*e*		-*ó*		DIPTONGO	
singular	**plural**	**singular**	**plural**	**singular**	**plural**	**singular**	**plural**
ayatolá	*ayatolás*	*bebé*	*bebés*	*plató*	*platós*	*bonsái*	*bonsáis*
papá	*papás*	*chimpancé*	*chimpancés*	*dominó*	*dominós*	*moái*	*moáis*
sofá	*sofás*	*canapé*	*canapés*	*buró*	*burós*		

Entre los sustantivos acabados en -*á*, son una excepción *albalá* y *faralá*, que forman el plural en -*es*: *albalaes, faralaes*.

Respecto a la formación del plural añadiendo -*es* a los sustantivos acabados en -*á, -é, -ó*, se consideran usos anticuados y por tanto rechazables en la norma culta actual: *los rajaes, los papaes, los bajaes*. La formación de plural en -*ses* se considera vulgar: *los rajases, los sofases, los cafeses*.

i > *NGLE*, págs. 131-133, 138-139; *DPD*, s. v. plural.

PARA SABER MÁS...

Sobre el plural de las palabras agudas monosílabas acabadas en vocal: ⇨ 222.

224. ¿Cuál es el plural de *menú: menús, menúes* o *menuses*?

En esta palabra solo se considera correcto el plural *menús*. La variante *menuses* está totalmente desprestigiada y *menúes* solo tiene uso culto en la zona rioplatense y algunas áreas andinas y caribeñas.

⊗ Se sirven menuses económicos.
⊖ Se sirven menúes económicos.
⊘ Se sirven menús económicos.

Los sustantivos agudos acabados en -*ú* o en -*í* suelen formar el plural de dos formas: añadiendo -*s* o -*es*. La lengua culta prefiere la terminación -*es*, mientras que en la lengua coloquial lo más frecuente es añadir solo -*s*, pero ambas son igualmente correctas.

-*í*		-*ú*	
singular	**plural**	**singular**	**plural**
alhelí	*alhelíes* o *alhelís*	*bambú*	*bambúes* o *bambús*
bisturí	*bisturíes* o *bisturís*	*caribú*	*caribúes* o *caribús*
ceutí	*ceutíes* o *ceutís*	*iglú*	*iglúes* o *iglús*
colibrí	*colibríes* o *colibrís*	*ñandú*	*ñandúes* o *ñandús*

Sin embargo, algunas palabras acabadas en -*ú* solo admiten el plural en -*s: champús, cucús, interviús, tutús* y *vermús*.

i › *NGLE*, págs. 132-134; *DPD, s. v.* plural.

PARA SABER MÁS...

Sobre el plural de las palabras agudas no monosílabas acabadas en vocal: ⇨ 222.

Algunas palabras acabadas en -*í* admiten tres formas de plural: *maravedí* admite los plurales *maravedís, maravedíes* o *maravedises*; para *maní* valen las formas *manís, maníes* y *manises*, aunque esta última es menos recomendable.

225. ¿Es correcto decir *Se oían los ayes de los heridos*?

Sí. La interjección *ay* forma el plural en *ayes*, de manera que la expresión es totalmente correcta. La formación del plural de las palabras agudas acabadas en «vocal + y» es diferente si la palabra está totalmente adaptada al español o si se trata de un préstamo. Las del primer grupo forman el plural añadiendo *-es* (de *ay, ayes;* de *convoy, convoyes;* de *ley, leyes;* de *rey, reyes*) y las del segundo, añaden *-s* (de *jersey, jerséis*).

⊗ Los convóis regresaron al campamento base.
⊘ Los convoyes regresaron al campamento base.
⊗ Las caréis son tortugas del golfo de México.
⊘ Las careyes son tortugas del golfo de México.

Un pequeño grupo de términos acabados en *-y* o en *-i* precedida de vocal, casi todos del ámbito marítimo, admiten las variantes con *-es* o con *-s*, siendo esta última la forma preferida: *cois*, mejor que *coyes* (de *coy* 'lona suspendida que sirve de cama en una habitación'), *estáis*, mejor que *estayes* (de *estay* 'cabo que sujeta la cabeza de un mástil al pie'), *noráis*, preferible a *norayes* (de *noray* 'poste para amarrar los barcos'); *guirigáis* mejor que *guirigayes* (de *guirigay*). *Paipay*, que también puede escribirse *paipái*, solo admite el plural *paipáis*.

⊕ Todas las semanas armaban guirigáis.
⊖ Todas las semanas armaban guirigayes.
⊘ Cubrían sus cabezas con paipáis blancos.

i › NGLE, pág. 138; DPD, s. v. plural.

PARA SABER MÁS...
Otros ejemplos de palabras que acaban en -y: ⇨ 37.

226. ¿Cuál es el plural de *sed*? ¿Y el singular de *víveres*?

Algunas palabras del español no se suelen emplear en plural, como *sed*, y otras no se usan en singular, como *víveres*.

Las palabras que, como *sed*, solo se usan en singular se denominan «de singular inherente» o «singularia tántum»: *canícula, caos, cariz, cenit, este, grima, oeste, relax, salud, tino, zodiaco*, etc. El rechazo de estas palabras a una forma específica de plural puede deberse a razones fonológicas, como sucede en *relax*, cuya terminación sirve para ambos números.

En otras ocasiones no se usan en plural porque su significado es intrínsecamente singular: solo hay un *oeste* o un *norte*, igual que no puede haber más de una *canícula*. En el caso de *sed* a las razones aducidas se puede añadir que la forma *sedes* es ya el plural de *sede*.

En cuanto a *víveres*, forma parte de un conjunto de sustantivos que solo presentan la forma de plural. Este grupo es algo más numeroso que el anterior y se denomina «de plural inherente» o «pluralia tántum».

Son de este tipo ciertos nombres de partes del cuerpo (*entrañas, fauces, greñas, tripas*, etc.), objetos inespecíficos (*enseres, aperos, bártulos*), lugares (*aledaños, afueras, alrededores, andurriales*), restos o fragmentos (*trizas, añicos, migas*), formas de actuar (*cosquillas, cucamonas, modales*), alimentos (*natillas, gachas, puches, vituallas*), así como muchas unidades fraseológicas (*artes marciales, frutos secos, con pelos y señales, en cueros, a expensas, a pies juntillas*, etc.).

i › *NGLE*, págs. 170-174.

227. ¿Es lo mismo *Me duele la nariz* que *Me duelen las narices*?

Las dos oraciones son válidas y significan lo mismo. Los sustantivos que se refieren a objetos compuestos de dos partes simétricas pueden usarse indistintamente en singular o en plural sin que el cambio suponga variación en el significado: *alicate* o *alicates, braga* o *bragas, calzoncillo* o *calzoncillos, gafa* o *gafas, pantalón* o *pantalones, tenaza* o *tenazas, tijera* o *tijeras*.

También sucede lo mismo en algunas palabras que designan objetos formados por diversos elementos: *bigote* o *bigotes, sopa* o *sopas, tripa* o *tripas, fiesta* o *fiestas*. En todos estos casos el empleo de la forma de singular y la de plural son equivalentes.

⊘ Me duele la nariz.
⊘ Me duelen las narices.

Ø El alicate estaba oxidado.
Ø Los alicates estaban oxidados.

Estas palabras carecen de variación cuando forman parte de expresiones fijas. Para el significado 'ceder en condiciones poco honrosas' solo es posible la expresión en plural, *bajarse los pantalones*, no es posible emplear aquí la variante en singular. La palabra *nariz* se usa solo en singular en la locución *dar en la nariz* algo a alguien, 'sospechar, barruntar', y solo en plural en muchas otras formadas con esta palabra: *hinchar las narices, estar hasta las narices, tocar las narices,* etc.

⊗ Me da en las narices que se van a presentar tus familiares esta tarde.
Ø Me da en la nariz que se van a presentar tus familiares esta tarde.
⊗ Hacía un frío de nariz.
Ø Hacía un frío de narices.

ℹ︎ › *NGLE*, págs. 177-178; *DRAE, s. v. nariz; DPD, s. v. nariz.*

228. ¿Se dice *unos cualquieras* o *unos cualquiera*?

Como en otros casos, aquí hay que ver qué es lo que el hablante quiere decir. La expresión *unos cualquieras* es correcta para aludir a personas a las que califica de poco importantes, groseras u ordinarias; ⊛*unos cualquiera* es una forma incorrecta.

Cualquiera es originariamente pronombre o determinante indefinido, y tiene como peculiaridad que forma un plural interno, es decir, que se forma añadiendo la marca al primer elemento a pesar de que se escribe en una sola palabra. Este mismo plural interno se encuentra en el indefinido *quienquiera*, cuyo plural es *quienesquiera*, y en el sustantivo *hijodalgo*, con plural *hijosdalgo*.

⊗ Déjame unos lápices cualquiera.
Ø Déjame unos lápices cualesquiera.
⊗ Los que lo hicieron, quienquiera que fueran, sabían lo que hacían.
Ø Los que lo hicieron, quienesquiera que fueran, sabían lo que hacían.

Cuando se trata de pronombres o adjetivos, no es correcto mantenerlos invariables en singular.

⊗ Si no son esos, déjame cualquiera otros.
Ø Si no son esos, déjame cualesquiera otros.

Por otra parte, *cualquiera* puede usarse también como un sustantivo en la expresión *ser un cualquiera*, que significa 'persona de poca importancia o indigno de consideración'. En este caso, la formación del plural sigue las reglas generales para los sustantivos y añade una -*s*.

⊗ Se comportaban sin consideración, como unos cualesquiera.
⊘ Se comportaban sin consideración, como unos cualquiera.

i › *NGLE*, págs. 157-158, 1467-1468.

229. **Este trabajo está hecho con muchos corta y pega.**
¿Está bien dicho así o debería ser muchos *corta y pegas*?

Lo correcto es *muchos corta y pega*. La expresión *corta y pega* es un compuesto formado por dos verbos, que no se ha lexicalizado aún, por lo que la recomendación es usarla sin añadir marca de pluralidad. Son incorrectas tanto la pluralización del segundo verbo, ⊗*corta y pegas*, como de los dos componentes, ⊗*cortas y pegas*. Tampoco se recomienda la escritura en una sola palabra, debido a que carece de la necesaria fijación.

⊗ Este trabajo está hecho con muchos corta y pegas.
⊗ Este trabajo está hecho con muchos cortas y pegas.
⊗ Este trabajo está hecho con muchos cortaipegas.
⊘ Este trabajo está hecho con muchos corta y pega.

Diferente es el caso en el que el compuesto formado por dos verbos haya logrado lexicalizarse. En tales circunstancias, el sustantivo pasa a comportarse como un nombre común y, como ellos, se escribe en un solo tramo gráfico y admite variación de número. Son ejemplos de este tipo palabras como *vaivén, quitaipón, subeibaja, correveidile* 'persona chismosa', *ganapierde* 'juego', *bullebulle* 'persona inquieta', *picapica* 'tipo de polvos que hacen estornudar', *pillapilla*, etc. Siguen esta misma pauta otros compuestos que incluyen un verbo, como *pegalotodo* o *acabose*.

⊘ Los vaivenes del barco me mareaban.
⊘ La mula iba adornada con quitaipones de varios colores.
⊘ Son unos sabelotodos.

i › *NGLE*, págs. 157-158, 780-781.

230. ¿Se puede decir *Ha dado un traspiés*?

Lo correcto es *Ha dado un traspié*. Entre los sustantivos compuestos derivados del sustantivo *pie* hay dos, *traspié* y *rodapié*, que varían de forma según el número: *traspié* y *rodapié* para el singular y *traspiés* y *rodapiés* para el plural. El resto de compuestos con este sustantivo es invariable: *el/los buscapiés, el/los calientapiés, el/los ciempiés, el/los milpiés, el/los reposapiés*.

- ⊗ Al salir tropezó con el rodapiés y dio un traspiés.
- ⊘ Al salir tropezó con el rodapié y dio un traspié.
- ⊗ Un cohete buscapié le causó la quemadura.
- ⊘ Un cohete buscapiés le causó la quemadura.

ⅰ› *NGLE*, pág. 135; *DPD*, *s. v. traspié*.

PARA SABER MÁS...

El significado de *traspié* es 'tropezón' o 'equivocación', y no debe confundirse con el de la locución adverbial *a contrapié*.

- ⊗ Las informaciones lo pillaron a traspié.
- ⊘ Las informaciones lo pillaron a contrapié.

231. ¿Se conmemora una *efeméride* o una *efemérides*?

Ambas formas se consideran válidas para el singular. Se trata de un caso muy particular, en el que una palabra tiene dos formas para el singular: *efeméride* y *efemérides*. La razón de esta forma doble puede explicarse por el significado colectivo de *efemérides*, que es el 'conjunto de hechos notables que merecen ser recordados y celebrados' y aunque para referirse a un solo hecho sería más adecuado usar la forma *efeméride*, se aceptan las dos variantes.

- ⊘ Ya están impresos los carteles de la efeméride.
- ⊘ Ya están impresos los carteles de la efemérides.

En el mismo caso se encuentra *metrópoli* y *metrópolis*, dos formas para el singular de la misma palabra. Las razones en este caso son de carácter histórico: la forma etimológica, *metrópolis*, ha generado una creación regresiva sin -*s*.

⊘ Nueva York es una gran metrópoli.
⊘ Nueva York es una gran metrópolis.

ℹ⟩ *NGLE*, págs. 137; *DPD*, s. vv. *efeméride, metrópoli.*

232. Estos son ¿los *temas clave* o los *temas claves*?

Ambas posibilidades son igualmente válidas. Los sustantivos compuestos formados por dos nombres separados gráficamente siguen dos modelos en la formación del plural:

- Si el segundo elemento, que es un modificador del núcleo, solo tiene uso como sustantivo, la marca de plural se pone solo en el primero: *años luz, ciudades dormitorio, coches escoba, globos sonda, hombres lobo, hombres rana, mujeres objeto, muebles bar, operaciones retorno.* En este grupo se incluyen los compuestos formados por los sustantivos *macho* o *hembra* cuando complementan a otro nombre: *avestruces macho, jirafas hembra.*

    ⊗ El combate será entre dos pesos plumas.
    ⊘ El combate será entre dos pesos pluma.
    ⊗ Los peces espadas escasean cada vez más.
    ⊘ Los peces espada escasean cada vez más.

- Si el segundo elemento puede usarse como adjetivo, se admite tanto la pluralización de los dos elementos como solo la del primero: *aviones espía* o *aviones espías, células madre* o *células madres, situaciones límite* o *situaciones límites, palabras claves* o *palabras clave.* A este mismo grupo se adscriben los nombres compuestos de color: *vestidos malvas* o *vestidos malva.*

    ⊘ A partir de la mitad la película se centra en los temas claves.
    ⊘ A partir de la mitad la película se centra en los temas clave.
    ⊘ Las fechas límite aparecen en la página electrónica.
    ⊘ Las fechas límites aparecen en la página electrónica.

Para saber si puede llevar marca de plural el segundo elemento, se puede intentar transformar el compuesto en una oración copulativa. Si la transformación es posible, se pueden pluralizar los dos componentes; en caso contrario, solo el primero.

> Estos temas son claves > temas claves (*o* temas clave)
> Estas copias son piratas > copias piratas (*o* copias pirata)

Algunas empresas son líderes > empresas líderes (*o* empresas líder)
*Estos hombres son ranas > hombres rana (*no* *hombres ranas)
*Las ciudades son dormitorios > ciudades dormitorio (*no* *ciudades dormitorios)
*Los carriles son bicis > carriles bici (*no* *carriles bicis)

i > *NGLE*, págs. 157-158, 755-759; *DPD*, *s. v.* plural.

PARA SABER MÁS...
Sobre el plural de los nombres compuestos de color: ⇨ 318.

233. Se dice *horas extra* u *horas extras*?

Se puede decir de las dos maneras para los compuestos cuyo segundo componente es un sustantivo (⇨ 232). No obstante, la palabra *extra,* abreviación de *extraordinario,* constituye un caso único en las reglas que rigen la formación del plural, pues este se hace depender del significado de la palabra.

Según las orientaciones académicas, *extra* es invariable cuando significa 'superior', pero admite la variación cuando equivale a 'adicional'.

⊗ Se han vendido todos los jamones extras.
⊘ Se han vendido todos los jamones extra.
⊘ En estos tiempos de crisis, debería estar prohibido hacer horas extras.
⊘ En estos tiempos de crisis, debería estar prohibido hacer horas extra.

Cuando *extra* se usa como sustantivo, sigue las normas generales de formación del plural.

⊘ En la película participaban varios extras.
⊘ Todavía se nos adeudan las extras de Navidad y de verano.
⊘ Al presupuesto se le han incrementado varios extras.

i > *NGLE*, pág. 167; *DPD*, *s. v. extra.*

PARA SABER MÁS...
Otros aspectos de la formación del plural de los compuestos: ⇨ 228, 229 y 232.

234. **¿Se puede escribir *varios CD's* o hay que poner *varios CDS*?**

Ninguna de las dos formas se considera recomendable en la lengua escrita. *CD* es la sigla de *Compact Disc*. Una sigla es una forma creada mediante la adición de las iniciales de varias palabras, se escribe siempre sin puntos interiores y se mantiene invariable en la lengua escrita: aunque pronunciemos [los zedés], debemos escribir *los CD*. Se considera un uso anglicado que debe evitarse formar el plural añadiendo una *s* minúscula o mayúscula, y resulta aún más extraño al sistema del español emplear un apóstrofo antes de la *ese*.

- ⊘ Este vehículo ya ha pasado la ITV.
- ⊘ La concesión de las ITV ha suscitado mucha polémica.
- ⊘ Saque usted el DNI.
- ⊘ Traigan también los DNI.

Lo mismo sucede con los acrónimos, que constituyen un tipo particular de siglas que se caracteriza porque se puede leer sin deletrear las letras que los componen:

- ⊗ El nombramiento apareció en el BOE (= [bé ó é]) del mes pasado.
- ⊘ El nombramiento apareció en el BOE (= [bóe]) del mes pasado.
- ⊘ La ley aparece desarrollada en varios BOE.

Incorrecto	Correcto
los CDs	los CD
las FARCs	las FARC
los BOES	los BOE
las ONGS	las ONG
los PC's	los PC

Solo cuando las siglas se han convertido en nombres comunes es correcta la variación en plural. En estos casos, la sigla o el acrónimo se escriben con letras minúsculas.

- ⊘ En la película los extraterrestres no vienen en los ovnis.
- ⊘ Han colocado dos radares en la autovía.
- ⊘ Las ucis de los hospitales de la región están saturadas.
- ⊘ Están prohibidos en los campos de fútbol los rayos láser.

i ⟩ *NGLE*, págs. 168-169; *DPD, s. v. sigla.*

....

PARA SABER MÁS...

Otros aspectos de las siglas y los acrónimos: ⇨ 171, 172 y 173.

....

235. ¿Se admite *currícula* como plural de *currículum*?

La norma no considera recomendable usar las formas acabadas en -*a* como plural de algunos latinismos, por considerarlo influjo del inglés: *currícula, *córpora, *media, *referenda, *data. A pesar de que esta era la terminación del neutro plural en latín, se trata de una forma de plural ajena al sistema del español. En todo caso, si se usa esta forma, deberá marcarse con resalte tipográfico para indicar que se está usando un extranjerismo.

⊗ Los candidatos deben aportar sus currícula.
⊖ Los candidatos deben aportar sus *curricula*.
⊗ Los candidatos deben aportar sus currículum.
⊘ Los candidatos deben aportar sus currículos.

Entre los latinismos acabados en -*m* encontramos dos situaciones: la de aquellos que conservan la forma latina y la de los que han desarrollado una forma castellanizada. En el primer caso, se recomienda formar el plural añadiendo -*s* (*critériums, desiderátums, quórums, tedeums, vademécums*), si bien es posible también mantenerlos invariables (*los quórum, los réquiem, los ultimátum*). En el segundo, la recomendación es formar el plural sobre la forma castellanizada: *los armonios, los currículos, los podios, los foros* mejor que *los armóniums, *los currículums, *los pódiums o *los fórums. Una excepción es *álbum*, cuyo plural es *álbumes*. Debe evitarse la forma *álbunes.

Las mismas recomendaciones que para los latinismos acabados en -*m* sirven para los que terminan en -*t*, para los que se recomienda formar el plural añadiendo -*s*: *los accésits, los magníficats, los hábitats* o *los hábitat, los superávits* o *los superávit*. También es posible usar estas palabras como invariables en plural, pero es opción no recomendada.

Para el resto de latinismos y helenismos, las reglas pueden sintetizarse en lo siguiente:

■ Son invariables:
  — Los que acaban en -*s* o -*x* no monosílabos: *los campus, varios corpus, los lapsus, los ictus, varios ficus, los idus* (que solo se usa en plural), *los ómnibus* (es incorrecto *omnibuses).
  — Las locuciones: *los álter ego, los mea culpa, los modus vivendi*.

— Los helenismos acabados en -n: los asíndeton, los polisíndeton. Se exceptúa *hipérbaton* que forma el plural en *hipérbatos* (no se aceptan ni *hiperbatones ni *hipérbatons).

- Añaden -es:
  — Los monosílabos: de *lux, luxes,* (se exceptúa *dux*, que es invariable: *los dux*).
  — Los que acaban en -r añaden -es: *los nomenclátores, los magísteres, los séniores* (preferible al anglicismo *séniors*). No obstante, también en este grupo algunos se mantienen como invariables: *los imprimátur, los paternóster.*

i › *NGLE*, págs. 139-144; *DPD*, s. v. plural.

....

PARA SABER MÁS...

Sobre el uso de los resaltes tipográficos para marcar los extranjerismos:
⇨ 191 y 445.

Solo hay un caso admitido de plural latino en -a: *pensa,* plural de *pénsum,* que se utiliza en Colombia y Venezuela como sinónimo de 'plan de estudios'.

....

236. ¿Los *don Juanes* o los *donjuanes*?

Son válidas ambas formas de plural, pero tienen significados diferentes. Cuando se escribe en dos palabras, *don* es una forma de tratamiento que antecede al nombre propio *Juan*. En plural, *don* permanece invariable, igual que sucede con otros tratamientos, como *sor, fray* o el adjetivo *san*. En cambio, la forma de tratamiento femenina *doña* presenta variación de número.

- Ø En el *Tenorio* de la plaza de la Cebada actúan varios don Juanes.
- Ø Mi hija es una de las seis doñas Inés que participan en ese montaje escénico.
- Ø Hay varios san Antonios en el santoral.
- Ø ¿Cuántas sor Marías han vivido en este convento?

La forma escrita en una sola palabra, *donjuán,* es un nombre común que significa 'seductor de mujeres', pues deriva del famoso personaje teatral que se considera arquetipo del hombre seductor. En tanto que nombre común, se escribe con minúscula y preferentemente en una sola palabra. El plural se ajusta a las reglas generales.

- ⊘ Se creían unos donjuanes o unos casanovas.
- ⊘ Lloraban como unas magdalenas.
- ⊘ En mi barrio hay muchos papanoeles durante las navidades.

i › *NGLE*, págs. 161-162; *DPD, s. v. donjuán.*

PARA SABER MÁS...
Sobre la ortografía de los tratamientos: ⇨ 99 y 179.

237. **Si varias mujeres se llaman María José, ¿para referirnos a todas tenemos que decir** *las María Josés,* *las Marías Josés* o *las María José?*

Se admiten las tres posibilidades, aunque la última es menos frecuente, y además es posible también escribirlo como *las Mariajosés*. *María José* es un nombre propio y los nombres propios carecen de plural por naturaleza, puesto que designan seres únicos entre los de su clase. No obstante, pueden asimilarse a los nombres comunes cuando varios individuos coinciden en el mismo nombre. Si se trata de nombres simples, lo habitual es poner la marca de plural correspondiente siguiendo las reglas generales de pluralidad: *las Carlotas, las Marías, los Albertos, los Manueles*. En función de la terminación, pueden mantenerse invariables: *las Estheres*, pero también *las Esther*; *los Tomases*, pero también *los Tomás*.

En el caso de la pregunta que nos ocupa, se trata de un nombre propio compuesto y aquí la norma no es fija. Lo habitual es que la marca de plural la lleve el segundo elemento (*los José Antonios, los José Manueles, las María Teresas*) pero también es posible marcar los dos elementos, sobre todo si el nombre es de mujer (*las Marías Juanas, las Marías Teresas*); incluso se pueden mantener invariables ambos elementos, aunque es la solución menos frecuente (*los José Antonio, las María José*). La invariabilidad es obligada si el compuesto contiene un grupo preposicional: *las María del Carmen, las María de las Mercedes*.

- ⊘ En este distrito viven muchas María Josés.
- ⊘ En este distrito viven muchas Marías Josés.
- ⊘ En este distrito viven muchas María José.

Si se cita el nombre y el apellido, se puede mantener en plural el nombre o dejar invariables ambos.

⊘ Andalucía es la tierra de los Pablo Picasso y los Julio Romero.
⊘ Que no vuelvan más Adolfos Hitler ni Benitos Mussolini.

En cuanto a los apellidos, en plural se mantienen inalterables cuando designan a los individuos de una familia (*los Tamayo, los García*), pero alternan entre la forma invariable y con marca de plural cuando designan conjuntos de individuos que se apellidan del mismo modo: *los García* o *los Garcías, los Gonzalo* o *los Gonzalos, los Calderón* o *los Calderones*. Si el apellido termina en -*s* o -*z*, suele permanecer invariable: *los Ruiz, los Rodríguez, los Chaves*, pero también hay excepciones, como *los Orgaz* y *los Orgaces*).

i › *NGLE*, pág. 167; *DPD*, s. v. plural.

··

PARA SABER MÁS...
Sobre la acentuación de los nombres propios compuestos: ⇨ 79.
    Como se ha visto en los ejemplos de esta sección, se debe conservar la mayúscula cuando se usan en plural los nombres propios.
··

238. ¿Se puede decir *Me ha salido una carie en la muela*?

La forma **carie* es incorrecta, pues es un singular regresivo, un falso singular creado a partir de la forma correcta *caries*. El error es resultado de una mala interpretación de la terminación del sustantivo, que se identifica con el plural. Este falso análisis explica errores similares, como **análisi* por *análisis*, **piscolabi* por *piscolabis*, **viacruci* por *viacrucis* o **crisi* por *crisis*, o la creación del inexistente **ambage* a partir del plural *ambages*.

⊗ El dentífrico incorpora un producto que evita la carie.
⊘ El dentífrico incorpora un producto que evita la caries.
⊗ A media mañana tomaremos un piscolabi.
⊘ A media mañana tomaremos un piscolabis.
⊗ El viacruci se desarrollaba en total silencio.
⊘ El viacrucis se desarrollaba en total silencio.
⊗ Expresó su opinión sin ambage alguno.
⊘ Expresó su opinión sin ambages.

i › *NGLE*, pág. 137; *DPD*, s. v. caries.

SOBRE LOS VERBOS

239. **En algunas zonas de América se dice *vos estás o venite* en lugar de *tú estás* y *vente*. ¿Esos usos están aceptados?**

Sí. Para dirigirse a otro interlocutor, en el español actual hay dos pronombres, *tú* y *vos*, que se combinan con formas de la segunda persona del verbo. El empleo de *vos* más las formas verbales correspondientes se denomina *voseo* y es característico de muchas regiones de América del Sur y Central. El voseo puede manifestarse en el empleo del pronombre, en la forma verbal o en ambos, como se ejemplifica en la tabla que sigue.

	Conjugación voseante	Conjugación tuteante
Presente de indicativo	vos tenés, vos tenéis, vos tenís tú tenés, tú tenís vos tienes	tú tienes
Presente de subjuntivo	vos tengáis, vos tengás	tú tengas
Imperativo	tené vos	ten tú
Pretérito perfecto simple	vos tuviste	tú tuviste
Pretérito imperfecto de indicativo	vos teníais	tú tenías
Futuro simple de indicativo	vos tendréis, vos tendrés, vos tendrís	tú tendrás
Condicional simple	vos tendríais	tú tendrías

La generalización del voseo es desigual en las distintas regiones en las que se practica, así como su aceptación social, aunque por lo general en todas ellas se consideran usos aceptables en los registros cultos. Constituyen una excepción las formas en *-ís* para los verbos de la segunda conjugación (*vos temís, *vos tenís), que se consideran propias de registros bajos y coloquiales.

Distribución del voseo por países

Predominio de *vos*	Alternancia *tú/vos*	Predominio de *tú*
Argentina, Paraguay, Guatemala, Honduras, Nicaragua, Costa Rica	Uruguay, Chile, Bolivia, Colombia, El Salvador	Ecuador, Venezuela, Panamá, Cuba, México

i › *NGLE*, págs. 205-216; *DPD*, s. v. voseo.

....

PARA SABER MÁS...

No hay que confundir el voseo americano con el llamado *voseo reverencial* (*NGLE*, págs. 1262-1263). Esta es una forma de tratamiento con el pronombre *vos*, común en las épocas pasadas, que se da hoy solo en ocasiones solemnes con algunos títulos o grados y en textos literarios, para reflejar los usos de épocas antiguas.

- ⊘ Acataremos las sentencias que vos, como señor nuestro, dictéis.
- ⊘ A vos, Majestad, corresponde el deber de representarnos a todos.

....

240. ¿Se dice *verter un líquido* o *vertirlo*?

La forma correcta es *verter*, verbo que significa en sentido propio 'derramar un líquido u objetos menudos' y, metafóricamente, 'traducir'. El error consiste en que el verbo se conjuga como los de la tercera conjugación en lugar de como los de la segunda, de manera que, además del infinitivo *°vertir*, produce formas incorrectas como *°vertimos*, *°vertís*, *°vertiré*, *°vertirán*, *°vertiríamos*, *°vertid*, etc. Las formas correctas son respectivamente *vertemos*, *vertéis* (o *vertés*), *verteré*, *verterán*, *verteríamos* y *verted*.

- ⊗ Buscaremos un lugar donde vertir los escombros.
- ⊘ Buscaremos un lugar donde verter los escombros.

Las dudas en este verbo son muy explicables, pues se rompe un principio básico en la formación de palabras, según el cual los derivados siguen el modelo de la palabra base. Aunque *verter* pertenece a la segunda conjugación, todos sus compuestos terminan en *-ir*, es decir, corresponden a la tercera conjugación: *convertir*, *subvertir*, *revertir*, *advertir*, *divertir*, *invertir*, *pervertir*, *subvertir*, etc.

En algunos casos se da la posibilidad de alternancia en la terminación -*er* o -*ir*. Si se descuentan *competer* y *competir*, cuya alternancia implica variación de significado, en el resto de verbos con esta posibilidad se considera preferible una de las terminaciones. Así, *converger* y *emerger* se recomiendan sobre *°convergir* y *°emergir*, y *divergir* se prefiere a *°diverger*; solo en el caso de *cerner* y *cernir* las dos variantes se consideran de igual validez.

i › *NGLE*, pág. 204; *DPD*, s. v. *verter*.

241. ¿Cómo es: *previendo* o *preveyendo*?

La forma correcta es *previendo* y corresponde al verbo *prever*. El error *°preveyendo* se produce por influencia del parónimo *proveer*, cuyo gerundio es *proveyendo*. Ambos verbos se influyen mutuamente como consecuencia de su parecido formal y pueden dar lugar a errores como *°prevee*, *°preveyendo*, *°preveyó*, *°preveyera*, etc., en lugar de *prevé*, *previendo*, *previó*, *previera*, etc.

⊗ El tratado prevee un intercambio de bienes tecnológicos.
⊘ El tratado prevé un intercambio de bienes tecnológicos.
⊗ Los científicos no preveyeron el seísmo.
⊘ Los científicos no previeron el seísmo.
⊗ El director, preveyendo las reacciones de los clientes, encaró el problema.
⊘ El director, previendo las reacciones de los clientes, encaró el problema.

i › *NGLE*, págs. 333; *DPD*, s. v. *prever*.

··

PARA SABER MÁS...

Otros asuntos relacionados con palabras parónimas, como *prever* y *proveer*: ⇨ 417.

··

242. Con el calor, el hielo ¿*se licua* o *se licúa*?

Ambas formas son válidas. Los verbos acabados en -*uar* forman dos grupos según tiendan a pronunciarse con diptongo o con hiato: unos siguen el modelo de *averiguar*, y se pronuncian siempre con diptongo, mientras que otros siguen el modelo de *actuar* y se pronuncian con hiato. Los verbos acabados en *-cuar* tradicionalmente se asimilaban al modelo de *averiguar* en la lengua culta, pero se ha generalizado la pronunciación con hiato y hoy se considera totalmente aceptable. Además de *licuar*, siguen este modelo los verbos *adecuar, evacuar, oblicuar* y *promiscuar*, es decir, todos los de esta terminación menos *anticuar*, que solo admite la forma con hiato (*anticúo*).

- ⊘ Con el calor el hielo se licua.
- ⊘ Con el calor el hielo se licúa.
- ⊘ Los servicios de emergencia evacuan a los heridos.
- ⊘ Los servicios de emergencia evacúan a los heridos.
- ⊘ Es preciso que las medidas de apoyo se adecuen a las condiciones reales.
- ⊘ Es preciso que las medidas de apoyo se adecúen a las condiciones reales.

i › NGLE, págs. 222-223; DPD, s. v. *adecuar*.

....

PARA SABER MÁS...
Otros verbos con la acentuación de *licuar:* ⇨ 21.
....

243. La leche ¿*se agria* o *se agría*?

Se puede decir de las dos maneras. Los verbos acabados en *-iar* se dividen entre los que se pronuncian con diptongo, como *anunciar*, y los que lo hacen con hiato, como *enviar*. Un reducido grupo, sin embargo, permite la alternancia entre ambas realizaciones. Junto a *agriar* se sitúan *expatriar, paliar* y *repatriar*.

- ⊘ A la intemperie, la leche se agría muy pronto.
- ⊘ A la intemperie, la leche se agria muy pronto.
- ⊘ Se tomarán medidas para que los exiliados se repatrien cuanto antes.
- ⊘ Se tomarán medidas para que los exiliados se repatríen cuanto antes.
- ⊘ Los avances de la ciencia palian las carencias tradicionales.
- ⊘ Los avances de la ciencia palían las carencias tradicionales.

También admiten la alternancia *historiar* y *vidriar*, aunque en estos verbos se prefiere pronunciación con diptongo:

⊖ El libro historía la vida del prócer americano.
⊕ El libro historia la vida del prócer americano.
⊖ El alfarero vidría el cántaro con esmalte.
⊕ El alfarero vidria el cántaro con esmalte.

i › NGLE, pág. 222; DPD, s. v. agriar(se).

. . . .

PARA SABER MÁS: ⇨ 21.

. . . .

244. **¿Se dice *No roas el hueso* o *No roigas el hueso*?**
¿Y *riendo* o *riyendo*?

En el verbo *roer* son válidas esas dos formas del presente de subjuntivo y, además, una tercera: *no royas*. Los verbos acabados en *-oer*, que en español son solo *roer* y *corroer*, tienen tres variantes en la primera persona del presente de indicativo (*roo, roigo, royo*) y en todas las formas del presente de subjuntivo (*roa, roas, roa, roamos...; roiga, roigas, roiga, roigamos...; roya, royas, roya, royamos...*). Aunque todas se consideran correctas, se prefiere la forma regular, *roo, roa, roamos*, etc.

⊖ No roigas el hueso.
⊖ No royas el hueso.
⊕ No roas el hueso.

En el caso del verbo *reír* solo se acepta la forma *riendo* para el gerundio, es incorrecto *⊛riyendo*. Quedan totalmente fuera de la norma culta hoy las formas que incluyen una -y- entre las dos vocales del verbo, aunque son formas usadas en muchas zonas del español por hablantes de instrucción baja y tuvieron incluso uso literario en el pasado: *⊛riyó, ⊛riyera*, etc.

⊗ Siempre se está riyendo.
⊘ Siempre se está riendo.
⊗ Se riyeron cuando se cayó al suelo.
⊘ Se rieron cuando se cayó al suelo.
⊗ Estarías mejor si salieras a divertirte y te riyeses un poco.
⊘ Estarías mejor si salieras a divertirte y te rieses un poco.

i › NGLE, págs. 223-224, 232-233; DPD, s. v. reír.

245. **El zapato ¿me *apreta* o me *aprieta*?**

Solo es correcta la segunda forma, *me aprieta*. El verbo *apretar* es uno de los numerosos verbos irregulares por alternancia vocálica *e ~ ié* en su conjugación. El cambio entre la vocal simple y el diptongo depende del acento: si la sílaba está acentuada, ha de llevar diptongo; en caso contrario, vocal simple. Esta misma regla sirve para la alternancia *o ~ ué*, otra de las irregularidades frecuentes en la conjugación de los verbos en español: *podemos, pueden; contamos, cuenta*, etc.

Es un error no diptongar cuando el acento recae sobre la sílaba correspondiente, incorrección que se produce con relativa frecuencia en verbos como *apretar, fregar, estregar, mentar, nevar, plegar* o *restregar*.

⊗ Me apreta el zapato.
⊘ Me aprieta el zapato.
⊗ ¿Fregas tú la cocina?
⊘ ¿Friegas tú la cocina?
⊗ Esas cosas no se mentan.
⊘ Esas cosas no se mientan.

Solo unos pocos verbos admiten ambas posibilidades. Entre los verbos que varían entre *e ~ ié* están *atestar* (yo *atiesto ~* yo *atesto*), *cimentar* (yo *cimento ~* yo *cimiento*), *desmembrar* (yo *desmembro ~* yo *desmiembro*), *emparentar* (yo *emparento ~* yo *empariento*) y *templar* (yo *templo ~* yo *tiemplo*).

El siguiente esquema refleja la alternancia entre diptongación y no diptongación:

217

CONJUGACIÓN

IRREGULARIDADES VOCÁLICAS POR ACENTUACIÓN

Sílaba acentuada — Sílaba no acentuada

Diptongo — Vocal simple

ié — ué — e — o

acierto — cuento — acertamos — contamos

i › NGLE, págs. 226-227; *DPD, s. vv. apretar, atronar, denostar, engrosar, degollar.*

PARA SABER MÁS...

Sobre los verbos irregulares por alternancia vocálica *o ~ ué*: ⇨ 247.

246. ¿Está mal dicho *para que me convezca*?

Sí, *convezca* es una forma errónea de la conjugación del verbo; debe decirse *convenza*. El error se produce por asimilar la conjugación a la de los verbos acabados en *-ecer*, un sufijo mucho más productivo en el español actual, o en *-ucir,* que forman el presente de indicativo en *-zco* y el de subjuntivo en *-zca* (*agradezco, agradezcamos; conduzco, conduzcan,* etc.). Pero *convencer* deriva de *vencer*, y, por tanto, debe seguir el modelo de conjugación de este.

⊗ Tiene que demostrármelo mejor para que me convezca.
⊘ Tiene que demostrármelo mejor para que me convenza.

Los verbos derivados siguen por lo general la conjugación del verbo simple:

■ *abstraer* se conjuga como *traer*, de ahí que se diga *abstrajimos* y no *abstraímos*, etc.

■ *desandar* sigue el modelo de *andar* y por ello se debe decir *desanduve* o *desanduviéramos*, y no *desandé* ni *desandáramos*.

■ *retener* deriva de *tener* y, por tanto, se dice *retuve, retendría* no *retení* ni *retenería*.

- *satisfacer* se conjuga como *hacer* y, por tanto, se dice *satisfa-go, satisfice, satisfará, satisfaga* o *satisficiera* y no *satisfazco, *satisfací, *satisfacerá, *satisfazca* o *satisfaciera*.

- *suponer*, sigue el modelo de *poner*, y por tanto se dice *supuse, supondrá* y no *suponí* ni *suponerá*.

Son excepciones *maldecir* y *bendecir*, que no siguen la conjugación de *decir* en el futuro imperfecto (*bendeciré, maldecirán*, no *bendiré, *maldirán*), en el condicional simple (*maldeciría, bendeciríamos*, no *maldiría, *bendiríamos*), en el participio (*bendito*, no *bendicho*) ni, en la conjugación no voseante, en el imperativo (*maldice tú*, no *maldí tú*).

i ⟩ NGLE, págs. 242-247; DPD, s. v. convencer.

247. ¿Está bien usado el verbo en *Las tormentas de granizo asolan las cosechas*?

Sí, está bien usado. El verbo *asolar* tiene dos significados: 'destruir, arrasar' y 'secar los campos por efecto del calor o la sequía'. Tradicionalmente en el primer sentido seguía la conjugación de *contar* y diptongaba (*asuelan*), mientras que en el segundo era un verbo regular, sin diptongación (*asolan*). Pero la distinción está desapareciendo en la lengua actual y se usa como regular para los dos significados. También tienen doble conjugación, como regulares o como irregulares por alternancia de *o ~ ué*, *engrosar* o *trocar*.

- ⊘ Las tormentas de granizo asuelan las cosechas.
- ⊘ Las tormentas de granizo asolan las cosechas.
- ⊘ Nuevos inscritos engrosan las listas de parados.
- ⊘ Nuevos inscritos engruesan las listas de parados.

Es obligatoria la alternancia entre la vocal simple (*contar*) y el diptongo (*cuentes*) en verbos como *concordar, recostar, degollar* y otros.

- ⊗ Los bocinazos atronan la avenida.
- ⊘ Los bocinazos atruenan la avenida.
- ⊗ Solo las mentes pacatas denostan estas esculturas.
- ⊘ Solo las mentes pacatas denuestan estas esculturas.

⊗ Un podólogo degolla a su empleada porque quería despedirse.
⊘ Un podólogo degüella a su empleada porque quería despedirse.

i › *NGLE*, págs. 229-230; *DPD, s. vv. asolar, atronar, denostar, engrosar, degollar.*

....

PARA SABER MÁS...
Sobre los verbos irregulares por alternancia vocálica *e ~ ié:* ⇨ 245.

....

248. ¿Están admitidas las formas *andó* y *andara*?

Tanto *andó* como *andara* son formas incorrectas; se debe decir *anduvo* y *anduviera,* respectivamente. El verbo *andar* es un verbo irregular, y estos verbos se caracterizan por tener modificaciones en la raíz, en la desinencia o en ambas.

La irregularidad en la conjugación de un verbo no es completamente arbitraria, sino que responde a ciertos patrones. En otras palabras: es posible prever muchas anomalías en la conjugación, pues la irregularidad en un tiempo verbal está asociada a la que se produce en otros. Los siguientes cuadros ejemplifican el modo en que se correlacionan las irregularidades verbales en español.

- 1.ª persona del presente de indicativo y todo el presente de subjuntivo:

	INDICATIVO	SUBJUNTIVO
	Presente (1.ª persona)	**Presente**
hacer	*hago*	*haga, hagas, hagamos...*
conducir	*conduzco*	*conduzca, conduzcas...*
salir	*salgo*	*salga, salgas, salgamos...*
sentir	*siento*	*sienta, sientas, sintamos...*
vencer	*venzo*	*venza, venzas, venza...*

- Pretérito perfecto simple de indicativo, pretérito imperfecto y futuro de subjuntivo:

	INDICATIVO	SUBJUNTIVO	
	Pretérito perfecto simple	Pretérito imperfecto	Futuro imperfecto
andar	anduve, anduviste...	anduviera o anduviese...	anduviere, anduvieres, anduviéremos...
traer	traje, trajiste, trajo...	trajera o trajese, trajeras o trajeses...	trajere, trajeres, trajéremos...
conducir	conduje, condujiste, condujo...	condujera o condujese...	condujere, condujeres...
satisfacer	satisfice	satisficiera o satisficiese...	satisficiere, satisficieres...

- Futuro imperfecto de indicativo y condicional simple:

	INDICATIVO	
	Futuro imperfecto	Condicional simple
valer	valdré, valdrás, valdrá, valdremos...	valdría, valdrías, valdría, valdríamos...
tener	tendré, tendrás, tendrá, tendremos...	tendría, tendrías, tendría, tendríamos...
querer	querré, querrás, querrá, querremos...	querría, querrías, querría, querríamos...
venir	vendré, vendrás...	vendría, vendrías...

ⓘ › NGLE, págs. 222-335.

....

PARA SABER MÁS...

La versión en línea del *DRAE* y del *DPD* ofrecen los modelos de conjugación de todos los verbos del español.

Sobre la irregularidad vocálica que consiste en la alternancia entre vocal simple y diptongo, debida a razones acentuales: ⇨ 245 y 247.

....

249. ¿En qué casos es correcto decir *llegastes, vinistes, dijistes*?

Nunca. Se consideran formas incorrectas, en las que se ha extendido la -*s* característica de la segunda persona de singular a las formas verbales *llegaste*, *viniste* y *dijiste*. Se trata de un vulgarismo, a pesar de que esté extendido entre muchos hablantes y de que fuese de uso común entre los autores medievales y clásicos del español.

⊗ Cuando llegastes ya no quedaba nadie.
⊘ Cuando llegaste ya no quedaba nadie.
⊗ ¿Fuistes tú el que me llamó ayer?
⊘ ¿Fuiste tú el que me llamó ayer?

Tampoco es correcta la adición de -*s* en las formas del imperativo de los verbos *ir* y *oír*, que se da sobre todo en el español de España.

⊗ Luis, ves a la farmacia y compra una caja de aspirinas, por favor.
⊘ Luis, ve a la farmacia y compra una caja de aspirinas, por favor.
⊗ ¡Qué cosas se ven, oyes!
⊘ ¡Qué cosas se ven, oye!

i › *NGLE*, pág. 193-194; *DPD*, s. vv. *oír, ver*.

250. El pescado, ¿lo he *freído* o lo he *frito*? Y el libro, ¿está *imprimido* o está *impreso*?

Algunos verbos, como *freír* o *imprimir*, presentan dos participios en español, uno regular y otro irregular. Las dos formas del participio son válidas, aunque tienen vitalidad diferente en las distintas zonas hispanohablantes. A menudo, la forma regular del participio se emplea en la formación de los tiempos compuestos (*he freído, han prendido, habremos elegido*) y las formas irregulares se usan como adjetivos o modificadores del nombre (*leche frita, libro maldito, candidato electo*). No obstante, en su uso como participio son válidas ambas opciones:

⊘ Han freído un huevo.
⊘ Han frito un huevo.
⊘ Han sido imprimidos los documentos.
⊘ Han sido impresos los documentos.
⊘ Ha sido elegido diputado
⊘ Ha sido electo diputado.

La última de las opciones de los ejemplos anteriores es más propia del español de América. En los casos de *bendecir* y *maldecir*, parece darse un reparto entre las formas regulares *bendecido* y *maldecido*, que se emplean como participios, y las irregulares *bendito* y *maldito*, reservadas para usos adjetivos.

Esta es la lista de los verbos más frecuentes que presentan doble participio en el español actual:

	Forma regular	Forma irregular
bendecir	bendecido	bendito
elegir	elegido	electo
freír	freído	frito
imprimir	imprimido	impreso
maldecir	maldecido	maldito
prender 'arrestar'	prendido	preso
proveer	proveído	provisto
reelegir	reelegido	reelecto
refreír	refreído	refrito
sofreír	sofreído	sofrito

i ⟩ *NGLE*, págs. 244-245; *DPD, s. v. freír.*

....

PARA SABER MÁS...

Los participios irregulares de otros verbos solo se usan hoy como adjetivos: de *abstraer*, *abstracto*; de *concluir*, *concluso*; de *convencer*, *convicto*; de *incluir*, *incluso* —que se usa también como adverbio—; de *espesar*, *espeso*; de *incurrir*, *incurso*; de *poseer*, *poseso* y alguno más.

....

251. **¿Se puede decir *El gobierno abole la ley antitabaco* o se debe decir *abuele*?**

El verbo *abolir* tradicionalmente se consideraba un verbo defectivo, ya que solo se usaban las formas cuya desinencia comienza por *-i* (*abolimos, abolían, abolirán*). Sin embargo, en la actualidad se usa la conjugación completa. Se trata de un verbo regular, por lo que no debe diptongar.

⊗ Se abuele la pena de muerte.
⊘ Se abole la pena de muerte.

También se consideran hoy verbos plenos otros verbos que tradicionalmente eran considerados defectivos, como *agredir, blandir, desvaír* o *transgredir*.

- ⊘ Si el gobierno nos agrede, reaccionaremos.
- ⊘ En la escena, el actor blande un sable.
- ⊘ Las sombras se desvaen en el fondo del cuadro.
- ⊘ Sus conductas bordean la legalidad y a veces la transgreden.

i › *NGLE,* págs. 251-253; *DPD, s. v. abolir.*

252. Si el imperativo de *poner* es *poned*, ¿por qué no se dice *Ponedos aquí*?

Porque sobra la *d* en el verbo. En la conjugación no voseante, se debe suprimir la *-d* final del imperativo plural cuando sigue el pronombre *os* (salvo en *idos,* ⇨ 253). La supresión de consonante en el final de algunas formas de imperativo se produce en estos casos:

- Cuando a la forma correspondiente a *vosotros* (en el modelo no voseante) le sigue el pronombre *os,* se pierde obligatoriamente la *-d*. En lugar de la consonante suprimida no puede aparecer ninguna otra.

    - ⊗ Ponedos cómodos.
    - ⊗ Poneros cómodos.
    - ⊘ Poneos cómodos.

- Cuando a la forma correspondiente a *nosotros* le sigue el pronombre *nos* o el pronombre *se,* se suprime la *-s* final. En estos casos se trata de evitar secuencias fónicas difíciles.

    - ⊗ Démosnos un plazo.
    - ⊘ Démonos un plazo.

En cambio, no se elimina la *-n* de la tercera persona de plural cuando sigue el pronombre *nos*. De este modo, se evita la confusión con el singular: *díganos usted/dígannos ustedes.*

ESQUEMA

-d + os ⟶ *os*   *poned + os > poneos*

-mos + nos ⟶ *nos*   *vayamos + nos > vayámonos*

-mos + se + pro ⟶ *se*   *pidamos + se + lo > pidámoselo*

i › *NGLE,* pág. 195; *DPD, s. vv.* pronombres personales átonos.

No hay que confundir estos casos con otras expresiones imperativas del tipo *vení, andá*. En estas no hay supresión de ninguna letra; es la forma correcta del imperativo en la conjugación voseante (⇨ 239) que surge como consecuencia de la evolución del español en tierras americanas.

  ⊘   Vení conmigo.
  ⊘   ¡Calmate un poco!

253. ¿Está mal dicho *Iros ya, que se hace tarde*?

Sí, la frase tiene dos errores. El primero es que se emplea incorrectamente el infinitivo por el imperativo (⇨ 395). El segundo consiste en usar mal la forma del imperativo del verbo, cuya forma correcta es *idos* en el sistema que conserva la forma *vosotros*.

   Esta forma de construir la segunda persona de plural constituye una excepción en el sistema verbal del español, pues es el único caso en que se conserva la terminación -*d* ante el pronombre *os*. Por otra parte, existió en la lengua antigua la forma *íos, pero hoy es un arcaísmo.

  ⊗   Venga, iros ya, que se hace tarde.
  ⊗   Venga, íos ya, que se hace tarde.
  ⊘   Venga, idos ya, que se hace tarde.

   También se consideran vulgares otras formas del imperativo de este verbo, como *irse o *veros para el plural y *ves para el singular. En el noroeste de Argentina se usa la forma voseante *í, que se considera también una forma inadecuada en la lengua culta.

  ⊗   Nacho, ves al mercado y trae arroz.
  ⊘   Nacho, ve al mercado y trae arroz.
  ⊗   Si me queréis bien, irse.
  ⊘   Si me queréis bien, idos.
  ⊗   ¡Veros de aquí!
  ⊘   ¡Idos de aquí!
  ⊗   Í por la vereda, que puede atropellarte un carro.
  ⊘   Andá por la vereda, que puede atropellarte un carro.

   Para evitar el escaso contenido fónico de estas formas del verbo *ir*, a menudo se sustituye ese verbo por el imperativo de verbos como *marcharse* (*márchate, marchaos*) o *andar* (*andá, andate*), tal como refleja el último de los ejemplos citados anteriormente.

i › *NGLE*, págs. 249-250; *DPD*, *s. v. ir.*

....

PARA SABER MÁS...

Las formas del pretérito perfecto simple *fui, fue,* que coinciden con las homógrafas del verbo *ser*, se escriben sin tilde (⇨ 67).

....

254. ¿*Ayer cantemos* o *ayer cantamos*?

Solo es correcto *ayer cantamos. Cantemos* es la primera persona de plural del presente de subjuntivo, por lo tanto se considera un vulgarismo usarla en lugar de la forma correspondiente a la primera persona del plural del pretérito perfecto simple. Este uso incorrecto es de carácter regional y se da sobre todo en zonas del centro y sur de España.

⊗ Ayer cantemos.
⊘ Ayer cantamos.
⊗ El año pasado visitemos a unos familiares.
⊘ El año pasado visitamos a unos familiares.

Sí es correcto usar la forma *cantemos* como imperativo, pues este modo verbal carece de formas correspondientes a la primera persona gramatical.

⊘ ¡Cantemos todos a coro!

i › *NGLE*, págs. 198-205.

....

PARA SABER MÁS...

Otros usos vulgares relativos a la conjugación verbal: ⇨ 241, 242, 245, 246, 248 y 249.

....

255. ¿Por qué está mal dicho *váyasen*, si es plural?

La forma *⊛váyasen* es una creación anómala y, por tanto, no es admisible en la lengua culta. Se trata de una mala construcción influida por las formas verbales de la tercera persona de plural, cuya desinencia es -*n* (*llegan, vayan, saltaban*). La incorrección se produce por un desplazamiento de la desinencia del verbo *vayan* a la posición final del compuesto, tras el pronombre *se*. La forma correcta es *váyanse*.

⊗ ¡Váyasen de aquí!
⊘ ¡Váyanse de aquí!
⊗ Siéntesen un rato mientras esperan.
⊘ Siéntense un rato mientras esperan.

Son igualmente incorrectas las construcciones en las que se repite la -*n* en el final del verbo y tras el pronombre: ⊛*váyansen*.

i › *NGLE*, págs. 195, 3132; *DPD*, *s. v.* pronombres personales átonos.

256. ¿*Póngame un café* o *me ponga un café*?

Solo se considera aceptable el primer enunciado. La segunda se emplea sobre todo en España, pero corresponde a los registros bajos y se considera incorrecta. El enunciado es un ruego o una petición que contiene un verbo en imperativo y en español actual las formas de imperativo solo admiten los pronombres en posición enclítica, esto es, tras el verbo.

⊗ Me ponga un café.
⊘ Póngame un café.
⊗ Me lo repita, por favor.
⊘ Repítamelo, por favor.
⊗ ¡Se sienten!
⊘ ¡Siéntense!

De igual modo, también es aceptable la posición enclítica de *se* tras las formas de la tercera persona del presente de subjuntivo, pues tiene valor de imperativo.

⊘ Hágase la luz.
⊘ Véase el capítulo anterior.
⊘ El trabajo contiene erratas. Corríjanse.

Cuando el enunciado contiene una petición negativa o se introduce con *que*, la anteposición de los pronombres es obligatoria, pues en estos casos las formas verbales no corresponden al imperativo, sino al subjuntivo.

⊘ ¡Que se callen!
⊘ No me lo repita más.

i › *NGLE*, págs. 195, 1207-1209, 3132; *DPD*, *s. v.* pronombres personales átonos.

257. ¿Son correctas formas como *díjome, saliose, contestole...* en el español actual?

Estas construcciones, creadas con una forma verbal más un pronombre personal en posición enclítica, se consideran hoy arcaísmos. La lengua antigua permitía más libertad a la posición de los pronombres átonos, pero en la lengua actual su movilidad está restringida: con el indicativo o el subjuntivo deben colocarse obligatoriamente delante del verbo (posición proclítica) y con el imperativo, el infinitivo y el gerundio deben colocarse necesariamente detrás (posición enclítica).

⊗ El joven acercose hasta el lugar de donde procedía la música.
⊘ El joven se acercó hasta el lugar de donde procedía la música.
⊗ Hase tenido noticia en esta corte...
⊘ Se ha tenido noticia en esta corte...

No pertenece a la lengua culta la posposición del pronombre al participio, posibilidad que ofrecía la lengua antigua y que pervive solo en hablas rurales de algunas zonas centroamericanas.

⊗ Leídole el informe, firmó la declaración.
⊘ Una vez que se le leyó el informe, firmó la declaración.

El siguiente esquema resume las posibilidades de posición de los pronombres átonos respecto a las formas verbales.

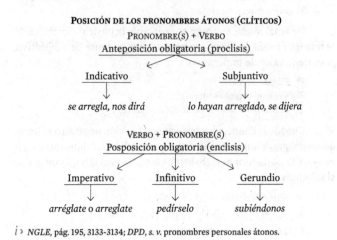

POSICIÓN DE LOS PRONOMBRES ÁTONOS (CLÍTICOS)

PRONOMBRE(S) + VERBO
Anteposición obligatoria (proclisis)

Indicativo — *se arregla, nos dirá*

Subjuntivo — *lo hayan arreglado, se dijera*

VERBO + PRONOMBRE(S)
Posposición obligatoria (enclisis)

Imperativo — *arréglate o arreglate*

Infinitivo — *pedírselo*

Gerundio — *subiéndonos*

ⓘ › *NGLE*, pág. 195, 3133-3134; *DPD, s. v.* pronombres personales átonos.

Sobre el empleo de la tilde en las palabras compuestas formadas por un verbo y un pronombre enclítico: ⇨ 80.

En posición proclítica los pronombres se presentan gráficamente separados de la forma verbal, como palabras independientes (*Me lo creo*), mientras que en posición enclítica se deben escribir sin separación (*No sé si creérmelo*).
....

258. **¿Se puede decir *La víctima se encaró a sus agresores*?**

No, está mal usada la preposición. El verbo *encararse* es de régimen preposicional en el significado de 'colocarse frente a otro en actitud violenta o agresiva', pero su complemento debe ir introducido por *con*. No corresponde a la norma culta, por tanto, encabezar el complemento con las preposiciones *a* o *contra*.

⊗ Vive fuera de la realidad, sin encararse a ella.
⊘ Vive fuera de la realidad, sin encararse con ella.
⊗ Tuvo la imprudencia de encararse contra el juez.
⊘ Tuvo la imprudencia de encararse con el juez.

Este error puede explicarse por la confusión de regímenes entre palabras que tienen un significado próximo. En el caso de *encararse,* la confusión puede deberse a la proximidad con el verbo *enfrentarse,* cuyo complemento puede ir introducido por las preposiciones *con* o *a,* ambas válidas. Por cierto, en este último verbo se considera también desaconsejable usar *contra* para introducir el complemento, pues es redundante con el significado del verbo.

⊗ La concejal se enfrentó contra el alcalde.
⊘ La concejal se enfrentó con el alcalde.
⊘ La concejal se enfrentó al alcalde.

Hay muchos otros casos en los que se produce el cruce sintáctico. Se emplea *colaborar a* una tarea en lugar de *colaborar en* ella, porque se confunde el significado con el de *contribuir,* que se construye con *a* o con *en*; por influencia de *acordarse de* se usa *recordarse de,* en lugar de *recordar;* el empleo de *saber de algo* lleva al uso erróneo *conocer de; tratar de* puede ser la causa del incorrecto *intentar de.*

⊗ La asociación colabora a la regeneración social.
⊘ La asociación colabora en la regeneración social.

- ⊗ Todo ello colabora a resaltar la figura.
- ⊘ Todo ello contribuye a resaltar la figura.
- ⊗ Se recordaba de su infancia y de su pueblo.
- ⊘ Recordaba su infancia y su pueblo.
- ⊘ Se acordaba de su infancia y de su pueblo.

i › *NGLE*, pág. 2730.

....

PARA SABER MÁS...

Sobre los cruces sintácticos que producen dequeísmo: ⇨ 266 y 347-353.

....

259. ¿Es correcto decir *Abel entrena cada mañana* o debería decirse *se entrena*?

Tanto *entrenar* como *entrenarse* se admiten hoy para expresar que alguien se ejercita en algún deporte. No obstante, si deseamos ser más precisos, el verbo *entrenar* se aplica a quien prepara o ejercita a otras personas, a quien hace de entrenador, mientras que con el verbo pronominal *entrenarse* se alude a quien se ejercita a sí mismo. La primera de las opciones que se plantean en la pregunta, por tanto, resulta ambigua —y por ello es menos recomendable—, pues no se sabe si Abel entrena a otros o es él quien practica ejercicio físico.

- ⊖ Abel entrena cada mañana.
- ⊕ Abel se entrena cada mañana.

En el lenguaje periodístico deportivo se documenta el mismo proceso de supresión del pronombre en otros verbos. Por la pérdida de matización en el significado, no se consideran usos recomendables.

- ⊖ Clasifican los cuatro primeros.
- ⊕ Se clasifican los cuatro primeros.
- ⊗ El pívot está recuperando de una lesión.
- ⊕ El pívot está recuperándose de una lesión.

Por otra parte, una diferencia entre el español de España y el de América se manifiesta en la preferencia por la conjugación pronominal frente a la no pronominal de un verbo con idéntico significado. Unas veces en América se prefiere la forma no pronominal: en Argentina, Chile y la zona andina se ha extendido sin pronombre el verbo *estrenar*; en Chile, el verbo *jubilar*; en Colombia y el Cono Sur, *adherir*; en Perú, Ecuador y los países rioplatenses, *fugar,* etc. En otras ocasiones, la opción es la pronominal, frente al español europeo: *amanecerse, desayunarse, enfermarse, huirse, regresarse, robarse, soñarse,* etc. De esta manera, son consideradas expresiones correctas en los respectivos territorios las que aparecen a continuación:

> La obra estrena el mes próximo.
> Espero jubilar el año próximo.
> Adherimos tu propuesta.
> El preso fugó en un descuido de los guardias.
> Se enfermó de gripe.
> Nos desayunamos cada mañana un jugo.
> Se robó un pantaloncillo.
> Los emigrantes se soñaban con el nuevo destino.

ⁱ⟩ *NGLE,* pág. 3110; *DPD, s. v. entrenar.*

....

PARA SABER MÁS...

En la zona noroccidental de España (León, Asturias y Galicia) se usan como no pronominales algunos verbos que en español general sí lo son. Este rasgo se considera dialectal, por lo que no corresponde a la lengua culta general.

> ⊗ Marcho para casa.
> ⊘ Me marcho para casa.
> ⊗ Pongo el abrigo y salgo.
> ⊘ Me pongo el abrigo y salgo.

....

260. **¿Se dice *No se dignó mirarme* o *No se dignó a mirarme*?**

La norma admite ya ambas construcciones. Tradicionalmente se consideraba incorrecto el empleo de *dignarse a,* porque el complemento con infinitivo de este verbo se construía sin preposición; pero se trataba del único caso que tenía ese régimen entre los verbos pronominales complementados con infinitivo (*atreverse a, decidirse a, optar por,* etc.). Probablemente por ese carácter excepcional se ha extendido entre los hablantes, incluidos los cultos, construirlo con la preposición *a,* de manera que este uso no se considera ya censurable. Sí es incorrecto, por el contrario, usar una preposición diferente de *a*.

⊗ El presidente no se dignó en contestar.
⊘ El presidente no se dignó contestar.
⊘ El presidente no se dignó a contestar.

i › *DPD, s. v. dignarse.*

....

PARA SABER MÁS...

Respecto al significado, el del verbo *dignarse* es 'condescender, tener a bien hacer algo'; no debe usarse como equivalente de *honrarse*.

⊗ El hotel se digna de alojar al equipo nacional.
⊘ El hotel se honra de alojar al equipo nacional.

....

261. **¿Está bien dicho *Cuidado, que caes el vino*?**

No es un enunciado aceptable en la lengua culta general, donde debe sustituirse por *tirar* o *hacer caer*. Corresponde al registro popular de zonas de Castilla y Extremadura así como de Chile. La razón de que este uso se considere no aceptado es que se ha cambiado el régimen verbal de *caer*, que ha pasado de ser verbo intransitivo, [algo cae] a usarse como transitivo [alguien cae algo].

⊗ Cuidado, que caes el vino.
⊘ Cuidado, que tiras el vino.

En este mismo caso se encuentra el verbo *entrar*, que se usa también como transitivo en un área más extensa que el anterior como sustituto de *meter* o *introducir*.

⊗ Voy a entrar el coche en el garaje.
⊘ Voy a meter el coche en el garaje.

En los dos casos descritos el cambio de régimen sintáctico de los verbos se debe a que se usan como causativos, esto es, con el valor de 'hacer caer' y 'hacer entrar' respectivamente. El paso de intransitivo a transitivo con este valor causativo es un uso frecuente en español. Junto a la pervivencia ocasional del antiguo *morir* con este valor causativo, se están extendiendo en la lengua actual *callar* y, en América, *regresar* y *desaparecer*.

⊘ El homicida dijo haber muerto a su víctima en defensa propia.

⊘ A mí no me calla nadie.

⊘ Tomó a la chica de la mano y la regresó al sillón.

⊘ Dicen que a su hijo lo desaparecieron en los primeros años de la represión.

En otros verbos, en cambio, no se ha aceptado este cambio de régimen y de significado. Se desaconseja el uso como transitivo de *repercutir, aflorar* o *evolucionar* así como de *cesar* por 'hacer cesar', más frecuente que los tres anteriores; también se debe incluir aquí el empleo causativo de *crujir*, con el significado de 'dañar, golpear'. En su lugar deben usarse sinónimos o bien emplear la forma perifrástica con *hacer*.

⊗ Esos asuntos a mí no me repercuten.

⊘ Esos asuntos no repercuten en mí.

⊘ Esos asuntos a mí no me afectan.

⊗ La investigación afloró las irregularidades.

⊘ La investigación destapó las irregularidades.

⊗ Los avances en medicina han evolucionado la calidad de vida.

⊘ Los avances en medicina han hecho evolucionar la calidad de vida.

⊗ La semana pasada cesó la directora de la Agencia Tributaria.

⊘ La semana pasada dimitió la directora de la Agencia Tributaria.

⊗ Si lo atrapo, lo crujo.

⊘ Si lo atrapo, lo mato.

ℹ › *NGLE*, págs. 2622-2634; *DPD, s. vv. caer, entrar, repercutir*.

262. ¿Se puede decir *Eso ya lo hemos conversado nosotros*?

Hoy por hoy no se considera una construcción propia de la lengua culta. El verbo *conversar* es intransitivo, por lo que no admite la combinación con complemento directo, función que desempeña *lo* en el enunciado que comentamos. Lo recomendado por la norma es mantener el régimen preposicional que le corresponde tradicionalmente.

⊖ Eso ya lo hemos conversado nosotros.

⊕ De eso ya hemos conversado nosotros.

El cambio de régimen verbal, de transitivo a intransitivo o viceversa, es uno de los aspectos en los que más claramente se muestra la evolución de la lengua. El cambio lo podemos constatar hoy en verbos como *hablar, luchar, pelear* o *contactar*, tradicionalmente usados como intransitivos pero que aparecen combinados con complementos directos en muchos contextos. En todos los casos, aunque no se rechaza el uso transitivo, la opción recomendada es la de emplearlos como intransitivos o reemplazarlos por un sinónimo, como se ejemplifica a continuación.

- ⊖ No se quiere hablar ese asunto.
- ⊕ No se quiere hablar de ese asunto.
- ⊕ No se quiere tratar ese asunto.
- ⊖ Lucharon cada punto.
- ⊕ Lucharon por cada punto.
- ⊖ Todavía podemos pelear las medallas.
- ⊕ Todavía podemos pelear por las medallas.
- ⊖ Llámenos y lo contactaremos a usted inmediatamente.
- ⊕ Llámenos y contactaremos con usted inmediatamente.

El fenómeno contrario, esto es, convertir en intransitivos los verbos transitivos, que ejemplificamos con el verbo *resultar*, también es frecuente. La corrección de estos enunciados pasa por eliminar la preposición o por sustituir el verbo por un sinónimo.

- ⊗ La reunión resultó en un fracaso.
- ⊘ La reunión resultó un fracaso.
- ⊘ La reunión acabó en fracaso.

i ⟩ *NGLE*, págs. 2629, 2727-2728; *DPD, s. v. a²*.

....

PARA SABER MÁS...

Sobre el uso de verbos intransitivos como transitivos en valores causativos: ⇨ 261.

....

263. **¿Por qué se dice *Veo la televisión* pero *Veo a la actriz*, unas veces con *a* y otras sin ella?**

La función sintáctica de *la televisión* y *a la actriz* es la misma en su propia oración, complemento directo de *veo*, a pesar de que en un caso aparece sin preposición y en otro con ella. Las razones de este diferente comportamiento sintáctico tienen que ver con las características del referente denotado por el complemento: de cosa en el primer enunciado y de persona en el segundo. El rasgo persona/no persona del complemento es uno de los se han aducido tradicionalmente en los estudios gramaticales para explicar la presencia o ausencia de preposición.

La presencia de *a* como introductora de complemento directo es obligatoria cuando el referente es personal o está personalizado, como en los siguientes casos:

- Ante los pronombres personales tónicos: *Me mira a mí; Lo creo a usted.*

- Ante nombres propios de personas o animales: *He visto a Rebeca; Tomó a Rocinante de la brida.*

- Ante los pronombres indefinidos *alguien, nadie,* los relativos *quien, el que, el cual* y el interrogativo *quién: No vi a nadie; A su hermano es a quien busco; ¿A quién quieres engañar?* En este caso están también los demostrativos cuando sustituyen el nombre de personas: *Preséntame a aquellos.*

- Ante nombres comunes de persona específicos: *Escuchamos al pianista; Visitaremos a la anciana.* También lleva preposición, incluso si el nombre de persona es inespecífico, cuando es complemento de verbos de percepción (*mirar, observar, oír*) o de afección física o psíquica (*admirar, odiar, saludar, alabar, engañar,* etc.): *Observaba a unas mujeres que lavaban la ropa; Admiro a los científicos; Saludó a los presentes.*

- Ante nombres colectivos de persona cuyo referente es consabido: *Echaron a la gente.*

- Ante los nombres comunes que designan colectivos formados por personas: *Engaña a su empresa; Convocaron a la comisión.*

- Ante nombres comunes personificados: *Abrazarlo era como abrazar a una pared.*

- Ante nombres de cosa, con verbos que significan orden lineal o jerárquico (*preceder, seguir*) y otros como *acompañar, complementar, modificar* o *sustituir: El rencor precede al odio; al domingo lo sigue el lunes; El adjetivo modifica al sustantivo; El aceite sustituye a la mantequilla en esta receta.*

La supresión de la preposición *a* es obligada en los contextos siguientes:

- Ante los nombres propios de ciudades, países, lugares, etc.: *He visitado Roma; Atravesamos los Andes.*

- Ante los nombres propios de persona usados metonímicamente para designar su obra: *Han subastado un Picasso.*

- Ante los nombres comunes de objetos: *Pidió un café.*

- Ante nombres comunes que carecen de determinante: *No he encontrado albañiles.*

- Con el verbo *haber* el complemento nunca lleva preposición, ni siquiera los que en el resto de casos deben llevarla: *¿Hay alguien?; Había un chico a la puerta.*

- Con el verbo *tener* si el complemento es inespecífico: *Tiene un hermano* (pero *Tiene a un hermano en el hospital*).

A continuación se señala el régimen sintáctico de algunos verbos cuando llevan complemento directo de persona.

Con *a*	Sin *a*	Ambas
ayudar, servir, amenazar, insultar, saludar, asustar, admirar, odiar, alabar, engañar, mirar, oír, observar	*haber, tener, producir, pedir, demandar, solicitar*	*dibujar, fotografiar, pintar, esculpir, atacar, parar, bombardear, comparar, preceder, seguir*

ⓘ *NGLE*, págs. 2633-2649; *DPD, s. v. a².*

....

PARA SABER MÁS...

Otras razones que explican la alternancia de complemento directo con y sin preposición: ⇨ 264.

....

264. **¿Se elige *el presidente* o *al presidente*?**

Ambas formas son válidas, pero sus significados pueden ser distintos: con preposición se alude a la persona que saldrá designada del proceso; sin preposición puede referirse al cargo o la persona.

En la presencia de la preposición *a* en los complementos directos no solo influye el carácter personal o no personal del complemento. Los casos en los que la presencia o ausencia de la preposición tiene valor semántico son los siguientes, además del comentado.

- El carácter específico o conocido frente al inespecífico del referente del complemento: *Busco un fontanero* alude a uno cualquiera, mientras que *Busco a un fontanero* implica que el fontanero es uno específico, conocido por el hablante.

- El grado de personificación que se otorgue al complemento directo: en *Temo al fuego* se percibe como más personificado el complemento directo que en *Temo el fuego*.

- La proximidad afectiva respecto al objeto denotado por el complemento directo: *Saca al perro de paseo* se percibe como más afectivo que *Saca el perro de paseo*. Esta distinción está muy relacionada con la explicada en el párrafo anterior.

- El carácter ambiguo de la construcción gramatical. Se emplea la preposición *a* para evitar ambigüedades cuando el sujeto y el complemento de cosa van pospuestos al verbo: *Caracteriza a la playa el paisaje*, donde se presenta el paisaje como un elemento caracterizador de la playa, frente a *Caracteriza la playa al paisaje*, donde es la playa la que se constituye en el elemento característico del entorno. No obstante, es preferible en estos casos anteponer el sujeto y prescindir de la preposición: *La playa caracteriza el paisaje* o *El paisaje caracteriza la playa*.

- A veces la presencia o ausencia de preposición puede implicar significados diferentes del mismo verbo: *se distingue un hombre* 'se percibe'; *se distingue a un hombre* 'se honra'.

꙳ › *NGLE*, págs. 2633-2649; *DPD*, s. v. *a²*.

···

PARA SABER MÁS...

Sobre la presencia de preposición en los complementos de persona y de cosa: ⇨ 263.

···

265. ¿*Me hacen de rabiar* o *Me hacen rabiar*?

La forma correcta es *Me hacen rabiar*, sin preposición. El verbo *hacer*, cuando tiene un valor causativo de 'ser la causa de que alguien haga algo', puede construirse con una oración introducida por *que* más un verbo personal (*Hizo que nos riésemos*) o con un infinitivo (*Nos hizo reír*). No se considera correcto, sin embargo, insertar una preposición entre el verbo *hacer* y el infinitivo.

- ⊗ Me hacen de rabiar.
- ⊘ Me hacen rabiar.
- ⊗ Esta tarde nos has hecho de reír.
- ⊘ Esta tarde nos has hecho reír.
- ⊗ Su abultada oferta económica nos hizo de dudar.
- ⊘ Su abultada oferta económica nos hizo dudar.

Solo con el verbo *rogar* se admiten tanto la construcción *hacerse de rogar* como *hacerse rogar,* posibilidades que se consideran ambas dentro de la norma culta. La variante con artículo *hacerse del rogar* solo se considera aceptable en las hablas de México y de algunos países centroamericanos.

- ⊘ No es aconsejable hacerse rogar demasiado.
- ⊘ No te hagas de rogar.

i › *NGLE*, págs. 2014-2015; *DPD, s. v. hacer(se).*

266. *¿Le advertimos que esta conversación está siendo grabada o debería decirse Le advertimos de que...?*

El verbo *advertir* se construye de manera diferente según el significado. Cuando significa 'informar, notificar, poner en conocimiento', como es el caso que nos ocupa, tiene régimen preposicional con *de* si el complemento es un nombre, pero admite tanto el régimen preposicional como el no preposicional si el complemento es una oración. La variante sin preposición está más extendida en América, pero la variante con *de* no se considera un uso dequeísta.

- ⊘ Nos advirtieron del peligro de derrumbamiento.
- ⊘ Nos advirtieron de que la casa se derrumbaba.
- ⊘ Nos advirtieron que la casa se derrumbaba.

Este doble régimen con y sin preposición se encuentra también en verbos de significado muy próximo, como *informar* y *avisar.* Por lo general, la norma americana prefiere la variante sin *de*, mientras que en España es más habitual la inserción de la partícula.

⊘ Le informamos de que las condiciones del contrato van a modificarse.

⊘ Le informamos que las condiciones del contrato van a modificarse.

⊘ La avisaron que salía humo de su ventana.

⊘ La avisaron de que salía humo de su ventana.

Cuando *advertir* tiene el significado de 'avisar con amenazas' o el enunciado es de carácter admonitorio, se prefiere la construcción sin preposición.

⊖ Te advierto de que no te saldrás con la tuya.

⊕ Te advierto que no te saldrás con la tuya.

⊖ Se advierte de que la oficina cierra a las ocho en punto.

⊕ Se advierte que la oficina cierra a las ocho en punto.

Con el significado de 'percibir, darse cuenta, reparar en algo', *advertir* se construye sin preposición, tanto con complementos nominales como con oracionales:

⊘ Se advierte un ligero aumento del turismo en la zona.

⊘ Se advierte que el paisaje urbano ha sufrido una gran transformación.

i › *NGLE*, págs. 2727, 3251; *DPD*, *s. v. advertir*.

....

PARA SABER MÁS...

Sobre los fenómenos del queísmo y el dequeísmo: ⇨ 347-353.

....

267. ¿Está bien dicho *Solo me faltaron dos preguntas de contestar*?

Está mal dicho; lo correcto es *Solo me faltaron dos preguntas por contestar* o bien *dos preguntas que contestar*. En esta frase *faltar* significa 'quedar algo pendiente, sin terminar' y con este significado el verbo tiene dos posibilidades combinatorias cuando el enunciado contiene un infinitivo:

■ Si el infinitivo es un complemento del sujeto, debe ir precedido de la preposición *por* o del relativo *que:*

Nos faltan seis partidos por jugar.

Te falta un tornillo que apretar.

- Si el infinitivo es el sujeto, se adjunta al verbo sin ningún tipo de nexo.

> Solo falta perfilar el contorno.

La mezcla de estas dos estructuras da lugar a errores, como el que se aprecia en el siguiente ejemplo:

> ⊗ Todavía nos falta que enseñar a un buen número de alumnos a leer.
> ⊘ Todavía nos falta enseñar a un buen número de alumnos a leer.

El verbo *faltar* no es impersonal: el nombre o el infinitivo que expresa lo que falta es el sujeto de la oración. Es incorrecto, por tanto, mantenerlo en singular cuando el nombre que hace de sujeto es plural.

> ⊗ Falta por cubrir varios puestos de trabajo.
> ⊘ Faltan por cubrir varios puestos de trabajo.

i › DPD, s. v. faltar.

268. ¿Cómo es: *Le obsequiarán una vajilla* o *con una vajilla*?

Son correctas ambas formas, aunque la primera es de uso más habitual en España y la segunda en América. El verbo *obsequiar* se construye con dos complementos, uno que indica la persona que recibe el obsequio y otro el propio regalo. Si el complemento que denota el regalo se introduce con la preposición *con*, el que se refiere a la persona es el complemento directo, por lo que debe sustituirse por *lo* si es masculino o por *la* si es femenino.

> ⊘ Lo obsequiarán con una vajilla.
> ⊘ La obsequiarán con una vajilla.
> ⊘ Nos obsequió con la mejor de sus sonrisas.

En cambio, si el grupo nominal que designa el regalo no lleva preposición, entonces es el complemento directo de la oración, por lo que la persona a quien se obsequia se convierte en el indirecto.

> ⊗ Lo obsequiarán una vajilla.
> ⊗ La obsequiarán una vajilla.
> ⊘ Le obsequiarán una vajilla.
> ⊘ El objetivo de la campaña es obsequiar juguetes a todos los niños.

i › DPD, s. v. obsequiar.

269. *¿Me gustaría que estés o Me gustaría que estuvieses?*

Lo correcto es *Me gustaría que estuvieses*, pues solo en esa forma se respeta la concordancia temporal o *consecutio temporum*. Es esta una correlación que se produce entre las formas de dos verbos, uno situado en la oración principal y otro en la subordinada, y consiste en que entre ambos se establece una dependencia que tiene por objeto respetar el eje de la marcación temporal en el que se sitúa el relato de unos hechos.

El error que se produce en *Me gustaría que estés es consecuencia de que el verbo principal *gustaría* se sitúa en la perspectiva del pasado, mientras que el verbo subordinado se encuentra en presente de subjuntivo, tiempo que corresponde a la perspectiva de presente.

Se suelen distinguir tres tipos de concordancia temporal:

- **De anterioridad:** la acción denotada por el verbo subordinado es anterior a la del verbo principal.

Perspectiva de presente	Perspectiva de pasado
Verbo principal en presente de indicativo → Verbo subordinado en pretérito perfecto compuesto *Creo que ha venido.*	VP en pretérito imperfecto de indicativo → VS en pretérito pluscuamperfecto de indicativo *Creía que había venido.*
VP en presente de indicativo → VS en pretérito perfecto compuesto de subjuntivo *Me apetece que hayas venido.*	VP en pretérito imperfecto de indicativo → VS en pretérito perfecto pluscuamperfecto de subjuntivo *Me apetecía que hubieras venido.*

- **De posterioridad:** la acción denotada por el verbo subordinado es posterior a la del verbo principal.

Perspectiva de presente	Perspectiva de pasado
VP en presente → VS en futuro *Creo que vendrá.*	VP en pretérito imperfecto → VS en condicional simple *Creía que vendría.*
VP en presente → VS en presente de subjuntivo *Me apetece que vengas.*	VP en presente → VS en pretérito imperfecto de subjuntivo *Me apetecería que vinieras.*

- **De simultaneidad:** la acción denotada por el verbo subordinado es simultánea a la del verbo principal.

Perspectiva de presente	Perspectiva de pasado
VP en presente → VS en presente de indicativo *Creo que viene.*	VP en pretérito imperfecto → VS en pretérito imperfecto de indicativo *Creía que estaba.*
VP en presente → VS en presente de subjuntivo *Me apetece que estés aquí.*	VP en pretérito imperfecto o condicional → VS en pretérito pluscuamperfecto de subjuntivo *Me apetecería que estuvieses.*

i › *NGLE*, págs. 1841-1844.

PARA SABER MÁS...
Sobre la correlación temporal en las oraciones condicionales: ⇨ 270.

270. ¿Está bien dicho *Si tendría tiempo, iría a visitarte*?

No. Es una incorrección en la que se falta a la correlación temporal que requieren las dos partes de las oraciones condicionales, la prótasis, que contiene la condición, y la apódosis, que constituye la oración principal. Este uso incorrecto está presente en el lenguaje hablado de Argentina, Uruguay, Paraguay, Chile y el sur de Colombia y, en España, se extiende por el País Vasco y los territorios limítrofes.

⊗ Si tendría tiempo, iría a visitarte.
⊘ Si tuviera tiempo, iría a visitarte.
⊗ Si lo habría sabido, te hubiera avisado.
⊘ Si lo hubiera sabido, te hubiera avisado.

Es habitual en gramática diferenciar tres tipos de estructuras condicionales, según el significado que se asocie a la oración: real, posible o irreal. En cada caso, las correlaciones temporales entre la prótasis y la apódosis se esquematizan a continuación.

	Prótasis	Apódosis
Periodo real	Indicativo	Indicativo
	Si puede, *Si pudo,*	*hace.* *hizo.*

	Prótasis	Apódosis
Periodo potencial	Imperfecto de subjuntivo	Condicional simple
	Si pudiera,	*haría.*
Periodo irreal	Pluscuamperfecto de subjuntivo	Condicional compuesto o pluscuamperfecto de subjuntivo
	Si hubiera podido, *Si hubiese podido,*	*habría hecho.* *hubiese hecho.*

Por otra parte, tampoco es correcto emplear el condicional en sustitución del imperfecto de subjuntivo en oraciones subordinadas finales, concesivas o temporales, así como en otras subordinadas dependientes de verbos que rigen subjuntivo. Estos usos erróneos se encuentran en las mismas zonas señaladas antes.

⊗ Te dejé el coche para que harías el viaje.
⊘ Te dejé el coche para que hicieras el viaje.
⊗ Aunque tendría dinero, no se lo prestaría.
⊘ Aunque tuviera dinero, no se lo prestaría.
⊗ Lo ayudaría cuando tendría tiempo.
⊘ Lo ayudaría cuando tuviera tiempo.
⊗ Me apetecía que vendrías a mi boda.
⊘ Me apetecía que vinieras a mi boda.

ⁱ⁾ *NGLE*, págs. 1779-1780; *DPD, s. v. si.*

271. **¿Está bien usado el verbo *pronunciar* en la frase *El discurso que pronunciara el candidato entusiasmó a sus correligionarios*?**

No es un uso recomendable. La forma verbal *pronunciara* es un tiempo del subjuntivo en español actual, pero etimológicamente procede de un indicativo latino que equivalía a 'había pronunciado'. La evolución de esta forma verbal ha hecho que pase de ser un tiempo que indicaba acción real (= indicativo) a convertirse en un tiempo usado para designar una acción irreal o hipotética (= subjuntivo). Como lo que se dice en el enunciado de la pregunta es que el discurso del candidato efectivamente se realizó, no resulta recomendable emplear el modo subjuntivo, sino que debe usarse en su lugar el pretérito perfecto de indicativo (*pronunció*).

⊗ El discurso que pronunciara el candidato entusiasmó a sus correligionarios.

⊘ El discurso que pronunció el candidato entusiasmó a sus correligionarios.

Similar es el caso de *dijera* por *dijo* que se encuentra en el noroeste de España, en las zonas de influencia del gallego, que tampoco es un uso aceptado en la lengua culta.

⊗ Ayer me dijera Pedro que vendría.

⊘ Ayer me dijo Pedro que vendría.

⊗ La semana pasada llegaran los encargos.

⊘ La semana pasada llegaron los encargos.

No obstante, el empleo de la forma en -*ra* ha conservado a lo largo de la historia el valor etimológico de pluscuamperfecto de indicativo en ciertos contextos y se mantiene hoy especialmente en el lenguaje hablado y escrito de los medios de comunicación. No obstante, cuando remite a un hecho realmente acontecido, se considera un uso no preferible y se recomienda emplear en su lugar una forma de indicativo, sea el pluscuamperfecto o sea el pretérito perfecto simple.

⊖ Para el artista, lo que empezara como un juego, acabó como un hallazgo.

⊕ Para el artista, lo que había empezado como un juego, acabó como un hallazgo.

⊖ También asistió el que fuera presidente de la empresa.

⊕ También asistió el que fue presidente de la empresa.

i⟩ *NGLE*, págs. 1805-1807.

272. ¿Está bien dicho *Me casé teniendo un hijo*?

Depende de lo que se quiera comunicar. Si lo que pretende decir el hablante es que ya tenía un hijo cuando se casó, la construcción es perfectamente válida. En cambio, es incorrecta si con ella se pretende decir que la llegada del hijo tuvo lugar en un momento posterior al de la boda. No se considera dentro de la norma culta el gerundio que se usa para añadir una acción que sucede a otra ya enunciada; en este caso se debe sustituir la forma no personal por una forma verbal flexionada.

⊗ Se casó, teniendo un hijo a los dos años.
⊘ Se casó y tuvo un hijo a los dos años.
⊗ Contrajo una extraña enfermedad, muriendo a los cuatro meses.
⊘ Contrajo una extraña enfermedad, de la que murió a los cuatro meses.
⊗ Se fue a la costa teniendo unas vacaciones muy agradables.
⊘ Se fue a la costa y tuvo unas vacaciones muy agradables.

El empleo del gerundio suele ser una de las causas comunes de error. Además del caso señalado en los párrafos anteriores, se relacionan a continuación otros casos que se consideran incorrecciones:

■ Utilizar el gerundio como complemento de grupos nominales, tendencia que suele observarse en el lenguaje administrativo y en el periodístico. Se aconseja recurrir en estos casos a oraciones de relativo.

⊗ El lunes saldrá el decreto conteniendo la convocatoria de oposiciones.
⊘ El lunes saldrá el decreto que contiene la convocatoria de oposiciones.
⊗ Se necesita repartidor disponiendo de moto propia.
⊘ Se necesita repartidor que disponga de moto propia.

■ Emplear el gerundio como término de una preposición. Se ha usado tradicionalmente el gerundio tras la preposición *en*, pero hoy se considera uso anticuado. Del mismo modo, tampoco se acepta en la norma culta el empleo de «*para* + gerundio» que se puede encontrar en Puerto Rico.

⊗ En saliendo a la plaza, verás el cartel.
⊘ Al salir a la plaza, verás el cartel.
⊗ Todo el día para pidiendo plata.
⊘ Todo el día para pedir plata.

■ Imitar estructuras que en otras lenguas se construyen con gerundio. En el español de Puerto Rico se emplea el gerundio en oraciones subordinadas sustantivas que calcan estructuras similares del inglés.

⊗ Lo que hace es estudiando el examen de mañana.
⊘ Lo que hace es estudiar el examen de mañana.

En el español del área andina se usan algunas construcciones con gerundio por influencia del quechua. La expresión

Qué haciendo tiene en Bolivia, Perú y el noroeste argentino el significado interrogativo de '¿por qué?', '¿cómo?', '¿para qué?', y en Ecuador el exclamativo de 'de ninguna manera'.

■ Utilizar el gerundio en la expresión *⊛no siendo que*, fórmula que se considera hoy anticuada. Debe reemplazarse por *no sea que* o *no vaya a ser que*.

⊗ Déjale una nota, no siendo que se despierte y se asuste.
⊘ Déjale una nota, no sea que se despierte y se asuste.

i › NGLE, págs. 2039, 2041, 2061-2062.

....

PARA SABER MÁS...

Otros aspectos relacionados con los usos incorrectos del gerundio: ⇨ 32, 343 y 403.

Posiblemente se deba a influencia del inglés la extensión del gerundio como verbo independiente en títulos de libros, películas, obras de teatro, programas de televisión, etc.: *Buscando a Nemo, Esperando a Godot, Cantando bajo la lluvia, Bailando con lobos*.

....

273. ¿Se puede decir *No haced caso, chicos*?

No. La manera correcta de expresar una orden negativa en español es utilizando las formas del presente de subjuntivo.

⊗ No haced caso, chicos.
⊘ No hagáis caso, chicos.
⊘ No hagan caso, chicos.

Tampoco es correcto usar el infinitivo en las órdenes negativas. En estos casos la norma culta exige también el empleo de la forma de subjuntivo correspondiente a *vosotros* en la conjugación no voseante o la de la tercera persona del presente de subjuntivo en la conjugación voseante.

⊗ No salirse de la fila.
⊘ No se salgan de la fila.
⊘ No os salgáis de la fila.

i › NGLE, pág. 3137.

274. **¿Está bien dicho *El equipo viene de jugar un partido*?**

Depende. Es una construcción impecable si con ella el hablante quiere decir algo así como 'el equipo se dirige hacia aquí después de haber jugado un partido'. No obstante, estaría mal empleada si lo que se quiere expresar es que el equipo acaba de jugar o ha jugado recientemente.

La secuencia *venir de* seguida de infinitivo está bien usada cuando el verbo *venir* conserva su significado pleno como verbo de movimiento.

    ⊘ Juan viene de ver un partido de baloncesto.
    ⊘ Andrea viene de presentarse a una entrevista.

Sin embargo, el empleo de *⊛venir de* para formar perífrasis de infinitivo es un galicismo que se debe evitar, entre otras cosas por las ambigüedades a que puede dar lugar. Lo recomendable es usar en su lugar la perífrasis *acabar de* seguida de infinitivo.

    ⊗ El equipo viene de jugar un partido la semana pasada.
    ⊘ El equipo acaba de jugar un partido la semana pasada.
    ⊗ El atleta viene de conquistar el oro en las olimpíadas.
    ⊘ El atleta acaba de conquistar el oro en las olimpíadas.

También es censurable, por los mismos motivos, el empleo de la perífrasis con simple valor de un tiempo pasado.

    ⊗ ¿Qué piensa usted, que viene de ser concejal de ese ayuntamiento?
    ⊘ ¿Qué piensa usted, que ha sido (recientemente) concejal de ese ayuntamiento?

i › *NGLE*, pág. 2167; *DPD*, s. v. *venir*.

⋯⋯

PARA SABER MÁS...

En el español de Canarias, México y zonas del Caribe, se usa la perífrasis «*venir* + gerundio» en el sentido de 'darse la casualidad de que' suceda algo. En estos territorios una expresión como *Venía siendo su hijo* significa 'daba la casualidad de que era su hijo'.

⋯⋯

SOBRE LOS PRONOMBRES PERSONALES

275. ¿Se puede decir _Iremos yo y mis amigos_?

No se considera una forma adecuada, aunque no tanto por causas gramaticales como por razones de cortesía. Se considera poco elegante anteponer la primera persona, _yo_, a la segunda y la tercera cuando aparecen coordinadas.

⊗ Iremos yo y mis amigos.
⊘ Iremos mis amigos y yo.
⊗ Ese trabajo lo hicimos yo y tú.
⊘ Ese trabajo lo hicimos tú y yo.

Cuando se combinan los pronombres tónicos de segunda con los de tercera o con grupos nominales, se considera igualmente válido el orden en que aparezcan.

⊘ Vosotras y ellos ya lo sabíais.
⊘ Ellos y vosotras ya lo sabíais.
⊘ ¿Por qué no os venís tú y tus amigos?
⊘ ¿Por qué no os venís tus amigos y tú?
⊘ Ellos y tú habéis pasado por circunstancias similares.
⊘ Tú y ellos habéis pasado por circunstancias similares.

Respecto al orden de los pronombres átonos, cuando se combinan varios el pronombre _se_ debe preceder a los demás; los pronombres de segunda persona anteceden a los de primera y estos, a su vez, preceden a los de tercera. Los siguientes ejemplos muestran estos usos.

Se me está haciendo tarde.
No te nos vas de la memoria.
¿Te lo crees?
Pidieron que no se nos lo comunicara.
No te me lo lleves todavía.

Se rechazan en la norma culta las combinaciones pronominales *_me se_ y *_te se_ en lugar de _se me_ y _se te_.

⊗ Vete, que te se hace tarde.
⊘ Vete, que se te hace tarde.
⊗ Me se está ocurriendo una idea.
⊘ Se me está ocurriendo una idea.

| *se* | > | 2.ª persona | > | 1.ª persona | > | 3.ª persona |

---

i › *NGLE*, pág. 2663; *DPD*, *s. v.* pronombres personales átonos.

276. ¿Está bien dicho *La gente nos pide que los ayudemos*?

Puede estar bien, pero depende de lo que se pretenda transmitir. Para explicarlo, es necesario recordar que los pronombres personales sustituyen a un nombre, que puede estar dentro de la misma oración o fuera de ella. En el caso que analizamos, no hay nada que objetar si el pronombre *los* se refiere a personas que han sido citadas previamente en el discurso. La frase equivaldría entonces a 'la gente pide que ayudemos a las personas ya referidas'.

⊘ La gente nos pide que los ayudemos [a ellos].

Si, por el contrario, el hablante pretende transmitir la idea de 'la gente nos pide ayuda', la oración contiene un doble error de concordancia al emplear el masculino plural *los* como sustituto del femenino singular *gente*. Para mantener la concordancia, el hablante debería haber empleado el pronombre *la*, si bien este uso no elimina la ambigüedad, pues *la* puede referirse tanto a *la gente* como a una persona o cosa previamente enunciada. Para eliminar la ambigüedad, es necesario reformular la frase, como se propone en el último de los ejemplos que siguen.

⊗ La gente nos pide que los ayudemos.
⊖ La gente nos pide que la ayudemos.
⊕ La gente nos pide ayuda.

i › *DPD*, *s. v.* pronombres personales átonos.

277. Se felicitaban ¿*a ellos mismos* o *a sí mismos*?

La norma considera ambas opciones correctas, pero prefiere la que contiene el pronombre *sí*. Se trata de una oración reflexiva, como indica la presencia del adjetivo *mismo*, y ese carácter queda reforzado con la presencia del pronombre reflexivo *sí*.

⊖ Se felicitaban a ellos mismos.

⊕ Se felicitaban a sí mismos.

⊖ Andrea se gusta a ella misma.

⊕ Andrea se gusta a sí misma.

Por otra parte, si la oración es reflexiva y contiene el pronombre personal no reflexivo, se recomienda que figure *mismo*. Hay que tener en cuenta que la eliminación del adjetivo *mismo* ocasiona ambigüedad en algunos contextos. Una oración como *Solo habla de él* puede recibir una interpretación reflexiva o no reflexiva, según se refiera el pronombre *él* al sujeto de la oración o a otra persona. En cambio, *Solo habla de él mismo* únicamente admite la interpretación reflexiva.

⊖ Luisa solo se quiere a ella.

⊕ Luisa solo se quiere a ella misma.

Hoy se considera arcaizante el empleo de ⊛*sí propio* en lugar de *sí mismo*, aunque se usó con relativa frecuencia en la lengua literaria hasta entrado el siglo xx.

⊗ Él veía en todo lo que en sí propio llevaba.

∅ Él veía en todo lo que en sí mismo llevaba.

i › *NGLE*, págs. 1188-1190; *DPD, s. v.* pronombres personales tónicos.

278. ¿Está bien dicho *Tú ya no puedes dar más de sí?*

Está mal. *Poder* (o *no poder*) *dar más de sí,* es una locución usada en oraciones reflexivas que cuando se aplica a personas significa 'llegar al límite de las posibilidades' o 'estar agotado'. En este tipo de estructuras gramaticales el sujeto debe concordar con el pronombre reflexivo, cosa que no sucede en el ejemplo de la pregunta. Las correspondencias entre pronombre sujeto y pronombre reflexivo son las siguientes: *yo – mí, tú – ti, él/ella – sí, nosotros/as – nosotros/as, vosotros/as – vosotros/as, ellos/as – sí.*

⊗ Tú ya no puedes dar más de sí.

∅ Tú ya no puedes dar más de ti.

⊗ Aún puedo dar más de sí.

∅ Aún puedo dar más de mí.

La concordancia de persona, género y número entre el sujeto y el pronombre reflexivo tónico es obligatoria en las estructuras oracionales reflexivas o recíprocas.

⊗ Yo estaba fuera de sí.
⊘ Yo estaba fuera de mí.
⊗ Atrajimos hacia sí todas las miradas
⊘ Atrajimos hacia nosotros todas las miradas.
⊗ Nosotras no cabemos en sí de alegría.
⊘ Nosotras no cabemos en nosotras de alegría.
⊗ Mis compañeros de trabajo y yo tuvimos sus más y sus menos.
⊘ Mis compañeros de trabajo y yo tuvimos nuestros más y nuestros menos.

ⓘ〉 *NGLE*, pág. 1190; *DPD*, s. v. *sí*; Gómez Torrego, *Nuevo manual*, págs. 321-323.

....

PARA SABER MÁS...

La expresión *dar de sí* tiene el significado de 'extenderse, ensancharse' cuando se aplica a una prenda de vestir. Como locución, es invariable. No debe confundirse, por tanto, con los usos reflexivos que se comentan aquí.

⊘ Ana ha dado de sí todos sus jerséis.
⊘ Nuestras mentes ya no dan más de sí.

....

279. **¿Es correcto decir *Esa receta es muy fácil de prepararla*?**

No, hay algo que sobra: o el pronombre átono *la* o la preposición *de*. Las razones son de carácter gramatical, tienen que ver con las funciones que realizan los elementos en la oración. Si se conserva la preposición, debe eliminarse el pronombre enclítico *la*, pues el grupo preposicional *de preparar* sería en la oración resultante un complemento del adjetivo *fácil*.

⊗ Esa receta es muy fácil de prepararla.
⊘ Esa receta es muy fácil de preparar.

Si se elimina la preposición *de*, *preparar esa receta* se convierte en el sujeto de *es muy fácil*. La presencia en este último caso del pronombre *la* se debe a que el complemento directo de *preparar*, que es *esa receta*, se ha desplazado de su lugar habitual a la posición inicial de la oración.

⊗ Esa receta es muy fácil de prepararla.

⊘ Esa receta es muy fácil de preparar.

⊘ Esa receta es muy fácil prepararla.

i › DPD, *s. v.* pronombres personales átonos.

....

PARA SABER MÁS...

La presencia simultánea en una oración de un grupo nominal en función de complemento directo o indirecto y un pronombre átono que lo duplica es un fenómeno habitual en el español. Esta duplicación es muy frecuente en el complemento indirecto e incluso obligatoria en muchos casos. En el complemento directo, por el contrario, solo es obligatoria la duplicación con un pronombre cuando el grupo nominal se ha colocado al comienzo de la oración, delante del verbo.

> *Miraba a mí.
> [Me $_{CI}$] miraba [a mí $_{CI}$].
> [Le $_{CI}$] he comprado un libro [a Cristina $_{CI}$] en la nueva librería.
> He comprado [un libro $_{CD}$].
> *[Lo $_{CD}$] he comprado [un libro $_{CD}$].
> [El libro $_{CD}$] [lo $_{CD}$] he comprado en la librería de la esquina.

....

280. **¿Está bien la frase *Se los dije a ustedes*?**

Depende del contexto en que se use. Entre el nombre y el pronombre que lo sustituye debe haber concordancia de género y número (*la vi a Marta, las vi a las chicas*). Tal como aparece el enunciado de la pregunta, no es posible saber cuál es el referente de *los*, pero para que la expresión se considere correcta ha de ser plural. En el contexto adecuado, por tanto, la expresión no presenta ninguna irregularidad.

⊘ Se los [= 'los detalles'] dije a ustedes.

En el español de América, sin embargo, se usa de manera incorrecta el enunciado que comentamos cuando es resultado de una falsa concordancia entre los complementos de *decir*, de manera que el complemento directo, que debería ir en singular, se ve atraído por el plural del indirecto *a ustedes*. Este tipo de error se encuentra sobre todo en oraciones en las que el complemento indirecto presenta la forma *se*, por lo que el hablante traslada la marca de plural al pronombre átono *lo* ante la imposibilidad de que la pueda llevar *se*.

No obstante, la norma exige usar el singular *lo* para mantener la concordancia que corresponde al grupo nominal o a la oración con que se expresa lo dicho.

⊗ Se los dije a ustedes.
⊘ Se lo dije a ustedes.

Un error de concordancia similar, pero bastante más extendido aún en español, consiste en mantener invariable el pronombre *le* cuando duplica un complemento indirecto en plural.

⊗ Le dije a tus amigos que se mantuvieran al margen.
⊘ Les dije a tus amigos que se mantuvieran al margen.

Tampoco se consideran usos propios de la lengua culta las expresiones en las que se emplea un pronombre personal átono que carece de contenido y función sintáctica. Se encuentran en oraciones de carácter imperativo, a menudo convertidas en expresiones interjectivas (*ándele, órale, úpale*), pero son usos que no deben trascender de la lengua popular o coloquial.

⊗ Ándele, súbale.
⊘ Ande, suba.

i › *NGLE*, págs. 1166, 1182, 1212, 2667; *DPD,* pronombres personales átonos.

281. ¿Está mal dicho *Ustedes os calláis*?

Sí, ya que no mantiene la correlación entre el pronombre personal *ustedes* y el reflexivo *os*. El pronombre *ustedes*, aunque puede designar a los interlocutores, es gramaticalmente una forma de tercera persona, por lo que debe combinarse con el pronombre de complemento correspondiente a esa misma persona: *se*. Este error se da sobre todo en Andalucía, como consecuencia del cruce entre la conjugación que conserva el *vosotros* y la que usa *ustedes*.

⊗ Ustedes os calláis.
⊘ Ustedes se callan.

Relacionado con este error está el de yuxtaponer los pronombres *ustedes* y *vosotros* para formar la secuencia incorrecta *ustedes vosotros. Este uso se da solo en algunas zonas del sur de España y no pasa de la lengua hablada.

⊗ ¿Por qué se vienen ustedes vosotros conmigo?
⊘ ¿Por qué se vienen ustedes conmigo?

También se considera vulgar el empleo del pronombre *se* cuando sustituye a *os*, uso que se puede encontrar en la zona occidental de Andalucía, o a *nos*, presente en Argentina y Colombia, entre otras zonas.

⊗ ¿Ya se vais?
⊘ ¿Ya os vais?
⊗ Cuando se vayamos al pueblo.
⊘ Cuando nos vayamos al pueblo.

Por otra parte, siguen presentes en diversas zonas rurales de España y América formas vulgares de los pronombres personales, como los siguientes:

Vulgarismo	Forma correcta
*mosotros, *nusotros, *losotros	nosotros
*vusotros, *losotros	vosotros
*mos, *mus	nos
*los, *sos, *sus, *vos	os

ⁱ ⟩ *NGLE*, págs. 1166, 1182, 2561-2562; *DPD, s. v.* pronombres personales átonos.

....

PARA SABER MÁS...

Se considera uso vulgar reemplazar la desinencia -*mos* de la primera persona de plural por el pronombre *nos*, uso que se encuentra en el habla popular del Caribe y Centroamérica.

⊗ Estábanos todos reunidos.
⊘ Estábamos todos reunidos.

....

282. **¿Está bien dicho *Ese pastel no le he probado*?**

No, en esta frase el uso del pronombre *le* no se considera aceptable en la lengua culta. Lo correcto sería *Este pastel no lo he probado*.

El empleo de los pronombres personales átonos origina diferencias importantes dentro de los territorios en los que se habla español. *Grosso modo,* podemos establecer dos grupos: el de quienes se ajustan a los usos etimológicos y el de quienes no los mantienen. El primero es el grupo mayoritario, ya que en él se encuentra prácticamente toda América y la mayor parte de las regiones españolas, que siguen con bastante fidelidad los usos pronominales heredados del latín. Las funciones tradicionales de los pronombres personales átonos son las siguientes:

	Complemento directo	Complemento indirecto	Ejemplos
Singular	lo, la	le	*Al abogado no lo conocí hasta el día del juicio.* *Al sastre le encargaron un traje de fiesta.*
Plural	los, las	les	*Las entradas las ha sacado tu hija.* *Les enviaremos unas flores a los amigos.*

Las desviaciones de estos usos etimológicos, es decir, emplear un pronombre en una función que etimológicamente no le corresponde, dan lugar a los fenómenos conocidos como *leísmo, laísmo* y *loísmo.*

Nos centraremos ahora en el leísmo, que es de los tres fenómenos el que mayor extensión ha adquirido —de hecho parece seguir en expansión—, y que en ciertos casos se considera aceptable incluso en la lengua culta. Consiste en emplear *le* o *les* para la función de complemento directo y se pueden diferenciar dos tipos según cuál sea el referente del pronombre.

■ **Leísmo de persona:** Cuando el pronombre se refiere a una persona, hay que tener en cuenta el género y el número para determinar su aceptabilidad. Se admite dentro de la lengua culta el leísmo referido a una persona masculina, pero se considera una incorrección el referido a un femenino. El leísmo en plural no se considera recomendable en ninguna ocasión.

∅ Al abogado no le conocí hasta el mismo día del juicio.
⊗ A la abogada no le conocí hasta el mismo día del juicio.
∅ A la abogada no la conocí hasta el mismo día del juicio.

⊗ Les mandaron al extranjero.
⊘ Los mandaron al extranjero.

- **Leísmo de cosa:** El leísmo de cosa se produce cuando el referente del pronombre no es una persona. Este leísmo se considera incorrecto siempre, tanto en singular como en plural.

    ⊗ Ese pastel no le he probado.
    ⊘ Ese pastel no lo he probado.
    ⊗ Ya están los certificados. Les mandamos por correo.
    ⊘ Ya están los certificados. Los mandamos por correo.

LEÍSMO

Definición	Tipos		Consideración	Ejemplos
Uso de los pronombres *le, les* como complemento directo	De persona	masculino singular	Aceptado	⊘ *A Óscar le vi ayer.*
		femenino singular	No aceptado	⊗ *A Laura le vi ayer.*
		plural	No aceptado	⊗ *A mis hijos ya no les conoces.*
	De cosa		No aceptado	⊗ *El coche le conduzco yo.*

i › NGLE, págs. 1212-1224; *DPD, s. v.* pronombres personales átonos.

....

PARA SABER MÁS...

Otros casos de leísmo aceptados: ⇨ 283 y 284.
Sobre el laísmo y el loísmo: ⇨ 285 y 286.
Sobre el empleo de *le* por *les:* ⇨ 280.

....

283. **¿*Le saludo afectuosamente* o *Lo saludo afectuosamente*?**

Son aceptables ambas fórmulas, habituales en las despedidas de las cartas. El empleo del pronombre *lo* se ajusta a los usos etimológicos (⇨ 282), por lo que no hay nada que objetar. En cuanto al empleo de *le*, aunque se trata de una desviación respecto al uso etimológico (*le* es el complemento directo en la oración), es un uso admitido. En este caso, se trata de un caso particular del leísmo, que suele denominarse **leísmo de cortesía,** ya que aparece sobre todo en expresiones en las que el hablante utiliza la cortesía como estrategia que facilita sus relaciones sociales. En esta variante la concordancia se produce entre *le* y *usted* y es un uso extendido incluso entre hablantes que no practican otros tipos de leísmo.

- ⊘ Le saludo afectuosamente.
- ⊘ Lo saludo afectuosamente.
- ⊘ Aquella empleada le atenderá.
- ⊘ Estas medicinas no le perjudicarán a usted.

i ⟩ *NGLE*, págs. 1213-1214; *DPD*, s. v. pronombres personales átonos.

PARA SABER MÁS...
Otros casos de leísmo: ⇨ 282.
Sobre el laísmo y el loísmo: ⇨ 285 y 286.

284. *¿Les llaman locos* o *Los llaman locos?*

Las dos posibilidades son aceptables. En este caso el empleo de *le* o de *lo* no tiene que ver con la cortesía, sino que se debe a la doble posibilidad de algunos verbos de combinarse con complemento directo o con indirecto indistintamente. La preferencia por uno u otro pronombre es diferente según el territorio, pero se encuentra con frecuencia en zonas en las que no se dan otros casos de leísmo, por lo que no se censura su uso.

Entre los verbos que permiten esta posibilidad la *NGLE* incluye los siguientes grupos:

- Los verbos *creer, obedecer, escuchar, ayudar* y otros: *A la madre no {la/le} obedecen; {Le/La} creerán a ella.*

- El verbo *llamar* cuando lleva un complemento predicativo: *{Les/Los} llaman locos.*

- Verbos de afección psíquica, como *aburrir, agradar, cansar, divertir, fascinar, impresionar, molestar, preocupar,* etc.: *Los niños {la/le} molestan; Cuando habla {le/la} aburre.*

- Los verbos usados como impersonales reflejos: *A Ana se {le/la} ve preocupada; A Carlos no se {le/lo} avisó.*

- Verbos de influencia, es decir, los que inducen comportamientos, como *animar, autorizar, convencer, obligar, incitar, forzar*, etc.: *{Le/Lo} invitaron a salir de la sala; {Les/Las} animo a probar nuevas vías.*

- Los verbos *atender* y *telefonear: La mujer pidió que {le/la} atendieran.*

i› *NGLE,* págs. 1216-1224; *DPD, s. v.* pronombres personales átonos.

....

PARA SABER MÁS...

Otros casos de leísmo: ⇨ 282 y 283.
Sobre el laísmo y el loísmo: ⇨ 285 y 286.

....

285. **Si nos referimos a una mujer, ¿no debería decirse**
La di un beso?

No, el empleo del pronombre *la* en este contexto se considera un laísmo. En la oración, *la* es el complemento indirecto del verbo *dar* y, por tanto, no se ajusta a los usos pronominales etimológicos (⇨ 282). El laísmo es un fenómeno circunscrito al área de Castilla y la zona cantábrica de España, pero no se considera aceptable en la lengua culta.

El laísmo de persona es más frecuente que el de cosa, pero son inaceptables ambos, y tanto en singular como en plural. En los siguientes ejemplos aparecen casos de laísmo con verbos transitivos.

⊗ La di un beso (a Ana).
⊘ Le di un beso (a Ana).
⊗ Las prometí que lo solucionaría (a ellas).
⊘ Les prometí que lo solucionaría (a ellas).
⊗ Cuando la cuentan historias de terror, se la pone la piel de gallina (a Ana).
⊘ Cuando le cuentan historias de terror, se le pone la piel de gallina (a Ana).
⊗ La han hecho una rozadura a la furgoneta.
⊘ Le han hecho una rozadura a la furgoneta.

El laísmo también puede aparecer con verbos intransitivos o con verbos transitivos de afección psíquica con sujeto no personal, como en los ejemplos que siguen:

⊗ A mi hermana la duele una muela.

⊘ A mi hermana le duele una muela.

⊗ La molesta todo lo que hago.

⊘ Le molesta todo lo que hago.

LAÍSMO

Definición	Tipos	Consideración	Ejemplos
Usar *la*, *las* en la función de complemento indirecto	De persona	Incorrecto	⊗ *A mi vecina la arreglé el grifo.*
	De cosa	Incorrecto	⊗ *A la falda la sobran botones.*

i › *NGLE*, págs. 1224-1228; *DPD*, *s. v.* pronombres personales átonos.

....

PARA SABER MÁS...

Otros casos de leísmo: ⇨ 282, 283 y 284.

Sobre el loísmo: ⇨ 286.

....

286. ¿Está bien dicho *No lo des más vueltas*?

No, es un caso de loísmo: se emplea el pronombre *lo* en función de complemento indirecto. De las desviaciones en los usos pronominales, el loísmo es el menos extendido y el que suscita más rechazo social. Igual que el laísmo y el leísmo, el loísmo puede ser de persona o de cosa, como el que aparece en el enunciado de esta pregunta, pero en todos los casos debe evitarse.

⊗ No lo des más vueltas.

⊘ No le des más vueltas.

⊗ Los dije que se quedaran un rato más (a ellos).

⊘ Les dije que se quedaran un rato más (a ellos).

⊗ A eso no lo doy importancia.

⊘ A eso no le doy importancia.

En los países andinos, aparecen casos de loísmo que no están vinculados con los usos castellanos. Se dan tan solo entre hablantes bilingües cuya lengua materna es el quechua o el aimara, por lo que ese tipo de loísmo ha de considerarse influencia de estas lenguas.

LOÍSMO

Definición	Tipos	Consideración	Ejemplos
Usar *lo*, *los* en la función de complemento indirecto	De persona	Incorrecto	⊗ *A mi vecino lo pegaron una paliza.*
	De cosa	Incorrecto	⊗ *Yo a esos problemas no los doy mucha importancia.*

i › *NGLE*, págs. 1228-1229 y 805-806; *DPD*, *s. v.* pronombres personales átonos.

PARA SABER MÁS...

Otros casos de leísmo: ⇨ 283, 283 y 284.
Sobre el laísmo: ⇨ 285.

En las hablas rurales de gran parte de Castilla y la costa cantábrica de España se emplea *lo* como sustituto de los nombres no contables que significan materia, independientemente de que estos sean de género masculino o femenino. Puede afectar incluso a la concordancia con el adjetivo. Es un uso que no corresponde a la norma culta.

- ⊗ La leche lo ponemos a calentar en una cazuela.
- ⊘ La leche la ponemos a calentar en una cazuela.
- ⊗ El agua no es malo, pero yo no lo cato.
- ⊘ El agua no es mala, pero yo no la cato.

287. ¿Tiene algo mal la expresión *Tengo un huerto que lo cuido a diario*?

Sobra el pronombre *lo*. La explicación gramatical de la anomalía que presenta el enunciado consiste en que en la oración subordinada el pronombre relativo *que* y el pronombre personal *lo* tienen la misma función, complemento directo de *cuido*. Puesto que el relativo es imprescindible para para poder introducir la oración subordinada, el elemento que sobra es el pronombre *lo*.

- ⊗ Tengo un huerto que lo cuido a diario.
- ⊘ Tengo un huerto que cuido a diario.
- ⊗ Vivo con dos perros que los quiero mucho.
- ⊘ Vivo con dos perros a los que quiero mucho.
- ⊗ La moto, que la compré hace un mes, se me ha averiado.
- ⊘ La moto que compré hace un mes se me ha averiado.

i › *DPD*, *s. v.* que.

288. El padre y la hija se miran ¿el uno al otro o el uno a la otra?

En las oraciones recíprocas que contienen los pronombres *uno* y *otro*, la norma aconseja que la concordancia se establezca en masculino, incluso en el caso de que se refieran a seres de diferente sexo. En la lengua literaria sobre todo, aparecen a veces los indefinidos con variación de género, pero es un uso no recomendado.

⊖ El padre y la hija se miran el uno a la otra.
⊕ El padre y la hija se miran el uno al otro.
⊖ Ernesto y Soraya están prendados el uno de la otra.
⊕ Ernesto y Soraya están prendados el uno del otro.

Por otra parte, en este tipo de contextos recíprocos que contienen los pronombres indefinidos, la norma aconseja que se mantenga el artículo en los dos términos correlacionados o bien se elimine en ambos, pero no que se conserve solo en uno de los elementos del par.

⊖ Se juntaron una con la otra.
⊕ Se juntaron la una con la otra.
⊕ Se juntaron una con otra.

i⟩ NGLE, págs. 1196-1197; *DPD, s. v.* concordancia.

SOBRE LOS PRONOMBRES RELATIVOS E INTERROGATIVOS

289. ¿Está bien dicho *Fueron los gatos quienes estropearon las plantas*?

No. En la lengua actual el pronombre relativo *quien* se refiere solo a personas o entes personificados, de manera que se desaconseja usarlo cuando el antecedente no es una persona o cuando designa organizaciones, instituciones o entidades similares formadas por grupos de individuos. En estos casos se debe sustituir *quien* por el relativo simple *que* o por las formas complejas *el que, el cual* o sus variantes de género y número.

⊗ Fueron los gatos quienes estropearon las plantas.
⊘ Fueron los gatos los que estropearon las plantas.
⊗ Esta es la empresa de quien depende la fabricación del nuevo producto.

⊘ Esta es la empresa de la que depende la fabricación del nuevo producto.

⊗ Se celebró la votación en el comité, quien decidió mantener la propuesta.

⊘ Se celebró la votación en el comité, el cual decidió mantener la propuesta.

⊘ Se celebró la votación en el comité, que decidió mantener la propuesta.

Tampoco es correcto usar *quien* como pronombre introductor de oraciones especificativas, es decir, con antecedente, excepto si estas van introducidas por una preposición.

⊗ El hombre quien podría responder a esa pregunta ya había fallecido.

⊘ El hombre que podría responder a esa pregunta ya había fallecido.

⊘ Quien podría responder a esa pregunta ya había fallecido.

⊘ El escritor con quien nos cruzamos ayer es uno de los más importantes.

⊘ Las chicas a quienes saludamos forman el equipo de balonvolea.

Por otra parte, el pronombre *quien* tiene variación de número (*quien ~ quienes*), por lo que debe concordar con el antecedente. No se considera correcto mantener el pronombre en singular cuando el referente es plural ni en el caso del relativo ni en el del interrogativo (*quién ~ quiénes*).

⊗ Todos los testigos con quien se entrevistó coincidieron en la misma opinión.

⊘ Todos los testigos con quienes se entrevistó coincidieron en la misma opinión.

⊗ Nos duele que nos traicionen las personas en quien confiamos.

⊘ Nos duele que nos traicionen las personas en quienes confiamos.

⊗ ¿Quién son aquellas personas?

⊘ ¿Quiénes son aquellas personas?

i ⟩ *NGLE*, págs. 1577-1579; *DPD*, s. v. *quien*.

290. ¿Está bien dicho *Han subido otra vez el transporte, lo cual que me parece un abuso*?

Es incorrecta la secuencia ⊛*lo cual que* como introducción de una oración de relativo explicativa, un uso que solo corresponde a ciertos registros coloquiales y que es algo más frecuente en el español europeo que en el americano. También son incorrectas otras secuencias en las que aparece *que* tras *cual*, como *el cual que* o *la cual que*. En todos estos casos la expresión correcta exige eliminar *que*, tanto si es conjunción como si es un relativo.

- ⊗ Han subido otra vez el transporte, lo cual que me parece un abuso.
- ⊘ Han subido otra vez el transporte, lo cual me parece un abuso.
- ⊗ El equipo ha perdido al delantero, el cual que era su mejor baza.
- ⊘ El equipo ha perdido al delantero, el cual era su mejor baza.
- ⊗ Participará en la carrera de San Silvestre, la cual que recibe el nombre por el santo del día 31 de diciembre.
- ⊘ Participará en la carrera de San Silvestre, la cual recibe el nombre por el santo del día 31 de diciembre.

Tampoco se ajustan a la norma ni *lo cual* ni *lo cual que*, que a veces se usan sin antecedente para introducir una oración independiente. En estos casos, se debe utilizar un conector discursivo, como *así que, de manera que, de forma que* o simplemente suprimir la secuencia citada, que no añade nada.

- ⊗ Lo cual, me fui hacia la ventanilla como me habían dicho.
- ⊘ De manera que me fui hacia la ventanilla como me habían dicho.
- ⊗ Lo cual que ayer la llamaron del instituto en el que estudian sus hijos.
- ⊘ Ayer la llamaron del instituto en el que estudian sus hijos.

i › *NGLE*, pág, 1584; *DPD*, *s. v. cual.*

291. ¿Por qué no es correcto decir *En Valencia, que sus amigos tenían una casa allí, estuvo varios años*?

Es incorrecto porque tal como está construida la frase el relativo *que* carece de función sintáctica. El empleo del relativo *que* más el posesivo *su*, tanto si aparecen contiguos como si se presentan a distancia, es un uso anómalo que se conoce con el nombre de **quesuismo**. Lo correcto en estos contextos es sustituir «*que + su*» por otros relativos, como *cuyo, donde* u otra fórmula equivalente.

- ⊗ En Valencia, que sus amigos tenían una casa allí, pasó varios años.
- ⊘ En Valencia, donde sus amigos tenían una casa, pasó varios años.
- ⊗ La viuda, que había fallecido su marido recientemente, lo estaba pasando mal.

⊘ La viuda, cuyo marido había fallecido recientemente, lo estaba pasando mal.

Similar al caso comentado es el de emplear *que* seguido de un artículo, en estructuras de significado posesivo, pues también en ellas el relativo carece de función en la oración subordinada. Para solucionarlo, se debe sustituir la secuencia «que + artículo» por el relativo posesivo *cuyo* o recurrir a una redacción alternativa.

⊗ Tengo ganas de ver una película que el final no sea triste.
⊘ Tengo ganas de ver una película cuyo final no sea triste.
⊗ Era una mujer que las manos las tenía llenas de arrugas.
⊘ Era una mujer cuyas manos estaban llenas de arrugas.
⊘ Era una mujer que tenía las manos llenas de arrugas.

i › NGLE, pág. 1589; *DPD, s. v. cuyo.*

292. ¿Se puede decir *Fue por eso que no pude venir*?

Sí. Tradicionalmente la norma había rechazado este tipo de construcciones, a las que se denomina de «*que* galicado», y consideraba obligatorio repetir la preposición ante el relativo. Pero dada su extensión geográfica y social, especialmente en América, así como la presencia de estas construcciones en muchas lenguas, estas estructuras ya no se consideran incorrectas. Se aceptan, pues, las dos variantes que aparecen a continuación para transmitir la información correspondiente a 'no pude venir por ese motivo'.

⊘ Fue por eso que no pude venir.
⊘ Fue por eso por lo que no pude venir.

Las construcciones de «*que* galicado» son oraciones copulativas, estructuradas en dos partes. Por un lado se coloca el elemento que se quiere destacar (el elemento focalizado), y por otro una oración subordinada introducida con *que;* relacionando ambos componentes está el verbo *ser*, que establece la igualdad entre ambas partes a la manera del signo igual en matemáticas.

Estas estructuras se usan para presentar oraciones de diversos significados: temporal, locativo, modal o de otros tipos. Se consideran válidas tanto si el elemento focalizado precede inmediatamente al verbo copulativo (*por eso fue que...*) como si lo sigue (*fue por eso que...*).

- ⊘ Fue entonces que nos encontramos.
- ⊘ Fue entonces cuando nos conocimos.
- ⊘ Allí fue que lo conocí.
- ⊘ Allí fue donde lo conocí.
- ⊘ ¿Podrías decirme cómo fue que ocurrió?
- ⊘ ¿Podrías decirme cómo fue como ocurrió?

Solo se siguen considerando incorrectas las estructuras de «*que* galicado» en las que el elemento focalizado es un nombre o un pronombre. Este error gramatical puede corregirse suprimiendo el verbo copulativo y la partícula *que*, aunque con ello se pierde también la estructura escindida.

- ⊗ ¿Quién es que me llama?
- ⊘ ¿Quién me llama?

Otra posibilidad es colocar un pronombre relativo a la cabeza de la oración subordinada en sustitución de *que*.

- ⊗ Ella fue que me convenció.
- ⊘ Ella fue la que me convenció.
- ⊘ Ella fue quien me convenció.

i › NGLE, págs. 3031-3034; DPD, s. v. *que*.

293. ¿Se usa bien *lo que* en una frase como esta: *Los despachos se encuentran en lo que es el centro del edificio*?

Es incorrecto porque se emplea innecesariamente la expresión *lo que es*, que carece de contenido y de función dentro de la oración. De hecho, se puede suprimir sin que la oración se vea afectada. La expresión *lo que es* se usa enfáticamente para destacar el elemento que se coloca al comienzo de la oración. Suele ser una expresión fija, pero puede aparecer también en forma concordada cuando se combina con los pronombres de primera o segunda persona.

- ⊘ Lo que es yo, no pienso volver a esa fiesta.
- ⊘ Lo que soy yo, no pienso volver a esa fiesta.
- ⊘ Lo que es dinero, tiene poco.

No es recomendable, sin embargo, incluir la expresión *lo que es*, o la variante *lo que viene siendo*, como una fórmula de relleno en medio de la oración. Son fórmulas totalmente prescindibles, que no aportan nada al contenido oracional y que se convierten con frecuencia en desagradables muletillas.

⊗ Los despachos se encuentran en lo que es el centro del edificio.
⊘ Los despachos se encuentran en el centro del edificio.
⊗ El gobierno está tomando lo que son medidas contra la crisis.
⊘ El gobierno está tomando medidas contra la crisis.
⊗ A su coche le hemos hecho lo que viene siendo un cambio de aceite.
⊘ Al coche le hemos hecho un cambio de aceite.

i › *DPD, s. v. ser.*

294. ¿*Qué cuesta la entrada* o *Cuánto cuesta la entrada*?

La primera opción es propia de la lengua coloquial, mientras que la segunda corresponde al registro formal o más cuidado. Con los verbos que expresan magnitudes, como *costar, valer, pesar* y otros similares es posible formular preguntas con los interrogativos *qué* o *cuánto*, pero se prefiere la variante con este último interrogativo.

⊖ ¿Qué cuesta la entrada?
⊕ ¿Cuánto cuesta la entrada?
⊖ ¿Qué te falta para terminar?
⊕ ¿Cuánto te falta para terminar?

Sin embargo, cuando sigue un sustantivo, pueden alternar *qué ~ cuánto* para formular preguntas de carácter cuantitativo. En algunos casos, la variante con *cuánto* resulta menos frecuente y hasta forzada.

⊘ ¿Qué distancia hay hasta el próximo pueblo?
⊘ ¿Cuánta distancia hay hasta el próximo pueblo?
⊘ ¿Qué profundidad tiene la zanja?
⊘ ¿Cuánta profundidad tiene la zanja?
⊘ ¿Qué años tienes?
⊘ ¿Cuántos años tienes?

En el español de España, sobre todo en las hablas juveniles, se usa *qué* como sustituto de los interrogativos *cómo, cuándo, dónde*, e incluso para sustituir la secuencia «preposición + interrogativo». Es un uso coloquial y casi exclusivo de la lengua hablada, que no debe trasladarse a la lengua culta escrita.

⊗ ¿Qué vas, al cine?

⊘ ¿Adónde vas, al cine?

⊗ ¿Qué has venido, a comprar el coche?

⊘ ¿A qué has venido, a comprar el coche?

⊗ ¿Qué has salido, con tu padre?

⊘ ¿Con quién has salido, con tu padre?

Tampoco corresponde al registro formal culto el empleo de *qué* o *eh que* para introducir oraciones interrogativas totales, rasgos que se dan entre hablantes del noreste de España por influencia del catalán.

⊗ ¿Qué te vas de vacaciones este año?

⊘ ¿Te vas de vacaciones este año?

⊗ ¿Eh que nos han arreglado ya la avería?

⊘ ¿Nos han arreglado ya la avería?

i ⟩ *NGLE*, págs. 3158, 3171; *DPD*, s. v. *que*.

295. **¿Se considera correcto preguntar ¿*El qué*? para pedir que alguien nos repita algo que no hemos entendido bien?**

No. Los pronombres interrogativos o exclamativos *qué* y *cuál* no admiten la anteposición del artículo *el*. La secuencia *el qué* se usa en la lengua coloquial para pedir más información al interlocutor o para expresar que no se ha entendido algo, pero en ella sobra el artículo.

⊗ A—. Me han dicho una cosa de ti. B—. ¿El qué?

⊘ A—. Me han dicho una cosa de ti. B—.¿Qué?

⊗ A—. Vamos a poner otro inodoro en casa. B—. ¿El qué has dicho?

⊘ A—. Vamos a poner otro inodoro en casa. B—. ¿Qué has dicho?

Más vulgar aún se percibe la anteposición del artículo neutro *lo* en secuencias como *lo cuál* o *lo qué* así como la adición de un morfema de género femenino *cuála*.

⊗ ¿Lo qué? Repítemelo, que no te he entendido.

⊘ ¿Qué? Repítemelo, que no te he entendido.

⊗ A—. Guarda los zapatos en esa caja. B—. ¿En cuála?

⊘ A—. Guarda los zapatos en esa caja. B—. ¿En cuál?

También es incorrecto anteponer el artículo *el* al relativo *quien*, documentado a veces en la prensa de países del Cono Sur. Debe usarse el relativo solo o sustituirlo por el también relativo *que*.

⊗ El primer premio será para el quien llegue antes a los cien puntos.
⊘ El primer premio será para quien llegue antes a los cien puntos.
⊘ El primer premio será para el que llegue antes a los cien puntos.

i › *DPD, s. vv.* qué, cuál.

296. ¿Por qué no se recomienda decir *en cuyo caso*?

No es apropiado usar *cuyo* en secuencias en las que carece de valor posesivo. El relativo *cuyo* es un determinante, lo que quiere decir que aparece siempre acompañando a un sustantivo, y se caracteriza por aportar un significado posesivo. Si decimos *el chico cuya chaqueta se había perdido*, *cuya* determina al sustantivo *chaqueta* e indica que esa prenda pertenecía al chico.

Lo que sucede en grupos preposicionales como *en cuyo caso, por cuya causa, a cuyo objeto, a cuyo fin, con cuyo motivo, en cuyas circunstancias* y otros semejantes es que en ellos el pronombre *cuyo* está desprovisto de valor posesivo y presenta un significado más próximo al de los demostrativos. Por ello, se recomienda sustituirlo por *tal, este* o cambiar la redacción por una estructura diferente.

No recomendado	Preferible
en cuyo caso	en tal caso, en ese caso, caso en el que
por cuya causa	por tal causa, por esta causa, causa por la que
a cuyo objeto	con tal objeto, con este objeto
a cuyo fin	a este fin, a tal fin
con cuyo motivo	con este motivo, con tal motivo

Por razones similares de pérdida de valor posesivo, tampoco se considera correcto emplear *cuyo* en los grupos nominales en los que el nombre al que determina repite el antecedente. Para resolver este error, se debe modificar la redacción del texto.

⊗ El salón tiene unas cortinas muy costosas, cuyas cortinas fueron hechas en Londres.
⊘ El salón tiene unas cortinas muy costosas, cuya confección se realizó en Londres.
⊘ El salón tiene unas cortinas muy costosas, que fueron hechas en Londres.

Menos frecuente es la combinación de *cuyo* con artículos, pero el empleo de la secuencia «artículo + *cuyo*» se considera también ajena a la norma.

⊗ Se ha traducido el libro, el cuyo texto se ofrece ya en versión digital.

⊘ Se ha traducido el libro, cuyo texto se ofrece ya en versión digital.

i › *NGLE*, págs. 1588-1589; *DPD*, s. v. *cuyo*.

SOBRE LOS ARTÍCULOS Y LOS DETERMINANTES

297. ¿Es correcto decir *Hagan un círculo delante nuestro*? ¿Y *Hagan un círculo alrededor nuestro*?

La primera se considera incorrecta; la segunda, no. Parece una contradicción, ya que ambas estructuras parecen idénticas. Para entender las razones de esta aparente contradicción, hay que analizar la categoría gramatical a la que pertenece el elemento que antecede al posesivo en cada uno de los enunciados.

Delante es un adverbio, una clase de palabras que no permite la combinación con determinantes (no se dice *lejos mío*), ni anteponer el posesivo: *nuestro delante*. Por ello, junto a este adverbio (igual que junto a otros como *detrás, encima, debajo, arriba, abajo, enfrente*, etc.) no debe ponerse un posesivo, sino la preposición *de* seguida de un pronombre personal tónico. Las construcciones «adverbio de lugar + posesivo» están muy extendidas en la lengua coloquial, pero no se consideran aceptables en la lengua culta. Las construcciones en las que se emplea el posesivo en femenino se consideran aún menos aceptables.

⊗ Hagan un círculo delante nuestro.
⊘ Hagan un círculo delante de nosotros.
⊗ Hay un banco y enfrente suyo una casa blanca.
⊘ Hay un banco y enfrente de él una casa blanca.
⊗ Vive encima mía.
⊘ Vive encima de mí.
⊗ Se hizo un gran silencio detrás suya.
⊘ Se hizo un gran silencio detrás de ella.

En cambio, en el segundo enunciado se emplea *alrededor*, una palabra que, además de ser un adverbio, puede ser también un sustantivo (*los alrededores, nuestros alrededores*). Como es natural, nada impide que los sustantivos se combinen con determinantes posesivos (*casa nuestra, mi casa*). En el mismo caso que *alrededor* se encuentran otras palabras como *contra*, que también puede ser sustantivo (*la contra*).

⊘ Se hizo un círculo alrededor nuestro.
⊘ Giraba alrededor mío.
⊘ Se puso en contra mía.

Para saber en qué casos es aceptable la combinación con determinantes de expresiones que significan lugar, puede hacerse la prueba de la anteposición. Si el elemento analizado admite la anteposición del posesivo, también admite la posposición. Si no se puede anteponer, tampoco posponer.

Alrededor → a mi alrededor → alrededor mío
Contra → en mi contra → En contra mía
Delante → *en mi delante → *delante mío
Cerca → *a mi cerca → *cerca mío

i › *NGLE*, págs. 2260, 2310, 2316, 2360-2362; *DPD*, *s. v. a²*.

....

PARA SABER MÁS...

Junto a *alrededor*, se consideran también válidas las variantes *al rededor, en derredor* y *en rededor*, pero se consideran incorrectas la forma con metátesis *alderredor* y la simplificación fónica *alredor*.

En Perú y Bolivia se emplea el posesivo antepuesto al adverbio *delante*: *Miraba el río que pasaba por su delante*. No se considera tampoco aceptable en la lengua culta, por las razones señaladas más arriba.

....

298. **¿Está bien dicho *Mi Manolito ya va al colegio*?**

No es un uso aceptable en la lengua culta. Los nombres propios de persona en español no aceptan la combinación con artículos ni determinantes, salvo algunas excepciones que se señalan más adelante. El uso del artículo o el posesivo antepuestos al nombre de pila es un rasgo característico de la lengua popular.

⊗ Mi Manolito ya va al colegio.
⊘ Mi hijo Manolito ya va al colegio.
⊘ Manolito, mi hijo, ya va al colegio.
⊗ He visto a la Juani.
⊘ He visto a Juani.

El nombre propio admite la anteposición del artículo indeterminado cuando se usa para ejemplificar un rasgo o una cualidad representativos. En estos casos, el nombre propio pierde su valor denominativo y adquiere un sentido calificativo.

⊘ Tiene la voz de una Montserrat Caballé.
⊘ Sus letras alcanzan la altura de un Joaquín Sabina.

En cuanto a los apellidos, los de mujer tradicionalmente se combinan con el artículo femenino, uso que está totalmente extendido en la lengua culta.

⊘ La actuación de la Caballé supuso una nueva lección magistral.
⊘ Ha pasado a cuartos de final la Navratilova.

i› *NGLE*, págs. 837-838.

....

PARA SABER MÁS...
Sobre la construcción «artículo + nombre propio de lugar»: ⇨ 91 y 299.
....

299. ¿Cómo debe escribirse: *Va de vacaciones a El Algarve* o *al Algarve*?

La forma correcta es *al Algarve*. Algunos topónimos de países y ciudades llevan el artículo como parte integrante del nombre (*El Salvador, El Paso, El Escorial, El Callao*), mientras que otros no lo incluyen (*el Algarve, el Bierzo, el Chaco, el Aconcagua*) (⇨ 91). El distinto grado en que el artículo forma parte del nombre propio, que queda marcado mediante el uso de mayúscula en el primer caso y minúscula en el segundo, influye en la posibilidad de emplear las formas contractas *al* o *del*: con los que integran el artículo no se admite la contracción; con los que no lo integran, es obligatoria.

⊗ Va de vacaciones a El Algarve.
⊘ Va de vacaciones al Algarve.
⊗ Son excepcionales los embutidos de El Bierzo.

- ⊘ Son excepcionales los embutidos del Bierzo.
- ⊗ La mercancía procede del Callao.
- ⊘ La mercancía procede de El Callao.

En el caso de los topónimos en los que el artículo es optativo, se debe usar siempre la forma contracta.

- ⊗ Estas flores vienen de el Perú.
- ⊘ Estas flores vienen del Perú.
- ⊗ Los viajeros llegaron después a el Ecuador.
- ⊘ Los viajeros llegaron después al Ecuador.
- ⊗ Conozco mucha gente de el Río de la Plata.
- ⊘ Conozco mucha gente del Río de la Plata.

Por su parte, debe evitarse la contracción cuando la preposición va antepuesta al título de un libro, una obra de teatro, etc., pero esta regla solo debe seguirse cuando el título se cita exactamente, no cuando se usa una forma acortada.

- ⊗ Me fascinó un personaje del *Nombre de la rosa*.
- ⊘ Me fascinó un personaje de *El nombre de la rosa*.
- ⊘ Me fascinó un personaje del *Lazarillo*.

i › *NGLE*, págs. 1040-1041; *OLE*, págs. 464-465.

....

PARA SABER MÁS...
Sobre la construcción «artículo + nombre propio de lugar»: ⇨ 91.

....

300. **¿Es correcto decir *Yo soy paisano del del tercero*?**

No es incorrecto, pero se desaconseja usar dos formas contractas seguidas en el mismo enunciado. Lo aconsejable en estos casos es cambiar la frase para evitar la cacofonía que origina la repetición. Esto puede lograrse volviendo a escribir el sustantivo omitido o redactando de otra manera el texto, como se ejemplifica a continuación.

- ⊖ Yo soy paisano del del tercero.
- ⊕ Yo soy paisano del vecino del tercero.
- ⊖ No me gustan nada las opiniones del del bigote.
- ⊕ No me gustan nada las opiniones del hombre del bigote.
- ⊖ Prefiero el olor del tomillo al del romero.
- ⊕ Prefiero el olor del tomillo antes que el del romero.

Por las mismas razones de cacofonía, también resultan desaconsejables las secuencias no contractas *de la de la* que surgen como resultado de la omisión de un sustantivo.

⊖ Esta es la casa de mi hija y aquella la de la de la panadera

⊕ Esta es la casa de mi hija y aquella la de la hija de la panadera.

i › *NGLE*, págs. 1041-1042.

301. ¿Se dice *la mayoría de ciudadanos* o *la mayoría de los ciudadanos*?

Se prefiere la construcción con artículo, *la mayoría de los ciudadanos*. En la lengua actual se elimina con frecuencia el artículo ante el nombre que sigue a expresiones como *la mayor parte de*, *la mayoría de*, *la mitad de*, *un cuarto de*, etc., pero no se considera una opción recomendable en la lengua culta. Estas locuciones y grupos nominales forman construcciones partitivas para señalar una fracción dentro de un conjunto.

⊖ La mayoría de ciudadanos rechaza los recortes.

⊕ La mayoría de los ciudadanos rechaza los recortes.

⊖ Las consecuencias son desconocidas en la mayor parte de casos.

⊕ Las consecuencias son desconocidas en la mayor parte de los casos.

⊖ En la consulta solo participó un tercio de electores.

⊕ En la consulta solo participó un tercio de los electores.

No hay que confundir las expresiones partitivas citadas arriba con las llamadas *pseudopartitivas*, que se construyen con expresiones del tipo *un montón de*, *un grupo de*, *un millón de*, etc. Estas se construyen sin artículo pues en ellas no se selecciona ninguna fracción respecto a un conjunto.

⊘ Las propuestas vinieron de un grupo de intelectuales.

⊘ Casi un millón de ciudadanos participó en las protestas del pasado mes.

i › *NGLE*, págs. 1451-1452, 1573.

....

PARA SABER MÁS...

Sobre la concordancia entre el sujeto y el verbo en construcciones partitivas: ⇨ 319 y 381.

....

302. ¿*Veintiún personas* o *veintiuna personas*?

Lo correcto es *veintiuna personas*. Los compuestos del numeral *un* tienen variación de género, por lo que la concordancia en femenino es necesaria si el sustantivo al que acompaña pertenece a ese grupo. No es posible, en este caso, emplear la forma apocopada:

- ⊗ A la ceremonia asistieron veintiún personas.
- ⊘ A la ceremonia asistieron veintiuna personas.
- ⊗ Cincuenta y un invitadas asistieron al concierto.
- ⊘ Cincuenta y una invitadas asistieron al concierto.
- ⊗ Se edificaron ochenta y un casas.
- ⊘ Se edificaron ochenta y una casas.

Ahora bien, si el numeral es un compuesto de *mil*, se admiten ambas soluciones, concordando en género según la norma general, *veintiuna mil personas*, o sin concordar, considerando una unidad el determinante compuesto, *veintiún mil personas*. La razón en este caso es que *veintiún* puede considerarse como determinante del sustantivo femenino o bien una forma invariable del numeral *veintiún mil*.

Por otra parte, la apócope de *un* solo puede hacerse cuando el numeral acompaña directamente a un sustantivo; no es posible apocoparlo cuando le sigue un complemento con *de*.

- ⊗ Veintiún de los emigrantes fueron devueltos a su país.
- ⊘ Veintiuno de los emigrantes fueron devueltos a su país.
- ⊗ El ochenta y un por ciento de los entrevistados afirmó desconocerlo.
- ⊘ El ochenta y uno por ciento de los entrevistados afirmó desconocerlo.

i ⟩ DPD, s. v. ordinales.

⋯⋯⋯⋯⋯⋯⋯⋯⋯⋯⋯⋯⋯⋯⋯⋯⋯⋯⋯⋯⋯⋯⋯⋯⋯⋯⋯⋯⋯⋯⋯⋯⋯⋯⋯⋯⋯⋯

PARA SABER MÁS...

Sobre el empleo de *un* ante sustantivos que comienzan por *a* tónica: ⇨ 206.

⋯⋯⋯⋯⋯⋯⋯⋯⋯⋯⋯⋯⋯⋯⋯⋯⋯⋯⋯⋯⋯⋯⋯⋯⋯⋯⋯⋯⋯⋯⋯⋯⋯⋯⋯⋯⋯⋯

303. ¿*El catorce por cien* o *el catorce por ciento*?

El numeral *cien* es la forma apocopada de *ciento*, pero en la expresión de los porcentajes no se considera correcto emplear la forma apocopada, sino que se debe usar la fórmula *por ciento*, escrita en dos palabras separadas.

⊗ La natalidad aumentó en la región un tres por cien.
⊘ La natalidad aumentó en la región un tres por ciento.

Solo para referirse a la totalidad de un conjunto son igualmente válidas las locuciones *cien por cien, ciento por ciento* y *cien por ciento*, expresiones que también tienen otros valores como 'puro' o 'por antonomasia'. La primera de ellas es más frecuente en el español de España; las otras dos se usan más en América.

⊘ La prenda es de algodón cien por cien.
⊘ Durante las últimas vacaciones la ocupación hotelera fue del ciento por ciento.
⊘ La producción de esta película es cien por ciento mexicana.

No es correcto usar *cienes* en lugar de *cientos* como plural de *cien*. La forma *cienes* solo es correcta cuando se usa metalingüísticamente para referirse al nombre de la cifra y en empleos metonímicos para referirse a determinadas pruebas deportivas que incluyen el número cien.

⊗ Se congregaron ante la basílica cienes de feligreses.
⊘ Se congregaron ante la basílica cientos de feligreses.
⊗ Al campamento acudían cienes y cienes de refugiados.
⊘ Al campamento acudían cientos y cientos de refugiados.
⊘ En esta cuenta aparecen cuatro cienes.
⊘ Nadó cuatro cienes en menos de un minuto cada vez.
⊘ Corrió dos cienes en tiempo de récord.

i › *NGLE*, págs. 1513-1514; *DPD, s. v. cien.*

....

PARA SABER MÁS...

Sobre el uso de los sustantivos *porcentaje* y *porciento:* ⇨ 164.
Sobre la concordancia entre el sujeto que contiene un porcentaje y el verbo: ⇨ 381.
Sobre los porcentajes como sujeto de oraciones copulativas: ⇨ 381.
  Entre los compuestos de *cien* se consideran incorrectas las formas con diptongación *sietecientos, *nuevecientos* y sus variantes en femenino (⇨ 19).

....

304. **En aquella casa, ¿había algo de raro o había algo raro?**

Son válidas las dos opciones y ambas tienen el mismo significado. La posibilidad de insertar preposición o no se da en la combinación de los indefinidos *algo* y *nada* cuando sigue un adjetivo y en oraciones construidas con los verbos *haber* o *tener*.

- ⊘ En aquella casa había algo de raro.
- ⊘ En aquella casa había algo raro.
- ⊘ No tiene nada de extraño lo que me comentas.
- ⊘ No tiene nada extraño lo que me comentas.

En las oraciones con *tener* más las estructuras *algo de* o *nada de*, el adjetivo que sigue puede concordar en género y número con el sustantivo o usarse como invariable en masculino singular.

- ⊘ Aquellas cenas no tenían nada de divertidas.
- ⊘ Aquellas cenas no tenían nada de divertido.
- ⊘ La idea no tiene nada de descabellada.
- ⊘ La idea no tiene nada de descabellado.

Frente a lo que sucede con *algo*, entre el indefinido *demasiado* y el adjetivo o el adverbio al que modifica no se admite la inserción de una preposición.

- ⊗ El tren pasaba demasiado de cerca de la casa.
- ⊘ El tren pasaba demasiado cerca de la casa.
- ⊗ Su novio era demasiado de orgulloso como para pedir perdón.
- ⊘ Su novio era demasiado orgulloso como para pedir perdón.

i › *NGLE*, págs. 1459, 1477; *DPD, s. vv. nada, demasiado.*

....

PARA SABER MÁS...

Sobre las expresiones ponderativas con «*de lo más* + adjetivo»: ⇨ 316.

....

305. ¿*Todavía nos queda una poca de agua* o *un poco agua*?

Ninguna de las dos formas se considera propia de la lengua culta. Respecto a la primera variante, en español actual el indefinido *poco*, en la construcción *un poco de*, no debe concordar con el sustantivo que sirve de complemento. La variante *una poca de* constituye un arcaísmo sintáctico que pervive hoy en hablas de Andalucía, México y El Caribe, pero corresponde únicamente a registros coloquiales y hablas rurales.

- ⊗ Todavía nos queda una poca de agua.
- ⊘ Todavía nos queda un poco de agua.

⊗ Unta una poca de mermelada en el pan.
⊘ Unta un poco de mermelada en el pan.

También es incorrecto emplear en este tipo de construcciones los indefinidos *poco* y *cuanto* en plural seguidos de la preposición *de*, en construcciones como *unos pocos de, *unas pocas de, *unos cuantos de seguidas de un sustantivo. La norma exige en estos contextos eliminar la preposición, ya que no son construcciones partitivas.

⊗ Se han gastado unos pocos de cartuchos de tinta.
⊘ Se han gastado unos pocos cartuchos de tinta.
⊗ Hoy hemos contestado ya a unas cuantas de preguntas.
⊘ Hoy hemos contestado ya a unas cuantas preguntas.

En cuanto a la segunda opción planteada en la pregunta, también es incorrecta la supresión de la preposición en la secuencia «*un poco de* + sustantivo» y construcciones de significado próximo.

⊗ Aún nos queda un poco agua.
⊘ Aún nos queda un poco de agua.
⊗ ¿Quieres un cacho pan?
⊘ ¿Quieres un cacho de pan?

ℹ️ *NGLE*, págs. 1452-1455; *DPD*, s. v. *poco*.

....

PARA SABER MÁS...

La construcción «*un poco de* + sustantivo» se usa en Venezuela, Colombia y otros países centroamericanos con el significado de 'muchos', uso que tampoco ha pasado a la lengua culta.

⊗ Se metió en un poco de problemas.
⊘ Se metió en muchos problemas.

....

306. ¿*Cuanto más esfuerzos hago* o *cuantos más esfuerzos hago*?

Lo correcto es *cuantos más esfuerzos*, es decir, manteniendo la concordancia en plural con el sustantivo. En las locuciones determinativas *cuanto más, cuanto menos, mucho más, mucho menos* seguidas de sustantivo no es correcto dejar *cuanto* o *mucho* invariables en masculino singular, sino que hay que hacerlos concordar en género y número con el sustantivo al que determinan.

⊗ Cuanto más esfuerzos hago por convencerla, menos lo logro.
⊘ Cuantos más esfuerzos hago por convencerla, menos lo logro.

Sin embargo, si sigue un adjetivo, *cuanto más* o *mucho más* funciona como locución cuantificadora y debe mantenerse invariable en la forma del masculino singular.

⊗ Serán más felices cuantos más generosos sean.
⊘ Serán más felices cuanto más generosos sean.
⊗ Los platos estaban muchos más limpios de lo que cabía suponer.
⊘ Los platos estaban mucho más limpios de lo que cabía suponer.

ESQUEMA

Cuanto más ⟶ + sustantivo → locución determinativa → concordancia
⟶ + adjetivo → locución adverbial → sin concordancia

i › *NGLE*, págs. 1477-1454; *DPD*, s. v. cuanto.

....

PARA SABER MÁS...

No se debe confundir la locución determinativa *cuanto más* con la locución conjuntiva *cuando más*. Sobre esta última: ⇨ 367.

....

307. ¿Se puede decir *Celebró su veintitrés cumpleaños*?

Sí, esa es la forma correcta: con el numeral *veintitrés* antepuesto al sustantivo *cumpleaños* y con el posesivo *su* en singular. La sustitución de los numerales ordinales por el cardinal correspondiente es muy frecuente en la lengua común, especialmente si el número es alto, posiblemente como consecuencia de las dificultades que originan los numerales ordinales para ser formulados y para ser comprendidos con rapidez. Lo que no se acepta es que en el mismo enunciado se mezclen ambos tipos de numerales.

⊘ Nos ha invitado a su veintitrés cumpleaños.
⊘ Nos ha invitado a su vigesimotercer cumpleaños.
⊗ Se celebra la edición sexagésimo cuatro del certamen.
⊘ Se celebra la edición sexagésima cuarta del certamen.
⊘ Se celebra la edición sesenta y cuatro del certamen.

La colocación de los numerales con valor ordinal depende del nombre al que determinen. El numeral se antepone a los nombres que significan celebraciones, aniversarios, acontecimientos repetidos, etc., y se pospone al resto de sustantivos.

⊘ Ha sido un éxito de ventas la setenta y dos Feria del Libro de Madrid.
⊘ Nos sentamos en la fila dos.

En cuanto a la concordancia del numeral con los sustantivos femeninos, se admite tanto la forma concordada en femenino (*página doscientas*) como la no concordada, manteniendo el numeral en masculino (*página doscientos*). Esta estructura no concordada tiende a interpretarse no como una expresión ordinal, sino como el número que identifica al sustantivo, mientras que la secuencia concordada se interpreta como ordinal.

⊘ La página trescientos está rota.
⊘ Voy leyendo por la página doscientas.

i› *NGLE*, págs. 1507-1508; *DPD*, s. v. cardinales.

....

PARA SABER MÁS...
Sobre la escritura de los números ordinales: ⇨ 158 y 159.
....

308. **Cuando un ciclista llega a la meta en el puesto número once, ¿se puede decir que quedó en el *onceavo puesto*?**

No, es un error, ya que se usa un número fraccionario en lugar del ordinal correspondiente. Para referirse a esa posición son válidas las formas *undécimo puesto* y *decimoprimer puesto*. Los números fraccionarios o partitivos se suelen formar con el sufijo -*avo*, mientras que los ordinales, salvo *octavo* y sus compuestos, utilizan otras terminaciones. Por otra parte, los ordinales correspondientes a los números once y doce tienen dos formas, ambas admitidas: las tradicionales *undécimo* y *duodécimo* y las modernas *decimoprimero* y *decimosegundo*.

⊗ El ciclista quedó en onceava posición.
⊘ El ciclista quedó en undécima posición.
⊘ El ciclista quedó en decimoprimera posición.

Hay que tener en cuenta que los partitivos de los números once y doce y los correspondientes a las decenas tienen dos formas posibles, una acabada en la forma general -*avo* y otra coincidente con la del ordinal. Son válidos, pues, para expresar fracción *onceavo* y *undécimo, doceava* y *duodécima, veinteavo* y *vigésimo, treintava* o *trigésima*, si bien las formas del ordinal se usan con menos frecuencia con valor partitivo.

> ⊘ Repartieron la doceava parte de la herencia entre los allegados.
> ⊘ Repartieron la duodécima parte de la herencia entre los allegados.

i › *NGLE*, págs. 1424-1425; *DPD, s. v.* partitivos.

....

PARA SABER MÁS...
Sobre los ordinales compuestos: ⇨ 158.
Sobre los numerales fraccionarios o partitivos: ⇨ y 160.
Sobre la concordancia en oraciones que contienen sustantivos que indican parte o fracción (*la mitad de, el doble de*, etc.): ⇨ 381.
....

309. **¿Está bien dicho *ambos dos*?**

La expresión *ambos dos* y su variante *ambos a dos* pueden encontrarse en textos de épocas pasadas, pero hoy tienen carácter arcaizante. Además, desde el punto de vista semántico, la adición del segundo numeral resulta redundante, ya que *ambos* significa 'los dos'. Por ello, no se consideran formas aceptables. Menos aún lo es la combinación de *ambos* con el numeral *tres*, forma que se documenta en el español de Argentina, por la contradicción semántica que supone.

> ⊗ Llegaron la viuda y la hija, ambas dos de riguroso luto.
> ⊘ Llegaron la viuda y la hija, ambas de riguroso luto.
> ⊘ Llegaron la viuda y la hija, las dos de riguroso luto.
> ⊗ Se lo propusieron a Hilario y Víctor y ambos a dos se negaron.
> ⊘ Se lo propusieron a Hilario y Víctor y ambos se negaron.

Además del significado 'los dos', *ambos* tiene también el valor de 'uno y otro'. Por ello, no es aconsejable usar *ambos* en construcciones partitivas del tipo *uno de ambos, *cualquiera de ambos, *ninguno de ambos*, en las que parece quedar excluido uno de los elementos del conjunto indivisible representado por el numeral. En estas estructuras se debe reemplazar *ambos* por *los dos*. En cambio, deben considerarse perfectamente válidas expresiones que a veces han sido tachadas de incorrectas, como *personas de ambos sexos* y similares.

⊗ Participaban dos representantes por cada uno de ambos grupos.
⊘ Participaban dos representantes por cada uno de los dos grupos.
⊘ Los adolescentes de ambos sexos colaboran por igual en las tareas domésticas.

i › NGLE, pág. 1434; DPD, s. v. ambos.

310. ¿Es correcto decir *Esa fue su primer película*?

Aunque en el español de hasta principios del siglo XX se empleaba la forma apocopada *primer* ante sustantivos femeninos, en la lengua actual no se considera correcta. Los ordinales *primero* y *tercero* y todos sus compuestos se apocopan ante los sustantivos masculinos (*el primer mes, el vigesimotercer día*), pero se considera arcaizante mantener la forma apocopada ante sustantivos femeninos.

⊗ El saltador superó la altura a la tercer oportunidad.
⊘ El saltador superó la altura a la tercera oportunidad.
⊗ La final de la decimotercer etapa fue disputadísima.
⊘ La final de la decimotercera etapa fue disputadísima.

Cuando el ordinal aparece coordinado con otro y antepuesto al nombre, se admiten las dos posibilidades, la forma plena o la forma apocopada.

⊘ Fue el primer y definitivo encuentro.
⊘ Fue el primero y definitivo encuentro.

Por otra parte, las abreviaturas de *primero* y *tercero* son *1.ᵉʳ* o *1.º, 3.ᵉʳ* o *3.º* respectivamente, dependiendo de si el determinante va antepuesto o pospuesto al sustantivo:

⊘ Vive en el 3.ᵉʳ piso de la corrala.
⊘ Vive en el piso 3.º de la corrala.

i › NGLE, pág. 1523; DPD, s. v. primer.

PARA SABER MÁS...

Como se ve en los ejemplos, el punto de la abreviatura debe ponerse entre la cifra y la letra volada. Sobre el uso del punto en las abreviaturas: ⇨ 174-180.

311. Para escribir un número aproximado, ¿se escribe *treinta y pico* o *treintaipico*?

La forma recomendada es *treinta y pico*, separando las palabras. La expresión *y pico* se pospone a los numerales para indicar que la cantidad es aproximada o cuando no se quiere expresar la cantidad exacta y puede adjuntarse a las decenas, a las centenas o a los millares. En estos compuestos se recomienda la forma escrita en varias palabras a la que aglutina todos los elementos en una sola; solo en el caso del numeral *veinte* se admiten ambas variantes: *veinte y pico*, *veintipico*.

⊗ Rondará los cuarentaipico años.
⊘ Rondará los cuarenta y pico años.
⊗ El collar costará ochentaipico mil euros.
⊘ El collar costará ochenta y pico mil euros.

También señala imprecisión en la cantidad la expresión *y tantos*, que se diferencia de *y pico* en que solo se adjunta a las decenas. En cuanto a la forma gráfica, también se recomienda la escritura en palabras separadas, aunque se admiten ambas tras el numeral *veinte: veintitantos*, *veinte y tantos*.

⊗ La serie es del año noventaitantos.
⊘ La serie es del año noventa y tantos.

Con las construcciones de este tipo, aunque se admite que se coloque la preposición *de* entre el numeral compuesto y el sustantivo, se recomienda usar la secuencia sin preposición.

⊖ La novela tiene trescientas y pico de páginas.
⊕ La novela tiene trescientas y pico páginas.

i › *NGLE*, pág. 1513; *DPD, s. v. pico.*

....

PARA SABER MÁS...

Sobre la escritura de los números compuestos: ⇨ 158 y 160.

- En Chile solo se usa la expresión *y tantos* ya que la palabra *pico* es tabú por aludir al pene.
- Los adjetivos derivados de números deben escribirse en una palabra: *dieciochesco*, *noventayochista* (mejor que *noventaiochista*).

....

312. ¿Está bien usada la expresión *primero que todo*?

Sí, la expresión es válida. En la combinación con los indefinidos *todo* y *nada,* el adverbio *primero* admite la inserción de la conjunción comparativa *que* así como la de la preposición *de,* lo que lo hace equivalente al adverbio *antes.* El *DPD* solo recoge *primero que nada,* expresión que considera propia de la lengua coloquial, pero en la *NGLE* no se señala ninguna restricción en el uso de estas estructuras. En cuanto a la construcción *primero de nada,* es muy poco usada.

⊘ Eso hay que tratarlo, primero que todo, con el sindicato.
⊘ Su intención era librarse primero de todo de sus complejos.
⊘ Primero que nada, echamos un vistazo a la herida.

i› *NGLE,* págs. 1532, 3393-3408; *DPD, s. v. primero.*

313. ¿Está bien usado *sendas* en *Los siete grupos tocaron sendas canciones*?

La frase está perfectamente construida. *Sendos* es un distributivo que significa 'uno cada uno', por lo que el enunciado quiere decir que se oyeron siete canciones, una por cada grupo. Es una forma que está en declive en todos los países hispanos, restringida casi en exclusiva a la lengua escrita o a los registros orales más formales. Este determinante se usa solo en plural, debe preceder al nombre y es incompatible con el artículo o cualquier otro determinante.

⊗ A cada dirección de correo les enviaron los sendos mensajes.
⊘ A cada dirección de correo les enviaron sendos mensajes.

En cuanto al significado, en España se usa erróneamente como sinónimo de *ambos* o *los dos.* Este error también aparece en Hispanoamérica, donde se emplea también como sinónimo de *enormes, muy grandes.* Son usos que deben evitarse.

⊗ El congreso continuó con sendas conferencias sobre el medio ambiente.
⊘ El congreso continuó con dos conferencias sobre el medio ambiente.

⊗ Llevaba fusta, espada y sendos pistolones antiguos junto a la silla de montar.

⊘ Llevaba fusta, espada y enormes pistolones antiguos junto a la silla de montar.

i > *NGLE*, pág. 1547; *DPD*, s. v. *sendos*.

SOBRE LOS ADJETIVOS

314. **¿Se puede decir *Mi hija es más mayor que la tuya*?**

No. El adjetivo *mayor* es la forma sincrética del comparativo de superioridad de *grande*. También son comparativos de este mismo grupo *menor, mejor* y *peor*, que corresponden a los adjetivos en grado positivo *pequeño, bueno* y *malo* respectivamente. Que sean una forma sincrética del comparativo quiere decir que llevan implícito el cuantificador *más* en su significado —*mejor* equivale a *más bueno*—, y que, por tanto, no admiten la anteposición del cuantificador *más* cuando se usan en estructuras comparativas.

⊗ Mi hija es más mayor que la tuya.
⊘ Mi hija es mayor que la tuya.
⊗ Tengo una hermana más menor que yo.
⊘ Tengo una hermana menor que yo.
⊗ Han seleccionado a los más mejores.
⊘ Han seleccionado a los mejores.
⊗ ¿Cuál ha sido el combate más peor para ti?
⊘ ¿Cuál ha sido el combate peor para ti?

Sin embargo, el adjetivo *mayor* puede considerarse un adjetivo en grado positivo, es decir, no es comparativo, en varios significados relacionados con la edad. En estos casos, *mayor* es compatible con cuantificadores como *más, muy, bastante*, etc., como cualquier otro adjetivo graduable; incluso ha llegado a sustantivarse en la expresión *los mayores* (= las personas de mayor edad, los ancianos).

⊘ Mi hija es la más mayor de la clase. ('la de más edad')
⊘ Podrás comprarte el coche cuando seas mayor. ('adulto')

Ø Para comprarte el coche tendrás que ser más mayor. ('tener más edad')

Ø Por la calle, un hombre mayor avanzaba con dificultad. ('anciano')

i⟩ *NGLE*, pág. 3375; *DPD*, s. v. *mayor*.

....

PARA SABER MÁS...

Para los significados relacionados con la edad, *mayor* tiene el superlativo *mayorcísimo*, de carácter coloquial.

....

315. ¿Hay algún error en la frase *Estaba muy elegantísima*?

No es correcto combinar los adverbios cuantificadores o de grado (*muy, bastante, demasiado, poco,* etc.) con las formas superlativas del adjetivo. Para que la estructura no resulte redundante, se debe eliminar el cuantificador o el sufijo, que aportan similar contenido.

⊗ Estaba muy elegantísima.
Ø Estaba elegantísima.
Ø Estaba muy elegante.
⊗ Es muy rapidísimo.
Ø Es rapidísimo.

Solo se admite la presencia de ambos elementos intensificadores cuando se usan con intención deliberadamente intensificadora o humorística. Esta misma función la tiene el uso del sufijo aumentativo con adjetivos no graduables, como *soltero, casado, muerto, secreto,* etc.

El poeta se presentó muy acicaladísimo, muy atildadadísimo, muy cursilísimo. (uso irónico)
Vivo con muy poquísimo dinero. (uso intensificador)
Aprovéchate, hombre, que está solterísima.

De igual modo, tampoco suelen aceptar adverbios de grado los adjetivos en cuyo significado se expresa una cualidad en su grado extremo. Tal es el caso de adjetivos como *abominable, atroz, enorme, descomunal, divino, estupendo, extraordinario, insignificante, magnífico, minúsculo,* etc. La intensificación deliberada puede, sin embargo, explicar que aparezcan los sufijos superlativos en algunos adjetivos de este grupo.

⊘ Se llevó a cabo un minuciosísimo registro.

⊘ El postre era deliciosísimo.

i › *NGLE*, págs. 1477-1454; *DPD, s. vv. -ísimo, mucho, más.*

316. ¿Es correcto decir *Pasó unas vacaciones de lo más románticas*?

Sí, aunque también existe la variante no concordada, *de lo más romántico*. En el enunciado se emplea la locución cuantificadora *de lo más*, equivalente a *muy* o *sumamente*, que se antepone a adjetivos o adverbios. Si esta locución se combina con adjetivos, es posible emplearlos concordados con el sustantivo al que califican o bien mantenerlos fijos en singular. La concordancia en singular es posible gramaticalmente porque la locución *de lo más* contiene el artículo neutro *lo*.

En la *NGLE* se considera que la variante no concordada es más propia de los registros formales, además de ser la variante más empleada a lo largo del tiempo. Desde el punto de vista del significado existe un matiz que diferencia ambas construcciones: en la concordada simplemente se dice que las vacaciones fueron muy románticas; en la no concordada, al emplear *lo romántico* se están incluyendo todos los elementos, no solo las vacaciones, a los que se pueda aplicar el adjetivo en grado máximo.

⊖ Pasó unas vacaciones de lo más románticas.

⊕ Pasó unas vacaciones de lo más romántico.

En el español de América se usa la locución sin *de*, pero es una variante que corresponde a la lengua coloquial: *Vimos un coche lo más raro.*

i › *NGLE*, págs. 1081, 2810; *DPD, s. v. más.*

....

PARA SABER MÁS...

Con nombres femeninos, en el *DPD* se recomienda que en singular la concordancia se haga en femenino; pero la *NGLE* no se pronuncia al respecto y ofrece ejemplos de concordancia en los dos géneros.

....

317. ¿Se dice *fuertísimo* o *fortísimo*?

Algunos adjetivos que tienen diptongo en la sílaba acentuada (*bueno, caliente, fuerte...*) presentan dos formas de superlativo, una que mantiene el diptongo original y otra que lo reduce. Tiende a extenderse la forma diptongada, sobre todo en la lengua escrita, mientras que la no diptongada se percibe como más culta.

Forma coloquial	Forma culta
buenísimo	bonísimo
calientísimo	calentísimo
ciertísimo	certísimo
diestrísimo	destrísimo
fuertísimo	fortísimo
gruesísimo	grosísimo
nuevísimo	novísimo
tiernísimo	ternísimo
valientísimo	valentísimo

El cuadro siguiente recoge otros casos de superlativos en los que alternan la forma culta y la popular. La variante culta deriva de la forma etimológica que presentaba el adjetivo en latín; la variante coloquial se construye a partir del adjetivo actual, siguiendo la pauta del resto de superlativos en *-ísimo*. Hoy se consideran igualmente válidas ambas.

Forma coloquial	Forma culta
amiguísimo	amicísimo
amplísimo	amplicísimo
asperísimo	aspérrimo
fielísimo	fidelísimo
friísimo	frigidísimo
negrísimo	nigérrimo
pobrísimo	paupérrimo
pulcrísimo	pulquérrimo
sagradísimo	sacratísimo

i › *NGLE*, págs. 524-525, 1477-1454; *DPD*, s. vv. *-ísimo, mucho, más.*

318. **¿Las invitadas lucían unos hermosos *trajes malvas***
o *trajes malva*?

Se puede decir de las dos maneras. Para el plural de los nombres de los colores, hay que atender a varios aspectos: en primer lugar, si es sustantivo o si es adjetivo; y, si es adjetivo, si designa un color o si el valor primario se refiere a un objeto. También hay que atender a si es un nombre simple o compuesto.

El siguiente esquema puede resultar útil para entender los diferentes casos:

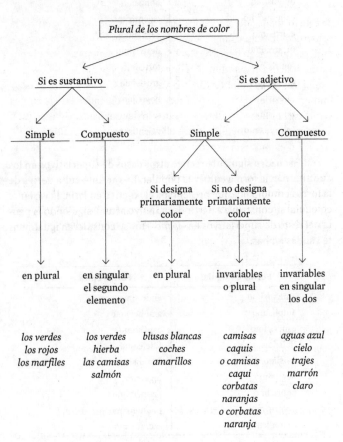

i › *NGLE*, págs. 948-951; *DPD*, *s. v. colores.*

319. **¿*Gema es una de las mejores deportistas* o *una de los mejores deportistas*?**

La primera expresión es correcta pero tiene un significado distinto del que tendría la construcción en masculino; la segunda es incorrecta. Vayamos al primer caso. La expresión *una de las mejores deportistas* es una construcción partitiva, un esquema sintáctico muy frecuente en español que se compone de dos elementos: un cuantificador, que designa la parte seleccionada, y un complemento introducido por *de*, que establece el conjunto sobre el que se habla.

Si se dice *una de las mejores deportistas,* el todo al que se alude está formado solo por las mujeres deportistas. Lo que significa la construcción es que, tomadas en consideración exclusivamente las mujeres que hacen deporte, Gema es una de las mejores. Por el contrario, si se usa el masculino, el universo al que se alude incluye tanto mujeres como hombres, dado el valor inclusivo del género masculino en español (⇨ 205). *Gema es uno de los mejores deportistas* significaría que, considerados todos los deportistas, Gema ocupa una posición preeminente entre ellos en cuanto a su calidad.

En cuanto a la expresión ⊛*una de los mejores deportistas*, la norma establece que en las construcciones partitivas en las que el cuantificador tiene flexión, como *uno/a, muchos/as, varios/as*, etc., debe concordar en género y número con el sustantivo que aparece en el complemento (*muchos de sus presupuestos, muchas de sus ideas*). No es correcto usar el cuantificador en femenino si el grupo al que se alude está compuesto de individuos de ambos sexos.

⊗ Gema es una de los mejores deportistas.
⊘ Gema es uno de los mejores deportistas.

i › *NGLE*, pág. 1441; *DPD, s. v.* concordancia.

....

PARA SABER MÁS...
Sobre la concordancia del sujeto y el verbo en construcciones con *uno de los que:* ⇨ 373.

....

320. **¿*Son los mejor preparados* o *los mejores preparados*?**

La forma correcta es *los mejor preparados*. El comparativo sincrético *mejor* puede proceder del adjetivo *bueno* o del adverbio *bien*.

Cuando forma parte de un grupo nominal o complementa a un nombre, *mejor* es adjetivo y debe concordar con el sustantivo al que modifica. En la secuencia «*mejor* + adjetivo», el comparativo *mejor* tiene función adverbial y, por tanto, debe permanecer invariable.

⊗ Creemos que somos los mejores preparados para el mercado musical.

⊘ Creemos que somos los mejor preparados para el mercado musical.

⊗ Estas empresarias son dos de las mejores consideradas del país.

⊘ Estas empresarias son dos de las mejor consideradas del país.

En el mismo caso se encuentra el antónimo *peor,* comparativo del adjetivo *malo* o del adverbio *mal.* Como en el caso anterior, no se admite la concordancia con el adjetivo.

⊗ Las cajeras son las peores pagadas de la empresa.

⊘ Las cajeras son las peor pagadas de la empresa.

i ⟩ *NGLE*, págs. 952, 3374; *DPD, s. vv. -ísimo, mucho, más.*

321. ¿Es correcto decir *La chica estaba media mareada*?

No corresponde a la lengua culta. En este enunciado *medio* es un adverbio que modifica a *mareada* y expresa el grado en que se encuentra el adjetivo. Como adverbio, se recomienda que se use sin concordar, en la forma invariable correspondiente al masculino singular. El empleo concordado es habitual en gran parte del territorio americano y en la zona noreste de España y en las islas Canarias, pero no corresponde a la norma culta, para la que se recomienda la forma no concordada.

⊗ La chica estaba media mareada.

⊘ La chica estaba medio mareada.

⊗ Los encontraron medios muertos.

⊘ Los encontraron medio muertos.

En el mismo caso que *medio* se encuentra *bastante,* que puede usarse también como determinante (*bastante pan*) o como adverbio (*bastante lejos*). En función adverbial, no se recomienda usarlo en plural concordando con el adjetivo al que modifica.

⊗ Las relaciones entre el extrarradio y el centro son bastantes fuertes.

⊘ Las relaciones entre el extrarradio y el centro son bastante fuertes.

Un caso diferente es el de *todo*, que también presenta los dos valores, determinante (*toda persona tiene derecho a...*) y modificador (*estaba todo triste*). Cuando se combina con adjetivos, se admiten tanto la concordancia como la ausencia de concordancia. En singular, se tiende mayoritariamente a la construcción concordada, aunque no hay una explicación gramatical satisfactoria para este uso divergente de la norma general. Cuando se usa en plural, no se admite la forma concordada.

⊘ La chica quedó toda aturdida.
⊘ La chica quedó todo aturdida.
⊘ La habitación está toda pintada de blanco.
⊘ La habitación está todo pintada de blanco.
⊗ Todos avergonzados, los chicos no sabían qué decir.
⊘ Todo avergonzados, los chicos no sabían qué decir.

i › *NGLE*, págs. 952, 1394-1935; *DPD*, s. vv. medio, todo.

....

PARA SABER MÁS...

Se considera incorrecto el empleo de *entre medio*, tanto para el sentido espacial 'en medio' como para el temporal de 'entre tanto'.

⊗ Plantaremos la línea entre medio del campo.
⊘ Plantaremos la línea en medio del campo.
⊗ Fue su única película entre medio de las dos obras maestras.
⊘ Fue su única película entre medias de las dos obras maestras.

....

322. **¿Está bien dicho *El tiempo de espera es mayor a lo esperado* o debería decirse *mayor de lo esperado*?**

Ninguna de las dos expresiones se considera correcta. *Mayor* es un comparativo sincrético (⇨ 314), por lo que el término de la comparación debe ir encabezado con *que*. El mismo razonamiento se aplica a los comparativos *menor*, *mejor* y *peor*.

⊗ El tiempo de espera es mayor a lo esperado.
⊗ El tiempo de espera es mayor de lo esperado.
⊘ El tiempo de espera es mayor que lo esperado.
⊗ La calidad de la sanidad pública es mayor a la de la privada.
⊘ La calidad de la sanidad pública es mayor que la de la privada.

Puede usarse la preposición *de* cuando el término de la comparación es una oración de relativo o un numeral o una expresión cuantitativa.

⊘ La entrevista fue mejor de lo que esperaba.
⊘ El precio es mayor de cien euros.

Los adjetivos *superior* e *inferior* establecen una relación entre el complemento que les sigue y un elemento con el que se contrasta. Como no son comparativos sincréticos, el complemento del adjetivo debe introducirse con *a;* no es correcto introducirlo con *que,* conjunción que se usa en las comparaciones.

⊗ El tiempo de espera es superior que lo esperado.
⊘ El tiempo de espera es superior a lo esperado.
⊗ Los pisos se vendieron a precios inferiores que los del mercado.
⊘ Los pisos se vendieron a precios inferiores a los del mercado.

i › *NGLE,* págs. 3374-3375; *DPD, s. vv. mayor, grande, superior, inferior.*

323. ¿Está bien dicho *es más bueno* o hay que decir *es mejor*?

Son válidos ambos modos, aunque se usan en contextos diferentes. Los adjetivos *bueno* y *malo* tienen dos comparativos, uno sintético, *mejor, peor,* y otro analítico, *más bueno, más malo.* El comparativo sintético es el recomendable cuando en el enunciado se establece una comparación, mientras que las construcciones analíticas *más bueno* y *más malo* se emplean como comparativo para el significado de 'bondadoso' y 'gustoso o apetecible'.

⊖ Este prado es más bueno que el de arriba.
⊕ Este prado es mejor que el de arriba.
⊖ Si la lavadora no funciona, se la cambiaremos por otra más buena.
⊕ Si la lavadora no funciona, se la cambiaremos por otra mejor.
⊖ La novela era más mala que la película.
⊕ La novela era peor que la película.
⊘ Es la persona más buena que conozco.
⊘ Preparados con jamón los guisantes están más buenos.

Si en la construcción sintáctica no aparece el término de la comparación, se emplea únicamente la combinación de *más* con el adjetivo en grado positivo. No es gramatical, en estos casos, la presencia del comparativo.

- ⊘ ¡Tiene un coche más bueno...!
- ⊘ ¡Qué película más mala!

También tienen dos comparativos los adjetivos *grande* y *pequeño*, respectivamente *mayor* y *más grande*, *menor* y *más pequeño*. *Más grande* y *más pequeño* se emplean sobre todo para referirse al tamaño y a la edad.

- ⊘ Tú lleva el paraguas pequeño y yo llevaré el más grande.
- ⊘ Vamos a necesitar un recipiente más grande.

i > *DPD, s. vv. bueno, grande.*

....

PARA SABER MÁS...

Otros usos de *mejor, peor, mayor* y *menor:* ⇨ 314.

....

324. *¿Razones de tipo económicas* o *de tipo económico?*

Lo correcto es *de tipo económico*. En las construcciones en las que un sustantivo se complementa con locuciones como *de tipo, de carácter, de índole, de estilo* y similares, seguidas de un adjetivo, este debe ir en singular y en el género del sustantivo que aparece tras la preposición.

- ⊗ Las medidas obedecen a razones de tipo económicas.
- ⊘ Las medidas obedecen a razones de tipo económico.
- ⊗ Todos tendrán acceso a las ayudas porque son de carácter públicas.
- ⊘ Todos tendrán acceso a las ayudas porque son de carácter público.
- ⊗ Los argumentos que se esgrimieron fueron todos de índole arquitectónico.
- ⊘ Los argumentos que se esgrimieron fueron todos de índole arquitectónica.

i > *DPD, s. v. concordancia.*

SOBRE LOS ADVERBIOS

325. Si se usan varios adverbios seguidos terminados en -*mente*, ¿cómo deben escribirse?

Cuando se coordinan dos o más adverbios terminados en -*mente* se suprime el sufijo en el primero y solo se mantiene en el que cierra la secuencia. La conjunción que sirve para coordinar puede ser de diferente tipo: copulativa, disyuntiva, adversativa, etc.

- ⊘ Me lo dijo lisa y llanamente.
- ⊘ Me lo dijo franca, lisa y llanamente.
- ⊘ Afortunada o desafortunadamente, hemos de seguir adelante.
- ⊘ Se oponía firme pero contundentemente.

Además de en las estructuras coordinadas señaladas, la elisión del sufijo se produce en otras construcciones también coordinadas, como en el esquema «tanto A como B», así como en las oraciones comparativas de igualdad o de desigualdad.

- ⊘ Se manifestó tanto privada como públicamente en contra de la sentencia.
- ⊘ Actuó más impulsiva que juiciosamente.

i › NGLE, págs. 571-573, 748; DPD, s. vv. *bueno, grande.*

....

PARA SABER MÁS...

Sobre la tilde en las palabras acabadas en *-mente*: ⇨ 63.

La elisión de un elemento en la coordinación se produce también en algunos casos de palabras coordinadas que tienen diferente prefijo.

- ⊘ Las encuestas pre y poselectorales suelen diferir notablemente.
- ⊘ Tuvieron ocasión de manifestarse todas las opiniones pro y antieuropeas.

....

326. ¿Es aceptable decir *Igual nos toca la lotería este año*?

No es un uso recomendable en el estilo cuidado. El adverbio *igual* se usa para expresar duda solo en español peninsular y coincide con *a lo mejor* en que se combina con el modo indicativo, frente a lo que ocurre con el resto de los adverbios y locuciones de duda, como *acaso, quizá*, que introducen oraciones en subjuntivo, o *tal vez*, que se combina con indicativo y subjuntivo. Tanto *igual* como *a lo mejor* son propios del registro coloquial, por lo que se aconseja sustituirlas cuando se pretende usar un registro más elevado.

- ⊖ Igual nos toca la lotería este año.
- ⊕ Quizá nos toque la lotería este año.
- ⊖ Esa actitud igual nos trae problemas.
- ⊕ Esa actitud quizá nos traiga problemas.

En relación con la locución *a lo mejor*, no es aconsejable usarla para expresar dudas que contienen sustantivos de connotaciones negativas, dado el significado del comparativo *mejor*. En estos contextos se sustituye a veces la locución por ⊛*a lo peor*, pero en esta creación léxica no se ha fijado aún el valor dubitativo, por lo que se considera también una opción no recomendable.

- ⊖ A lo mejor ha tenido un accidente.
- ⊖ A lo peor ha tenido un accidente.
- ⊕ Tal vez ha tenido un accidente.

Por otra parte y en cuanto a la locución *tal vez*, en América se escribe en ocasiones en una sola palabra, ⊛*talvez*, una forma gráfica no admitida en la lengua culta.

ⁱ › *NGLE*, págs. 1957, 3415-3417; *DPD*, *s. vv.* igual, mejor, tal.

327. ¿*El día después* o *el día de después*?

Lo correcto es *el día después*, sin la preposición. Los adverbios *antes* y *después* se usan como complemento de nombres que significan tiempo cronológico, como *día, noche, semana, mes, año*, etc. En estos casos, el uso más frecuente y preferible consiste en suprimir la preposición *de*.

- ⊗ Se celebró la victoria el día de después.
- ⊘ Se celebró la victoria el día después.
- ⊗ La noche de antes había dormido muy inquieto.
- ⊘ La noche antes había dormido muy inquieto.

En estas estructuras, también es posible reemplazar los adverbios *antes* y *después* por los adjetivos *anterior, posterior, precedente, siguiente* u otros de significado similar, en cuyo caso el complemento, de llevarlo, debe introducirse con la preposición *a*.

- ⊗ Se celebró la victoria el día siguiente del partido.
- ⊘ Se celebró la victoria el día siguiente al partido.

ⁱ › *NGLE*, pág. 2311 ; *DPD*, *s. v. después*.

⋯⋯⋯⋯⋯⋯⋯⋯⋯⋯⋯⋯⋯⋯⋯⋯⋯⋯⋯⋯⋯⋯⋯⋯⋯⋯⋯⋯⋯⋯⋯⋯

PARA SABER MÁS...

Son arcaísmos, vivos todavía en zonas rurales de España y en áreas de Centroamérica y el Caribe, formas como ⊛*enantes*, ⊛*endenantes*, ⊛*andenantes*, ⊛*denantes*. Todas ellas deben evitarse en la lengua culta, igual que otros vulgarismos fónicos como ⊛*dispués* o ⊛*endispués*.

⋯⋯⋯⋯⋯⋯⋯⋯⋯⋯⋯⋯⋯⋯⋯⋯⋯⋯⋯⋯⋯⋯⋯⋯⋯⋯⋯⋯⋯⋯⋯⋯

328. **¿Cuál es la forma correcta:** *Salió después de ti*
o *Salió después que tú?*

Las dos oraciones son correctas, pero pueden tener significados diferentes. La primera se usa para señalar que las salidas de uno y otro se produjeron de manera sucesiva: él salió inmediatamente después de que salieras tú. En el segundo enunciado, además de esta interpretación, puede significar también que la salida de uno se produjo en un momento posterior a la del otro, sin que ambos hechos se produjesen de manera inmediata: él salió en algún momento más tarde a que lo hicieras tú.

No es correcto usar las formas pronominales de objeto, *mí*, *ti*, etc. cuando los hechos que se relacionan no se suceden de manera inmediata. En este contexto se debe usar el complemento con *que* o bien sustituir el adverbio.

⊗ Todos los que han llegado antes de mí esperan ser atendidos.
⊘ Todos los que han llegado antes que yo esperan ser atendidos.
⊘ Todos los que han llegado delante de mí esperan ser atendidos.

ℹ › *NGLE*, pág. 2321; *DPD, s. vv. antes, después.*

....

PARA SABER MÁS...
Otros aspectos de la combinación sintáctica de los adverbios *antes* y *después:*
⇨ 327 y 340.

....

329. **¿Es correcto decir** *Capaz que viene esta noche?*

Sí, es correcto. Su uso es habitual en el español de América. Una de las formas de expresar duda en el territorio americano es a través de locuciones construidas con *capaz*, que en estas estructuras ha de permanecer invariable, como corresponde a su función adverbial. Con valor dubitativo, *capaz que* alterna con la forma simple *capaz* y con la variante introducida por el verbo *ser, es capaz que.*

⊘ Capaz que viene esta noche.
⊘ Si me contesta mal, capaz le responda yo peor.
⊘ Con tanta presión, es capaz que se estropee el motor.

En los contextos que estamos comentando, no se debe insertar preposición entre el adverbio *capaz* y la conjunción *que*, pues constituye un caso de dequeísmo.

⊗ Si nos unimos, capaz de que logremos suprimir el impuesto.
⊘ Si nos unimos, capaz que logremos suprimir el impuesto.

i › *NGLE,* págs. 2290, 2350-2352; *DPD, s. v. capaz.*

....

PARA SABER MÁS...

Como adjetivo, *capaz* significa 'que tiene suficiente capacidad', 'grande, espacioso' o 'apto, con talento para algo'. No debe usarse como sinónimo de *susceptible,* error que aparece en oraciones pasivas.

⊗ Es un tramo capaz de ser recorrido sin ayuda de guías.
⊘ Es un tramo susceptible de ser recorrido sin ayuda de guías.
⊘ Es un tramo que puede ser recorrido sin ayuda de guías.

....

330. Se oye a menudo la expresión *a día de hoy.* ¿Es correcta?

Esta expresión, extendida en los lenguajes periodístico, político y administrativo, se considera un calco innecesario del francés, por lo que no se recomienda su uso. En su lugar, puede usarse la forma simple *hoy* y, si se quiere intensificar el adverbio, el español dispone de expresiones complejas como *hoy día, hoy por hoy, hoy en día, en el día de hoy, ahora, en estos momentos, en la actualidad,* etc.

⊗ A día de hoy solo contamos con un acuerdo verbal con el jugador.
⊘ Hoy por hoy solo contamos con un acuerdo verbal con el jugador.
⊗ Las plazas vacantes no han sido ocupadas a día de hoy.
⊘ Las plazas vacantes no han sido ocupadas aún hoy.
⊗ Los ejemplares vendidos ascienden a más de tres mil a día de hoy.
⊘ Los ejemplares vendidos ascienden a más de tres mil en la actualidad.

La variante con artículo ⊛*al día de hoy* también se considera galicismo y, por tanto, es una opción no recomendable; puede usarse como sustituta alguna de las expresiones señaladas arriba.

⊗ La empresa cumple al día de hoy todos los requisitos.
⊘ La empresa cumple en el día de hoy todos los requisitos.
⊗ Todavía al día de hoy no hemos recibido respuesta.
⊘ Todavía hoy no hemos recibido respuesta.

i › *NGLE,* págs. 2316; *DPD, s. v. hoy.*

331. ¿*Ayer en la noche, ayer a la noche* o *ayer por la noche*?

Son correctas las tres variantes, pero se usan con distinta frecuencia según el territorio. Los adverbios *ayer, hoy, mañana* y otras expresiones temporales, pueden llevar un complemento preposicional que concreta la parte del día al que se refiere. Este complemento puede ir introducido con la preposición *por* en todos los países hispanos, y con *en* es habitual en América. El complemento introducido con *a* se usa menos: solo en Argentina, el País Vasco y Cataluña. No obstante, todas las variantes se consideran usos cultos en los respectivos territorios.

- ∅ Ayer por la noche hubo un concierto.
- ∅ El alcalde nos recibirá hoy en la tarde.
- ∅ Mañana a la mañana nos acercaremos hasta la estancia.

i › *NGLE*, págs. 2260, 2316; *DPD*, s. v. *a²*.

332. ¿Se dice *Se sentaron delante* o *Se sentaron adelante*?

Son correctas ambas formas, pero tienen uso diferente según el territorio. Hay un conjunto de adverbios de lugar que forman dos series de significado próximo, una de adverbios compuestos con *a-* y otra de adverbios simples: *adelante* y *delante, adentro* y *dentro, afuera* y *fuera, atrás* y *detrás*. Tradicionalmente se ha considerado que indicaban dirección los adverbios con *a-*, frente a los demás, que indicarían posición o ubicación. Pero esta distinción solo es válida para los adverbios simples; los que comienzan por *a-* se usan tanto para dirección como para posición.

La distinción entre estos dos usos descritos se observa en el español de España, donde las formas con *a-* se emplean generalmente con verbos de movimiento (*Seguiremos adelante*) y las formas sin *a-* con verbos estativos o de situación (*Se colocó detrás*). En el español de América, sin embargo, formas con *a-* se usan indistintamente con verbos de uno u otro tipo.

- ∅ Se sentaron delante.
- ∅ Se sentaron adelante.

La posibilidad de alternancia se da también en el adverbio relativo *donde, adonde*, y en su variante gráfica *a donde*. En este caso, cualquiera de las tres formas puede usarse para expresar dirección; sin embargo, se consideran arcaizantes las formas con *a* para expresar ubicación.

- Ⓞ Iré donde tú vayas.
- Ⓞ Iré adonde tú vayas.
- Ⓞ Iré a donde tú vayas.
- ⊗ Vive en la plaza adonde está el mercado.
- Ⓞ Vive en la plaza donde está el mercado.

También difieren el continente europeo y el americano en el uso de complemento con los adverbios con *a-*: en América se acepta la complementación introducida con *de* (*adelante de, adentro de*) mientras que en la norma culta europea no se admite y exige en estos casos el adverbio no prefijado (*delante de, dentro de*). El *DPD* censura los usos americanos aquí comentados, pero en la *NGLE* se consideran correctos.

- Ⓞ Se metió adentro de la tienda. (*solo en América*)
- Ⓞ Se metió dentro de la tienda.

Los adverbios compuestos con *a-* no deben combinarse con las preposiciones que indican dirección, *hacia* o *para*. En estos casos debe usarse la forma del adverbio sin *a-*.

- ⊗ Tira para adelante.
- Ⓞ Tira para delante.
- ⊗ Métete hacia adentro.
- Ⓞ Métete hacia dentro.

i › *NGLE*, págs. 2307-2308, 1602-1604; *DPD, s. vv. adelante, delante, afuera, fuera, adentro, dentro.*

....

PARA SABER MÁS...

Solo en México y en algunos países de Centroamérica se consideran válidas las combinaciones de *hasta* con los adverbios *adelante* y *atrás* en las expresiones *hasta adelante* y *hasta atrás*, que tienen el significado de 'lo más adelante posible' y 'lo más atrás posible': *En la clase me sentaba hasta adelante.*

En relación con el adverbio *adelante* son incorrectas las reducciones fónicas [⊗]*alante*, que alcanza a oírse incluso en la lengua coloquial de hablantes cultos, y la contracción de la preposición y el adverbio en [⊗]*palante*. También es incorrecta la expresión de los países caribeños [⊗]*en lo adelante*, en lugar de *en adelante*.

....

333. ¿Está bien dicho *Me miraba de arriba a abajo*?

No, sobra la preposición *a*. La expresión lexicalizada *de arriba abajo*, igual que su variante complementaria *de abajo arriba*, significa 'de principio a fin' y 'con desdén'. Aunque a veces se encuentra la variante que incluye la preposición *a* intercalada, se considera opción incorrecta.

- ⊗ Me miraba de arriba a abajo.
- ⊘ Me miraba de arriba abajo.
- ⊗ Soñaba con una revolución de abajo a arriba.
- ⊘ Soñaba con una revolución de abajo arriba.

Los adverbios *arriba* y *abajo* tampoco admiten la anteposición de la preposición *a*, aunque sí la de otras preposiciones, como *hacia*, *hasta*, *desde*, etc.

- ⊗ Toma estas sábanas y llévalas a arriba.
- ⊘ Toma estas sábanas y llévalas arriba.
- ⊗ Procura que no te vea y vaya a arriba con el cuento.
- ⊘ Procura que no te vea y vaya arriba con el cuento.
- ⊗ Se redacta de derecha a izquierda y de abajo a arriba.
- ⊘ Se redacta de derecha a izquierda y de abajo arriba.

Estos mismos no admiten complementos con *de*. Cuando ha de indicarse el complemento del adverbio, se deben usar *encima* y *debajo* respectivamente.

- ⊗ La caja está arriba de la estantería.
- ⊘ La caja está encima de la estantería.
- ⊗ La temperatura está por abajo de los cero grados.
- ⊘ La temperatura está por debajo de los cero grados.

i ⟩ NGLE, pág. 2314; *DPD, s. vv. arriba, abajo*.

....

PARA SABER MÁS...

Sobre las redundancias del tipo *subir arriba* o *salir afuera*: ⇨ 433.

....

334. ¿No lo volveré a hacer *más nunca* o *nunca más*?

En la norma culta se prefiere *nunca más*. En la mayor parte del territorio español es obligatoria la posposición del adverbio cuantificador *más* cuando se combina con los pronombres indefinidos de significado negativo *nadie* y *nada* así como con el adverbio *nada*: *nadie más, nada más, nunca más.* Pero en buena parte del español de América, especialmente en el Caribe, así como en Canarias y la zona occidental de Andalucía se invierte el orden: *más nadie, más nada, más nunca.* Este uso, sin embargo, se considera solo propio de la lengua coloquial, por lo que se desaconseja en los estilos más cuidados de la lengua.

- ⊖ No lo volveré a hacer más nunca.
- ⊕ No lo volveré a hacer nunca más.
- ⊖ No cabe más nadie en el recinto.
- ⊕ No cabe nadie más en el recinto.
- ⊖ Tiene mucho trabajo y no piensa en más nada.
- ⊕ Tiene mucho trabajo y no piensa en nada más.

La combinación del cuantificador *más* y un adverbio negativo se encuentra también en el adverbio *no más,* característico del español de América, aunque también conocido en España. En el español americano funciona sintácticamente como un adverbio más, y se usa con el significado de 'solamente' o 'simplemente', en algunos contextos aparece incluso sin un significado específico, con mero valor enfático. En España, el uso de *no más* está mucho más restringido sintáctica y semánticamente: solo se usa pospuesto al sustantivo y con el significado de 'solamente'. En cuanto a la grafía, se admite también la escritura en una sola palabra, *nomás.*

- ⊘ Salió y al ratito no más lo volvieron a llamar.
- ⊘ No puede despreciársele así nomás con una palabrita.

i › *NGLE,* pág. 3015, 3688; *DPD, s. vv. más, no.*

335. ¿Se puede decir *Mi jefe quiere que trabaje de gratis*?

No es correcto usar *®de gratis,* una locución adverbial que surge de un cruce entre *gratis* y *de balde.* Cualquiera de estas dos formas sirve para sustituir la expresión incorrecta.

- ⊗ Mi jefe quiere que trabaje de gratis.
- ⊘ Mi jefe quiere que trabaje gratis.
- ⊗ En el comedor social les daban la cena de gratis.
- ⊘ En el comedor social les daban la cena de balde.

i › *DPD, s. v. gratis.*

SOBRE LAS PREPOSICIONES
Y EL RÉGIMEN PREPOSICIONAL

336. ¿Da lo mismo decir *Pagan diez euros a la hora* que *Pagan diez euros por hora*?

En este contexto solo es correcta la expresión *por hora*. En los enunciados en los que se relaciona una unidad de tiempo y una cantidad, se emplean las preposiciones *a* y *por* con unidades de tiempo como *día, semana, mes, año*, etc., pero se emplea *por* con las que expresan tiempo más breve, como *hora* y unidades inferiores.

- ⊗ Pagan diez euros a la hora.
- ⊘ Pagan diez euros por hora.
- ⊘ Gana trescientos euros a la semana.
- ⊘ Gana trescientos euros por semana.
- ⊘ Nos visita dos veces al mes.
- ⊘ Nos visita dos veces por mes.
- ⊗ El corazón late trece veces al minuto.
- ⊘ El corazón late trece veces por minuto.

En los enunciados distributivos en los que no se combinan cantidades y unidades de tiempo, no se debe usar *a* para relacionar los dos elementos; en estos enunciados debe usarse el distributivo *cada*.

- ⊗ Mi coche gasta cinco litros a los cien kilómetros.
- ⊘ Mi coche gasta cinco litros cada cien kilómetros.

En el lenguaje de los medios de comunicación deportivos, se suele utilizar la preposición *a* en lugar de *en* para expresar el momento preciso en que sucede algo. Es un uso incorrecto que debe descartarse.

⊗ Un saque de esquina al minuto 28 propició el primer gol.

⊘ Un saque de esquina en el minuto 28 propició el primer gol.

i › *NGLE*, pág. 2260; *DPD*, s. v. *a²*.

337. ¿Se puede usar la expresión *a por agua*?

Sí. La secuencia *a por* se usa en combinación con verbos de movimiento para expresar el significado 'en busca de'. Es de uso general en España y, aunque en América se tiende a considerar como anómala y se prefiere la forma sin *a*, no hay razones que justifiquen su rechazo. En algunos casos, incluso, el significado del enunciado varía según contenga una sola preposición o la secuencia: *Ha venido a por su hijo* significa que el objetivo de la llegada ha sido recoger a su hijo; *Ha venido por su hijo*, indica la causa que ha motivado la llegada de alguien. No obstante, en el español de América, esta segunda expresión tiene ambos valores.

⊘ Voy a por agua.

⊘ Voy por agua.

⊘ Salió a la calle a por pan.

⊘ Salió a la calle por pan.

Muchas secuencias de preposiciones existen en el español de todos los tiempos y en todas las zonas y están plenamente incorporadas a la lengua culta.

⊘ Le pasó el balón por entre las piernas.

⊘ Es muy bueno para con los demás.

⊘ Formen grupos de a cinco.

⊘ Los jabalíes salieron de entre los matorrales.

i › *NGLE*, págs. 2245-2251; *DPD*, s. v. *a²*.

338. ¿*Los asuntos a tratar* o *los asuntos por tratar*?

La expresión correcta es *los asuntos por tratar*, y también hubiera sido válida *los asuntos que tratar*. Las construcciones «sustantivo + *a* + infinitivo» carecen de prestigio en la norma culta del español actual, a pesar de estar extendidos en el lenguaje de la economía, el administrativo o el periodístico. Juega a favor de la generalización de estas construcciones la brevedad que suponen frente a formulaciones más complejas: *asuntos a resolver* es más breve y directo que *asuntos que hay que resolver*. No obstante, se recomienda reemplazar la preposición *a* del complemento por otras más características del español, como *por* o *para*, emplear el relativo *que* o, en ocasiones, sustituir la preposición y el infinitivo por un adjetivo equivalente.

⊗ Quedan todavía varios asuntos a tratar.
⊘ Quedan todavía varios asuntos por tratar.
⊗ Cada vez eran más escasos los bienes a repartir.
⊘ Cada vez eran más escasos los bienes para repartir.
⊗ El problema más urgente a resolver es el de la corrupción política.
⊗ El problema más urgente por resolver es el de la corrupción política.
⊗ Los centros a privatizar serán cuatro.
⊘ Los centros que se privatizarán serán cuatro.

Hay que tener en cuenta, además, que las construcciones comentadas tienen significación pasiva (*asuntos por resolver* = 'asuntos que deben ser resueltos'), por lo que es incorrecto el empleo de verbos intransitivos. Menos aceptable aún es la presencia de sustantivos no abstractos en estos mismos contextos.

⊗ La distancia a nadar es de cien metros.
⊘ La distancia que hay que nadar es de cien metros.
⊗ Están preparando los pisos a entregar.
⊘ Están preparando los pisos por entregar.
⊗ Los recursos por emplear son escasos.
⊘ Los recursos disponibles son escasos.

i › NGLE, págs. 1989-1990; DPD, s. v. a².

339. ¿Está bien dicho *una camisa a rayas*?

No. Las construcciones del tipo «sustantivo + *a* + sustantivo» solo son aceptables cuando el complemento acompaña a un derivado de un verbo de acción que mantiene su carácter verbal (*pintura al óleo, cocción al vapor*). Son incorrectas, por tanto, expresiones como *barco a vapor, cocina a gas*, en las que el primer sustantivo no posee ese valor verbal.

En estos contextos se recomienda sustituir la preposición *a* por *de*, que es la usada habitualmente en español para introducir los complementos del nombre.

⊗ Le voy a regalar una camisa a rayas.
⊘ Le voy a regalar una camisa de rayas.
⊗ La casa está equipada con una cocina a gas.
⊘ La casa está equipada con una cocina de gas.
⊗ La moto acuática funciona con un motor a gasolina de altas revoluciones.
⊘ La moto acuática funciona con un motor de gasolina de altas revoluciones.

No obstante, se han consolidado algunas expresiones que siguen las pautas descritas en los párrafos anteriores, como *cantidades a devolver* o *cantidad a pagar* entre las del primer grupo, y *avión a reacción* y *olla a presión* entre las del segundo.

i › *NGLE*, págs. 1989-1990; *DPD*, s. v. *a²*.

340. ¿Está bien dicho *Cinco minutos después a las dos se recibió la llamada telefónica*?

No es correcto. Con los adverbios *antes* y *después* no se acepta el complemento prepositivo introducido con *a*: debe usarse *de*.

⊗ Fue un año antes a esos sucesos cuando lo detuvieron.
⊘ Fue un año antes de esos sucesos cuando lo detuvieron.
⊗ Cinco minutos después a las dos y cuarto se recibió la llamada telefónica.
⊘ Cinco minutos después de las dos y cuarto se recibió la llamada telefónica.

En cuanto a los modificadores, *antes* y *después* admiten *mucho, bastante, algo*, pero no se combinan con *más*. Debe evitarse, pues, las estructuras ⊗*más antes* o ⊗*más después*.

⊗ Me llevaron primero a una cantina y más después al cine.
⊘ Me llevaron primero a una cantina y más tarde al cine.
⊗ Procura llegar lo más antes posible.
⊘ Procura llegar lo antes posible.

i › *NGLE*, pág. 2311; *DPD*, s. v. *después*.

....

PARA SABER MÁS...

Otros aspectos relacionados con los adverbios *antes* y *después*: ⇨ 327 y 328.

....

341. ¿Se puede decir *Tus hijos son iguales a ti*?

Sí, pues en el enunciado *igual* es un adjetivo. También es posible, y más frecuente, *iguales que tú*. El régimen sintáctico de *igual* varía en función de la categoría gramatical a la que pertenezca. Cuando es adjetivo, admite el complemento introducido por la conjunción *que* o la preposición *a*; cuando es adverbio solo admite el complemento introducido por *que*.

- ⊘ Tus hijos son iguales a ti.
- ⊘ Tus hijos son iguales que tú.
- ⊗ Tus hijos piensan igual a ti.
- ⊘ Tus hijos piensan igual que tú.

En los casos en los que se usa *igual* como adverbio, en la lengua culta no se admite ni la concordancia con el adjetivo que lo complementa, ni la sustitución de *que* por *como*.

- ⊗ Todos los discos son iguales de caros.
- ⊘ Todos los discos son igual de caros
- ⊗ Es igual de lista como su tía.
- ⊘ Es igual de lista que su tía.

También el adjetivo *idéntico* se construye con la preposición *a*. No se debe sustituir por la conjunción *que* ni por la preposición *con*: *idéntico que*, *idéntico con*.

- ⊗ El resultado fue idéntico que el primero.
- ⊘ El resultado fue idéntico al primero.
- ⊗ Vive en un mundo de valores que no es idéntico con sus ideas.
- ⊘ Vive en un mundo de valores que no es idéntico a sus ideas.

i › NGLE, págs. 3415-3417; DPD, s. vv. igual, idéntico.

342. ¿Se hartó a llorar o Se hartó de llorar?

La segunda opción. El verbo *hartarse* en el significado de 'atiborrarse' o de 'hacer algo abundantemente', solo admite en el habla culta la opción con *de*, que es también la más extendida en el español general. La opción con *a* solo es propia de los registros coloquiales o descuidados.

- ⊗ Se hartó a llorar.
- ⊘ Se hartó de llorar.

⊗ Se hartó a espárragos.
⊘ Se hartó de espárragos.

Admiten la alternancia de preposición *a* ~ *de* los adjetivos que indican relación espacial, como *próximo, cercano* o *vecino*.

⊘ Está próximo de la estación.
⊘ Está próximo a la estación.
⊘ Vive en un apartamento vecino al mío.
⊘ Vive en un apartamento vecino del mío.

Además de las razones sociales o de registro, la preferencia por una preposición u otra está relacionada con la geografía. Con el adjetivo *diverso* en el español europeo se prefiere el complemento con *de* y en América con *a*; esas preferencias se invierten en el caso del adjetivo *adepto*.

⊘ El cuadro se interpreta en un sentido diverso del filosófico.
⊘ El cuadro se interpreta en un sentido diverso al filosófico.
⊘ Yo no soy muy adepto a ese tipo de juegos.
⊘ No soy muy adepto de la preparación física.

i › *NGLE*, pág. 2731; *DPD, s. vv. hartarse, adepto.*

343. ¿Está bien construida la oración *Podéis venir todos, incluyendo tú*?

No es un empleo recomendable del gerundio. Con los gerundios que expresan una relación de exclusión o de inclusión en un grupo, se considera preferible el empleo de la preposición si el complemento introducido es de persona. Cuando el complemento es un pronombre, lo recomendable es sustituir el gerundio por el participio correspondiente.

⊗ Podéis venir todos, incluyendo tú.
⊘ Podéis venir todos, incluido tú.
⊖ Los viajeros, incluyendo los recién llegados, descansaban en sus habitaciones.
⊕ Los viajeros, incluyendo a los recién llegados, descansaban en sus habitaciones.
⊖ Los visitantes, excluyendo los niños, deben abonar la entrada.
⊕ Los visitantes, excluyendo a los niños, deben abonar la entrada.

i › *NGLE*, pág. 2051.

PARA SABER MÁS...

Otros usos incorrectos del gerundio: ⇨ 32, 272 y 403.

344. ¿Se puede usar la expresión *bajo mi punto de vista*?

No se considera una expresión correcta. La preposición *bajo* aporta a las construcciones en las que aparece el significado de posición inferior, sea esta real (*Está bajo el árbol*) o metafórica (*Está bajo vigilancia; Está bajo mi tutela*). Sin embargo, se usa a veces en expresiones que señalan el modo en que se considera un asunto, donde la preposición se ha vaciado de su significado básico. Es lo que sucede en *®bajo mi punto de vista*, así como ante otros sustantivos como *perspectiva, planteamiento, enfoque, visión*, etc. Las preposiciones más adecuadas ante estos nombres son *desde* o *según*.

⊗ Bajo mi punto de vista, hay que reabrir el debate.
⊘ Desde mi punto de vista, hay que reabrir el debate.
⊗ Hay que analizarlo bajo una perspectiva favorable.
⊘ Hay que analizarlo desde una perspectiva favorable.
⊗ Bajo este planteamiento, no queda otra alternativa.
⊘ Según este planteamiento, no queda otra alternativa.

La expresión *®bajo la base de* no es adecuada porque son contradictorios semánticamente los significados de la preposición *bajo* y el sustantivo *base*, de manera que la construcción resulta incongruente. En este enunciado se debe sustituir la preposición por *sobre*, que es la compatible con el significado del sustantivo, o por otras expresiones de sentido similar.

⊗ La decisión se tomó bajo la base de que todos los candidatos eran idóneos.
⊘ La decisión se tomó sobre la base de que todos los candidatos eran idóneos.
⊗ Se emitirá el dictamen bajo la base de las ponencias presentadas.
⊘ Se emitió el dictamen basándose en las ponencias presentadas.

i › *NGLE*, pág. 2061; *DPD*, s. vv. *bajo, base*.

PARA SABER MÁS...

El sustantivo *base* se usa en locuciones como *a base de, con base en, sobre la base de*. No se admite, sin embargo, la expresión *®en base a*, que no tiene justificación gramatical ni semántica.

⊗ Incoaron el expediente en base a las denuncias.
⊘ Incoaron el expediente sobre la base de las denuncias.
⊗ Se pagará a cada uno en base a su rendimiento.
⊘ Se pagará a cada uno según su rendimiento.

....

345. ¿*Me da vergüenza de decirlo* o *Me da vergüenza decirlo*?

Ambas formas son válidas, aunque se considera preferible la opción sin preposición. El verbo *dar* seguido de sustantivos que expresan sensaciones, sentimientos o reacciones, como *vergüenza, miedo, apuro, alegría, asco, rabia*, etc., construyen con preposición o sin ella el elemento que denota lo que provoca el sentimiento, tanto si es una oración de infinitivo como si lleva el verbo en forma conjugada.

⊖ Le daba lástima de ver a los polluelos fuera del nido.
⊕ Le daba lástima ver a los polluelos fuera del nido.
⊖ Nos dio mucha alegría de que volvieras a vernos.
⊕ Nos dio mucha alegría que volvieras a vernos.

Cuando el complemento que expresa la causa del sentimiento es un grupo nominal, la ausencia y la presencia de preposición se corresponde con diferente función oracional: sin preposición, el grupo nominal es el sujeto de la oración; con preposición, el grupo es un complemento del sustantivo y, en ese caso, la oración se considera impersonal.

⊘ No me da miedo la oscuridad.
⊘ No me da miedo de la oscuridad.

i› *NGLE*, págs. 2453-2454.

346. ¿En algún caso es correcto decir *Contra más trabajes, más ganarás*? ¿Y *Entre más trabajes...*?

No se considera correcto en ningún caso la secuencia *contra más*. La preposición *contra* no debe usarse para introducir oraciones, en su lugar, ha de emplearse *cuanto* o *mientras*, variante esta de carácter más coloquial. Se consideran también totalmente rechazables las formas aglomeradas *cuantimás, *contrimás, *contimás*.

⊗ Contra más alto subas, más frío hace.
⊘ Cuanto más alto subas, más frío hace.
⊗ Contra más lo pienso, más dudas tengo.
⊘ Mientras más lo pienso, más dudas tengo.

En cuanto a la segunda opción, solo en la lengua culta de México y parte de Centroamérica se admite *entre más* en sustitución de *cuanto más*, pero es una variante muy desprestigiada en la norma culta del resto de territorios hispanohablantes.

i › *NGLE*, pág. 3427; *DPD, s. v. más.*

347. ¿Está bien dicho *Me preocupa de que lleguemos tarde*?

No, es un caso de **dequeísmo.** Este error consiste en insertar la preposición *de* entre dos términos que o bien no deben unirse con preposición o bien deben llevar una distinta. En el enunciado que encabeza esta sección, la oración subordinada que comienza con *que* es el sujeto de *preocupar*, que no puede llevar preposición en español.

En español no llevan preposición ni el sujeto ni el complemento directo ni el atributo, por lo que se convierte en error gramatical introducir estas funciones sintácticas con preposición. El dequeísmo aparece a menudo con verbos que se construyen con sujeto oracional pospuesto, como *preocupar, gustar, apetecer, interesar, fascinar,* etc.

⊗ Me preocupa de que lleguemos tarde.
⊘ Me preocupa que lleguemos tarde.
⊗ Me gustaría de que me hicieras caso.
⊘ Me gustaría que me hicieras caso.
⊗ Me interesa de que trabajemos juntos.
⊘ Me interesa que trabajemos juntos.
⊗ Le apetece de que vengas a la fiesta.
⊘ Le apetece que vengas a la fiesta.

También aparece dequeísmo en subordinadas de sujeto de oraciones copulativas construidas con la pauta «*ser* + adjetivo», como *ser posible, ser probable, ser interesante, ser necesario,* etc., o en oraciones copulativas.

⊗ Es posible de que me toque la lotería.
⊘ Es posible que me toque la lotería.

⊗ Es necesario de que te gradúes la vista.

⊘ Es necesario que te gradúes la vista.

⊗ Es fácil de que te arrepientas.

⊘ Es fácil que te arrepientas.

Otro caso de dequeísmo ocurre cuando se inserta la preposición entre el verbo y la oración subordinada de complemento directo.

⊗ Ya nos dijo de que llegaría tarde.

⊘ Ya nos dijo que llegaría tarde.

⊗ Considero de que la situación es grave.

⊘ Considero que la situación es grave.

⊗ La chica temía de que no hubiese escuchado el mensaje.

⊘ La chica temía que no hubiese escuchado el mensaje.

⊗ He oído de que van a derribar el edificio.

⊘ He oído que van a derribar el edificio.

Por último, también es frecuente el dequeísmo en las oraciones subordinadas de atributo, sobre todo cuando el sujeto es un grupo nominal que denota actitud favorable o desfavorable.

⊗ Su interés era de terminar cuanto antes.

⊘ Su interés era terminar cuanto antes.

⊗ Mi deseo es de que alcance sus metas.

⊘ Mi deseo es que alcance sus metas.

ℹ︎ › *NGLE*, págs. 3248-3257; *DPD*, s. v. dequeísmo.

....

PARA SABER MÁS...

Sobre los fenómenos del queísmo y el dequeísmo ⇨ 347-353.

....

348. ¿Hay algún error en *Una vez de que ha pasado*?

Sí, sobra la preposición *de,* por lo que hay un error de dequeísmo. A los casos antes señalados como dequeísmo (⇨ 347), hay que añadir las inserciones de preposición que se producen en locuciones conjuntivas como *a no ser que, a medida que, luego que* o *una vez que.*

⊗ Trataremos el asunto una vez de que hayan pasado las vacaciones.

⊘ Trataremos el asunto una vez que hayan pasado las vacaciones.

⊗ No te llamaré a no ser de que te necesite.

⊘ No te llamaré a no ser que te necesite.

⊗ Iremos resolviendo el asunto a medida de que pase el tiempo.
⊘ Iremos resolviendo el asunto a medida que pase el tiempo.

Todavía hay un último tipo de dequeísmo que, a diferencia de los anteriores, no consiste en añadir indebidamente la preposición *de*. En este caso, el error se produce al utilizar la preposición *de* en lugar de la que corresponde al régimen verbal: *®confiar de que* en vez de *confiar en que*, *®insistir de que* en vez de *insistir en que*, etc.

⊗ Confiaba de que pudiera recibirnos.
⊘ Confiaba en que pudiera recibirnos.
⊗ No pensó de que podría hacer daño.
⊘ No pensó en que podría hacer daño.

i ⟩ *NGLE*, págs. 3248-3257; *DPD*, *s. v.* dequeísmo.

....

PARA SABER MÁS...
Sobre los fenómenos del queísmo y el dequeísmo: ⇨ 347-353.
....

349. ¿Es correcto decir *No me di cuenta que estabas detrás*?

No, en este enunciado hay un caso de **queísmo,** un error que se produce al eliminar la preposición *de* que precede a la conjunción *que* cuando es obligatoria en la construcción gramatical. Por lo general, la consideración social de este error es que se trata de un defecto menos grave que el dequeísmo, pero en la lengua culta ambos deben rechazarse.

Se produce queísmo al omitir la preposición en algunas locuciones verbales formadas por un «verbo + grupo nominal + *de*» a las que complementa una oración subordinada: *darse cuenta de que, dar la casualidad de que, tener la seguridad de que, no caber duda de que, dar la impresión de que, tomar conciencia de que*, etc.

⊗ No me di cuenta que estaba detrás.
⊘ No me di cuenta de que estaba detrás.
⊗ Da la casualidad que yo estaba allí.
⊘ Da la casualidad de que yo estaba allí.
⊗ No cabe duda que esos son los mejores.
⊘ No cabe duda de que esos son los mejores.
⊗ Me da la impresión que nos van a recibir bien.
⊘ Me da la impresión de que nos van a recibir bien.

Otro contexto que favorece el queísmo es el de las estructuras copulativas que se emplean para expresar ideas u opiniones, como *estar seguro de que, estar convencido de que, ser consciente de que*, en las cuales se suprime erróneamente a menudo la preposición.

⊗ Estoy seguro que va a venir.
⊘ Estoy seguro de que va a venir.
⊗ Ella estaba convencida que su marido le era infiel.
⊘ Ella estaba convencida de que su marido le era infiel.
⊗ Somos conscientes todos nosotros que las dificultades han aumentado.
⊘ Somos conscientes todos nosotros de que las dificultades han aumentado.

También hay queísmo cuando se suprime la preposición que forma parte de algunas locuciones conjuntivas, como *a pesar de que, a fin de que, a condición de que, en caso de que, a causa de que, en vista de que, por razón de que, a cambio de que, a expensas de que, a propósito de que, en virtud de que*, etc.

⊗ Se lo enviaremos en caso que lo pida.
⊘ Se lo enviaremos en caso de que lo pida.
⊗ En vista que no llegaba, lo llamamos por teléfono.
⊘ En vista de que no llegaba, lo llamamos por teléfono.

Diferente de los anteriores es el queísmo que se produce al eliminar la preposición que exige el régimen verbal, sea esta *de* o cualquier otra, como ocurre a veces en verbos como *insistir en que, olvidarse de que, fijarse en que, acordarse de que, confiar en que, estar de acuerdo en que*, etc.

⊗ No se fijó que había pasado a su lado su antiguo jefe.
⊘ No se fijó en que había pasado a su lado su antiguo jefe.
⊗ No te olvides que mañana salimos de pesca.
⊘ No te olvides de que mañana salimos de pesca.
⊗ Estarás de acuerdo conmigo que esa solución no es la mejor.
⊘ Estarás de acuerdo conmigo en que esa solución no es la mejor.

ℹ⟩ *NGLE*, págs. 3248-3257; *DPD*, *s. vv.* queísmo, *que*.

....

PARA SABER MÁS...
Sobre los fenómenos del queísmo y el dequeísmo: ⇨ 347-353.

Entre las locuciones adverbiales, hay algunas que tienen la opción de aparecer con preposición o sin ella, mientras que otras solo admiten una opción. El cuadro que sigue presenta otros ejemplos de locuciones distintas de las que aparecen en los apartados anteriores en las que a veces aparecen errores.

Sin *de*	Con *de*	Ambas
a medida que	encima de que	antes que ~ antes de que
una vez que	además de que	después que ~ después de que
a no ser que	aparte de que	con tal que ~ con tal de que
al punto que	enseguida de que	
dado que		

350. **¿Es correcto decir** *Me da mucha pena de que abandonen a los animales* **o debe decirse** *Me da mucha pena que abandonen a los animales*?

Ambas posibilidades se consideran correctas, por lo que no se considera que haya en ninguna de ellas ni dequeísmo ni queísmo. La razón es que a cada uno de los enunciados le corresponde un análisis gramatical distinto. En el primer caso, la oración subordinada se considera complemento del sustantivo *pena: me daba* [*pena de eso*]; en el segundo, la oración subordinada es el sujeto de la oración principal: *me daba pena* [*eso*].

Esta doble posibilidad se encuentra en oraciones formadas con el verbo *dar* seguido de sustantivos que significan reacción afectiva, como *miedo, pena, vergüenza, asco, apuro*, etc. No admite esta doble posibilidad, sin embargo, cuando se combina con otros sustantivos como *casualidad, circunstancia, impresión* y similares (⇨ 349).

- ⊘ ¿No te da pena que se acabe el verano?
- ⊘ ¿No te da pena de que se acabe el verano?
- ⊘ Le daba vergüenza que lo vieran en aquel estado.
- ⊘ Le daba vergüenza de que lo vieran en aquel estado.

i ⟩ *NGLE*, págs. 3071, 3248-3257; *DPD*, s. v. queísmo.

PARA SABER MÁS...
Sobre los fenómenos del queísmo y el dequeísmo: ⇨ 347-353.

351. **¿Hay dequeísmo en _Me alegro de que me hagas esa pregunta_?**

No, es una oración perfectamente construida. Hay que tener en cuenta que la secuencia _de que_ no siempre es incorrecta. En este caso se está usando el verbo _alegrarse_, que se construye con un complemento de régimen (_alegrarse de algo_), por lo que la preposición es obligatoria. Diferente sería si se usase el verbo no pronominal _alegrar_. Este verbo se construye sin preposición (_algo alegra_), puesto que el elemento que denota lo que causa alegría es el sujeto de la oración.

 ⊘ Me alegro de que me hagas esa pregunta.
 ⊘ Me alegra que me hagas esa pregunta.

Este mismo tipo de alternancia se encuentra en otros pares de verbos con variante no pronominal y pronominal, como _sorprender algo_ y _sorprenderse de algo_, _avergonzar algo_ y _avergonzarse de algo_, _ofender algo_ y _ofenderse de algo_, _preocupar algo_ y _preocuparse de algo_, _lamentar algo_ y _lamentarse de algo_, _olvidar algo_ y _olvidarse de algo_, etc. El queísmo o el dequeísmo se producen cuando se intercambian los esquemas sintácticos de estos verbos.

 ⊘ Me sorprende que no hayan llamado todavía.
 ⊘ Me sorprendo de que no hayan llamado todavía.
 ⊘ Me avergüenzo de cómo te has comportado.
 ⊘ Me avergüenza cómo te has comportado.
 ⊘ Nos ofende que la traten así.
 ⊘ Nos ofendemos de que la traten así.
 ⊘ Me preocupa que no esté bien.
 ⊘ Me preocupo de que esté bien.
 ⊘ Me alegra que hayas venido.
 ⊘ Me alegro de que hayas venido.
 ⊘ Lamento que no lo hayas hecho.
 ⊘ Se lamentó de que no lo hubiera hecho.
 ⊘ Olvidó que era su cumpleaños.
 ⊘ Se olvidó de que era su cumpleaños.

En ninguno de los ejemplos anteriores hay error por queísmo o dequeísmo, igual que no los hay en los que siguen, que contienen construcciones de significado muy similar, una con verbo sin preposición y otra con un sustantivo o un adjetivo cuyo complemento debe llevar obligatoriamente preposición.

 ⊘ Desea que te recuperes cuanto antes.
 ⊘ Tiene el deseo de que te recuperes cuanto antes.

- ⊘ Opina que los precios bajarán.
- ⊘ Es de la opinión de que los precios bajarán.
- ⊘ Pretendía que le ampliásemos el plazo de entrega.
- ⊘ Tenía la intención de que le ampliásemos el plazo de entrega.
- ⊘ Necesito que vengas.
- ⊘ Tengo necesidad de que vengas.

Tampoco hay error en el caso de los verbos que admiten dos regímenes gramaticales, cada uno de los cuales va asociado a un significado diferente. Se trata de pares como *presumir que* 'suponer, sospechar' frente a *presumir de que* 'jactarse, vanagloriarse'; *responder que* 'contestar' frente a *responder de que* 'responsabilizarse'; *asegurar que* 'afirmar' frente a *asegurarse de que* 'cerciorarse'; *acordar que* 'llegar a un acuerdo' y *acordarse de que* 'recordar'.

- ⊘ Presumo que no va a ser una propuesta bien recibida.
- ⊘ Presumo de que es una propuesta muy meditada.
- ⊘ Respondió que lo hizo en defensa propia.
- ⊘ Tú respondes de que se cumplan los plazos.

i › *NGLE*, págs. 3248-3257; *DPD*, s. vv. queísmo, dequeísmo.

···

PARA SABER MÁS...

Sobre los fenómenos del queísmo y el dequeísmo: ⇨ 347-353.

···

352. ¿Cómo es: *Dudo que venga* o *Dudo de que venga*?

Ambas son válidas, por lo que en ninguno de estos casos hay queísmo ni dequeísmo. El verbo *dudar* admite en español la construcción transitiva *dudar algo* como la intransitiva *dudar de algo*. Esta doble posibilidad se da también en otros verbos, como *advertir, avisar* e *informar,* que admiten complemento directo o complemento de régimen (⇨ 266).

- ⊘ Dudo que venga.
- ⊘ Dudo de que venga.
- ⊘ Te advierto que no bromeo.
- ⊘ Te advierto de que no bromeo.
- ⊘ Nos avisaron que se suspendía la función.
- ⊘ Nos avisaron de que se suspendía la función.

Hay que tener en cuenta que la posibilidad de presentar doble régimen sintáctico puede verse restringida por el tipo de complemento. El verbo *cuidar* admite el régimen doble cuando el complemento es un grupo nominal (*cuida la casa, cuida de la casa*); cuando el complemento es una oración, debe llevar necesariamente *de*. El verbo *necesitar* también admite el doble régimen cuando el complemento es un nombre, pero no admite la preposición *de* si el completo es una oración.

⊗ Cuida que se cumplan las condiciones.
⊘ Cuida de que se cumplan las condiciones.
⊘ Necesitamos su confianza
⊘ Necesitamos de su confianza.
⊗ Necesitamos de que confíen en nosotros.
⊘ Necesitamos que confíen en nosotros.

i > *NGLE*, págs. 2727, 3248-3257; *DPD*, s. *vv.* queísmo, dequeísmo.

....

PARA SABER MÁS...

Sobre los fenómenos del queísmo y el dequeísmo: ⇨ 347-353.

....

353. **¿Cómo se pueden evitar el dequeísmo y el queísmo?**

Cuando se duda sobre si determinada construcción puede ser queísta o dequeísta, se pueden utilizar algunos recursos para saber si la preposición es obligatoria o no. Uno de ellos consiste en transformar la oración en una pregunta: si en la transformación la pregunta debe ir introducida por preposición, esta es necesaria en el enunciado no interrogativo; en caso contrario, hay que suprimirla.

Duda	Transformación en pregunta	Conclusión
Me gusta que/Me gusta de que	¿Qué me gusta? (no *¿De qué me gusta?)	Sin preposición
Estoy convencido que/ Estoy convencido de que	¿De qué estoy convencido? (no *¿Qué estoy convencido)	Con preposición
Es necesario que/Es necesario de que	¿Qué es necesario? (no *¿De qué es necesario)	Sin preposición
Me alegra que/Me alegra de que	¿Qué me alegra? (no *¿De qué me alegra?)	Sin preposición

Duda	Transformación en pregunta	Conclusión
Me da pena que/Me da pena de que	¿De qué me da pena?, ¿Qué me da pena?	Ambas
Dudo que/Dudo de que	¿Qué dudo?, ¿De qué dudo?	Ambas

Similar al recurso anterior es el de sustituir por un pronombre el elemento que origina la duda y comprobar si debe llevar o no preposición.

Duda	Sustitución por pronombre	Conclusión
Me apetece que/Me apetece de que	Me apetece eso (no *Me apetece de eso)	Sin preposición
Estoy seguro que/Estoy seguro de que	Estoy seguro de eso (no *Estoy seguro eso)	Con preposición
Es urgente que/Es urgente de que	Es urgente eso (no *Es urgente de eso)	Sin preposición
Me fascina que/Me fascina de que	Me fascina eso (no *Me fascina de eso)	Sin preposición
Me da miedo que/Me da miedo de que	Me da miedo eso, Me da miedo de eso	Ambas
Aviso que/Aviso de que	Aviso eso, Aviso de eso	Ambas

i › *NGLE*, págs. 3248-3257; *DPD*, s. vv. queísmo, dequeísmo.

....

PARA SABER MÁS...

Sobre los fenómenos del queísmo y el dequeísmo: ⇨ 347-353.

....

354. **¿Se puede usar indistintamente *Debe de estar aquí* y *Debe estar aquí*?**

No. El verbo *deber* tiene dos posibilidades cuando va seguido de otro verbo en infinitivo, en una de ellas se coloca la preposición *de* entre ambos verbos; en otra, los dos verbos aparecen juntos. La norma señala que «*deber* + infinitivo» se emplea para expresar obligación y «*deber de* + infinitivo» para expresar probabilidad, incertidumbre o duda. Esta distinta estructura permite diferenciar la interpretación que se asocia a cada enunciado. Según esto, *Debe de estar aquí* serviría para expresar una conjetura del hablante, su incertidumbre ante la posibilidad de que algo o alguien esté en el lugar señalado. *Debe estar aquí* se usaría para expresar la obligación de que alguien o algo se encuentre en ese lugar.

El uso de estas dos estructuras está sometido a las siguientes reglas:

- En los casos en que puede haber ambigüedad, es obligatorio elegir la opción que se adecua a los significados expuestos.

  > Debe estar trabajando. (Obligatorio para el significado de 'tiene la obligación de estar trabajando')
  > Debe de estar trabajando. (Obligatorio para 'es probable que esté trabajando')

- Se considera incorrecto insertar la preposición para expresar obligación, recomendación o sugerencia:

  > ⊗ Para que funcione debe de estar conectado.
  > ⊘ Para que funcione debe estar conectado.
  > ⊗ Debías de haberte traído el paraguas.
  > ⊘ Debías haberte traído el paraguas.

- Para expresar la probabilidad o suposición, se puede suprimir la preposición cuando el contexto resulta suficientemente explícito.

  > ⊘ Aquella debe de ser su casa, porque ese es su coche.
  > ⊘ Aquella debe ser su casa, porque ese es su coche.
  > ⊘ Ya debe de haber salido el avión.
  > ⊘ Ya debe haber salido el avión.

ⅰ⟩ *NGLE*, págs. 2143-2146; *DPD*, s. v. deber.

355. **¿Está bien usada la preposición *hasta* en la frase *Le dieron hasta siete puntos de sutura*?**

Se desaconseja este uso de *hasta*, ya que carece de valor semántico. La preposición se usa para expresar el límite máximo de una serie o el valor más elevado de una gradación:

⊘ Hasta el cinco se considera aprobado y, de ahí para abajo, suspenso.

⊘ La temperatura subirá hasta tres grados.

También se emplea *hasta* con un valor similar al del adverbio *incluso*, en contextos en los que se enfatiza un grupo nominal. En estos casos el grupo sintáctico introducido por *hasta* denota el grado máximo de una serie que no se formula expresamente, y la construcción tiene un carácter enfático.

⊘ Hasta a ti te parecería bien.

⊘ Este ordenador lo manejan hasta los niños.

⊘ Nos dieron hasta su número de teléfono.

Pero la preposición aparece a veces en contextos, como el del enunciado de la pregunta de esta sección, en el que no presenta ni valor de límite ni carácter enfático. En estos casos es conveniente eliminarla.

⊗ Le dieron hasta siete puntos de sutura.

⊘ Le dieron siete puntos de sutura.

⊗ En la salida, tardó hasta dos segundos en reaccionar.

⊘ En la salida, tardó dos segundos en reaccionar.

i › *NGLE*, págs. 2268-2269; *DPD, s. v. hasta.*

....

PARA SABER MÁS...

Sobre el empleo de *hasta* ante los adverbios *adelante* y *atrás:* ⇨ 356.

....

356. ¿Qué significa exactamente una expresión como *Cierran hasta las 12*?

Depende del país en el que se emita el enunciado, hasta el punto de que puede significar una cosa o su contraria. Cuando se usa *hasta* para introducir un complemento circunstancial de tiempo en oraciones de significado negativo, tiene dos significaciones opuestas en español. En la mayor parte del territorio hispanohablante una oración como *Estará en su casa hasta las ocho* se interpreta como 'a las ocho dejará de estar en su casa', y *No estará en su casa hasta las ocho* como 'llegará a su casa a partir de las ocho'. No obstante, en México, América Central, Colombia y zonas de Venezuela y Ecuador se ha eliminado el adverbio de negación, de manera que la oración *Estará en su casa hasta las ocho* ha pasado a significar que 'no llegará antes de esa hora', lo contrario que en el resto del español. Lo recomendable es que se conserve el adverbio de negación para evitar ambigüedad.

i > NGLE, págs. 2268-2269; DPD, s. v. hasta.

357. ¿Se puede usar en español la preposición *versus*?

Versus forma parte de la lista de preposiciones en español, compuesta según la *NGLE* por las veintitrés unidades siguientes: *a, ante, bajo, cabe, con, contra, de, desde, durante, en, entre, hacia, hasta, mediante, para, por, según, sin, so, sobre, tras, versus* y *vía*.

Por influencia del inglés, la preposición latina *versus* ha sido reintroducida recientemente en español, donde podemos encontrarla escrita con su forma plena y en la abreviada *vs.* Se encuentra especialmente en el lenguaje científico, el legal y el periodístico, en este sobre todo en el dedicado al deporte. No obstante, en ningún caso se recomienda su uso y se prefiere sustituirla por sus equivalentes *contra* o por *frente a*.

- ⊖ Arte versus economía: ese es el gran debate actual.
- ⊕ Arte frente a economía: ese es el gran debate actual.
- ⊖ El estudio examina la cantidad de grasa empleada versus otras fuentes de energía.
- ⊕ El estudio examina la cantidad de grasa empleada frente a otras fuentes de energía.
- ⊖ Se celebrará la pelea de boxeo Polito vs. Meléndez.
- ⊕ Se celebrará la pelea de boxeo de Polito contra Meléndez.

i > NGLE, págs. 2231-2232; DPD, s. v. versus.

....

PARA SABER MÁS...

La preposición *vía* solo se usa en español en dos contextos:

- Seguida de un nombre propio, indica el lugar por el que se pasa o en que se hace escala en un trayecto: *El avión regresó vía Londres*.
- Seguida de un nombre común, con o sin determinante, indica en los lenguajes periodístico, jurídico o político el procedimiento que se seguirá para lograr algo: *El acuerdo se logrará vía el consenso; Los empresarios pueden acceder a los créditos vía solicitud*.

....

358. **¿Se puede decir** *El error se produjo gracias a un fallo en la cadena de custodia*?

La locución preposicional *gracias a* es de carácter positivo por los elementos de que está compuesta, por lo que no se considera recomendable que su complemento sea un sustantivo de sentido negativo. Para estos contextos se recomienda sustituir la locución por *a causa de, por* u otras locuciones causales.

⊖ El error se produjo gracias a un fallo en la cadena de custodia.
⊕ El error se produjo a causa de un fallo en la cadena de custodia.
⊖ El pacto no fue posible gracias al desacuerdo entre las partes.
⊕ El pacto no fue posible debido al desacuerdo entre las partes.

También es desaconsejable usar la locución *gracias a* como complemento de verbos cuyo significado tenga carácter negativo, como *perder, sufrir, soportar*, etc.

⊖ Perdieron el partido gracias a un gol en el tiempo de descuento.
⊕ Perdieron el partido a causa de un gol en el tiempo de descuento.
⊖ Sufrimos un accidente gracias a un fallo en los frenos.
⊕ Sufrimos un accidente por un fallo en los frenos.

i › *NGLE*, pág. 3507.

359. **¿Está bien empleada la preposición en la frase** *Ha cesado del cargo*?

Está mal empleada la preposición; debería usarse *en*. El verbo intransitivo *cesar*, cuando significa 'dejar de desempeñar un cargo', puede llevar un complemento nominal u oracional para expresar el puesto o cargo que se deja. Si es una oración de infinitivo, se antepone la preposición *de*; pero si el complemento es nominal, puede construirse con *en* o, cuando se especifica el puesto que se deja, con *como*.

⊗ Ha cesado del cargo.
⊘ Ha cesado en el cargo.
⊘ Ha cesado como gerente.

El error en la construcción sintáctica que presenta el enunciado puede deberse a la influencia del verbo *dimitir*, con el que a menudo se confunde *cesar* por la cercanía semántica de ambos verbos.

El régimen de *dimitir* exige un complemento con *de, dimitir de algo.* Recordemos que la diferencia entre *cesar* y *dimitir* tiene que ver con el agente que promueve la acción: alguien dimite, pero a alguien lo cesan.

- ⊗ Marcos ha cesado del cargo.
- ⊘ Marcos ha dimitido del cargo.
- ⊗ A Marcos lo han dimitido.
- ⊘ A Marcos lo han cesado.

Otra causa del error del enunciado puede ser que el verbo se construye con *de* cuando significa 'acabarse' o 'abandonar algo'. En este caso no es correcto emplearlo como transitivo en lugar de *abandonar.*

- ⊘ Ha cesado de llover.
- ⊗ Corea no ha cesado nunca su carrera de armamento.
- ⊘ Corea no ha abandonado nunca su carrera de armamento.

i › *DRAE, s. vv. cesar, dimitir.*

360. ¿*Respecto de* o *respecto a*?

Son correctas las dos variantes. La locución preposicional significa 'en relación con, por lo que se refiere a' y presenta, además de las dos variantes señaladas, las que se forman anteponiendo la preposición *con: con respecto de, con respecto a.* A estas cuatro variantes hay que añadir *al respecto de,* forma menos usual que las anteriores pero considerada igualmente correcta.

- ⊘ Nuestra postura es firme respecto al salario.
- ⊘ Nuestra postura es firme respecto del salario.
- ⊘ Nuestra postura es firme con respecto al salario.
- ⊘ Nuestra postura es firme con respecto del salario.
- ⊘ Nuestra postura es firme al respecto del salario.

i › *NGLE,* pág. 2280; *DRAE, s. v. respecto.*

....

PARA SABER MÁS...

Para este mismo significado de 'en relación con' existe en español la locución *en punto a,* que solo aparece en lenguajes formales.
Otros sinónimos de estas mismas locuciones: ⇨ 462.

....

361. ¿Es correcto decir *Ganamos de dos puntos*?

No es correcto. Aunque *°ganar de* es una fórmula que se usa con mucha frecuencia en el lenguaje deportivo, el verbo *ganar* se construye en español con la preposición *por* para introducir el complemento que indica la diferencia por la que se gana.

⊗ Ganamos de dos puntos.
⊘ Ganamos por dos puntos.

Los errores por el cambio indebido de la preposición que exige el régimen sintáctico son habituales. Se recogen a continuación algunos ejemplos.

⊗ Ocho partido de dos es cuatro.
⊘ Ocho partido por dos es cuatro.
⊗ Se me ha puesto un dolor al estómago.
⊘ Se me ha puesto un dolor en el estómago.
⊗ Tiene varias opciones a conseguir el puesto de trabajo.
⊘ Tiene varias opciones de conseguir el puesto de trabajo.

i › Paredes, *Guía,* pág. 100.

SOBRE LAS CONJUNCIONES

362. ¿Es correcto escribir *No entiendo el por qué te portas así*?

No, sobra el artículo *el* delante del interrogativo. La secuencia *por qué te portas así* es una oración y, como tal, no debe ir encabezada por ningún determinante. Este uso se observa en los países andinos y Chile, entre otras áreas, y aparecía también en textos de épocas pasadas. La anteposición del artículo se extiende también a las interrogativas con *para qué*, pero la lengua culta actual prefiere la omisión del artículo en todos los casos.

⊗ No entiendo el por qué te portas así.
⊘ No entiendo por qué te portas así.
⊗ Habría que preguntarse el para qué sirve quedarse callado.
⊘ Habría que preguntarse para qué sirve quedarse callado.

El error que estamos comentando puede deberse a la existencia de la forma sustantivada *porqué,* que significa 'causa, razón, motivo'. Puesto que se trata de un sustantivo, esta palabra admite el plural y la anteposición de otros determinantes (*los porqués*). Si este sustantivo lleva un complemento, debe ir introducido por *de*.

Ø No entiendo el porqué de tu comportamiento.
Ø No entiendo el porqué de que te portes así.

i › *NGLE*, pág. 3235; *DPD, s. v. porqué.*

PARA SABER MÁS...

Sobre el uso de *porque, por qué, porqué* y *por que*: ⇨ 113.

363. **¿Se dice *Tú friega los platos mientras yo plancho* o debería decirse *mientras que yo plancho*?**

Son correctas las dos maneras, aunque en la lengua culta de España se prefiere la variante sin *que*. Las conjunciones *mientras* y *mientras que* se usan en oraciones que pueden tener valor temporal, adversativo o condicional. Para expresar que dos acciones suceden simultáneamente, en España se percibe como arcaizante la forma *mientras que*, pero no se considera así en América, donde tienen plena vigencia ambas variantes.

Ø Tú friega los platos mientras yo plancho.
Ø Tú friega los platos mientras que yo plancho.

En los contextos de valor adversativo, en los que se contraponen dos ideas, se prefiere *mientras que* en lugar de *mientras*.

⊖ Los de este barrio son del Betis, mientras los de aquel son del Sevilla.
⊕ Los de este barrio son del Betis, mientras que los de aquel son del Sevilla.

Se recomienda, en cambio, usar *mientras* cuando la oración introducida por esta expresión tiene valor temporal o condicional.

⊖ Lo ayudaré mientras que esté en mi mano.
⊕ Lo ayudaré mientras esté en mi mano.
⊖ Te lo dejo mientras que no me lo rompas.
⊕ Te lo dejo mientras no me lo rompas.

No debe sustituirse *mientras* por *en lo que* ni *entre que*, formas consideradas propias del registro coloquial la primera y vulgar la segunda.

⊗ Esperaré un rato en lo que se cuece el pan.
⊘ Esperaré un rato mientras se cuece el pan.
⊗ Descansa un poco entre que te preparo algo de comer.
⊘ Descansa un poco mientras te preparo algo de comer.

i › *NGLE*, págs. 2471-2473; *DPD*, *s. v. mientras*.

364. ¿Se puede decir *De que termine, estoy contigo*?

La locución conjuntiva *de que* se emplea con el significado de 'en cuanto, en el momento en que' para introducir oraciones subordinadas temporales. No es un caso de dequeísmo, sino la pervivencia del antiguo adverbio *desque*. Se puede oír en hablantes de algunas zonas de España, el Caribe y los países andinos, pero no se considera apropiada en los registros cultos, donde debe sustituirse por otras conjunciones o locuciones temporales, como *cuando* o *en cuanto*.

⊗ De que termine, estoy contigo.
⊘ En cuanto termine, estoy contigo.
⊘ Cuando termine, estoy contigo.

También se consideran fuera de la norma culta las locuciónes *a la que*, que se oye en España, y *a lo que*, en América, para introducir subordinadas temporales. Se debe usar *cuando, en cuanto* o la estructura «*al* + infinitivo».

⊗ A la que salgas, cierra la puerta.
⊘ Cuando salgas, cierra la puerta.
⊗ A lo que llegó el tranvía, nos montamos todos.
⊘ Al llegar el tranvía, nos montamos todos.

i › *NGLE*, pág. 2460; *DPD*, *s. vv. que, a, cuanto*.

365. ¿Está bien dicho *Qué listo que es tu hermano*?

No se considera un uso apropiado en la lengua cuidada, pues la conjunción que aparece repetida en segundo lugar carece de contenido y de función sintáctica. Se trata de un uso enfático de *que*, asociado a los enunciados exclamativos en los que se antepone un adjetivo, un adverbio o un sustantivo para focalizar la oración sobre él. Es un uso característico de los registros coloquiales; en la lengua cuidada se prefiere la supresión de la conjunción repetida.

⊖ ¡Qué listo que es tu hermano!
⊕ ¡Qué listo es tu hermano!
⊖ ¡Hay que ver qué enfadado que te pones!
⊕ ¡Hay que ver qué enfadado te pones!
⊖ ¡Qué despacio que va este tren!
⊕ ¡Qué despacio va este tren!
⊖ ¡Qué frío que hace!
⊕ ¡Qué frío hace!

Esta misma recomendación se hace en otros enunciados enfáticos introducidos por fórmulas exclamativas combinadas con *que*.

⊖ Vaya cara que se te ha quedado.
⊕ Vaya cara se te ha quedado.
⊖ Menuda sorpresa que nos dieron.
⊕ Menuda sorpresa nos dieron.

i › *NGLE*, págs. 3205-3207; *DPD*, s. v. *que*.

366. ¿Se puede decir *En cuanto que me despisto, me la juega*?

Emplear aquí *en cuanto que* no se considera la opción recomendable. La expresión *en cuanto* se utiliza para expresar la causa de algo o la inmediatez de dos acciones. Con este último significado también se admite la variante *en cuanto que*, pero se prefiere la variante sin conjunción.

⊖ En cuanto que me despisto, me la juega.
⊕ En cuanto me despisto, me la juega.
⊖ En cuanto que termine, estoy contigo.
⊕ En cuanto termine, estoy contigo.

La locución *en cuanto* (*que*) seguida de una oración sirve para establecer una relación de causa entre dos hechos o ideas; equivale a *por cuanto*, locución que se considera también recomendable en este contexto.

⊖ Es una decisión importante en cuanto que puede suponer mejoras sociales.

⊕ Es una decisión importante por cuanto puede suponer mejoras sociales.

Por otra parte, la locución conjuntiva *en cuanto (que)* seguida de un sustantivo sin determinante o un adjetivo adquiere el significado de 'como, en calidad de'. Con este sentido es incorrecto emplear la variante *⊛en cuanto a*.

⊘ Nuestro ideal en cuanto que humanos es avanzar hacia el progreso social.

⊗ El equilibrismo, en cuanto a actividad compleja, desarrolla muchas habilidades.

⊘ El equilibrismo, en cuanto actividad compleja, permite el desarrollo de habilidades.

i › *NGLE*, págs. 2460, 3464; *DPD, s. vv. que, a, cuanto.*

367. ¿Está bien dicho *Su actitud es, cuanto menos, sorprendente*?

Está mal. Se confunde la locución conjuntiva *cuando menos,* que significa 'como mínimo', con la locución *cuanto menos,* que tiene varios valores. Las locuciones *cuando más* y *cuando menos* significan respectivamente 'como máximo, a lo sumo' y 'como mínimo'. El parecido fónico hace que a menudo se confundan los significados de estas expresiones.

Se muestran a continuación algunos casos de uso de *cuanto más* y *cuanto menos* donde correspondería *cuando más* y *cuando menos.*

⊗ Su actitud es, cuanto menos, sorprendente.

⊘ Su actitud es, cuando menos, sorprendente.

⊗ Se le puede conceder, cuanto más, el 10 % de lo que pide.

⊘ Se le puede conceder, cuando más, el 10 % de lo que pide.

La equivocación en sentido contrario, de *cuando más, cuando menos* donde corresponde *cuanto más, cuanto menos* se ejemplifica a continuación.

⊗ Va a todas las bodas, cuando más a la de su sobrina.

⊘ Va a todas las bodas, cuanto más a la de su sobrina.

⊗ No desperdicia nada, cuando menos, dinero.

⊘ No desperdicia nada, cuanto menos, dinero.

		Significado	Ejemplo
Locución conjuntiva	cuando más	'como máximo'	La idea es, cuando más, modesta.
	cuando menos	'como mínimo', 'por lo menos'	La idea es, cuando menos, interesante.
Locución conjuntiva	cuanto más	'con mayor motivo', 'más aún'	Valen todas las ideas, cuanto más la suya.
	cuanto menos	'con menos motivo', 'menos aún'	No quiere relaciones estables, cuanto menos compromisos.
Locución determinativa	cuanto más	'si más'	Cuanto más dinero tiene, peor vive.
	cuanto menos	'si menos'	Cuanto menos dinero tiene, menos necesita.

ⁱ⟩ *NGLE*, págs. 3419-3420; *DPD*, s. vv. *más, menos.*

368. **¿Se puede decir *Pues mira, como que no*?**

Esta expresión solo es aceptable en el estilo coloquial. El adverbio *como* se usa en las conjeturas con un valor aproximativo (*En el saco habrá como tres kilos*) y con valores de atenuación (*Me parece que estás como huraño; Tiene un color como muy apagado*). Debe evitarse *como* cuando es superfluo y carece de cualquiera de estos valores. En el enunciado que encabeza esta sección se emplea *como que* como un elemento atenuador de la negación que sigue. Se trata, como se ha dicho, de un uso propio de la lengua coloquial que no debe pasar a los estilos más cuidados.

⊗ El traje te queda como muy bien.
⊘ El traje te queda muy bien.
⊗ Las personas con esta enfermedad son como muy positivas.
⊘ Las personas con esta enfermedad son muy positivas.

Según el *DPD*, la secuencia *ser como que* se usa en la lengua coloquial de los países del área rioplatense como elemento superfluo, por lo que se recomienda evitarla en la lengua cuidada. La *NGLE* no se pronuncia al respecto.

ⁱ⟩ *NGLE*, págs. 3419-3420; *DPD*, s. v. *como.*

369. **¿Cuál de estas formas es la correcta: *Ojalá y llueva,*** ***Ojalá que llueva* u *Ojalá llueva*?**

Las obras académicas consultadas solo dan como válidas las variantes *ojalá* y *ojalá que*. Sin embargo, la forma *ojalá y* se encuentra ampliamente difundida por los países hispanoamericanos así como en zonas de España, por lo que no debería considerarse errónea.

- ⊖ Ojalá y llueva.
- ⊘ Ojalá llueva.
- ⊘ Ojalá que llueva.

Para explicar la variante *ojalá y* se ha pensado en la influencia de otras interjecciones, como *ay, caray, velay.*

i › *NGLE*, págs. 2504-2505, 3144; *DPD, s. v. que.*

....

PARA SABER MÁS...

Sobre la redundancia de *ojalá:* ⇨ 434.

La interjección es una voz aguda; no debe pronunciarse ni escribirse como si fuese una palabra esdrújula ⊛*ójala.*

....

SOBRE LA CONCORDANCIA ENTRE EL SUJETO Y EL VERBO

370. **¿Es correcto decir *Los responsables debemos asumirlo*?**

Sí. Aunque *los responsables* es un grupo nominal y, como tal, gramaticalmente pertenece a la tercera persona, puede combinarse con el verbo *debemos* en primera persona porque se refiere a personas. Los grupos nominales que designan personas admiten la combinación con el verbo en tercera persona de plural, pero también en primera y en segunda. La elección de una u otra variante depende de que el hablante se sienta incluido en el grupo, de que considere que está incluido el oyente o de que considere que ninguno de los dos forma parte de él.

- ⊘ Los responsables debemos asumirlo.
- ⊘ Los responsables debéis asumirlo.
- ⊘ Los responsables deben asumirlo.

Esta posibilidad la tienen también los grupos nominales formados por «artículo + numeral» o por «artículo + pronombre relativo» y los cuantificadores *todos* y *ambos*.

- ⊘ Los dos sabemos que esto iba a suceder.
- ⊘ Los dos sabían que esto iba a suceder.
- ⊘ Las que estudiáis en esta academia debéis pasar por secretaría.
- ⊘ Así todos estamos satisfechos.
- ⊘ No discutáis, que ambos decís lo mismo.

i › *NGLE*, págs. 2580-2581; *DPD, s. v.* concordancia.

371. ¿Hay algún error en la frase *Alguno sabréis cómo hacerlo?*

No hay concordancia entre el sujeto y el verbo. La falta de concordancia es de número, entre el singular *alguno* y el plural *sabréis*. La norma no recomienda este tipo de combinación de *alguno* y *ninguno* con verbo en plural y exige en su lugar la estructura que mantiene la concordancia, que es la opción más frecuente, además.

- ⊗ Alguno sabréis cómo hacerlo.
- ⊘ Alguno sabrá cómo hacerlo.
- ⊗ ¿Ninguno conocéis a Rosalía?
- ⊘ ¿Ninguno conoce a Rosalía?

La concordancia puede hacerse en singular o en plural si los cuantificadores llevan un complemento con *de* seguido de *nosotros, vosotros* o *ustedes*, pero solo se admite la concordancia en singular si el complemento es un grupo nominal.

- ⊘ Ninguno de ustedes conoce las pruebas a las que se van a someter.
- ⊗ ¿Alguno de ustedes han pedido este café?
- ⊗ Alguno de los promotores se han ofrecido ya.
- ⊘ Alguno de los promotores se ha ofrecido ya.

En las estructuras señaladas en el párrafo anterior, no se debe emplear *alguien* o *nadie*. Se consideran incorrectas, por tanto, las construcciones **nadie de nosotros*, **alguien de ustedes* y similares, en lugar de *ninguno de nosotros, alguno de ustedes*.

- ⊗ Por si alguien de vosotros lo necesita, el coche está disponible.
- ⊘ Por si alguno de vosotros lo necesita, el coche está disponible.

⊗ ¿Nadie de ustedes se lo ha preguntado alguna vez?

⊘ ¿Ninguno de ustedes se lo ha preguntado alguna vez?

i › NGLE, págs. 2580-2581; DPD, s. vv. alguno, ninguno.

372. ¿Está bien construida la frase *Toda esa gente tienen los mismos derechos que nosotros*?

No, tiene un error en la concordancia entre el sujeto y el verbo. El sustantivo *gente* pertenece al grupo de los nombres colectivos, aquellos que en singular designan un conjunto de individuos de la misma clase, como *multitud, muchedumbre, clero, séquito, familia, manada, rebaño, vecindario, chiquillería, muchachada, alumnado, arboleda* y muchos otros.

Usados como sujeto de la oración, la concordancia con el verbo debe hacerse en singular. No obstante, es frecuente que en los enunciados en los que intervienen estos nombres se produzca la «concordancia *ad sensum*», ya que el hablante los interpreta como alusión a los individuos que los componen. El error en la concordancia se produce sobre todo si el nombre colectivo va acompañado del cuantificador *todo* o de los adjetivos *entero* y *completo* así como cuando se inserta un inciso entre el sujeto y el verbo.

⊗ Toda esa gente tienen los mismos derechos que nosotros.

⊘ Toda esa gente tiene los mismos derechos que nosotros.

⊗ La familia entera salieron a recibirlo.

⊘ La familia entera salió a recibirlo.

⊗ La muchedumbre, enfervorizados con su ídolo, prorrumpieron en aplausos.

⊘ La muchedumbre, enfervorizada con su ídolo, prorrumpió en aplausos.

Se admite la concordancia en plural cuando el sujeto de la oración no es el sustantivo colectivo por estar el verbo en una oración subordinada. En *El grupo se preguntaba cómo seguirían adelante* no hay discordancia entre *grupo* y *seguirían* porque *el grupo* no es el sujeto de la oración subordinada; *seguirían* tiene como sujeto tácito un pronombre.

i › NGLE, págs. 814-817; DPD, s. v. concordancia.

....
PARA SABER MÁS...
Otros aspectos de la concordancia con este tipo de nombres: ⇨ 276 y 378.
....

373. ¿Es *uno de los que más tiene* o *uno de los que más tienen*?

Se admiten las dos variantes. En este tipo de estructuras partitivas, se contrasta el singular *uno* con el plural *los que*. El plural del verbo de la subordinada *tienen* está plenamente justificado porque el sujeto de la oración es *los que*. Se trata, por tanto, de la construcción más ajustada a las exigencias gramaticales. No obstante, en estos contextos se admite también la concordancia en singular como un caso de «concordancia ad sénsum», entendiendo que la propiedad aplicada a todos *los que* también corresponde a *uno*.

- ⊘ Es uno de los que más tiene.
- ⊘ Es uno de los que más tienen.
- ⊘ Uno de los que más tardó en reaccionar fue su socio.
- ⊘ Uno de los que más tardaron en reaccionar fue su socio.
- ⊘ Una de las que promovieron la acción fue Rigoberta Menchú.
- ⊘ Una de las que promovió la acción fue Rigoberta Menchú.

No se considera aceptable la construcción concordante en primera o segunda persona cuando la construcción forma parte de una oración copulativa cuyo sujeto es un pronombre personal (*yo soy uno de los que, vos sos uno de los que...*). En estos contextos, la forma que se prefiere en la lengua culta es la concordada en plural.

- ⊗ Tú eres uno de los que estabas presente.
- ⊘ Tú eres uno de los que estaban presentes.
- ⊗ Yo fui uno de los que voté a favor.
- ⊘ Yo fui uno de los que votaron a favor.

i › *NGLE*, págs. 2589-2590; *DPD*, *s. v.* concordancia.

374. ¿Qué es lo correcto: *Yo soy de los que piensan* o *Yo soy de los que pienso*?

De estas dos posibilidades solo es aceptable *Yo soy de los que piensan*. Esta es una construcción partitiva en la que se ha suprimido el indefinido *uno*: *Yo soy [uno] de los que piensan*. Se considera, por tanto un caso similar a los descritos arriba (⇨ 373), y, como en ellos, también se considera válida la concordancia en singular, *yo soy [uno] de los que piensa*. Pero en los casos de *yo soy de los que, tú eres de los que, vos sos de los que,* etc. la concordancia en singular se considera una opción menos recomendable y no se admite la concordancia en primera o segunda persona.

⊗ Yo soy de los que pienso...
⊖ Yo soy de los que piensa...
⊕ Yo soy de los que piensan...
⊖ Eres de los que se pasa la vida buscando lo mejor.
⊕ Eres de los que se pasan la vida buscando lo mejor.
⊗ Somos de los que nos preparamos bien las entrevistas de trabajo.
⊘ Somos de los que se preparan bien las entrevistas de trabajo.

ⁱ› *NGLE,* pág. 2589; *DPD, s. v.* concordancia.

375. ¿*Tú eres el que decides* o *Tú eres el que decide*?

Las dos posibilidades son válidas para los hablantes que usan *tú,* igual que se admiten las correspondientes a la conjugación voseante *Vos sos el que decidís* y *Vos sos el que decide.* Este tipo de oraciones copulativas, denominadas enfáticas o de relieve, se caracterizan por ser derivaciones de estructuras más simples. En el caso que nos ocupa, los enunciados enfáticos proceden de *tú decides* o *vos decidís.*

Entre los efectos sintácticos que produce la transformación descrita, uno afecta a la variación de persona en el verbo de la oración de relativo. Este, además de la concordancia gramatical con el sujeto de la relativa *el que* (*el que manda*), puede concordar con el pronombre preservando la relación con la estructura básica (*el que mandas*).

⊘ Tú eres el que decides.
⊘ Tú eres el que decide.
⊘ Yo soy el que llamó hace un rato.
⊘ Yo soy el que llamé hace un rato.
⊘ Vos sos quien estás cansado, yo no.
⊘ Vos sos quien está cansado, yo no.

Si la oración de relativo aparece en posición inicial, se prefiere la variante en la que hay concordancia gramatical:

- ⊖ El que mando soy yo.
- ⊕ El que manda soy yo.
- ⊖ El que tenías que estar acá sos vos.
- ⊕ El que tenía que estar acá sos vos.

Con los pronombres personales *nosotros* y *vosotros* lo habitual es que el verbo de la oración de relativo vaya en primera o segunda persona de singular. La posibilidad de que el verbo aparezca en tercera persona se da solo cuando la oración subordinada está en posición inicial, aunque siempre es una variante poco usual.

- ⊘ Nosotros somos los que nos hemos movido.
- ⊘ Los que atendemos las sugerencias y quejas de los clientes somos nosotros.
- ⊘ Los que atienden las sugerencias y quejas de los clientes somos nosotros.

i › *NGLE*, págs. 3026-3031; *DPD*, s. v. concordancia.

376. ¿*La comida y la bebida corren de mi cuenta* o *corre de mi cuenta*?

Se admiten las dos posibilidades, pero la que presenta el verbo en singular solo se acepta cuando se cumplen determinadas condiciones. La gramática exige que entre el sujeto y el verbo haya concordancia, que será en plural si el sujeto es plural (*los perros ladran*) o si es coordinado (*el perro y el gato se pelean*).

Sin embargo, con sujetos coordinados con la conjunción copulativa *y* el verbo puede aparecer en singular en los siguientes casos:

- Cuando los elementos que forman el sujeto se perciben como una unidad: *La comida y la bebida corre de mi cuenta*. A veces este rasgo se marca haciendo que el segundo elemento aparezca sin determinantes: *La entrada y salida de mercancías quedó restringida*.
- Cuando el sujeto va pospuesto: *En el trabajo constante reside a menudo el genio y la inspiración*. La concordancia en singular es más frecuente con verbos que suelen llevar el sujeto pospuesto, como *gustar, apetecer, interesar*, etc.: *Me interesa el cine y el teatro*.

El verbo tiene que ir necesariamente en singular en los siguientes casos:

- Si los elementos coordinados son características o propiedades de un mismo individuo: *El director y productor de cine sonrió al recibir el galardón.*
- Si los sujetos son oracionales: *Ahora le apetece que la mimen y la cuiden; Es mejor que dos se queden y los demás se salgan.*

ⓘ › *NGLE*, pág. 2568; *DPD, s. v.* concordancia.

377. ¿Está bien usado el verbo en *El cliente, junto con su abogado, salió al pasillo?*

Sí, y también sería posible usarlo en plural, *salieron*. El sujeto múltiple unido por la locución *junto con* concuerda en singular con el verbo, incluso cuando los dos elementos se colocan antes que el verbo. Si la concordancia es en singular, se entiende que solo el primero de los elementos coordinados es el sujeto de la oración.

- ⊘ El cliente, junto con su abogado, salió al pasillo.
- ⊘ La diseñadora, junto a su equipo, preparaba un nuevo traje.
- ⊘ Elvira, además de Laura, desea una nueva oportunidad.
- ⊘ El jefe, como el obrero, tiene derechos y obligaciones.
- ⊘ El caballo, así como otros animales, posee un gran sentido del olfato.

También es válida en este contexto la concordancia en plural, en cuyo caso se interpreta que el sujeto está coordinado por cualquiera de los nexos *junto con, además de, junto a, y también, así como, con* y *como.* Todos los ejemplos que siguen son válidos.

- ⊘ El cliente, junto con su abogado, salieron al pasillo.
- ⊘ La diseñadora, junto a su equipo, preparaban un nuevo traje.
- ⊘ Elvira, además de Laura, desean una nueva oportunidad.
- ⊘ El jefe, como el obrero, tienen derechos y obligaciones.
- ⊘ El caballo, así como otros animales, poseen un gran sentido del olfato.

ⓘ › *NGLE*, págs. 2566-2567; *DPD, s. v.* concordancia.

....

PARA SABER MÁS...

En el español de Chile, el Río de la Plata y la región andina puede usarse el verbo en primera persona de plural junto a un complemento introducido por la preposición *con* sin que aparezca expresamente el elemento coordinado: *Con María estuvimos hablando* 'María y yo estuvimos hablando'.

....

378. ¿Está bien dicho *La tribu entera, hombres, mujeres y niños, participan en la recolección*?

No está bien, ya que hay una falta de concordancia entre el núcleo del sujeto, *tribu*, que está en singular, y el verbo en plural *participan*.

⊗ La tribu entera, hombres, mujeres y niños, participan en la recolección.

⊘ La tribu entera, hombres, mujeres y niños, participa en la recolección.

Cuando el sujeto de la oración es un nombre colectivo, como *tribu, familia, clan, gente, vecindario, alumnado, manada, rebaño,* etc. a veces se establece una concordancia *ad sensum* con el verbo en plural. Se da especialmente cuando el núcleo del sujeto y el verbo están alejados porque se ha añadido entre ellos algún complemento o algún inciso que hace explícito el carácter plural del colectivo. En la norma culta se debe evitar este uso y mantener la concordancia en singular con el verbo y con los adjetivos si es el caso.

⊗ El alumnado, todos a una, se opusieron al examen sorpresa.

⊘ El alumnado, todos a una, se opuso al examen sorpresa.

⊗ La gente, que estaba en otros asuntos, no se quisieron dar por enterados.

⊘ La gente, que estaba en otros asuntos, no se quiso dar por enterada.

⊗ El séquito al completo desfilaron ante el monarca.

⊘ El séquito al completo desfiló ante el monarca.

⊗ La multitud, hombres y mujeres, saludaban a los deportistas como a héroes.

⊘ La multitud, hombres y mujeres, saludaba a los deportistas como a héroes.

ⓘ *NGLE*, págs. 815, 2576-2577; *DPD*, *s. v.* concordancia.

379. ¿*Un grupo de viajeros visitaron la mezquita* o *visitó la mezquita*?

Son válidas las dos alternativas. *Un grupo de viajeros* es un grupo nominal pseudopartitivo. Estas estructuras se construyen con la pauta «*un* + nombre colectivo + *de*» seguidos de un sustantivo sin artículo y son muy numerosas en español: *un grupo de, un conjunto de, una serie de, una manada de, un ejército de, un montón de,* etc. Cuando

funcionan como sujeto de una oración, reciben dos posibles interpretaciones: considerar como núcleo del sujeto el nombre colectivo
o interpretar el conjunto como una locución cuantificadora y considerar como sujeto el sustantivo que aparece detrás (*los viajeros
visitaron*).

En el caso de que *grupo* se considere el núcleo del sujeto, la
concordancia con el verbo se hace en singular, *un grupo visitó...*
Esta es la concordancia gramatical. Si *un grupo de* se interpreta
como locución cuantitativa —equivalente a *muchos*—, el núcleo del
sujeto sería *viajeros* y el verbo concordaría en plural. Esta es la concordancia denominada *ad sensum* o concordancia por el sentido.
Ambas posibilidades son válidas.

- ⊘ Un grupo de viajeros visitaron la mezquita.
- ⊘ Un grupo de viajeros visitó la mezquita.
- ⊘ Una serie de circunstancias propició el encuentro.
- ⊘ Una serie de circunstancias propiciaron el encuentro.
- ⊘ Una multitud de periodistas acudió al evento.
- ⊘ Una multitud de periodistas acudieron al evento.

i › *NGLE*, págs. 832-833, 1448-1457, 2572-2577; *DPD, s. v.* concordancia.

....

PARA SABER MÁS...

Casos similares: ⇨ 277 y 373.

Las locuciones *multitud de* e *infinidad de* pueden construirse también
sin determinante (*multitud de personas, infinidad de regalos*). A diferencia de
las que aparecen en esta sección, no forman grupos nominales, sino que son
locuciones determinativas. Por ello, no pueden ser núcleo del sujeto, como
demuestra la imposibilidad de concordancia en singular con el verbo.

- ⊗ Multitud de periodistas acudió al evento.
- ⊘ Multitud de periodistas acudieron al evento.

....

380. **Ese tipo de personas ¿*me interesa mucho* o *me interesan mucho*?**

En este tipo de estructuras, se admiten las dos variantes, pero se
considera preferible la concordancia en singular. A diferencia de las
estructuras pseudopartitivas (⇨ 379), nos encontramos aquí ante
un grupo nominal formado por un sustantivo clasificativo, es decir
que separa en clases el conjunto al que se aplica. Estos grupos sin-

tácticos, formados con sustantivos como *tipo, clase, especie, suerte, género, gama,* etc., admiten también la concordancia en singular o en plural, si bien se recomienda la primera en los estilos de lengua más cuidados.

⊖ Este tipo de personas me interesan mucho.
⊕ Este tipo de personas me interesa mucho.
⊖ Esa especie de animales son muy longevos.
⊕ Esa especie de animales es muy longeva.

Siguen la misma pauta descrita en los párrafos anteriores los grupos nominales compuestos por un sustantivo numeral colectivo, como *decena, centena, millar, millón,* etc. También con ellos se admite la concordancia en singular y en plural, aunque se prefiere la primera.

⊖ Una decena de ciclistas llegaron fuera de tiempo.
⊕ Una decena de ciclistas llegó fuera de tiempo.
⊖ Asistieron un centenar de invitados.
⊕ Asistió un centenar de invitados.
⊖ Un par de criados portaban una alfombra.
⊕ Un par de criados portaba una alfombra.

i › *NGLE,* págs. 827-835, 2576-2577; *DPD, s. v.* concordancia.

381. La mayoría de los ciclistas ¿*ya ha llegado* o *ya han llegado*?

Se pueden usar las dos formas indistintamente. El grupo sintáctico *la mayoría de los ciclistas* es una construcción partitiva, un tipo de construcción que consta de un cuantificador seguido de la preposición *de* y un grupo nominal con artículo. Forman estructuras de este tipo sustantivos como *mayoría, mitad, doble, parte, total, centenar,* etc.

En las estructuras partitivas del tipo *la mayoría de los ciclistas* la concordancia puede hacerse en singular con el sustantivo cuantificador (*mayoría*), que es el núcleo del sujeto gramatical, o con el sustantivo del complemento (*ciclistas*), que es el sujeto desde el punto de vista semántico.

⊘ Una parte de los asistentes prorrumpió en aplausos.
⊘ Una parte de los asistentes prorrumpieron en aplausos.
⊘ La totalidad de los votos resultó nula.

⊘ La totalidad de los votos resultaron nulos.

⊘ La mitad de las calificaciones supera el aprobado.

⊘ La mitad de las calificaciones superan el aprobado.

Las consideraciones hechas en los párrafos anteriores sirven también para los sujetos que expresan porcentajes. Son, como los anteriores, construcciones partitivas y en ellas se admite la concordancia gramatical o la concordancia *ad sensum*.

⊘ El dos por ciento de los encuestados respondió afirmativamente.

⊘ El dos por ciento de los encuestados respondieron afirmativamente.

No obstante, cuando el porcentaje es el sujeto de una oración copulativa que lleva atributo, lo normal es que la concordancia se realice con el sustantivo del complemento partitivo.

⊖ El quince por ciento de las opiniones fue positivo.

⊕ El quince por ciento de las opiniones fueron positivas.

i › *NGLE*, págs. 2578-2579; *DPD, s. v.* concordancia.

....

PARA SABER MÁS...

En ciertas ocasiones la concordancia gramatical puede estar sometida a consideraciones extralingüísticas. No resulta natural decir *El ocho por ciento de las mujeres está embarazado,* a pesar de que en la frase se respeta escrupulosamente la concordancia. Pero resulta que la posibilidad de quedar embarazado es exclusiva de las mujeres y el resto de hembras, por lo que no resulta adecuado aplicar este adjetivo a un número o a un porcentaje.

....

382. *El tabaco y el café eran su principal fuente de divisas.* ¿Está bien escrito, o debería ser *sus principales fuentes de divisas*?

Se admiten las dos posibilidades. La razón está en que este tipo de oraciones copulativas, denominadas **ecuativas,** son oraciones en las que el verbo *ser* establece una igualdad entre dos términos, ambos de similar valor. De hecho, el orden en que se presentan los dos elementos puede ser indistinto. Lo habitual es considerar que el elemento que se antepone al verbo se considere el sujeto y que el verbo establezca la concordancia con él.

⊘ El tabaco y el café eran su principal fuente de divisas.
⊘ Su principal fuente de divisas era el tabaco y el café.

En las oraciones copulativas formadas con un pronombre neutro como sujeto y un sustantivo en plural como atributo la concordancia se hace generalmente en plural, aunque a veces puede usarse el singular.

⊘ Todo son mentiras.
⊘ Eso son imaginaciones tuyas.
⊘ Todo es dolores y achaques.

i ⟩ *NGLE*, págs. 2809-2811; *DPD, s. v. ser.*

....

PARA SABER MÁS...

La posibilidad de ordenar indistintamente el sujeto y el atributo en torno al verbo copulativo no se da en las oraciones que contienen un verdadero atributo. En ellas la anteposición del atributo resulta poco natural (*Juan es médico*, pero no **Médico es Juan*).

....

383. **Se oyen a menudo frases como *Habían muchas personas, Hubieron fiestas*. ¿Son correctas?**

La norma culta no las considera aceptables. Aparte de su uso como verbo auxiliar de los tiempos compuestos, el verbo *haber* se usa como impersonal para señalar la existencia de algo. Las formas correctas son:

⊘ Había muchas personas.
⊘ Hubo fiestas.

El grupo nominal que aparece tras el verbo no es el sujeto, ya que el verbo es impersonal, sino su complemento directo. Por lo tanto, no debe establecerse concordancia, como muestran los siguientes ejemplos.

⊘ Hay un camino para llegar a la cima.
⊘ Hay varios caminos para llegar a la cima.

En los ejemplos que aparecen en el enunciado de la pregunta, el verbo *haber* concuerda en plural con *muchas personas* y *fiestas*, que es el complemento directo, como hemos visto. Este uso no se considera válido en la norma culta, que propugna el uso no concordado, a pesar de que la variante concordada parece estar en expansión en muchos países de América y en la zona oriental de España.

⊗ Habían muchas personas en la calle.
⊘ Había muchas personas en la calle.
⊗ Nunca hubieron otros muebles en esta sala.
⊘ Nunca hubo otros muebles en esta sala.

La explicación de este error puede encontrarse, desde el punto de vista gramatical, en que se trata de un verbo impersonal transitivo que no admite la voz pasiva, y desde el punto de vista del significado, en que se iguala al régimen de otros verbos que indican existencia o presencia, como *existir, ocurrir, tener lugar*, etc., en los que lo acaecido constituye el sujeto de la oración (*Existió una especie de cocodrilo gigante ~ Existieron varias especies de cocodrilo gigante*).

i › *NGLE*, págs. 3063-3065; *DPD, s. v. haber.*

....

PARA SABER MÁS...

En relación con la conjugación del verbo *haber*, se considera un vulgarismo la forma de plural ⊛*hayn,* construida analógicamente sobre el singular *hay.* Son también vulgares las formas ⊛*haiga,* ⊛*haigas,* etc. por *haya, hayas,* etc. De igual modo, se considera incorrecta la forma ⊛*habemos* por *hemos* salvo cuando se usa en la locución *habérselas con algo o con alguien.*

⊗ En el refrigerador hayn salchichas.
⊘ En el refrigerador hay salchichas.
⊗ ¡Usted será el responsable de los problemas que haiga!
⊘ ¡Usted será el responsable de los problemas que haya!
⊗ La plata la habemos gastado.
⊘ La plata la hemos gastado.
⊘ Nos las habemos con un problema muy serio.

....

384. ¿*Viva los novios* o *Vivan los novios*?

Solo es correcto *Vivan los novios.* La estructura «*viva* + grupo nominal» y otras similares son oraciones desiderativas en las que el grupo nominal pospuesto desempeña la función de sujeto y, por tanto, debe concordar con el verbo.

Ⓞ Viva la novia.
⊗ Viva los novios.
Ⓞ Vivan los novios.
⊗ ¡Muera los traidores!
Ⓞ ¡Mueran los traidores!

No obstante, cuando se usa en singular, *viva* se asimila a las interjecciones y, como tales, puede mantenerse invariable.

Ⓞ ¡Vivan los novios! ¡Viva!

Algunas expresiones lexicalizadas en las que el verbo debería presentar concordancia tienden a usarse como invariables. Sucede, por ejemplo en *Érase una vez*, fórmula habitual de iniciar un cuento. El grupo nominal que sigue a esta fórmula es el sujeto y, como no es una oración impersonal, el verbo debería ir en plural si el sustantivo que sigue está en ese número. No obstante, la expresión tiende a la inmovilización en singular, acaso por influencia de la fórmula empleada en los mismos contextos *Había una vez...*, que sí es una oración impersonal.

Ⓞ Érase una vez un niño...
⊖ Érase una vez unos niños...
⊕ Éranse una vez unos niños...

i › NGLE, págs. 2502, 3143; DPD, s. vv. *vivir, ser.*

385. ¿*Se alquila habitaciones* o *Se alquilan habitaciones*?

La norma culta prefiere la variante con el verbo en plural, pero se admiten las dos construcciones. La forma *se* en español sirve, entre otras cosas, para formar oraciones pasivas e impersonales reflejas. La diferencia más importante entre ellas consiste en que las pasivas tienen sujeto, posibilidad de la que carecen las impersonales: *Se suprimieron los permisos* es una pasiva cuyo sujeto es *los permisos*; *Se vive bien* es una oración impersonal refleja. Las pasivas deben llevar el verbo en singular o en plural concordando con el sujeto (*Se vendió toda la fruta, Se vendieron todas las entradas*), mientras que las impersonales solo pueden aparecer con verbo en singular.

A pesar de lo expuesto, la similitud entre estos dos tipos de construcciones ocasiona cruces entre ellas, como el que ocurre en los enunciados que encabezan esta sección, donde se producen las dos interpretaciones. La variante con el verbo en plural tiene sujeto (*habitaciones*) y se interpreta como pasiva refleja; la variante no concordada se considera impersonal refleja. Con sujetos de cosa, como los que comentamos, se extiende el uso no concordado, especialmente en algunos lenguajes, como el de los anuncios.

⊖ Se alquila habitaciones.
⊕ Se alquilan habitaciones.
⊖ Se arregla sillas.
⊕ Se arreglan sillas.

La pasiva es lo habitual con tiempos verbales distintos del presente y si el sujeto lleva determinantes. En estos casos la falta de concordancia en general se percibe como anómala, aunque esporádicamente se encuentra en el español de América.

⊘ Se alquilan las habitaciones de esta casa.
⊘ Se alquilaban habitaciones.

i › *NGLE*, págs. 3098-3099; *DPD, s. v. se.*

386. ¿Es correcto decir *Se recibieron a los nuevos embajadores*?

No, presenta una anomalía en la concordancia. Es una oración impersonal refleja, y las oraciones impersonales carecen de sujeto (⇨ 385), por lo que el verbo no debe concordar con ningún otro elemento de la oración. Tal como aparece la oración del título es el resultado de un cruce entre la construcción pasiva refleja y la impersonal.

⊗ Se recibieron a los nuevos embajadores.
⊘ Se recibió a los nuevos embajadores.

Este error se da con frecuencia en estructuras que tienen un complemento directo de persona introducido por la preposición *a*. Pero hemos de tener presente que el sujeto no puede llevar nunca preposición, por lo que este complemento no puede realizar esa función en la oración. Como es una oración impersonal, la norma exige que el verbo aparezca en singular.

⊗ Se buscan a los tres atracadores.
⊘ Se busca a los tres atracadores.
⊗ Se atendieron a todos los que reclamaban.
⊘ Se atendió a todos los que reclamaban.

⊗ A lo lejos se divisaban a los dos jinetes.
⊘ A lo lejos se divisaba a los dos jinetes.
⊗ No siempre se premian a los que más méritos tienen.
⊘ No siempre se premia a los que más méritos tienen.
⊗ Ahora se tratan a los pacientes con un nuevo fármaco.
⊘ Ahora se trata a los pacientes con un nuevo fármaco.

En algunos verbos como *preferir, elegir, seleccionar, nombrar, designar, contratar* y similares el complemento directo de persona puede ir precedido de *a* o sin preposición. Se puede optar por la pasiva si el complemento no lleva preposición o por la impersonal en caso contrario, pero no conviene mezclar ambas estructuras.

⊗ Ya se han contratado a los dos trabajadores.
⊘ Ya se ha contratado a los dos trabajadores.
⊘ Ya se han contratado los dos trabajadores.
⊗ Se designaron a los delegados de área.
⊘ Se designó a los delegados de área.
⊘ Se designaron los delegados de área.

i › NGLE, págs. 3095-3096; *DPD, s. v. se.*

387. ¿Es correcto decir *Mañana se llegarán a los 40°*?

No es correcto. En el enunciado se emplea el verbo *llegar* concordando con el complemento de régimen que encabeza *a*. Es otro caso de error por cruce entre la construcción pasiva y la impersonal refleja.

⊗ Mañana se llegarán a los 40°.
⊘ Mañana se llegará a los 40°.

A diferencia de los errores tratados arriba (⇨ 386), donde se usaba la pasiva junto a complementos directos de persona introducidos por *a*, en el caso que nos ocupa y en los que siguen el error se produce al concordar el verbo con su complemento de régimen.

⊗ Los acuerdos a los que se llegaron fueron muy positivos para todos.
⊘ Los acuerdos a los que se llegó fueron muy positivos para todos.
⊗ En la reunión solo se hablaron de temas urgentes.
⊘ En la reunión solo se habló de temas urgentes.
⊗ Se pensaron en soluciones originales.
⊘ Se pensó en soluciones originales.

i › NGLE, págs. 3082-3083; *DPD, s. v. se.*

388. **¿Está bien dicho** *Se esperan alcanzar los mejores resultados*?

No, en el enunciado hay un error de concordancia. El sujeto de *esperar* es la oración de infinitivo *alcanzar los mejores resultados*, que como oración tiene gramaticalmente el rasgo de tercera persona de singular. Además, el verbo *esperar* no forma perífrasis con el infinitivo que le sigue, por lo que debería aparecer en singular para que la secuencia sea correcta.

- ⊗ Se esperan alcanzar los mejores resultados.
- ⊘ Se espera alcanzar los mejores resultados.
- ⊘ Se espera que se alcancen los mejores resultados.

En las perífrasis verbales, el verbo auxiliar ha de llevar la marca de número concordando con el sujeto, igual que lleva las marcas de persona. Por ello, es correcta la oración *Se empiezan a notar las medidas*. Pero esta posibilidad no la tienen las construcciones no perifrásticas en las que dos formas verbales aparecen seguidas.

- ⊗ Se pretenden lograr nuevos clientes.
- ⊘ Se pretende lograr nuevos clientes.
- ⊗ Se desean superar todas las barreras.
- ⊘ Se desea superar todas las barreras.
- ⊗ Se necesitan ganar tres partidos para poder ascender.
- ⊘ Se necesita ganar tres partidos para poder ascender.

Los verbos *conseguir, lograr, intentar, tratar*, etc., aparecen muy a menudo en construcciones concordadas, como si fueran auxiliares de perífrasis. No obstante, se prefiere la forma en singular que corresponde a concordancia con la oración subordinada de infinitivo.

- ⊖ Se consiguieron entregar a tiempo todos los encargos.
- ⊕ Se consiguió entregar a tiempo todos los encargos.
- ⊖ ¿Se habrán logrado resolver las dificultades?
- ⊕ ¿Se habrá logrado resolver las dificultades?

i › *NGLE*, págs. 2121-2122, 3091-3092; *DPD*, *s. v. se*.

....

PARA SABER MÁS...

En construcciones no reflejas, puede aparecer falsa concordancia con el verbo *parecer*, que tampoco forma perífrasis cuando va seguido de otro verbo. El número en que aparezca este verbo depende de si se combina con una oración de infinitivo o con una oración introducida por *que*.

⊗ Estos coches parecen que van a todo gas.
⊘ Estos coches parece que van a todo gas.
⊘ Estos coches parecen ir a todo gas.

....

389. ¿Cómo es: *Se tarda unos minutos* o *Se tardan unos minutos*?

Son válidas ambas, con preferencia por la primera en la lengua culta. El verbo *tardar* es un verbo transitivo que se construye con un complemento que expresa el tiempo que se emplea en hacer algo (*El pintor tardó tres horas*). Este complemento es obligatorio y, aunque no es exactamente un complemento directo, tiene cierta similitud con él, como muestra la posibilidad de ser sustituido por un pronombre (*Las tardó*).

Cuando la oración se construye con *se* puede considerarse una pasiva refleja, en cuyo caso el complemento cuantitativo se considera el sujeto y el verbo puede concordar con él. Pero también puede interpretarse como una oración impersonal y entonces no concuerda con el complemento. Esta última opción es la preferible, dado que no se trata exactamente de un complemento directo, como hemos apuntado.

⊖ Se tardan unos minutos.
⊕ Se tarda unos minutos.
⊖ En arreglar la avería se tardarán varios meses.
⊕ En arreglar la avería se tardará varios meses.

i › *NGLE*, págs. 3070, 3076; *DPD*, s. v. *tardar*.

390. ¿*Me da escalofríos de pensarlo* o *Me dan escalofríos de pensarlo*?

Debe decirse *Me dan escalofríos*. La oración no es impersonal, el sujeto es *escalofríos* y, como está en plural la concordancia con el verbo es obligatoria. El mismo análisis se sigue en el caso de *dar ganas*, usado a veces incorrectamente sin concordar.

⊗ Me da escalofríos de pensarlo.
⊘ Me dan escalofríos de pensarlo.
⊗ Me da ganas de decirle cuatro cosas.
⊘ Me dan ganas de decirle cuatro cosas.

Estaría bien dicho, sin embargo, *Me da escalofríos pensarlo*, pues en este caso el sujeto de la oración es *pensarlo* y *escalofríos* es el complemento directo de *dar*. Esta estructura es similar a las de *dar pena, dar miedo, dar rabia*, etc. (⇨ 345).

i › *NGLE*, págs. 2453-2454.

---

391. **¿Se puede decir *Para esta receta bastan con dos cucharadas de harina*?**

No, es incorrecto. El verbo *bastar* se construye con sujeto o con un complemento introducido por la preposición *con*. El error que presenta el enunciado se debe al cruce de ambas estructuras.

- ⊗ Me bastan con diez euros.
- ⊘ Me basta con diez euros.
- ⊘ Me bastan diez euros.
- ⊗ Para aprobar, no bastan con tres horas de estudio.
- ⊘ Para aprobar, no basta con tres horas de estudio.
- ⊘ Para aprobar, no bastan tres horas de estudio.

La misma pauta que *bastar* se sigue en la estructura copulativa *ser suficiente*, con la que comparte el significado. También en este caso, si aparece el complemento, el verbo no debe concordar. Por el contrario, si la oración se construye con sujeto, es un error mantener invariable la estructura copulativa.

- ⊗ Son suficientes con dos cucharadas.
- ⊘ Es suficiente con dos cucharadas.
- ⊘ Son suficientes dos cucharadas.
- ⊗ Dos cucharadas es suficiente.
- ⊘ Dos cucharadas son suficientes.

i › *NGLE*, págs. 3072-3073; *DPD*, s. vv. *bastar, ser*.

---

392. **¿Está bien construida la frase *Es necesario en esta empresa otra organización*?**

Está mal, porque la oración adolece de un fallo de concordancia. El adjetivo *necesario* es el atributo de la oración copulativa, cuyo sujeto es *otra organización*, dos elementos entre los que debe haber concordancia de género y número. El error por falta de concordancia se produce especialmente cuando se inserta otro complemento entre el atributo y el sujeto.

⊗ Es necesario en esta empresa otra organización.
⊘ Es necesaria en esta empresa otra organización.

El error de mantener invariable el atributo se encuentra a veces en estructuras copulativas en las que el adjetivo expresa obligación, posibilidad, probabilidad, etc., como en *ser cierto, ser probable, ser evidente, ser necesario, ser preciso* y otras similares.

⊗ Es preciso una mayor limpieza de la ciudad.
⊘ Es precisa una mayor limpieza de la ciudad.
⊗ No es cierto la indefensión que alega.
⊘ No es cierta la indefensión que alega.

La razón de este error puede deberse a la frecuencia con que estas estructuras aparecen con un sujeto oracional, que exige la concordancia en tercera persona de singular:

⊘ Es necesario que la empresa se organice de otra manera.
⊘ Es necesario organizarse de otra manera.

i〉 *NGLE*, págs. 3072-3073; *DPD*, s. vv. *bastar, ser*.

....

PARA SABER MÁS...
En la secuencia *es cierto* no debe eliminarse la conjunción que introduce la oración que funciona como sujeto. Este uso aparece a veces en estructuras de valor concesivo en Chile y los países andinos.

⊗ Si bien es cierto la reunión es hoy, anoche no se había convocado.
⊘ Si bien es cierto que la reunión es hoy, anoche no se había convocado.
⊗ Si bien es cierto la obra plantea varios asuntos, el tema básico es la rebeldía.
⊘ Si bien es cierto que la obra plantea varios asuntos, el tema básico es la rebeldía.

....

SOBRE LA CONSTRUCCIÓN DE LA FRASE

393. **¿Es correcta la frase *Yo de ti no me preocuparía tanto*?**

No, debe usarse la fórmula *yo que tú*. La fórmula «*yo que* + pronombre o grupo nominal» se usa en español con valor condicional (*si yo fuera tú, si yo estuviera en tu lugar*) en enunciados en los que el hablante aconseja o propone un determinado modo de actuar. No se recomienda usar las variantes con preposición seguida de un pronombre tónico de objeto o de grupo nominal, que se da en España y en países de Centroamérica y el Caribe. Para solucionar el error, se puede sustituir la preposición por la conjunción *que* o bien por la secuencia *en tu lugar, en su lugar*, etc.

⊗ Yo de ti no me preocuparía tanto.
⊘ Yo que tú no me preocuparía tanto.
⊗ Yo de tu jefe la contrataba ahora mismo.
⊘ Yo que tu jefe la contrataba ahora mismo.
⊗ Yo de usted, volvería a reclamar.
⊘ Yo en su lugar, volvería a reclamar.

Un error similar al que comentamos se produce en el uso del nexo que sigue a las locuciones *al contrario* y *al revés*. Estas expresiones se construyen con *que* cuando van seguidas de un grupo nominal y con *de* cuando sigue una oración, por lo que es un error cruzar una estructura con otra.

⊗ Al contrario de ocasiones anteriores, esta vez el presidente ha hablado.
⊘ Al contrario que en ocasiones anteriores, esta vez el presidente ha hablado.
⊗ Al contrario que lo que ella dice, la visita se hizo el lunes.
⊘ Al contrario de lo que ella dice, la visita se hizo el lunes.
⊗ Con estos pacientes las pruebas dieron buenos resultados, al contrario que lo obtenido en anteriores investigaciones.
⊘ Con estos pacientes las pruebas dieron buenos resultados, al contrario de lo obtenido en anteriores investigaciones.

i › *NGLE*, págs. 3597-3598; *DPD, s. v. que.*

394. **¿Está bien dicho *Es mejor que rías que que llores*?**

No es una construcción incorrecta, aunque no se considera recomendable por la cacofonía que produce la conjunción *que* repetida.

Esta secuencia se da en oraciones comparativas en las que los términos de la comparación son oraciones subordinadas introducidas por la conjunción *que*. Para evitar la repetición es posible insertar entre las dos conjunciones un adverbio de negación, que aunque carece de función expresa, al menos elimina la adyacencia. La otra posibilidad consiste en buscar una redacción alternativa.

⊖ Es mejor que rías que que llores.
⊕ Es mejor que rías que no que llores.
⊕ Es preferible que rías a que llores.
⊖ Lo mismo da que estudie que que trabaje.
⊕ Estudie o trabaje da lo mismo.

Si se trata de una comparativa de desigualdad, puede usarse en la fórmula comparativa el adjetivo *preferible,* que se combina solo con *a,* o el verbo *preferir,* que admite la conjunción *que* o la preposición *a* para introducir el término comparado.

⊘ Es preferible que rías a que llores.
⊖ Prefiero quedarme sin coche que que compres este.
⊕ Prefiero quedarme sin coche a que compres este.
⊗ Es preferible que salgas ahora que que lo hagas más tarde.
⊘ Es preferible que salgas ahora a que lo hagas más tarde.

Las dos conjunciones que aparecen en estas estructuras están exigidas gramaticalmente: la primera pertenece a la fórmula de la comparación y la segunda a la introducción de la oración subordinada. Se considera incorrecta la eliminación de una de ellas.

⊗ Es mejor que lo hagas tú que lo haga otro.
⊕ Es mejor que lo hagas tú que no que lo haga otro.

También es incorrecto sustituir una de las conjunciones por la preposición *a* o el adverbio *como* cuando los comparativos sincréticos *mejor, peor, mayor* y *menor* llevan una oración como término.

⊗ No hay nada mejor como estar en la playa.
⊘ No hay nada mejor que estar en la playa.
⊗ Obtuvo un resultado peor al que esperaba.
⊘ Obtuvo un resultado peor que el que esperaba.

En las estructuras comparativas de igualdad es incorrecto emplear *tal cual como* para establecer la relación entre los términos de la comparación.

⊗ Las listas de candidatos quedaron tal cual como habían sido apro-
badas.
⊘ Las listas de candidatos quedaron tal como habían sido aprobadas.
⊘ Las listas de candidatos quedaron tal cual habían sido aprobadas.

ⁱ⟩ NGLE, págs. 3368, 3383-3384; DPD, s. vv. bueno, preferible, preferir.

....

PARA SABER MÁS...
Otros aspectos de la sintaxis de los adjetivos comparativos sincréticos: ⇨ 322.

....

395. **¿Cómo se debe decir:** *Callaros, por favor* **o** *Callarse,*
*por favor***?**

Ninguna de las dos expresiones es correcta. La frase es una oración
imperativa y ambas contienen el infinitivo *callar* seguido de un pronombre. La sustitución del imperativo por el infinitivo no está admitida en este tipo de enunciados (⇨ 252). La segunda persona de
plural del imperativo es *callad* en el modelo de conjugación que
conserva *vosotros*. Cuando se añade un pronombre enclítico, se
debe conservar la *-d* final (*traedme, decidlo*), pero es obligatorio eliminarla cuando sigue el pronombre *os* (*poneos, arreglaos*).

⊗ Callaros, por favor.
⊗ Callarse, por favor.
⊗ Callados, por favor.
⊘ Callaos, por favor.

Tampoco se considera recomendable el empleo del infinitivo
con valor exhortativo en la comunicación escrita:

⊖ Resolver la siguiente ecuación.
⊕ Resuelva la siguiente ecuación.
⊖ Subrayar las palabras desconocidas en el siguiente texto.
⊕ Subraya las palabras desconocidas en el siguiente texto.
⊖ No responder a este correo electrónico.
⊕ No responda a este correo electrónico.

Pertenecen al registro coloquial las construcciones con «*a* +
infinitivo» que expresan con mayor o menor grado de vehemencia
una orden o una solicitud. Pueden suponer cierto grado de desconsideración hacia el interlocutor, por lo que se recomienda evitarlas en

registros formales. Solo es aceptable el empleo de este tipo de construcciones cuando se trata de una recomendación que no se asocia con desconsideración o menosprecio.

- ⊖ ¡A callar todos!
- ⊖ A disfrutar se ha dicho.
- ⊖ A pasarlo bien.

Solo es aceptable el uso del infinitivo como verbo único en enunciados genéricos de valor imperativo, donde se considera que hay omitido un verbo flexionado que es el que contiene verdaderamente el mandato o la petición.

- ⊘ Girar a la izquierda.

i › NGLE, págs. 195, 250, 3133-3136, 3151; *DPD, s. v.* pronombres personales átonos.

396. Se leen muchas veces frases como *En primer lugar, señalar que...*; *Por último, decir que...* ¿Son correctas?

No se consideran formas recomendables en la norma culta. Se trata de usos característicos de la lengua periodística oral —aunque parecen estar extendiéndose a otros contextos—, en los que se emplea un infinitivo para introducir información dirigida a alguien, y suele presentarse con verbos como *decir, informar, señalar, indicar* y otros similares. El empleo del infinitivo como verbo principal de la oración viola un principio gramatical que exige que las oraciones se construyan con un verbo flexionado: la lengua española no admite **Juan ver la televisión*, sino *Juan {ve/veía/verá...} la televisión.*

Aunque la fórmula tiene alguna justificación desde el punto de vista pragmático, la norma culta recomienda sustituir el infinitivo y reemplazarlo por una forma flexionada, una perífrasis u otras construcciones análogas.

- ⊗ En primer lugar, decir que se han aprobado los presupuestos.
- ⊘ En primer lugar, les informamos de que se han aprobado los presupuestos.
- ⊗ Antes de nada, señalar que venimos por voluntad propia.
- ⊘ Antes de nada, hemos de señalar que venimos por voluntad propia.

i › NGLE, págs. 2032, 3127.

Otros empleos incorrectos del infinitivo en oraciones independientes:
⇨ 273.

....

397. *Javier, que así se llamaba el joven,...* ¿Eso está bien dicho?

Es incorrecto porque en la oración de relativo el pronombre *que* carece de función. Esta expresión, usada a menudo como fórmula para introducir personajes en una narración, contiene un **anacoluto,** un error que se produce cuando el hablante cambia de propósito una vez iniciada una oración y deja inconclusa la estructura que había comenzado. En el caso que comentamos, el hablante parece haber pensado en transmitir el enunciado *que era como se llamaba el joven,* pero cambia de propósito ya iniciada la oración de relativo e inserta una oración de sentido completo (*así se llamaba el joven*), con lo que el relativo deja de tener función.

Para que el enunciado resulte aceptable, se debe mantener la estructura de la oración de relativo o bien insertar la de sentido completo como un paréntesis.

⊗ Javier, que así se llamaba el joven,...
⊘ Javier, que era como se llamaba el joven,...
⊘ Javier (así se llamaba el joven)...

i › *LEC*, págs. 252, 336.

398. ¿Por qué es incorrecto decir *Yo los domingos lo que más me apetece es quedarme en la cama*?

El enunciado es incorrecto porque contiene también un anacoluto (⇨ 397): el pronombre *yo* no tiene función sintáctica, no es el sujeto de ningún verbo del enunciado. Este tipo de expresiones es propio de la lengua hablada, y la incorrección se produce más frecuentemente tras insertar un inciso que rompe la estructura de la oración ya comenzada.

⊗ Yo los domingos lo que más me apetece es quedarme en la cama.
⊘ Los domingos lo que más me apetece es quedarme en la cama.
⊘ Yo los domingos me quedo en la cama, que es lo que más me apetece.

En los ejemplos de abajo se presentan otros casos frecuentes de anacoluto y se proponen modos de resolverlos.

⊗ Esa novela, que estuvimos hablando ayer de ella, ha recibido otro premio.

⊘ Esa novela, de la que estuvimos hablando ayer, ha recibido otro premio.

⊘ La novela de la que estuvimos hablando ayer ha recibido otro premio.

⊗ Esa señora, que es la que vive en la otra calle, su hijo trabaja en un almacén.

⊘ El hijo de esa señora, que es la que vive en la otra calle, trabaja en un almacén.

⊘ Esa señora es la que vive en la otra calle. Su hijo trabaja en un almacén.

⊗ El encuentro, que se celebrará durante el mes de junio próximo, se espera que en él se alcancen acuerdos.

⊘ El encuentro se celebrará durante el mes de junio próximo y se espera que se alcancen acuerdos en él.

⊘ Se espera que se alcancen acuerdos en el encuentro que se celebrará durante el mes de junio próximo.

i › *LEC*, pág. 58.

399. ¿Se puede usar la expresión *es cuando*?

Depende. La fórmula no presenta ningún problema cuando se emplea en estructuras en las que el verbo *ser* sirve para establecer una igualdad entre dos expresiones temporales.

⊘ Ahora es cuando tenemos que entrar.

⊘ Los domingos es cuando Álvaro sale con la bici.

La fórmula es incorrecta, en cambio, cuando se usa para introducir una definición o una explicación, error que se encuentra muy a menudo en los textos de los escolares. En estos casos, la oración resultante contiene también un anacoluto.

⊗ El anacoluto es cuando se rompe la estructura de la frase.

⊘ El anacoluto es el fenómeno que se produce cuando se rompe la estructura de la frase.

⊘ El anacoluto se produce cuando se rompe la estructura de la frase.

⊗ Un río es cuando pasa agua.

⊘ Un río es una corriente continua de agua.

También se produce en las definiciones el anacoluto con *es donde,* aunque es mucho menos frecuente que el anterior.

⊗ La hipotenusa es donde en un triángulo se juntan los dos catetos.
⊘ La hipotenusa es la línea que une los dos catetos de un triángulo.

i › *LEC*, pág. 58; Gómez Torrego, *Manual,* pág. 807.

400. ¿Está bien la oración *El candidato se trata de una persona muy valiosa*?

Está mal, porque contiene un anacoluto (⇨ 397). El verbo *tratarse* es impersonal cuando lleva un complemento nominal con *de* que identifica algo ya mencionado o cuando el complemento es oracional. Como verbo impersonal, no debe llevar sujeto, pero en el ejemplo que comentamos se usa como un verbo personal con un valor similar al de los verbos copulativos. Para que la construcción comentada sea válida debe emplearse el verbo *ser* o bien servirse de algún recurso para focalizar el elemento que se va a identificar.

⊗ El candidato se trata de una persona muy valorada.
⊘ El candidato es una persona muy valorada.
⊘ En cuanto al candidato, se trata de una persona muy valorada.

También es incorrecto emplear el verbo en forma concertada con el complemento introducido por *de*. Como impersonal, solo puede ir en tercera persona de singular.

⊗ Afortunadamente, no se tratan de lesiones graves.
⊘ Afortunadamente, no se trata de lesiones graves.
⊗ Los atendieron en vista de que se trataban de personas con mucho interés.
⊘ Los atendieron en vista de que se trataba de personas con mucho interés.

No debe confundirse el uso impersonal de *tratarse* con los empleos correctos en oraciones en las que actúa como verbo personal con diferentes significados. En estos casos, como es lógico, debe ir concordado en número con el sujeto correspondiente.

⊘ La enfermedad se trata con quimioterapia.
⊘ Paula no se trata con sus vecinos.
⊘ En la reunión se trataron asuntos importantes.

i › *NGLE*, pág. 3077.

401. **¿Está bien dicho *Practica y se dedica con pasión al fútbol*?**

No es correcto, ya que contiene otro anacoluto (⇨ 397). En este caso, el error consiste en coordinar dos palabras que tienen regímenes sintácticos distintos. En el enunciado, se coordina un verbo transitivo (*practica* algo) junto a otro intransitivo (*dedicarse a* algo), de manera que el complemento (*fútbol*) no se puede saber si es el complemento directo o el complemento de régimen. La solución consiste en construir cada verbo con el complemento que precisa.

⊗ Practica y se dedica con pasión al fútbol.
⊘ Practica el fútbol y se dedica a él con pasión.

Otros casos de anacoluto se producen si se elimina alguna de las preposiciones exigidas por los términos que se han coordinado. Se ejemplifican a continuación, junto a una redacción alternativa correcta para cada caso, aunque puede haber otras.

⊗ Han revisado el proyecto alusivo y relacionado con el medio ambiente.
⊘ Han revisado el proyecto alusivo al medio ambiente y relacionado con él.
⊗ Mostró su adhesión y compromiso con las ideas expuestas.
⊘ Manifestó su adhesión a las ideas expuestas y su compromiso con ellas.
⊗ Declaró que no era partidario ni pertenecía a la organización.
⊘ Declaró que ni era partidario de la organización ni pertenecía a ella.

ⁱ⟩ *LEC*, pág. 59; Gómez Torrego, *Manual*, págs. 812-813.

402. **¿Es correcto decir *Hay que prepararnos para el viaje, que salimos ya*?**

No, hay un error de concordancia. La oración es impersonal, como muestra el verbo *hay*, y este tipo de oraciones es incompatible con los pronombres reflexivos de primera o segunda persona. Para que la oración sea correcta, si se quiere mantener la estructura impersonal, se debe usar el pronombre *se*, que concuerda con la tercera persona del verbo; si se prefiere conservar el pronombre *nos*, es necesario sustituir el verbo *haber* por otro que admita sujeto.

⊗ Hay que prepararnos para el viaje, que salimos ya.

⊘ Hay que prepararse para el viaje, que salimos ya.

⊘ Tenemos que prepararnos para el viaje, que salimos ya.

i › Gómez Torrego, *Manual*, pág. 807.

403. ¿Tiene algún problema la frase *Me encontré con tu amigo entrando al médico*?

La frase es ambigua fuera de contexto, ya que no es posible determinar quién era el que entraba al médico. La **ambigüedad** es un fenómeno que se produce cuando un enunciado o una oración pueden interpretarse en dos sentidos diferentes. Si no es deliberada, la ambigüedad constituye un defecto grave del lenguaje escrito, pues implica que el autor no ha sabido transmitir adecuadamente su intención comunicativa.

Las causas de la ambigüedad son diversas. La que se ocasiona en el enunciado que encabeza esta sección se debe al empleo del gerundio como oración subordinada, ya que no es posible determinar a qué sujeto se refiere. A veces basta con cambiar el orden para que el enunciado deje de ser ambiguo; en otras ocasiones será necesario buscar una redacción alternativa o señalar expresamente el sujeto del gerundio.

⊖ Me encontré con tu amigo entrando al médico.

⊕ Entrando al médico, me encontré con tu amigo.

⊕ Me encontré con tu amigo al entrar al médico.

⊕ Me encontré con tu amigo que entraba al médico.

La mala colocación de los elementos de la oración suele ser otra causa frecuente de ambigüedad. Se produce cuando entre dos elementos que deben ir unidos se ha insertado otro de modo que no queda claro a cuál de los dos se refiere. Una frase como *Aseguró que vendría ayer* resulta ambigua fuera de contexto porque no se sabe si *ayer* se refiere al día que dijo que vendría, aunque la visita puede tener lugar en cualquier otro momento futuro, o si se refiere al día en que debería haber venido.

i › *LEC*, págs. 53-56; Gómez Torrego, *Manual*, págs. 345-348.

....

PARA SABER MÁS...

Otros usos incorrectos del gerundio: ⇨ 32, 343 y 272.

....

404. **¿Tiene algún problema la frase *Eva le dijo a Lucas que usara su ordenador*?**

Como en el caso de la pregunta anterior, también esta frase es ambigua fuera de contexto, ya que no es posible determinar a quién se refiere el posesivo *su*. Los posesivos pueden producir ambigüedad cuando no queda claro a cuál de los nombres previamente citados se refieren, como sucede en el ejemplo que comentamos. La solución pasa por modificar la redacción del texto de manera que el resultado elimine la ambigüedad, como en las propuestas que siguen.

> Eva le dijo a Lucas que usara su propio ordenador.
> Eva le dijo a Lucas: «Usa tu ordenador».
> «Lucas, usa tu ordenador», dijo Eva.

Otras palabras que también remiten a un elemento previamente citado en el texto son los pronombres relativos y los pronombres personales. Cuando los usemos, debemos asegurarnos de que el contenido del texto resultante no es ambiguo.

- ⊖ Compramos un coche al niño que corría mucho.
- ⊕ Al niño le compramos un coche que corría mucho.
- ⊖ Ágata se fue de vacaciones con Lucía y su marido.
- ⊕ Ágata y su marido se fueron de vacaciones con Lucía.
- ⊕ Ágata se fue de vacaciones con el marido de Lucía y con ella.
- ⊖ Estuvimos con Marcos en el cumpleaños que estuvo muy animado.
- ⊕ Estuvimos en el cumpleaños, que estuvo muy animado, con Marcos.
- ⊕ En el cumpleaños estuvimos con Marcos, que estuvo muy animado.
- ⊖ También asisten los compañeros del vecino, que apenas conocemos.
- ⊕ También asisten los compañeros que apenas conocemos del vecino.
- ⊕ También asisten los compañeros del vecino, a los que apenas conocemos.

ⁱ⟩ *LEC*, págs. 53-56; Gómez Torrego, *Manual*, págs. 345-348.

405. **¿Hay que acentuar la palabra *quien* en *Pregunta quien ha llegado el último*?**

Depende. Si lo que pretende el hablante es pedir a alguien que se informe acerca de quién ha sido el último en llegar, sería un enunciado imperativo o exhortativo y, en tal caso, la oración subordinada sería una interrogativa indirecta que debe ir introducida por el interrogativo *quién*: *Pregunta quién ha llegado el último*.

Ahora bien, si lo que el hablante quiere transmitir es simplemente declarar que 'el que formula la pregunta es el que ha llegado en último lugar', se trata de un enunciado declarativo o enunciativo y la oración subordinada sería una oración de relativo sin antecedente, que debe ir introducida por el pronombre *quien*, sin tilde: *Pregunta quien ha llegado el último*.

El ejemplo muestra cómo la acentuación puede afectar al significado de una misma cadena de sonidos. Se incluyen a continuación otros ejemplos en los que la deficiente acentuación puede dar lugar a enunciados ambiguos.

> El té gusta mucho. ('La bebida gusta')
> Él te gusta mucho. ('Una persona te gusta')
> No sabe qué ha pasado. ('Desconoce lo que ha ocurrido')
> No sabe que ha pasado. ('Desconoce que ya ha tenido lugar algo')

También la puntuación deficiente puede ser causa frecuente de ambigüedad. De hecho, muchas oraciones pueden variar completamente de significado según se puntúen de un modo u otro, como muestran las parejas que se relacionan a continuación.

> Lo haré como había dicho. ('Lo haré como había dicho que lo haría')
> Lo haré, como había dicho. ('Había dicho que lo haría y lo cumpliré')
> María Luisa y Marta viajan siempre juntas. (Se habla de dos personas)
> María, Luisa y Marta viajan siempre juntas. (Se habla de tres personas)
> Los detenidos que tienen antecedentes irán a la cárcel. ('Solo irán a la cárcel los que tienen antecedentes')
> Los detenidos, que tienen antecedentes, irán a la cárcel. ('Irán todos a la cárcel, pues todos tienen antecedentes')
> Eugenio cuenta un chiste. (Oración enunciativa: se cuenta algo que está ocurriendo)
> Eugenio, cuenta un chiste. (Oración imperativa: se pide a alguien que haga algo)

᠈⟩ *LEC*, págs. 53-56.

....

PARA SABER MÁS...

Sobre la ambigüedad que puede ocasionar el uso de *solo:* ⇨ 83.

Otros casos de ambigüedad por el acento: ⇨ 87.

....

406. **¿Se puede decir *Buenos días, póngame un café* o debe decirse *me pondría un café*?**

Son aceptables ambas formas, aunque se usan con intenciones ligeramente distintas y producen efectos diferentes. Tanto si la fórmula elegida es *póngame* como si es *me pondría,* el enunciado contiene una petición con la que el hablante pretende que el destinatario actúe en un determinado sentido. Los enunciados imperativos son actos de habla que afectan directamente al interlocutor, quien puede ver en ellos cierto grado de descortesía según las circunstancias en que se produzcan.

Previendo ese posible efecto negativo, a menudo el emisor trata de mitigar el carácter imperativo y recurre a los numerosos recursos de que dispone la lengua para atenuar, como la adición de fórmulas de cortesía del estilo de *por favor, si no le importa, si no tiene inconveniente,* etc., la expresión de la orden en forma de pregunta, que permite que el aludido tenga la posibilidad de responder, el empleo de diversas fórmulas de distanciamiento, como el alejamiento temporal, etc. La elección de un determinado recurso, o incluso la combinación de varios, dependerá de las circunstancias de la comunicación y, sobre todo, de la estrategia que adopte el hablante para conseguir mejor su objetivo, pero en ningún caso se consideran fórmulas incorrectas.

> Póngame un café.
> Póngame un café, por favor.
> ¿Me pone un café?
> ¿Me puede poner un café?
> Querría un café.
> ¿Le importaría ponerme un café?
> Le agradecería mucho que me pusiera un café.

4

Dudas sobre el léxico y el significado de las palabras

SOBRE LA IMPROPIEDAD

407. ¿Cuándo decimos que un término es impropio?

Un término es **impropio** cuando no corresponde al significado con el que lo usamos o carece del matiz que queremos expresar con él. Así, cuando escuchamos o leemos en una crónica deportiva que *⊛el portero quedó inédito*, se quiere decir que el portero no intervino en el juego y que, por tanto, no encajó ningún gol, pero lo que realmente se dice es que el portero 'no publicó ningún libro', pues este es el significado de *inédito*.

- ⊗ El ataque del equipo visitante fue tan ineficaz que el portero local quedó inédito.
- ⊘ El ataque del equipo visitante fue tan ineficaz que el portero local no participó en el juego.

Otros casos de impropiedad léxica podemos encontrarlos en ciertos usos desviados de las palabras que se relacionan a continuación:

- **abolir.** Significa 'derogar, dejar sin vigencia una ley, precepto, costumbre, etc.', pero se usa con frecuencia con el significado más genérico de 'suprimir':

  - ⊗ La peseta se abolió en enero de 2002.
  - ⊘ La peseta se suprimió en enero de 2002.

- **aforo.** Es el 'número máximo autorizado de personas que puede admitir un recinto destinado a espectáculos u otros actos públicos', no el número de asistentes a un acto:

⊗ La sala mostraba un aforo de doscientas cincuenta personas.

⊘ La sala tenía un aforo de doscientas cincuenta personas.

⊘ En la sala había doscientas cincuenta personas.

■ **barajar.** Significa 'considerar varias posibilidades o probabilidades' antes de tomar una decisión, por lo que no puede aplicarse a términos singulares:

⊗ El gobierno baraja la posibilidad de convocar nuevas elecciones.

⊘ El gobierno considera/estudia la posibilidad de convocar nuevas elecciones.

■ **bifurcarse.** Lleva implícito en el prefijo *bi-* el significado de dividirse en dos y por tanto no debe utilizarse para indicar una división en más ramales, brazos o puntas:

⊗ Ante su sorprendida mirada, el camino se bifurcaba en tres ramales.

⊘ Ante su sorprendida mirada, el camino se dividía en tres ramales.

■ **cuestionar.** No es sinónimo de *preguntar,* pues incorpora el matiz de 'controvertir un punto dudoso' y 'poner en duda lo afirmado por alguien':

⊗ Durante la rueda de prensa se le cuestionó al escritor sobre su nueva novela.

⊘ Durante la rueda de prensa se le preguntó al escritor sobre su nueva novela.

■ **deleznable.** Es un adjetivo que no puede usarse como sinónimo de *detestable o despreciable,* pues significa 'de poco valor', 'poco durable, inconsistente, de poca resistencia':

⊗ Tuvo un comportamiento deleznable al no saludar a quienes lo esperaban.

⊘ Tuvo un comportamiento detestable al no saludar a quienes lo esperaban.

■ **esgrimir.** Su uso está restringido al manejo de las armas blancas, por lo que resulta inadecuado cuando el complemento de este verbo es otro tipo de arma:

⊗ Los asaltantes esgrimían sendos revólveres con los que amenazaron al cajero.

⊘ Los asaltantes empuñaban sendos revólveres con los que amenazaron al cajero.

- ***interceptar.*** Se aplica solo a objetos, no a personas, con el significado de 'apoderarse de algo antes de que llegue a su destino', 'detener algo en su camino':

  ⊗ La policía interceptó a los ladrones cuando huían en un vehículo robado.

  ⊘ La policía detuvo a los ladrones cuando huían en un vehículo robado.

i › *DRAE, s. vv. abolir, aforo, barajar, bifurcación, cuestionar, deleznable, esgrimir, interceptar;* Fundación del Español Urgente, *s. v. quedar inédito.*

408. ¿Significan lo mismo *eficaz, eficiente* y *efectivo*?

No exactamente. *Eficiente* solo se utiliza para calificar a la persona 'competente, que rinde en su actividad', *eficaz* puede referirse al objeto 'que produce el efecto propio o esperado' o a la persona 'competente, que cumple perfectamente su cometido' y *efectivo* se aplica por igual a personas y objetos con el valor de 'eficaz, capaz de lograr el efecto que se desea'.

Así, una persona puede ser *eficaz, eficiente* o *efectiva,* pero una cosa solo puede ser *eficaz* o *efectiva,* nunca *eficiente.* Podemos verlo en este cuadro que recoge, además, el uso de los sustantivos abstractos correspondientes.

	Valor único	Valor compartido	
	Solo personas	Cosas	Personas
adjetivo	*eficiente*	*eficaz* ⊕ *efectivo* ⊕	*eficaz* ⊖ *efectivo* ⊖
nombre	*eficiencia*	*eficacia* ⊕ *efectividad* ⊕	*eficacia* ⊖ *efectividad* ⊖

La recomendación es utilizar *eficiente* y *eficiencia* para personas y *eficaz, efectivo, eficacia* y *efectividad* para cosas, de modo que una acción será *eficaz* o *efectiva* y la persona que la realiza será *eficiente,* y nos referiremos a la *eficiencia* del operario y a la *eficacia* o a la *efectividad* de la herramienta que utiliza.

⊗ Aún no se ha inventado un remedio eficiente contra la calvicie.

⊘ Aún no se ha inventado un remedio eficaz contra la calvicie.

⊘ Aún no se ha inventado un remedio efectivo contra la calvicie.

⊖ La nueva directora ha demostrado ser muy eficaz en su trabajo.

⊖ La nueva directora ha demostrado ser muy efectiva en su trabajo.

⊕ La nueva directora ha demostrado ser muy eficiente en su trabajo.

⊗ Es un antibiótico de gran eficiencia en este tipo de infecciones.

⊘ Es un antibiótico de gran eficacia en este tipo de infecciones.

⊘ Es un antibiótico de gran efectividad en este tipo de infecciones.

⊖ La eficacia de este cirujano está demostrada por su brillante currículo.

⊖ La efectividad de este cirujano está demostrada por su brillante currículo.

⊕ La eficiencia de este cirujano está demostrada por su brillante currículo.

i⟩ *DPD, s. vv. eficiente, eficaz, efectivo.*

409. ¿Cuál es la diferencia entre *Latinoamérica, Iberoamérica, Hispanoamérica* y *Sudamérica*?

Los tres primeros términos se refieren a ámbitos lingüísticos diferentes de América, cada uno de los cuales incluye a los siguientes. *Latinoamérica* (o *América Latina*) engloba al conjunto de países americanos que hablan lenguas derivadas del latín (español, portugués y francés); *Iberoamérica* comprende a los de lengua española y portuguesa e *Hispanoamérica* es solo para los países americanos de lengua española. *Sudamérica* (término equivalente al de *América del Sur*) es la designación geográfica que engloba los países situados al sur del istmo de Panamá.

> El español es la lengua más hablada en Latinoamérica.
> El español es la lengua de Hispanoamérica.
> Brasil es el país más poblado de Iberoamérica.
> ¿Cuál es el país más meridional de Sudamérica?

Los cuatro términos deben escribirse siempre en una sola palabra: *Latinoamérica, Hispanoamérica, Iberoamérica, Sudamérica*, de modo que no son correctas grafías como *Latino América, *Latino-América, *Hispano América, *Hispano-América, *Ibero América, *Ibero-América, *Sud América, *Sur América, *Sud-América, *Sur-América:

⊗ Es un gran estudioso de la cultura de Latino-América.

⊗ Es un gran estudioso de la cultura de Latino América.

⊘ Es un gran estudioso de la cultura de Latinoamérica.

i › *DPD s. vv. Latinoamérica, Sudamérica.*

....

PARA SABER MÁS...

Sus gentilicios son, respectivamente *latinoamericano, iberoamericano, hispanoamericano y sudamericano o suramericano*, aunque resulta preferible la primera forma.

....

410. ¿Significan lo mismo *islamista* que *islámico*?

No. Ambos son adjetivos derivados de la palabra *islam*, pero con matices diferentes. *Islámico* tiene un carácter más general y significa 'del islam o que profesa el islam (o el islamismo)', e *islamista* tiene un valor más específico y significa 'partidario de una aplicación integrista o rigorista del islam en la esfera política y social'.

⊗ El arte islamista concede gran importancia a la geometría en la decoración.

⊘ El arte islámico concede gran importancia a la geometría en la decoración.

⊗ En el país se impuso a partir de entonces un régimen islámico.

⊘ En el país se impuso a partir de entonces un régimen islamista.

Otros casos similares de impropiedad pueden proceder de dar valor de sinónimo a términos que no los son. Relacionamos a continuación algunos pares de palabras en los que se produce la confusión a veces.

■ ***israelita* e *israelí*:** *israelita* es sinónimo de hebreo o judío, tanto en sentido histórico como religioso; *israelí* significa 'del moderno Estado de Israel'.

⊗ A los descendientes de la tribu de Israel se les denomina israelíes.

⊘ A los descendientes de la tribu de Israel se les denomina israelitas.

⊗ El presidente israelita se entrevistó ayer con su homónimo estadounidense.

⊘ El presidente israelí se entrevistó ayer con su homónimo estadounidense.

- **termal y térmico:** *termal* es el adjetivo que se aplica a las termas ('baños públicos de los antiguos romanos'); *térmico* significa 'perteneciente o relativo al calor o la temperatura'.

  ⊗ Los baños térmicos son la base de la hidroterapia.
  ⊘ Los baños termales son la base de la hidroterapia.
  ⊗ La instalación de la central termal ha desatado múltiples protestas.
  ⊘ La instalación de la central térmica ha desatado múltiples protestas.

  ⓘ⟩ *DPD, s. vv. islam, israelita, israelí, termal, térmico.*

411. ¿Por qué no es adecuado decir *Tacharon la experiencia de inolvidable*?

Se trata de un caso de impropiedad léxica por contraste semántico, ya que el verbo *tachar*, al igual que *tildar*, tiene connotaciones negativas y no puede combinarse con términos de valoración positiva como *inolvidable*.

  ⊗ Tacharon la experiencia de inolvidable.
  ⊗ Tildaron la experiencia de inolvidable.
  ⊘ Calificaron la experiencia de inolvidable.

Impropiedades semejantes se observan también en el uso inadecuado de términos como los que siguen:

- **adolecer.** Significa 'tener algún defecto o sufrir de algún mal' y lleva un complemento introducido por *de,* que expresa el defecto o el mal. Es impropio utilizar este verbo con el significado de 'carecer' combinado con términos de significación positiva.

  ⊗ Estos niños adolecen del cariño de unos padres comprensivos.
  ⊘ Estos niños están faltos del cariño de unos padres comprensivos.

- **atesorar.** Solo admite complementos de valor positivo, ya que significa 'reunir y guardar dinero o cosas de valor' o 'tener muchas buenas cualidades, gracias o perfecciones'.

  ⊗ Entre los defectos que atesora, la envidia no es el menos importante.
  ⊘ Entre los defectos que tiene, la envidia no es el menos importante.

- **hacer gala.** Esta locución verbal exige que aquello de lo que nos 'preciamos o vanagloriamos' sea positivo.

  - ⊗ El jugador hizo gala de una notable falta de deportividad.
  - ⊘ El jugador mostró una notable falta de deportividad.

- **humanitario.** Se aplica para aquello que 'mira o se refiere al bien del género humano' y por tanto no es de aplicación a sustantivos que tengan valor negativo, como *crisis, drama, tragedia, catástrofe*, etc.

  - ⊗ Las inundaciones han originado una catástrofe humanitaria.
  - ⊘ Las inundaciones han originado una catástrofe humana.

- **involucrar.** Tiene connotaciones negativas, en el sentido de 'complicar a alguien en un asunto, comprometiéndolo en él', por lo que resulta inadecuado con el valor de 'implicar'.

  - ⊗ Un buen profesor es el que involucra a sus alumnos en las tareas escolares.
  - ⊘ Un buen profesor es el que implica a sus alumnos en las tareas escolares.

ⓘ *DPD, s. vv. tachar, adolecer, atesorar, involucrar, hacer, humanitario.*

412. ¿Qué diferencia hay entre *oír* y *escuchar*?

Oír tiene un significado más amplio, es una acción involuntaria que se refiere tan solo a la percepción sensorial: 'percibir por el oído un sonido o lo que alguien dice', mientras que *escuchar* es una acción voluntaria e implica intencionalidad por parte del sujeto: 'poner atención o aplicar el oído para oír':

  - ⊗ Oímos impresionados el relato de los acontecimientos.
  - ⊘ Escuchamos impresionados el relato de los acontecimientos.
  - ⊗ Primero se escuchó un golpe y luego un grito.
  - ⊘ Primero se oyó un golpe y luego un grito.

Otras parejas de palabras que se usan incorrectamente como sinónimos y que debemos utilizar de forma diferenciada si queremos expresar los matices de nuestras ideas son estos:

- **mascar** ('partir y triturar algo con la dentadura') y **masticar** ('triturar la comida con los dientes u otros órganos bucales análogos'):

  > Para facilitar la digestión hay que masticar la comida a conciencia.
  > No es de buena educación mascar chicle cuando se habla.

- **nimio** ('insignificante o sin importancia') y **exiguo** ('insuficiente, escaso'):

  > La ventaja del resultado parece exigua para el partido de vuelta.
  > Cualquier defecto, por nimio que sea, podría hacer fracasar nuestra misión.

- **recabar** ('conseguir algo mediante petición o súplica') y **recoger** ('juntar o congregar personas o cosas separadas o dispersas'):

  > La comisión intentará recabar las doscientas firmas necesarias para su petición.
  > Deberemos recoger todas las informaciones publicadas sobre el tema.

i› *DPD, s. vv. escuchar, mascar, recabar, nimio.*

413. ¿Es lo mismo *tema* que *temática*?

El *DRAE* recoge, entre otras, las siguientes acepciones para la palabra *tema:* 'proposición o texto que se toma por asunto o materia de un discurso', 'asunto general que en su argumento desarrolla una obra literaria' e 'idea fija que suelen tener los dementes'. *Temática,* como sustantivo, se refiere al 'conjunto de los temas parciales contenidos en un asunto general'.

Sin embargo, es frecuente encontrar la palabra *temática* usada como sinónimo de *tema,* cuando realmente aquella no se ajusta a lo que queremos decir ni aporta nada nuevo al significado de esta.

> ⊗ Finalmente no me quedó claro cuál será la temática del debate.
> ⊘ Finalmente no me quedó claro cuál será el tema del debate.

Otras palabras que presentan una relación similar en las que se observa esta tendencia a usar palabras más largas por considerarlas más cultas son:

- **climatología.** 'Conjunto de las condiciones propias de un determinado clima', por *clima*, 'conjunto de condiciones atmosféricas que caracterizan una región'.

  ⊗ La climatología de las islas Canarias es muy benigna.
  ⊘ El clima de las islas Canarias es muy benigno.

- **justiciero.** 'Que observa y hace observar estrictamente la justicia', por *justo*, 'que obra según justicia y razón'.

  ⊗ Es un juez muy justiciero y sus sentencias son muy estimadas.
  ⊘ Es un juez muy justo y sus sentencias son muy estimadas.

- **limitación.** 'Acción y efecto de limitar o limitarse', por *límite*, 'extremo que pueden alcanzar lo físico y lo anímico'.

  ⊗ ¿Sabes cuál es la limitación de velocidad en esta carretera?
  ⊘ ¿Sabes cuál es el límite de velocidad en esta carretera?

- **normativa.** 'Conjunto de normas aplicables a una determinada materia o actividad', por *norma*, 'regla que se debe seguir o a que se deben ajustar las conductas, tareas, actividades, etc.'.

  ⊗ Hay una normativa que prohíbe llevar los perros por la calle sin correa.
  ⊘ Hay una norma que prohíbe llevar los perros por la calle sin correa.

- **problemática.** 'Conjunto de problemas pertenecientes a una ciencia o actividad determinadas', por *problema*, 'cuestión que se trata de aclarar', 'proposición o dificultad de solución dudosa'.

  ⊗ Debemos resolver esta problemática cuanto antes.
  ⊘ Debemos resolver este problema cuanto antes.

- **señalizar.** 'Colocar en las carreteras y otras vías de comunicación las señales que indican bifurcaciones, cruces, pasos a nivel y otras para que sirvan de guía a los usuarios', por *señalar*, 'poner o estampar señal en una cosa para darla a conocer o distinguirla de otra', 'llamar la atención hacia alguien o algo, designándolo con la mano o de otro modo'.

  ⊗ En esta oración, señalice el sujeto.
  ⊘ En esta oración, señale el sujeto.

- **visualizar.** 'Hacer algo visible', 'imaginar con rasgos visibles algo que no se tiene a la vista', por *ver*, 'percibir por los ojos los objetos mediante la acción de la luz'.

> ⊗ A lo lejos se visualizaba el humo de una chimenea.
> ⊘ A lo lejos se veía el humo de una chimenea.

Este fenómeno se observa también en *aperturar* por *abrir*, *obstruccionar* por *obstruir*, *expansionar* por *expandir*, *fusionar* por *fundir*, *influenciar* por *influir*, *visionar* por *ver*...

i › *DRAE. s. vv. tema, temática, señalizar, problemática, normativa, limitación, visualizar, justiciero, climatología; LEC*, pág. 35; *NGLE*, págs. 600-601.

414. ¿Es correcto decir *Me he comprado una casa guapa*?

Solo en el lenguaje coloquial. El adjetivo *guapo* y su femenino *guapa* se aplican a las personas y su uso aplicado a los animales u objetos se considera impropio del registro formal. Para el enunciado de esta sección existen muchos términos más adecuados que expresan cualidades matizadas: *estupenda, magnífica, espaciosa, amplia, maravillosa, preciosa, excelente*...

> ⊗ Me he comprado una casa guapa.
> ⊘ Me he comprado una casa excelente.

Adjetivos como *bueno, malo, bonito, feo, grande, pequeño*..., califican de forma muy general, pero también, por ello, poco precisa cuando se necesita diferenciar matices. Para lograr esta matización se puede recurrir a los diccionarios de sinónimos o a los diccionarios ideológicos, que nos darán acceso a voces más precisas. Por ejemplo, el adjetivo *pequeño* se puede matizar con *reducido, limitado, estrecho, corto, bajo, diminuto, escaso, tenue*...

i › *DRAE s. v. guapo.*

....

PARA SABER MÁS...
Sobre las palabras comodín: ⇨ 438.

....

415. **¿Significa lo mismo *bienal* que *bianual*?**

No. La confusión se produce por el parecido entre ambas palabras, fenómeno frecuente en español que se denomina **paronimia,** y la solución la encontraremos consultando, en caso de duda, el diccionario. Así comprobaremos que *bienal* es 'lo que se produce cada dos años' y *bianual* se aplica a aquello que 'se produce dos veces al año'.

⊗ La bianual de Venecia es una famosa exposición de arte contemporáneo.

⊘ La Bienal de Venecia es una famosa exposición de arte contemporáneo.

⊗ Los equinoccios solares son un fenómeno bienal.

⊘ Los equinoccios solares son un fenómeno bianual.

Otros errores por paronimia se pueden producir en los pares de palabras que siguen:

■ *absceso* y *acceso*. El *absceso* es la 'acumulación de pus en los tejidos' y el *acceso* la 'acción de acceder o llegar', 'entrada o paso' y 'ataque o acometida repentina'.

> Un absceso dental es una complicación de la caries.
> Este acceso permanecerá cerrado a partir de las 22 horas.
> Tuvo un repentino acceso de tos.

■ *asequible* y *accesible*. *Asequible* es lo 'que se puede conseguir o adquirir' 'que se puede derrotar' y 'comprensible o fácil de entender' y *accesible* es el 'adjetivo que se aplica a la persona o cosa a la que se puede acceder o llegar sin dificultad. Referido a persona, significa también 'que es de trato fácil o afable'; referido a una idea o un escrito, 'comprensible o inteligible'.

> Este producto tiene un precio muy asequible.
> A pesar de su cargo, resulta una persona muy accesible.

■ *bimensual* y *bimestral*. *Bimensual* es lo que 'tiene lugar dos veces al mes' y *bimestral*, lo que 'tiene lugar cada dos meses' (el espacio de tiempo de dos meses es un *bimestre*).

> Los partidos son bimensuales: jugamos una semana sí y otra no.
> Como los recibos son bimestrales, en total son seis pagos en un año.

- **escarbar y excavar.** *Escarbar* equivale a 'rayar o remover repetidamente la superficie de la tierra, ahondando algo en ella' y, en sentido metafórico, 'inquirir curiosamente lo que está encubierto y oculto, hasta averiguarlo'. *Excavar* es 'quitar de una cosa sólida parte de su masa o grueso, haciendo hoyo o cavidad en ella'.

    Yo que tú no escarbaría más en ese asunto.
    El yacimiento apareció cuando los operarios comenzaron a excavar.

- **facción y fracción.** *Facción* significa 'parcialidad de gente amotinada o rebelada' y 'cada una de las partes del rostro humano'. *Fracción* alude a 'cada una de las partes separadas de un todo o consideradas como separadas'.

    El golpe de estado se produjo por el alzamiento de una facción del ejército.
    Sus facciones quedaron para siempre en mi memoria.
    Todo sucedió en una fracción de segundo.

- **infligir(se) e infringir.** *Infligir(se)* es 'causar(se) un daño físico o moral o imponer(se) un castigo'; *infringir* es 'quebrantar una ley, un precepto o un acuerdo'.

    Si infringes las normas, serás castigado.
    El juez le infligió un severo castigo por su desacato a la autoridad.

⌐> DPD s. vv. bienal, bianual, abceso, acceso, asequible, accesible, bimensual, bimestral, escarbar, excavar, facción, fracción, infligir, infringir; Fundación del Español Urgente.

416. ¿Cuál es la diferencia entre *actitud* y *aptitud*?

Es un caso de paronimia en el que el cambio de una consonante genera un cambio en el significado de la palabra, por lo que, además de conocer las diferencias de significado, deberemos prestar especial atención a su pronunciación, con el fin de evitar equívocos. *Actitud* es la 'postura del cuerpo, especialmente la determinada por un estado de ánimo' y 'disposición de ánimo', mientras que *aptitud* se refiere a la 'capacidad o idoneidad para algo':

⊗ Su aptitud no era la más adecuada en ese momento.
⊘ Su actitud no era la más adecuada en ese momento.

⊗ Para ingresar, deberás demostrar tus habilidades en una prueba de actitud.

⊘ Para ingresar, deberás demostrar tus habilidades en una prueba de aptitud.

Otras parejas de parónimos similares son:

- **_acto/apto._** *Acto* es el 'ejercicio de la posibilidad de hacer'. *Apto* equivale a 'idóneo, hábil, a propósito para hacer algo'.

  Tienes que aprender a ser responsable de tus actos.
  No lo considero apto para este trabajo.

- **_comparecer/compadecer(se)._** *Comparecer,* dicho de una persona, significa 'presentarse en un lugar, llamada o convocada por otra' y *compadecer(se)* es 'sentir lástima'. Cuando significa 'armonizar o estar de acuerdo', se construye como pronominal y lleva un complemento introducido por *con*.

  El acusado fue declarado en rebeldía por no comparecer ante el juez.
  Tu comportamiento no se compadece con tus razonamientos.
  Compasivo es quien se compadece de los demás.

- **_conformar(se)/confortar(se)._** *Conformar(se)* equivale a 'darse por satisfecho', 'ajustar(se) o acomodar(se)', *confortar*(se) es 'dar vigor, espíritu y fuerza, animar, alentar, consolar al afligido'.

  No te conformes, busca algo mejor.
  El cariño de los seres queridos nos conforta en los momentos difíciles.

- **_inerme/inerte._** *Inerme* significa 'indefenso o sin armas', *inerte* es 'sin vida o sin movimiento' e 'inactivo o incapaz de reacción'.

  Se sintió inerme ante aquel ataque inesperado.
  Tras el golpe, el animal permaneció inerte varios instantes.

- **_infectar/infestar._** *Infectar* significa 'invadir una herida o un organismo causando una infección', *infestar,* 'invadir algo o a alguien en forma de plaga'.

  Debes evitar que la herida se infecte.
  Los niños volvieron del colegio infestados de piojos.

- **infracción/inflación.** *Infracción* se usa para referirse a una 'transgresión, quebrantamiento de una ley, pacto o tratado, o de una norma moral, lógica o doctrinal', mientras que *inflación* equivale a 'abundancia excesiva' y 'elevación del nivel general de los precios'.

    > La inflación se ha estabilizado en el último semestre.
    > Las infracciones de tráfico han disminuido con la nueva norma sancionadora.

- **perjuicio/prejuicio.** *Perjuicio* es igual a 'daño o detrimento', *prejuicio* significa 'juicio previo o idea preconcebida, por lo general desfavorable'.

    > Los prejuicios son siempre un obstáculo para la convivencia.
    > Tendrás que presentar una reclamación por daños y perjuicios.

i› DPD, s. vv. actitud, aptitud, acto, apto, comparecer, compadecer, conformar, confortar, inerme, inerte, infectar, infestar, infracción, inflación, perjuicio, prejuicio.

417. ¿Cómo se dice: *Lo tenía todo previsto* o *Lo tenía todo provisto*?

Se pueden usar las dos expresiones, pero tienen significados distintos. En el sentido de que lo tenía todo preparado con antelación, lo correcto es *Lo tenía todo previsto*. El verbo *prever,* cuyo participio es *previsto,* se conjuga como el verbo *ver* y significa 'ver algo con anticipación', 'conjeturar algo futuro' y 'disponer lo necesario para futuras contingencias'.

El verbo *proveer* (part. *provisto*) se conjuga como *leer* (*proveo, proveías, proveí, proveeré, provea, proveyendo...*) y significa 'preparar o disponer lo necesario para un fin', 'proporcionar o suministrar a alguien lo que necesita, o dotar a algo de un accesorio o complemento'. *Lo tenía todo provisto* significa 'lo tenía todo dispuesto'.

⊗ No hubo sorpresas porque lo tenía todo provisto.
⊘ No hubo sorpresas porque lo tenía todo previsto.
⊗ El apartamento que alquilamos estaba previsto con todas las comodidades.
⊘ El apartamento que alquilamos estaba provisto con todas las comodidades.
⊗ Preveyendo lo que iba a suceder, quiso anticiparse a los acontecimientos.

⊘ Previendo lo que iba a suceder, quiso anticiparse a los acontecimientos.

⊗ Debemos ayudar a los más necesitados proviéndolos de lo imprescindible.

⊘ Debemos ayudar a los más necesitados proveyéndolos de lo imprescindible.

Otros casos de paronimia por cambio de una vocal aparecen en las siguientes parejas:

- **abertura/obertura.** Una *abertura* es una 'boca, hendidura, agujero', una *obertura* es una 'pieza de música instrumental con que se da principio a una ópera, oratorio u otra composición lírica'.

  El cirujano realizó una abertura en la aurícula izquierda.
  La obertura de *Carmen* es una pieza muy amena.

- **adaptar(se)/adoptar.** *Adaptar(se)* es 'acomodar(se) o ajustar(se) a algo o a alguien, haciendo las modificaciones oportunas' y *adoptar* es 'recibir como hijo al que no lo es naturalmente', 'hacer propia una doctrina o idea' y 'tomar una determinada postura o actitud'.

  Es una persona que se adapta enseguida a las circunstancias.
  Se hace necesario adoptar medidas urgentes.

- **especia/especie.** Con *especia* nos referimos a una 'sustancia vegetal aromática usada como condimento' y usamos *especie* para designar una 'clase o conjunto de seres semejantes'. La locución *en especie* significa 'en frutos o géneros, y no en dinero' (⇨ 469).

  El manejo de las especias es básico en la cocina tradicional.
  Una gran parte de su sueldo lo cobra en especie.

- **prescribir (prescrito)/proscribir (proscrito).** *prescribir/prescrito* significa 'preceptuar u ordenar algo' o, dicho de un derecho, de una acción o de una responsabilidad, 'extinguirse'. *Proscribir/proscrito* equivale a 'prohibir algo'.

  Esa ley no es de aplicación actualmente, porque ya ha prescrito.
  Fumar es hoy un acto proscrito en multitud de lugares.

ⓘ › *DPD*, s. vv. proveer, prever, abertura, apertura, adaptar, adoptar, especie, especia, prescribir, proscribir.

418. ¿Cuál es la diferencia entre *inferir, ingerir* e *injerir*?

Inferir es 'causar un daño físico o moral' y 'sacar una consecuencia a partir de algo', *ingerir* es 'introducir por la boca algo, especialmente comida o bebida para hacerlo llegar al estómago' e *injerir* se refiere a 'meter o introducir una cosa en otra', 'entrometerse o inmiscuirse'.

⊗ Estaba acusado de ingerir graves daños a su víctima.
⊘ Estaba acusado de inferir graves daños a su víctima.
⊗ Vengo del dentista y no puedo injerir alimentos sólidos.
⊘ Vengo del dentista y no puedo ingerir alimentos sólidos.
⊗ No deberías ingerirte en sus asuntos profesionales.
⊘ No deberías injerirte en sus asuntos profesionales.

Ingerir e *injerir* son verbos irregulares que se conjugan con el modelo de *sentir,* pero ambos conservan la *g* y la *j* de sus raíces respectivas en todas sus formas: *ingiero/injiero; ingirieron/injirieron...* y en las palabras derivadas, como *injerencia* ('acción y efecto de injerirse') o *ingestión* ('acción de ingerir').

⊗ No toleraré ninguna ingerencia en los asuntos de la familia.
⊘ No toleraré ninguna injerencia en los asuntos de la familia.
⊗ La injestión de estos medicamentos está contraindicada en los diabéticos.
⊘ La ingestión de estos medicamentos está contraindicada en los diabéticos.

A continuación se señalan otros casos de paronimia en que se pueden confundir tres palabras:

- ***adsorber/absorber/absolver.*** *Adsorber,* se usa en física y química, dicho de un cuerpo, con el significado de 'retener en su superficie moléculas de un fluido o de sustancias disueltas en él'. *Absorber* equivale a 'atraer y retener en el interior algo del exterior', 'consumir enteramente algo, normalmente recursos o tiempo' y 'acaparar el interés o la atención de alguien', y *absolver* significa 'declarar [a alguien] libre de culpa'.

  Algunos carbones tienen la propiedad de adsorber gases y vapores.
  El bebé absorbía entonces toda nuestra atención.
  El jurado determinó absolver al acusado.

- **afección/afición/aflicción.** *Afección* es 'enfermedad', 'pasión del ánimo' y 'afición o apego', *afición* significa 'inclinación o gusto por algo o alguien', 'actividad que se realiza por gusto', 'conjunto de seguidores o aficionados, especialmente los de un equipo deportivo', y *aflicción* equivale a 'pesar'.

  > Sufre una afección renal grave.
  > Su mayor afición es el deporte.
  > Las derrotas de su equipo le causan una gran aflicción.

  i › *DPD, s. vv. inferir, ingerir, injerir, adsorber, absorber, absolver, afección, afición, aflicción.*

419. ¿Se puede decir *destornillarse de risa*?

No es correcto, aunque se oye con frecuencia. El verbo *destornillarse* no existe, aunque sí existe *destornillar* o *desatornillar*. La forma correcta es *desternillarse,* cuando se quiere indicar que uno se ríe tanto que corre el peligro de que se le rompan las ternillas ('cartílagos').

  ⊗ Tiene tanta gracia para los chistes que te destornillas de risa con él.
  ⊘ Tiene tanta gracia para los chistes que te desternillas de risa con él.

Otros errores semejantes, que debemos evitar, son:

- ®*Contornearse* por **contonearse** para referirnos a 'hacer al andar movimientos afectados con los hombros y caderas'. No existe el verbo *contornearse*, sino *contornear* 'dar vueltas alrededor o en contorno de un paraje o de un sitio'.

  ⊗ Cuando pasaba entre las mesas se contorneaba de una forma muy sugerente.
  ⊘ Cuando pasaba entre las mesas se contoneaba de una forma muy sugerente.

- ®*Cortacircuito/s* por **cortocircuito.** El 'circuito que se produce accidentalmente por contacto entre dos conductores de polos opuestos y suele ocasionar una descarga' es un *cortocircuito.* La palabra ®*cortacircuito* no existe, aunque sí existe *cortacircuitos,* para designar al 'aparato que automáticamente interrumpe la corriente eléctrica cuando es excesiva o peligrosa'.

⊗ Al encender la lámpara se produjo un cortacircuito/s y se fue la luz.

⊘ Al encender la lámpara se produjo un cortocircuito y se fue la luz.

i › *DPD, s. vv.* desternillarse, contonearse, cortocircuito.

420. ¿*Apertura* y *abertura* son sinónimos?

No en todos los contextos. *Abertura* se aplica con más propiedad al mundo físico, en el sentido de 'hendidura o espacio que rompe la continuidad de una superficie, permitiendo una salida al exterior o comunicando dos espacios' y *apertura* es más apropiado para designar conceptos o ideas.

⊗ Consiguieron salir al exterior a través de una apertura en la pared.

⊘ Consiguieron salir al exterior a través de una abertura en la pared.

⊗ Con el nuevo gobierno se produjo una abertura ideológica significativa.

⊘ Con el nuevo gobierno se produjo una apertura ideológica significativa.

Aunque ambas comparten el significado de 'acción de abrir', el empleo con este valor es mucho menos frecuente en el caso de *abertura.*

⊖ La abertura de la sesión corrió a cargo del conferenciante de mayor edad.

⊕ La apertura de la sesión corrió a cargo del conferenciante de mayor edad.

i › *DPD, s. vv.* apertura, abertura.

....

PARA SABER MÁS...

Sobre la diferencia entre *abertura* y *obertura:* ⇨ 417.

....

421. **¿Se dice *trasplantar un árbol* o *transplantar un árbol*?**

La forma correcta es *trasplantar,* tanto para 'trasladar plantas del sitio en que están arraigadas y plantarlas en otro' como para 'trasladar un órgano desde un organismo donante a otro receptor, para sustituir en este al que está enfermo o inútil'.

⊗ Hay muchos enfermos renales que están pendientes de transplante.

⊘ Hay muchos enfermos renales que están pendientes de trasplante.

⊗ Esta época es la mejor para transplantar los geranios.

⊘ Esta época es la mejor para trasplantar los geranios.

Este tipo de errores en los que se deforma una palabra correcta por considerarla errónea se denominan **ultracorrecciones.** Suelen cometerlos los hablantes cuando quieren imitar una pronunciación o forma que consideran más culta. A los ejemplos de ultracorrección ya señalados (⇨ 15), podemos agregar los siguientes:

■ Utilizar el prefijo *ex-* en lugar de *es-* por considerarlo más refinado:

⊗excéptico *por* escéptico, ⊗expectáculo *por* espectáculo, ⊗expléndido *por* espléndido, ⊗expontáneo *por* espontáneo, ⊗extrabismo *por* estrabismo, ⊗extructura *por* estructura.

■ Imitar formas parecidas por considerarlas más correctas:

⊗disgresión *por* digresión, ⊗desaveniencia *por* desavenencia, ⊗carnecería por carnicería.

i⟩ *DRAE, s. v. trasplantar; LEC,* págs. 110-112.

422. **¿Cuál es la forma correcta: *divergir* o *diverger*?**

La forma correcta es *divergir,* que significa 'discrepar' y, dicho de dos líneas o superficies, 'irse apartando'. El verbo *diverger* no existe, por lo que son incorrectas formas verbales como ⊗*divergemos,* ⊗*divergés* (vos), ⊗*divergéis* (vosotros), ⊗*divergeré,* ⊗*divergerás* en lugar de *divergimos, divergís* (vos/vosotros), *divergiré, divergirás,* etc.:

⊗ Es bueno diverger, porque así se contrastan diferentes puntos de vista.

⊘ Es bueno divergir, porque así se contrastan diferentes puntos de vista.

⊗ El estudio de las líneas divergientes y convergentes es parte de la geometría.

⊘ El estudio de las líneas divergentes y convergentes es parte de la geometría.

⊗ Mi hermana y yo siempre divergemos en gustos cinematográficos.

⊘ Mi hermana y yo siempre divergimos en gustos cinematográficos.

Divergir es un verbo regular de la tercera conjugación, que se conjuga como *vivir*. Igual que sucede con otros verbos acabados en *-gir*, las formas cuya desinencia empieza por *-a* u *-o*, cambian la *g* de la raíz por *j*: *diverjo, diverges, diverjan*.

⊗ Es frecuente que Luis y Marta divergan.
⊘ Es frecuente que Luis y Marta diverjan.
⊗ Yo también divergo de Luis a menudo.
⊘ Yo también diverjo de Luis a menudo.

En cuanto a su sintaxis, el verbo *divergir* puede llevar complementos introducidos por las preposiciones *de* y *en*, pero no *con*.

⊗ Diverjo con tu opinión.
⊘ Diverjo de tu opinión.
⊘ Diverjo en algunos asuntos contigo.

ⁱ⟩ *DPD, s. v. divergir.*

....

PARA SABER MÁS...
Todo lo señalado para *divergir* en cuanto a su conjugación, se aplica por igual a su antónimo *convergir*.

....

423. ¿*Devastar* o *desvastar*?

No es correcto el verbo ⊛*desvastar*. O usamos *devastar* ('destruir un territorio, arrasando sus edificios y asolando sus campos') o empleamos *desbastar* ('quitar las partes más bastas a algo que se haya de labrar').

⊗ El paso de la plaga de langosta desvastó los campos de cereales.
⊘ El paso de la plaga de langosta devastó los campos de cereales.

⊗ Para las vigas y otros elementos de construcción se usa madera sin desvastar.

⊘ Para las vigas y otros elementos de construcción se usa madera sin desbastar.

El error se produce por el cruce con el prefijo *des-*, igual que cuando usamos incorrectamente *⊗disgresión* por *digresión*, para referirnos al 'efecto de romper el hilo del discurso y de hablar en él de cosas que no tengan conexión o íntimo enlace con aquello de que se está tratando'.

⊗ El ritmo del relato es muy lento porque abundan en él las disgresiones del autor.

⊘ El ritmo del relato es muy lento porque abundan en él las digresiones del autor.

i ⟩ DRAE, s. vv. *devastar, desbastar, digresión.*

424. Refiriéndose a un libro, ¿cuándo se usa *ojear* y cuándo *hojear*?

Ambas expresiones son válidas, pero tienen significados diferentes. La clave está en la palabra de origen, *ojo* u *hoja*. Cuando *ojeamos* un libro lo vemos por encima, le «echamos un ojo», una mirada rápida, como a cualquier otro objeto (un cuadro, una factura) y cuando *hojeamos* un libro, pasamos sus hojas.

⊗ Estuvimos en la Feria del libro y hojeamos muchos libros, pero no compramos.

⊘ Estuvimos en la Feria del libro y ojeamos muchos libros, pero no compramos.

⊗ ¿Por qué no ojeas algún libro, a ver si te entretienes?

⊘ ¿Por qué no hojeas algún libro, a ver si te entretienes?

Este tipo de dudas que nos plantean las palabras **homófonas** (que coinciden en su forma sonora pero se escriben de forma diferente) solo se pueden resolver acudiendo al diccionario.

Otros casos de homófonos con h son los siguientes:

- **desecho/deshecho.** *Desecho* es 'aquello que queda después de haber escogido lo mejor y más útil de algo', *deshecho,* el participio del verbo *deshacer.*

Se produjeron numerosas protestas por el asunto de los desechos tóxicos.

¿Aún no te has deshecho de este trasto que tienes por coche?

- **haré/aré.** *Haré* es una forma perteneciente al verbo *hacer*, mientras *aré* pertenece al verbo *arar*.

  Tengo que pensarme bien qué haré cuando termine mis estudios.
  Después de las lluvias aré el huerto y preparé la siembra.

- **harte/arte.** *Harte* es una forma del verbo *hartar*, *arte* significa 'manifestación de la actividad humana mediante la cual se expresa una visión personal y desinteresada que interpreta lo real o imaginado con recursos plásticos, lingüísticos o sonoros'.

  Cuando me retiren la dieta, comeré hasta que me harte.
  Es un gran defensor de cualquier manifestación del arte contemporáneo.

i › *DPD, s. vv. ojear, hojear; desecho, hacer, arte; LEC*, pág. 35.

....

PARA SABER MÁS: ⇨ 17.

....

425. ¿Es lo mismo *aprender* que *aprehender*?

Son dos palabras diferentes en su escritura, en su pronunciación y, por supuesto, en su significado. *Aprender* es 'adquirir el conocimiento de algo por medio del estudio o de la experiencia' y *aprehender* significa 'coger, asir, prender a alguien, o bien algo, especialmente si es de contrabando' y 'captar algo por medio del intelecto o de los sentidos'.

- ⊗ Me costó mucho trabajo aprehender a conducir.
- ⊘ Me costó mucho trabajo aprender a conducir.
- ⊗ Tras una compleja operación, la policía logró aprender un importante alijo de droga.
- ⊘ Tras una compleja operación, la policía logró aprehender un importante alijo de droga.
- ⊗ Sus métodos son imprescindibles para aprender la realidad que nos rodea.
- ⊘ Sus métodos son imprescindibles para aprehender la realidad que nos rodea.

Los sustantivos *aprehensión* y *aprensión* y los adjetivos *aprensivo* y *aprehensivo* mantienen la misma diferencia de significado.

⊗ La percepción sensorial tiene una clara dimensión aprensiva.
⊘ La percepción sensorial tiene una clara dimensión aprehensiva.
⊗ Es muy escrupulosa y come con mucha aprehensión.
⊘ Es muy escrupulosa y come con mucha aprensión.

La causa de la duda y de las posibles confusiones entre ambas palabras es que suenan muy parecidas, especialmente en una pronunciación descuidada que reduzca las dos vocales iguales a una sola. Este caso de homonimia se da también en *azar* y *azahar*: *azar* 'casualidad, caso fortuito' y *azahar,* 'flor blanca, y por antonomasia, la del naranjo, limonero y cidro'.

> Disfruto mucho con los juegos de azar cuando no media dinero en ellos.
> En Sevilla, en primavera, el olor a azahar es embriagador.

i › *DPD, s. vv. aprehender, aprender(se), azar, azahar.*

426. ¿*Acechanza* o *asechanza*?

Ambos términos existen, con significados muy próximos, que conviene distinguir, pues *acechanza* significa 'acecho, espionaje, persecución cautelosa' y *asechanza* equivale a 'engaño o artificio para hacer daño a alguien'.

⊗ Tras varias horas de asechanza, los asaltantes atacaron a su víctima cuando entraba en su casa.
⊘ Tras varias horas de acechanza, los asaltantes atacaron a su víctima cuando entraba en su casa.
⊗ Durante mucho tiempo sufrió las acechanzas y los ataques de sus enemigos.
⊘ Durante mucho tiempo sufrió las asechanzas y los ataques de sus enemigos.

En las zonas de seseo estas dos palabras se pronuncian de la misma manera, pero deben distinguirse adecuadamente en la escritura, como sucede con estos otros casos similares de homófonos por ceceo o por seseo:

- **cazar/casar.** *Cazar se refiere a* 'buscar o seguir a las aves, fieras y otras muchas clases de animales para cobrarlos o matarlos' y *casar* es 'contraer matrimonio' y 'dicho de dos o más cosas: corresponder, conformarse, cuadrar'.

  > De niño me encantaba cazar insectos y bichos.
  > Tendrás que casar esas dos piezas, a ver si encajan.

- **cesto/sexto.** *Cesto* se refiere a 'cesta grande y más alta que ancha, formada a veces con mimbres, tiras de caña o varas de sauce sin pulir'. El *sexto* es el número 'que sigue inmediatamente en orden al o a lo quinto'.

  > La ropa sucia, en ese cesto.
  > Hizo muy buen papel en el concurso: acabó el sexto.

- **cocer/coser.** *Cocer* es 'hacer comestible un alimento crudo sometiéndolo a ebullición o a la acción del vapor', *coser,* 'unir con hilo, generalmente enhebrado en la aguja, dos o más pedazos de tela, cuero u otra materia'.

  > ¿Cuánto tiempo tiene que cocer esta pasta?
  > Si quieres que quede bien, lo tendrás que coser a máquina.

- **losa/loza.** Una *losa* es una 'piedra llana y de poco grueso, casi siempre labrada, que sirve para solar y otros usos', la *loza* es un 'barro fino, cocido y barnizado, de que están hechos platos, tazas, etc.'.

  > En Aragón, los tejados tradicionales no son de teja, sino de losa.
  > La loza antigua no se debe lavar en el lavavajillas.

- **sesión/sección.** *Sesión* significa 'espacio de tiempo ocupado por una actividad'. *Sección* es 'cada una de las partes en que se divide o considera dividido un objeto, un conjunto de objetos, una empresa, una organización, etc.'.

  > La primera sesión del congreso será de 9:00 a 13:00.
  > El limpiacristales estará en la sección de limpieza, ¿no?

- **sima/cima.** *Sima* se refiere a una 'cavidad grande y muy profunda en la tierra', mientras que la *cima* es el 'punto más alto de los montes, cerros y collados'.

Desde la profundidad de la sima ascendía una corriente de aire.
Se nos hizo de noche y tuvimos que volver sin haber llegado a la
cima.

i › *DPD, s. vv. acechanza, asechanza, casar, cazar, cesto, sexto, cocer, coser, losa, loza, sección,*
sesión, sima, cima; DRAE, s. vv. acechanza, asechanza, etc.

427. ¿Es lo mismo *basto* que *vasto*?

No. Son dos palabras homófonas con significados diferentes que no
conviene confundir. *Basto-ta,* como adjetivo, se refiere a algo 'gro-
sero, tosco, sin pulimento', y *vasto-ta* significa 'dilatado, muy extendido o muy grande'.

- ⊗ La mesa era un mueble de madera vasta y de aspecto rudimen-
  tario.
- ⊘ La mesa era un mueble de madera basta y de aspecto rudi-
  mentario.
- ⊗ En sus textos demuestra un basto conocimiento del tema.
- ⊘ En sus textos demuestra un vasto conocimiento del tema.

El fonema /b/ se representa en español por las grafías *b, v* y *w*
(⇨ 8 y 13), lo que provoca numerosos errores ortográficos, especialmente entre la *b* y la *v*. En algunos casos, como los que se enumeran
a continuación, se trata de palabras homófonas que se escriben con
una u otra grafía para referirse a conceptos distintos:

- **acervo/acerbo.** *Acervo* designa el 'conjunto de bienes mora-
  les o culturales acumulados por tradición o herencia' y *acerbo* es un adjetivo que equivale a 'áspero al gusto'.

  Es muy importante conservar el acervo cultural de los pueblos.
  Este fruto no está maduro, tiene un sabor acerbo.

- **bacilo/vacilo.** *Bacilo* significa 'bacteria en forma de bas-
  toncillo o filamento más o menos largo, recto o encorvado
  según las especies' y *vacilo* es la primera persona de singular del presente de indicativo del verbo *vacilar* ('titubear,
  estar indeciso', 'engañar, tomar el pelo, burlarse o reírse de
  alguien'.

  El bacilo de Koch es el causante de la tuberculosis.
  En esos momentos de zozobra vacilo y no sé qué hacer.

- **baso/vaso.** *Baso* es la forma de la 'primera persona del singular del presente de indicativo del verbo *basar*', y *vaso* se refiere al 'recipiente de metal, vidrio u otra materia, por lo común de forma cilíndrica, que sirve para beber'.

  > En mis argumentaciones siempre me baso en hechos comprobados.
  > ¿Podrías darme un vaso de agua, por favor?

- **bello/vello.** *Bello* es un adjetivo: 'que tiene belleza' y *vello* designa al 'pelo que sale más corto y suave que el de la cabeza y de la barba, en algunas partes del cuerpo humano'.

  > ¡Qué bello es vivir!
  > Tenía el vello erizado a causa del miedo.

- **bote/vote.** *Bote* se usa para designar un 'salto', un 'recipiente pequeño', o un 'barco pequeño y sin cubierta'; *vote* es la forma que corresponde a la primera y tercera persona de singular del presente de subjuntivo del verbo *votar*.

  > Tienes que practicar más el bote del balón.
  > Para que se apruebe su gestión es necesario que la junta vote favorablemente.

- **iba/iva.** *Iba* es la forma para la primera y tercera persona de singular del pretérito imperfecto de indicativo del verbo *ir* ('moverse de un lugar hacia otro'), *iva* (o también con todas las letras mayúsculas) es el acrónimo de *Impuesto del Valor Añadido*.

  > Aún recuerdo cuando iba con mi abuelo a coger fruta al huerto.
  > El iva cultural debería ser reducido.

- **revelar/rebelar.** *Revelar* significa 'descubrir o manifestar lo ignorado o secreto', mientras que *rebelar* equivale a 'sublevar, levantar a alguien haciendo que falte a la obediencia debida'.

  > El periodista se negó a revelar sus fuentes.
  > Ante semejante injusticia os tendréis que rebelar.

- **varón/barón.** *Varón* es el 'ser humano de sexo masculino', *barón* es un 'título de dignidad'.

  > Nos ha comunicado el doctor que nuestro hijo será varón.
  > Estoy riéndome mucho con la lectura de *El barón de Munchausen*.

i > DRAE, s. vv. basto, vasto, acervo, acerbo, bacilo, vacilo, baso, vaso, bello, vello, bote, etc.

428. **¿Se dice *El acusado permaneció estático* o *El acusado permaneció extático*?**

Ambas palabras existen y en el enunciado que nos ocupa aportan dos significados diferentes. En el primer caso el acusado no se movió (*estático-ca* significa 'que no se mueve') y en el segundo permaneció en éxtasis ('estado del alma enteramente embargada por un sentimiento de admiración, alegría, etc.').

⊗ El portero se quedó extático en el lanzamiento del penalti.
⊘ El portero se quedó estático en el lanzamiento del penalti.
⊗ Permaneció estático ante la contemplación de tanta belleza.
⊘ Permaneció extático ante la contemplación de tanta belleza.

La homofonía se produce por la pronunciación relajada de la *x* como una *s,* igual que sucede en estos otros pares de palabras:

- ▪ ***contesto/contexto.*** *Contesto* es la primera persona del singular de presente de indicativo del verbo *contestar* ('responder a lo que se pregunta, se habla o se escribe'), *contexto* designa al 'entorno lingüístico del cual depende el sentido y el valor de una palabra, frase o fragmento considerados'.

  Espere un momento y ahora le contesto.
  Yo no dije eso: mis palabras se han sacado de contexto.

- ▪ ***escavar/excavar.*** *Escavar* es 'cavar ligeramente la tierra para ahuecarla y quitar la maleza', *excavar* significa 'hacer en el terreno hoyos, zanjas, desmontes, pozos o galerías subterráneas'.

  Tengo que ir a escavar el huerto para que no se me llene de hierbajos.
  En este terreno habrá que excavar muy profundo para encontrar agua.

- ▪ ***esotérico/exotérico.*** *Esotérico* designa lo 'oculto, reservado lo que es impenetrable o de difícil acceso para la mente', *exotérico,* por el contrario, equivale a 'común, accesible para el vulgo, en oposición a esotérico. Que es de fácil acceso para la mente'.

  No siento ninguna curiosidad por los temas esotéricos.
  Los procesos naturales son, por lo general, exotéricos.

- **espirar/expirar.** *Espirar* significa 'expulsar el aire de los pulmones'; *expirar*, 'acabar la vida o un periodo de tiempo'.

> Para relajarse hay que inspirar rápida y profundamente y espirar lentamente.
> El plazo de presentación expira el próximo martes.

ⅈ › *DRAE, s. vv. estático, extático, contestar, contexto, escavar, excavar, esotérico, exotérico, espirar, expirar.*

....

PARA SABER MÁS...
Para la pronunciación de la *x*: ⇨ 14.
....

429. ¿Se dice *Sufre una adición* o *Sufre una adicción*?

Si lo que queremos decir es que sufre el 'hábito de quien se deja dominar por el uso de alguna droga tóxica, o por la afición desmedida a ciertos juegos', entonces debemos decir que «sufre una adicción», pues *adición* es el nombre de la 'operación de sumar', la 'añadidura que se hace, o parte que se aumenta en alguna obra o escrito':

⊗ Es sobradamente conocida su adición a todo tipo de juegos de azar.
⊘ Es sobradamente conocida su adicción a todo tipo de juegos de azar.
⊗ La obra se publicó finalmente con la adicción de siete nuevos capítulos.
⊘ La obra se publicó finalmente con la adición de siete nuevos capítulos.

El complemento de la palabra *adicción* y sus derivados (*adicto-ta*) suele ir introducido por la preposición *a* o, menos frecuentemente, con *por:*

⊗ Tengo adicción con la lectura.
⊘ Tengo adicción por la lectura.
⊗ Soy adicto de la lectura.
⊘ Soy adicto a la lectura.

ⅈ › *DRAE s. vv. adicción, adición.*

430. ¿Cuál es la forma correcta: _hierba_ o _yerba_?

Ambas formas son igualmente admisibles para referirnos a la 'planta pequeña de tallo tierno' o al 'conjunto de hierbas que crecen en un terreno'. La grafía más generalizada es _hierba_, pero la forma _yerba_ está admitida tanto en esta palabra como en sus derivados: _yerbajo, yerbazal, yerbabuena, yerba mate_.

⊕ Prohibido pisar la hierba.
⊖ Prohibido pisar la yerba.
⊕ El jardín estaba abandonado y lleno de hierbajos.
⊖ El jardín estaba abandonado y lleno de yerbajos.

_i_ › _DRAE s. v. yerba._

....

PARA SABER MÁS...

En Argentina, el término _yerba_ se reserva para el mate. El césped recibe el nombre de _pasto_.

....

431. ¿Cuál es la forma correcta: _hierro_ o _yerro_?

Las dos son correctas, pero tienen significados diferentes. _Yerro_ es la primera persona del singular del presente de indicativo del verbo _errar_ ('equivocarse', 'vagabundear'). Como sustantivo, _yerro_ es sinónimo de _error_ y _hierro_ es el 'metal maleable y resistente, muy empleado en la industria'.

⊗ Apunté tan mal que por poco hierro el disparo.
⊘ Apunté tan mal que por poco yerro el disparo.
⊗ A veces hierro durante horas sin saber adónde ir.
⊘ A veces yerro durante horas sin saber adónde ir.
⊗ Tú eres el responsable de tus hierros.
⊘ Tú eres el responsable de tus yerros.
⊗ Las vigas del edificio incendiado eran un amasijo de yerros.
⊘ Las vigas del edificio incendiado eran un amasijo de hierros.

El mismo fenómeno de homofonía se da con la pareja _yendo/hiendo_. _Yendo_ es el gerundio del verbo _ir_ ('moverse de un lugar hacia otro') y _hiendo_ es la primera persona del singular del presente de indicativo del verbo _hender ~ hendir_ ('abrir o rajar un cuerpo sólido sin dividirlo del todo').

⊗ Estuvo hiendo a la academia durante seis meses.
⊘ Estuvo yendo a la academia durante seis meses.
⊗ Cuando nado, yendo las olas con los brazos.
⊘ Cuando nado, hiendo las olas con los brazos.

i › *DRAE, s. vv. hierro, yerro, hender.*

432. ¿Se escribe *pan rallado* o *pan rayado*?

Cuando nos referimos al pan 'desmenuzado con un rallador' debemos escribir *pan rallado*. El verbo *rallar* significa 'desmenuzar algo restregándolo con el rallador' o, en sentido coloquial 'molestar, fastidiar con importunidad y pesadez'. El verbo *rayar* significa 'hacer o tirar rayas'.

⊗ Las croquetas se rebozan primero en el huevo y después en el pan rayado.
⊘ Las croquetas se rebozan primero en el huevo y después en el pan rallado.
⊗ Ya nos estás rayando con tus bromitas.
⊘ Ya nos estás rallando con tus bromitas.
⊗ ¡Ten más cuidado, que vas a rallar la mesa con el cuchillo!
⊘ ¡Ten más cuidado, que vas a rayar la mesa con el cuchillo!

Se relacionan a continuación otros casos de homófonos en que se usa *ll* o *y*:

- **arroyo/arrollo.** Un *arroyo* es un 'caudal corto de agua', *arrollo* es la primera persona del singular del presente de indicativo del verbo *arrollar* ('envolver algo plano y extendido de tal suerte que resulte en forma de rollo. Atropellar a una persona, un animal o una cosa').

    Un arroyo cruzaba el prado de este a oeste.
    Ten más cuidado, casi te arrollo.

- **cayó/calló.** *Cayó* corresponde a la tercera persona del singular del pretérito perfecto simple de indicativo del verbo *caer* y *calló*, a la misma forma verbal, pero del verbo *callar*.

    Le advertimos de que se callara, pero no se calló.
    Tropezó con el bordillo y cayó de bruces sobre la acera.

- **_haya/halla /aya._** Un _haya_ es un 'árbol de la familia de las fagáceas' y también la primera y la tercera persona del singular del presente de subjuntivo del verbo _haber; halla,_ sin embargo, es la tercera persona del singular del presente de indicativo del verbo _hallar,_ y _aya_ es el sustantivo que designa a la 'persona encargada en las casas principales de custodiar niños o jóvenes y de cuidar de su crianza y educación'.

  > Es posible que haya otra solución diferente.
  > Agotada, se sentó a descansar a la sombra de una frondosa haya.
  > ¿Sabe usted dónde se halla esta dirección?
  > En su infancia lo crio un aya.

- **_vaya/valla/baya._** _Vaya_ es la forma de la primera y tercera persona del singular de presente de subjuntivo del verbo _ir, valla_ es un sustantivo que se refiere a un 'vallado o estacada para defensa' y con _baya_ se designa un 'tipo de fruto carnoso con semillas rodeadas de pulpa' o se califica 'el color blanco amarillento de un caballo y de su pelo'.

  > Para llegar hasta la entrada de la casa tuvimos que rodear toda la valla.
  > ¿Cuándo quieres que vaya a visitarte?
  > Dedicaron la mañana a recoger bayas comestibles por el bosque.
  > El comandante montaba una briosa yegua baya.

_i_ > _DPD, s. vv. rallar, rallar, baya, valla, caer, callar, haya, aya, hallar._

SOBRE LAS REDUNDANCIAS

433. **¿Está bien dicho _Sube para arriba_?**

Sí, aunque se trata de una expresión redundante, pues la acción de subir significa 'recorrer yendo hacia arriba'. Estas expresiones: _subir para arriba, bajar para abajo, entrar adentro, salir afuera,_ son admisibles en el uso oral y coloquial de la lengua, donde se utilizan generalmente con valor expresivo o enfático, pero debemos evitarlas en los textos escritos.

Se relacionan a continuación expresiones redundantes, en las que aparece subrayado el elemento que ocasiona la redundancia. La opción preferible en cada caso consiste en eliminar ese elemento superfluo.

Hablaron ambos *a la misma vez*.
El vehículo sufrió *un accidente fortuito*.
Se trata de una ley que está *actualmente en vigor*.
No existían *antecedentes previos* de un caso similar.
Encontraron a los montañeros *ateridos de frío*.
Para acudir al especialista debes solicitar *cita previa*.
Su actuación puso el *colofón final* a la ceremonia de entrega de premios.
En los cielos de verano se aprecian con claridad las *constelaciones de estrellas*.
Deambularon sin rumbo por la ciudad durante varias horas.
Para evitar su responsabilidad se excusaba con *falsos pretextos*.
Los *funcionarios públicos* han iniciado una jornada de huelga.
Los *homosexuales y lesbianas* llevan años reivindicando su derecho a la adopción.
Estos dos asuntos están muy *interrelacionados entre sí*.
Debiste *prever con antelación* lo que iba a suceder.
El juez ha ordenado realizar *la autopsia al cadáver*.

Otros ejemplos son: *multa económica, cáncer maligno, erradicar de raíz, conllevar consigo, operado de su cadera, orografía del terreno, precedente previo, copar por completo, recuperarse favorablemente, vivir (algo) en primera persona, nexo de unión, opción alternativa, lendakari vasco...*

Cuando se utilizan como recurso estilístico o con valor expresivo, para dar énfasis a nuestras palabras, este tipo de construcciones se consideran *pleonasmos*: 'figura de construcción que consiste en emplear en la oración uno o más vocablos innecesarios para que tenga sentido completo, pero con los cuales se añade expresividad a lo dicho'.

Lo vi con mis propios ojos, no puedes negarlo.
De los sus ojos tan fuertemente llorando. (*Cantar de Mío Cid*).

1 › Paredes, *Guía*, pág. 178.

434. **¿Es redundante *Ojalá que Dios quiera*?**

Desde el punto de vista etimológico sí, pues *ojalá* procede de la expresión árabe *law šá lláh* ('si Dios quiere') y si lo aplicamos literalmente, estaríamos diciendo algo así como *si Dios quiere que Dios quiera*. Sin embargo, *ojalá que Dios quiera* no puede considerarse una redundancia, porque los hablantes no utilizan el término *ojalá* con ese valor etimológico, sino simplemente como una interjección que 'denota vivo deseo de que suceda algo', como explica el *DRAE*. Es preferible, no obstante, la forma simplificada.

⊖ Ojalá que Dios quiera que encuentres pronto un nuevo empleo.
⊕ Ojalá encuentres pronto un nuevo empleo.

Algo similar sucede con otras expresiones como *lapso de tiempo*. La palabra *lapso* significa 'tiempo entre dos límites', de modo que el significado literal de esta expresión sería 'tiempo entre dos límites de tiempo'. Para evitar la redundancia se recomienda obviar el sintagma *de tiempo*.

⊖ Entre su llegada y su partida transcurrió un lapso de tiempo de dos semanas.
⊕ Entre su llegada y su partida transcurrió un lapso de dos semanas.

i › *DRAE, s. v. ojalá; DPD, s. v. ojalá; NGLE,* págs. 2504, 3144.

....

PARA SABER MÁS...
Sobre la combinación de esta interjección con *que* y con *y:* ⇨ 369.

....

435. **¿Es correcta la expresión *Adjunto remito*?**

No es incorrecta, aunque en algunos contextos la fórmula puede resultar redundante. La palabra *adjunto* es un adjetivo y como tal debe concordar en género y número con el sustantivo al que complementa, pero cuando se usa la fórmula *adjunto remito* en textos de carácter administrativo, la palabra *adjunto* pierde su carácter de adjetivo y funciona como un adverbio equivalente a *de forma adjunta*:

⊗ En las fotocopias adjunto encontrará copia de los documentos requeridos.

⊘ En las fotocopias adjuntas encontrará copia de los documentos requeridos.

⊘ Adjunto remito las fotocopias de los documentos requeridos.

i › *DPD, s. v. adjunto.*

436. ¿Qué es lo correcto, *un modelo a imitar* o *un modelo para imitar*?

Ninguna de las dos formas es correcta. La construcción «sustantivo + *a* + infinitivo» no es recomendable en la lengua culta (⇨ 338). En algunos casos, como el que ahora comentamos, se añade el hecho de que el complemento es redundante: algo es un modelo porque se considera digno de ser imitado. Lo mismo sucede con expresiones como ⊗*ejemplo a seguir*. En estos casos la solución consiste simplemente en eliminar el complemento o modificar la redacción del enunciado.

⊗ Su actitud constituye un modelo a imitar para todos nosotros.

⊘ Su actitud constituye un modelo para todos nosotros.

⊗ El ejemplo a seguir es el de los pioneros.

⊘ Se ha de seguir el ejemplo de los pioneros.

i › *DPD, s. v. a².*

SOBRE LA POBREZA LÉXICA

437. ¿Qué es un tópico?

Un **tópico** es una 'expresión vulgar o trivial', es decir, una expresión, frase o idea muy repetida y usada como lugar común. Su utilización demuestra la falta de imaginación de quien los usa, puesto que se limita a repetir lo que otros han dicho y utiliza ideas ajenas en lugar de desarrollar las propias. Algunos de los tópicos, de los lugares comunes, más conocidos son: «*somos lo que comemos*», «*todos somos iguales*», «*todas las opiniones son respetables e igualmente válidas*», «*ninguno tiene más méritos que otro*», «*la muerte nos llega a todos*», «*no somos nada*», «*rectificar es de sabios*», «*todos tenemos algún vicio*», «*la vida hay que disfrutarla*», etc.

También funcionan como tópicos cierto tipo de asociaciones lingüísticas que se emplean con valor formulario: *espectáculo dantesco, fiel reflejo, marco incomparable, defensa numantina, claro exponente, cese fulminante, palpitante actualidad, estrecha colaboración, merecidas vacaciones,* etc.

ⓘ *DPD, s. v.* tópico; Paredes, *Guía,* pág. 199; Fundación del Español Urgente.

....

PARA SABER MÁS...

En cuanto a la propia palabra *tópico*, debe evitarse su empleo con el sentido de 'tema o asunto', tomado del inglés *topic:*

⊗ Durante su conferencia abordó el tópico de las acciones preferentes.

⊘ Durante su conferencia abordó el tema de las acciones preferentes.

....

438. ¿Qué es una palabra comodín?

Una **palabra comodín** es una palabra que tiene un significado muy general y se puede utilizar en muchos contextos diferentes. Se llama así porque, como las cartas que tienen ese mismo nombre, puede tomar valores semánticos distintos según los casos. También se puede llamar **palabra baúl,** por la amplitud de su significado, donde cabe de todo. Su plural es *palabras comodín* o *palabras baúl.* Algunos ejemplos son: *asunto, problema, cosa, tema; bueno, grande, pequeño, positivo, impresionante; poner, hacer, tener, realizar,* etc.

Por ejemplo, el verbo *poner* que aparece en estas oraciones podría sustituirse por otro más preciso:

⊖ Ya me han puesto la fibra de vidrio en casa.
⊕ Ya me han instalado la fibra de vidrio en casa.
⊖ Pon más atención a lo que haces.
⊕ Presta más atención a lo que haces.
⊖ Debes poner tu firma al final del escrito.
⊕ Debes estampar tu firma al final del escrito.
⊖ Coge estos libros y ponlos por orden alfabético en la estantería.
⊕ Coge estos libros y colócalos por orden alfabético en la estantería.

Para evitar las palabras comodín o palabras baúl primero hay que saber detectarlas, revisando e incluso leyendo en voz alta lo escrito. Una vez localizadas, y para poder sustituirlas es recomendable tener a mano un diccionario de sinónimos. Los procesadores de texto también disponen de esta útil herramienta.

i › Paredes, *Guía*, pág. 195.

PARA SABER MÁS: ⇨ 414.

439. ¿Qué es una muletilla?

Según el *DRAE* una **muletilla** es una 'voz o frase que se repite mucho por hábito'. Las muletillas son las palabras y expresiones que repetimos de forma innecesaria para «apoyarnos» en ellas a la hora de elaborar el discurso.

Son más frecuentes y admisibles en la lengua oral, donde se usan a veces para llamar la atención y mantener el interés del interlocutor (*mira*), para regular el turno de palabra (*escucha*), para enfatizar o subrayar (*vaya tela*), para invitar a la reflexión (*fíjate*), para mostrar desacuerdo (*qué quieres que te diga*) o para concluir nuestro discurso (*pues nada*). En la lengua escrita y en los registros formales de la lengua oral deben evitarse, pues denotan pobreza léxica.

Para evitarlas en registros formales de la lengua oral, es recomendable hablar pausadamente, pues las pausas nos permiten pensar y elaborar nuestro discurso, y así eludir este tipo de expresiones de relleno, automatizadas e inconscientes. En cuanto a la lengua escrita, debemos revisar nuestros textos para localizarlas y, en la mayor parte de los casos, suprimirlas, pues son innecesarias, o sustituirlas por un sinónimo si tienen algún valor expresivo.

i › *LEC*, págs. 42-43.

440. ¿Cómo se puede evitar la repetición de palabras en un texto?

La repetición de palabras es uno de los principales mecanismos de cohesión del texto (⇨ 480). En determinado tipo de textos que requieren mucha precisión, la repetición puede ser un requisito, como sucede en los textos de carácter técnico, o en textos jurídicos o administrativos y en textos literarios puede usarse la repetición como recurso estilístico.

Debemos partir, pues, de la idea de que la repetición es inevitable y a veces necesaria, pero debemos tratar de que no sea excesiva y resulte pesada. Podemos valernos de estos recursos para evitarla:

- Sustituir la palabra repetida por un sinónimo u otras expresiones equivalentes, siempre que esto sea posible, pues los tecnicismos, que se dan con frecuencia en los textos especializados, suelen carecer de sinónimos:

  > Los <u>gatos</u> siempre han estado rodeados de cierto halo misterioso. Este <u>felino</u> <u>doméstico</u> aparece en todas las culturas desde (...), pues son <u>animales</u> que históricamente...

- Emplear pronombres:

  > Encontramos representaciones de <u>gatos</u> en la cultura egipcia, <u>los</u> volvemos a encontrar en la griega y romana...

- Referirnos a ellas mediante determinantes (posesivos, numerales, demostrativos):

  > Nos intriga <u>su</u> mirada, <u>esa</u> forma sigilosa de andar...

- Suprimir la palabra mediante la elipsis:

  > Los <u>gatos</u> viven en nuestras casas, pero (*los gatos*) no viven con nosotros.

i › *LEC*, págs. 38-39.

441. ¿Es lo mismo *incumplimiento* que *no cumplimiento*?

En sentido estricto sí, pero la anteposición del adverbio de negación a un nombre abstracto no es recomendable, pues se trata de un uso anglicado y a menudo esconde falta de recursos léxicos. Cuando se quiere negar el contenido de un nombre abstracto es preferible utilizar un antónimo.

> ⊖ El no cumplimiento de esta ley conllevará una sanción económica.
> ⊕ El incumplimiento de esta ley conllevará una sanción económica.

Es preferible, pues, hablar de la *desaprobación* de un proyecto que de su *no aprobación*, de la *incomparecencia* de los testigos que de su *no comparecencia*, de la *desprotección* de la infancia que de su *no protección*, de la *cancelación* de un contrato que de su *no renovación*, o de los *abstemios* que de los *no bebedores*.

En los dos últimos casos los antónimos son léxicos (esto es, palabras con una raíz diferente). Los tres primeros ejemplos, en cambio, son de antónimos gramaticales (que se forman anteponiendo un prefijo al término positivo).

i > *LEC*, pág. 51.

442. ¿Se puede decir *Tienes que hacerlo sí o sí*?

No es incorrecto, pero actualmente se abusa de esta fórmula. La disyuntiva *sí o sí* sirve para llamar la atención del receptor e indicar obligatoriedad (*Lo tienes que hacer, sí o sí*), voluntad firme de hacer algo (*Voy a conseguirlo, sí o sí*) o falta de alternativas ante una situación concreta (*Tuve que aceptar sus condiciones, sí o sí*). En su origen la fórmula *sí o sí* constituyó un hallazgo expresivo puesto que recurre a la paradoja de presentar como dos opciones lo que solo es una posibilidad. El acierto inicial de la expresión estriba precisamente en el juego con esa aparente incongruencia.

El problema con esta expresión, como con muchas otras que en un momento dado constituyen un hallazgo expresivo, es que se ha convertido en un cliché y se abusa de ella en detrimento de otras expresiones más variadas y más matizadas. Por poner solo un ejemplo de las opciones de que dispone la lengua en lugar de *sí o sí*, vaya este racimo de locuciones sinónimas: *no queda otra, no hay alternativa, por narices, sin alternativa posible, inexcusablemente, ineludiblemente, inevitablemente, impepinablemente, inexorablemente, forzosamente, sin remedio, sin excusa, sea como sea, de cualquier manera, a toda costa, por las buenas o por las malas, y no hay más*, etc.

> ⊖ Tienes que hacerlo sí o sí.
> ⊕ Tienes que hacerlo obligatoriamente.
> ⊕ Tienes que hacerlo forzosamente.
> ⊕ Estás obligado a hacerlo.
> ⊕ No tienes más remedio que hacerlo.

i > Instituto Cervantes (Centro Virtual Cervantes).

SOBRE LOS LATINISMOS Y LOS EXTRANJERISMOS

443. **¿Se puede decir *de motu propio*?**

No. En esa expresión hay dos errores; la forma correcta es *motu proprio*, sin la preposición *de* y con la forma latina *proprio* para el segundo elemento. Traducida literalmente, esta locución significa 'con movimiento propio', y se aplica en sentido metafórico para indicar que algo se realiza de forma voluntaria, por iniciativa propia.

⊗ Decidió declarar en el juicio *de motu propio*.
⊘ Decidió declarar en el juicio *motu proprio*.

Las locuciones latinas deben usarse en su forma original y son por tanto incorrectas estas formas en las que a veces se añade una preposición:

Forma incorrecta	Forma correcta	Significado
⊛*de corpore insepulto*	*corpore insepulto*	'con el cuerpo sin sepultar/de cuerpo presente'
⊛*a grosso modo*	*grosso modo*	'aproximadamente o a grandes rasgos'
⊛*de ipso facto*	*ipso facto*	'en el acto, inmediatamente'

⊗ El próximo domingo se celebrará un funeral *de corpore insepulto*.
⊘ El próximo domingo se celebrará un funeral *corpore insepulto*.
⊗ La conferencia durará, *a grosso modo*, unos cuarenta minutos.
⊘ La conferencia durará, *grosso modo*, unos cuarenta minutos.
⊗ Resolvieron el asunto *de ipso facto*.
⊘ Resolvieron el asunto *ipso facto*.

i ⟩ *DPD, s. v. motu proprio.*

....

PARA SABER MÁS...

Más casos: ⇨ 36 y 444.
Las locuciones latinas se escriben en letra cursiva.

....

444. ¿Se dice *mutatis mutandi* o *mutatis mutandis*?

La forma correcta de esta locución latina es *mutatis mutandis,* que significa 'cambiando lo que se deba cambiar' y se utiliza para comparar dos conceptos o dos ideas pero señalando las diferencias que hacen que la similitud no sea total. La confusión en la forma se debe al contagio de otras locuciones como *modus operandi* o *modus vivendi.*

⊗ El contrato actual es, *mutatis mutandi,* una repetición del anterior.

⊘ El contrato actual es, *mutatis mutandis,* una repetición del anterior.

En este cuadro se muestran algunas locuciones latinas de uso frecuente en las que se cometen errores:

Forma incorrecta	Forma correcta	significado
⊛*modus operandis*	*modus operandi*	'modo de obrar'
⊛*modus vivendis*	*modus vivendi*	'modo de vivir'
⊛*pecata minuta*	*peccata minuta*	'pecados veniales'
⊛*subjudice*	*sub iudice*	'pendiente de juicio'
⊛*status quo*	*statu quo*	'estado de un asunto o cuestión en un momento determinado'
⊛*voz populi*	*vox populi*	'voz pública'
⊛*strictu sensu*	*stricto sensu*	'en sentido estricto'

⊗ En los últimos tres robos se observó que coincidía el *modus operandis.*

⊘ En los últimos tres robos se observó que coincidía el *modus operandi.*

⊗ Al final el deporte se convirtió en su *modus vivendis.*

⊘ Al final el deporte se convirtió en su *modus vivendi.*

⊗ No tengas en cuenta esas manías suyas. Solo son *pecata minuta.*

⊘ No tengas en cuenta esas manías suyas. Solo son *peccata minuta.*

⊗ El asunto aquel del cobro ilegal de comisiones aún está *subjudice.*

⊘ El asunto aquel del cobro ilegal de comisiones aún está *sub iudice.*

⊗ En lo relacionado con las autonomías, nadie se atreve a alterar el *status quo.*

⊘ En lo relacionado con las autonomías, nadie se atreve a alterar el *statu quo*.

⊗ ¿No sabías lo del nuevo director? Pues es *voz populi*...

⊘ ¿No sabías lo del nuevo director? Pues es *vox populi*...

⊗ Sus palabras, tomadas *strictu sensu*, son una clara ofensa para todos.

⊘ Sus palabras, tomadas *stricto sensu*, son una clara ofensa para todos.

i › *DPD. s. v. mutatis mutandi;* Fundación del Español Urgente.

....

PARA SABER MÁS...

Más casos de latinismos: ⇨ 36 y 443.

....

445. ¿Se puede decir *sponsor* si existe *patrocinador*?

Lo recomendable es usar la forma española *patrocinador* o *auspiciador* (así como las formas *patrocinar, patrocinio,* etc.) y descartar tanto el extranjerismo *sponsor* (escrito en letras cursivas) como el extranjerismo adaptado *espónsor* (se escribe en letras redondas, salvo ahora que la usamos metalingüísticamente) y sus derivados *esponsorizar* o *esponsorización.* Esta forma está propuesta para ser suprimida en la vigesimotercera edición del *DRAE.*

⊗ Esta marca esponsorizará al equipo nacional de natación.

⊘ Esta marca patrocinará al equipo nacional de natación.

Los extranjerismos que se incorporan a nuestra lengua lo hacen por dos razones: bien porque se necesite incorporar estas palabras para designar un nuevo concepto, o bien como alternativa a una palabra ya existente en el idioma. En el primer caso hay acuerdo general en que estos extranjerismos son necesarios, pues el préstamo enriquece nuestra lengua, mientras lo recomendable en el segundo caso es descartarlo. Esto es lo que sucede con la palabra *sponsor:* la voz foránea no añade ningún nuevo matiz a la palabra autóctona.

A continuación presentamos una relación de extranjerismos innecesarios que oímos y leemos con frecuencia acompañados de los términos equivalentes en español.

Extranjerismo (no recomendado)	Preferible	Extranjerismo (no recomendado)	Preferible
baby-sitter	niñero o niñera, canguro	*hoolligan*	hincha violento
best seller	superventas	*jet lag*	desfase horario
blue jean	vaquero, bluyín, yin	*lifting*	estiramiento (facial)
copyright	derechos de autor, de edición	*light*	bajo en calorías; suave, ligero
display	demostración; pantalla de visualización	*link*	enlace, vínculo
fast food	comida rápida	*lobby*	grupo de presión, grupo de cabildeo; vestíbulo
fair play	juego limpio	*mailing*	buzoneo
feed-back	retroalimentación, retroacción	*match*	partido
grill	parrilla; gratinador	*mobbing*	acoso
hacker	pirata informático	*nursery*	sala de cunas, nido
hall	vestíbulo, entrada, recibidor	*off the record*	confidencialmente, extraoficialmente
handicap	desventaja, obstáculo, impedimento; discapacidad	*overbooking*	sobreventa, sobrecontratación
hardware	equipo informático; componentes	*password*	contraseña
hit	(gran) éxito	*photo finish*	foto de llegada
hobby	afición, pasatiempo	*play-back*	(sonido) pregrabado
holding	grupo (empresarial)	*play-off*	eliminatoria

Extranjerismo (no recomendado)	Preferible	Extranjerismo (no recomendado)	Preferible
prime time	horario estelar	*snack bar*	cafetería
revival	resurgimiento, retorno, regreso	*software*	programas, aplicaciones
roulotte	caravana, casa rodante, autocaravana	*speaker*	altavoz; animador, locutor
royalty	regalía, canon, derechos	*speech*	discurso, perorata
sex simbol	símbolo sexual	*sponsor*	patrocinador
share	cuota de audiencia	*sport*	deporte; informal
shopping	compras	*spot*	anuncio, cuña comercial
short	pantalón corto	*spray*	aerosol
show	espectáculo	*stand*	puesto, caseta; pabellón
showman	animador, presentador	*stock*	existencias, reservas
single	(disco) sencillo; individual; soltero	*tour*	viaje, gira, ruta turística
skin, skinhead	cabeza rapada		

i > *LEC.* págs. 401-403; Fundación del Español Urgente.

PARA SABER MÁS...

Sobre el uso de la cursiva en los extranjerismos no adaptados: ⇨ 191.

446. ¿Tuit o *tweet*?

Ambas formas son correctas. La primera es la adaptación al español de la forma inglesa *tweet* y, aunque aún no está recogida en el *DRAE*, otras instituciones dan esta forma como recomendable.

Si queremos mantener la forma inglesa, deberemos hacerlo así, *tweet,* con letra cursiva, para marcar que se trata de un extranjerismo. Si lo escribimos con la forma adaptada, no hace falta marcar la palabra y debe aparecer en letra redonda: tuit (o en plural, tuits).

⊗ No me has mencionado en el tweet anterior.
⊘ No me has mencionado en el *tweet* anterior.
⊘ No me has mencionado en el tuit anterior.

Si escribimos a mano o en algún medio donde no tengamos posibilidad de poner cursiva (como en el propio Twitter), deberemos señalar el extranjerismo *tweet* entre comillas.

i› Fundación del Español Urgente.

PARA SABER MÁS...
Sobre el uso de la cursiva en los extranjerismos no adaptados: ⇨ 191.

447. ¿Qué significa *[sic]* y cuándo se usa?

En latín, *sic* significa 'así'. Esta forma se usa para aclarar que la palabra que precede inmediatamente a esta expresión se recoge tal y como se pronunció o se escribió, que no se trata de un error del transcriptor. La expresión se escribe con letras redondas y preferiblemente entre corchetes, aunque también puede aparecer entre paréntesis.

⊘ Cuando dijo «Me llevastes [sic] de la mano» no supe cómo corregirle.

En una cita se usan los paréntesis para recoger palabras que se encuentran dentro de ella, y corchetes para incluir aclaraciones ajenas a la cita y que ayudan a comprenderla mejor (⇨ 136 y 483). Puesto que la forma *sic* suele encontrarse dentro de una cita, es preferible usarla entre corchetes.

i› DRAE, s. v. sic.

SOBRE LOS NEOLOGISMOS, LOS ARCAÍSMOS
Y LOS DIALECTALISMOS

448. ¿Qué es un neologismo?

El término **neologismo** procede de *neo*, 'nuevo', y *logos*, 'palabra'. Un neologismo es, por tanto, toda palabra o significado nuevo en un idioma. Los neologismos están motivados por la aparición de objetos, actividades o realidades inexistentes hasta ese momento y que requieren ser nombradas.

Los neologismos pueden ser de dos tipos:

- **Neologismo semántico.** Se trata de una palabra ya existente en nuestro léxico a la que se añade un nuevo significado, como sucede con la palabra *ratón*, que ha añadido al significado de 'mamífero roedor' el de 'aparato conectado a un ordenador cuya función es mover el cursor por la pantalla para dar órdenes'.

- **Neologismo léxico.** Es una palabra que se incorpora a la lengua por dos vías diferentes:
  - Tomado como préstamo de otras lenguas (⇨ 445): *airbag, espaguetis, fútbol, luna de miel*, etc.
  - Creado mediante procedimientos de formación, tales como:
    - Derivación: *autoproclamación, preinscripción, fujimorismo*, etc.
    - Composición: *alapívot, salvoconducto*, etc.
    - Acortamiento: *electro, micro, retro, ni-ni*, etc.
    - Acronimia: *gastrobar, informática*, etc.
    - Siglas: *dj, CD, ONG*, etc.

De forma resumida, podemos contemplar todos los procedimientos en este cuadro:

		Ejemplos
Neologismo semántico	*ratón*	*Se me da muy mal manejar el ratón con la mano izquierda.*

Neologismo léxico	Tomada como préstamo de otras lenguas	*luna de miel*	*Los novios decidieron pasar su luna de miel en Jamaica.*
	Creada mediante procedimientos de formación	Derivación	*autoproclamación*	*El candidato se autoproclamó ganador de los comicios.*
		Composición	*alapívot*	*El equipo ha mejorado mucho con el fichaje de su nuevo alapívot.*
		Acortamiento	*electro*	*El electro realizado al paciente demostró la existencia de una arritmia cardiaca.*
		Acronimia	*gastrobar*	*¿Has visitado ya el gastrobar que inauguraron la semana pasada?*
		Siglas	*dj*	*Se trata de un dj de gran proyección internacional.*

....

PARA SABER MÁS...

Sobre los extranjerismos ⇨ 445.

....

449. **¿*Recepcionar* y *recibir* son sinónimos?**

El término *recepcionar* es un neologismo derivado de *recepción* ('acción y efecto de recibir') que no aparece recogido en el *DRAE*. Aunque su uso se está imponiendo en el lenguaje técnico-administrativo y deportivo, no aporta ningún matiz a *recibir*.

⊗ El delantero recepcionó el balón en el área pequeña.
⊘ El delantero recibió el balón en el área pequeña.

Se trata de un caso de neologismo innecesario, percibido erróneamente como una forma más culta por quienes los utilizan.

Otros ejemplos de neologismos innecesarios:

- *clarificar* por *aclarar.*

  ⊗ Deberías clarificar tu postura en este asunto.
  ⊘ Deberías aclarar tu postura en este asunto.

- *credibilidad* por *crédito.*

  ⊗ Ha perdido mucha credibilidad entre sus colegas.
  ⊘ Ha perdido mucho crédito entre sus colegas.

- *culpabilizar* por *culpar.*

  ⊗ No deberías culpabilizarte por lo que pasó.
  ⊘ No deberías culparte por lo que pasó.

- *inicializar* por *iniciar.*

  ⊗ ¿Quién será el encargado de inicializar las conversaciones?
  ⊘ ¿Quién será el encargado de iniciar las conversaciones?

- *posicionamiento* por *posición.*

  ⊗ ¿Cuál será tu posicionamiento en la negociación?
  ⊘ ¿Cuál será tu posición en la negociación?

i⟩ DPD, s. vv. *recepcionar, credibilidad, clarificar, posicionamiento, inicializar, culpabilizar.*

···

PARA SABER MÁS...
Sobre el tema de la impropiedad léxica en casos similares a estos: ⇨ 413.

···

450. **¿Se dice *blog* o *bitácora*?**

Ambas formas están aceptadas. Hasta hace poco, se recomendaba la segunda, que era la traducción al español, así como *ciberdiario.* *Blog* (que deriva de la unión de las voces inglesas *web* y *logbook*), por su parte, debía marcarse en letra cursiva, como se señalan los extranjerismos, pero hoy está extendido en español y su grafía y pronunciación son compatibles con nuestro idioma, por lo que no hace falta señalarlo como extranjerismo y se escribe en letras redondas (es lo mismo que sucedió con la palabra *iceberg,* por ejemplo). El plural se forma añadiendo una -*s*: *blogs.*

⊗ Hay muchos *blogs* en los que encontrar informaciones acerca de la lengua española.

⊘ Hay muchos blogs en los que encontrar informaciones acerca de la lengua española.

A partir de la palabra *blog* tenemos los derivados: *bloguear* ('acción de escribir en el blog'), *bloguero* ('persona que crea y mantiene un ciberdiario'), *blogosfera* ('conjunto de bitácoras'), *vlog* ('tipo específico de blog que contiene sobre todo vídeos'). Todas estas palabras son extranjerismos adaptados, por lo que hay que escribirlos en letras redondas, salvo cuando se usan metalingüísticamente, como se hace aquí.

i > *LEC*, pág. 474; Fundación del Español Urgente.

....

PARA SABER MÁS...

Sobre otros extranjerismos adaptados: ⇨ 445 y 446.

....

451. ¿Es correcto el verbo *linkar*?

Por ahora no está admitido en la RAE por lo que, a pesar de que su uso es cada vez mayor (aunque prácticamente exclusivo de las redes sociales, las páginas web o los blogs), todavía no se considera correcto.

En español tenemos las formas *enlace* y *vínculo* para sustituir a la forma inglesa *link,* 'conexión que se establece entre dos elementos de un hipertexto'. Si queremos usar la forma inglesa deberemos marcarla en cursiva, pues se trata de un extranjerismo aún no adaptado, por lo que tampoco podemos aplicarle las reglas gramaticales del español. Por otro lado, *link* puede ser, en inglés, un nombre (*a link*) o un verbo (*to link*), de modo que *linkar* podría ser redundante. Lo mejor, por tanto, es usar los términos españoles de los que disponemos.

⊗ Te dedico la canción que voy a linkar en Facebook.
⊘ Te dedico la canción que voy a enlazar en Facebook.
⊗ ¿Por qué has abierto ese link?
⊖ ¿Por qué has abierto ese *link*?
⊕ ¿Por qué has abierto ese enlace?

Para acceder al contenido de un enlace debemos *abrirlo* o *hacer clic* sobre él. A partir del significado de *clic*, 'onomatopeya usada para reproducir ciertos sonidos, como el que se produce al apretar el gatillo de un arma, pulsar el interruptor, etc.' y también 'pulsación que se hace en alguno de los botones del ratón de un ordenador', se creó la expresión *hacer clic*, que, a su vez, dio origen a los verbos *clicar* (forma preferida en España) y *cliquear* (forma preferida en América), que son perfectamente válidos en español.

ℹ️ › *DPD, s. vv. link, clic;* Fundación del Español Urgente.

....

PARA SABER MÁS...

Un *hipertexto* es, según el *DRAE*, un 'texto que contiene elementos a partir de los cuales se puede acceder a otra información'.

....

452. ¿Se puede usar *perro-flauta*?

Sí se puede usar, pero debemos escribirlo en una sola palabra y sin guion, ya que se trata de una voz compuesta, y con letras redondas, pues no se trata de un extranjerismo ni de un vulgarismo.

⊗ No todo el que estuvo en la acampada aquellos días era un perro-flauta.

⊗ No todo el que estuvo en la acampada aquellos días era un perro flauta.

⊘ No todo el que estuvo en la acampada aquellos días era un perroflauta.

Su plural es *perroflautas*, no *perrosflauta, y no varía en femenino: *una perroflauta* (no sería correcta, pues, la forma *perraflauta).

La palabra *perroflauta* no aparece en el *DRAE*, pero está muy extendida en el habla, especialmente entre los jóvenes. Con ella tratamos de definir a un tipo de persona que tiene el aspecto físico de un *hippie* (en cuanto a su ropa, especialmente) y que suele participar activamente en ciertos movimientos sociales como manifestaciones o asambleas ciudadanas. A veces se usa despectivamente para referirse a quien presenta un aspecto desaliñado.

ℹ️ › *NGLE,* págs. 194-196; Fundación del Español Urgente.

....

PARA SABER MÁS...

Sobre el plural de las palabras compuestas: ⇨ 228, 229, 232, 233.

....

453. En mi pueblo se dice *arregostarse*. ¿Está bien dicho?

Si usamos este verbo con el significado de 'engolosinarse, aficionarse a algo', tanto en sentido literal como metafórico, es una expresión correcta. Nos provoca dudas porque es una palabra muy poco común, cuyo uso, como se señala en la pregunta, está restringido a algunas zonas o algunos hablantes. Se trata, por tanto, de un dialectalismo y, además, puede considerarse también un arcaísmo.

> ⊘ Está tan arregostado al tabaco que ahora no puede dejarlo.
> ⊘ Hoy te ayudaré a terminar el trabajo, pero no te arregostes, que tienes que hacerlo tú solo.

Ni los dialectalismos ni los arcaísmos son propiamente incorrecciones, pero su uso en la lengua culta está muy restringido. Las palabras que componen el léxico de una lengua se comportan como seres vivos. Nacen cuando se necesita nombrar una nueva realidad (*bolígrafo, sida, láser, angiografía*), se desarrollan y generan palabras nuevas por mecanismos tales como la derivación o la composición (*pivotar, descalificación, cuentahílos*) y algunas de ellas acaban por desaparecer, sustituidas por otras nuevas (*agora* ha sido sustituida por *ahora*) o porque ya no se necesita nombrar aquello a lo que se refería (*albarda, bacinilla, hacendera, poyo...*) o porque los hablantes dejan de emplearlas, como en el caso que nos ocupa.

i⟩ *DRAE, s. v. arregostarse.*

SOBRE LOS COLOQUIALISMOS, LOS VULGARISMOS Y LOS EUFEMISMOS

454. *¿Me voy pa mi casa* es un vulgarismo o un coloquialismo?

Depende. En la lengua hablada esa expresión habría que considerarla un **coloquialismo.** El registro coloquial es el que emplean todos los individuos, incluso las personas cultas, cuando hablan en un contexto familiar. En estos casos es habitual que presten menos atención a la forma del lenguaje y que la pronunciación se relaje y se simplifique. En el registro coloquial, por tanto, es posible decir *pa* en lugar de *para*.

La expresión *pa mi casa* habría que considerarla un vulgarismo, en cambio, si el hablante utilizase siempre *pa,* independientemente del contexto en que se encuentre. En el lenguaje escrito, para indicar que estamos usando deliberadamente un término coloquial o incorrecto, es recomendable escribirlo en letra cursiva (o con comillas, si escribimos a mano o no tenemos opción de usar ese resalte tipográfico):

⊖ Me voy pa mi casa que aquí no pinto nada.
⊕ Me voy *pa* mi casa, que aquí no pinto nada.

Los vulgarismos deben evitarse en cualquier situación porque están desprestigiados, mientras que los coloquialismos son formas normales de comunicarse, que pertenecen a un registro concreto. En una conversación entre amigos es fácil que un hablante diga *tira p'adentro,* y no por ello es un hablante inculto: solo se está adaptando al contexto familiar en que interactúa. Sin embargo, un hablante que usa la forma *llamastes* en lugar de *llamaste* es muy posible que no sepa que es incorrecto, un vulgarismo, y la usará tanto en un contexto familiar como en uno formal.

ℹ︎⟩ *DRAE, s. vv. coloquialismo, vulgarismo; OLE,* págs. 433-434.

455. ¿Se debe escribir *hijo de p...* para evitar la palabra malsonante?

Sí. Los puntos suspensivos cumplen una función eufemística cuando se emplean para insinuar una palabra malsonante sin tener que reproducirla. También se puede usar con este fin, aunque es menos recomendable, una secuencia de tres o más asteriscos.

⊖ Será un hijo de p***, pero es nuestro hijo de p***.
⊕ Será un hijo de p..., pero es nuestro hijo de p...
⊖ Váyase usted a la m***, hombre.
⊕ Váyase usted a la m..., hombre.

Las palabras malsonantes o disfemismos se toleran mejor en algunos contextos que en otros. En algunos tipos de lenguaje escrito, como en una conversación chateada entre amigos, un correo electrónico informal o cualquier situación familiar que lo permita, el disfemismo puede aparecer sin resultar ofensivo, pero en otras situaciones está completamente vetada su presencia. Algo similar ocurre en el habla.

Ɪ › *OLE*, págs. 397, 437.

PARA SABER MÁS...

La aceptación que tienen las palabras llamadas malsonantes es diferente en cada sociedad. En España y Argentina, sobre todo en la zona rioplatense, suelen aparecer a menudo disfemismos que, en las sociedades de otros países hispanohablantes, no se toleran.

456. ¿Se debe decir *criada* o *empleada del hogar*?

Las dos expresiones son equivalentes ya que ambas sirven para designar a una persona empleada en el servicio doméstico a cambio de un salario. La diferencia en este caso es que la segunda fórmula es un eufemismo que, según el *Diccionario de uso del español* de María Moliner, es la 'expresión con que se sustituye otra que se considera demasiado violenta, grosera, malsonante o proscrita por algún motivo'.

> ⊘ Marta ha encontrado trabajo como criada.
> ⊘ Marta ha encontrado trabajo como empleada del hogar.

El **eufemismo** a veces cubre una función social, la de mitigar el daño o el efecto negativo que podemos ocasionar a otros con el lenguaje directo. Por eso, los eufemismos son frecuentes en el léxico relacionado con las funciones corporales: *hacer pipí, hacer del vientre, ir al baño,* con los nombres de los órganos sexuales: *pepino, verga, cuca, concha,* o con determinados lugares cuyo nombre evitamos: *servicio, cuarto de baño,* o, como en el ejemplo que nos ocupa, los que se usan para disimular actividades laborales consideradas poco prestigiosas, tales como *empleada del hogar* (*chacha, criada*), *vigilante de fincas urbanas* (*portero*), etc.

En otros casos los eufemismos se usan para desdramatizar la realidad: *interrupción del embarazo* ('aborto'), *no apto* ('suspenso'), *paciente* ('enfermo'), *recluso* ('preso'), *persona de movilidad reducida* ('tullido'), *invidente* (ciego).

i › Fundación del Español Urgente, *s. vv. eufemismos, disfemismos.*

....

PARA SABER MÁS...

El caso contrario al eufemismo es el **disfemismo,** definido en el *DRAE* como el 'modo de decir que consiste en nombrar una realidad con una expresión peyorativa o con intención de rebajarla de categoría, en oposición a eufemismo'. Los términos referidos a la muerte nos dan un buen ejemplo, por contraste: frente a los eufemismos *pasar a mejor vida, fallecer...* existen los disfemismos: *estirar la pata, soltar la cuchara, irse al otro barrio, dejar de fumar, palmarla, espicharla...*

....

457. **¿Es lo mismo decir *reajuste de plantillas* que *eliminación de puestos de trabajo*?**

Sí, pero no. La expresión *reajuste de plantillas* alude de manera indirecta, sin nombrarlo, a la *eliminación de puestos de trabajo*. De hecho, se podría reajustar la plantilla incrementando el número de trabajadores, pero nunca se usa en ese sentido. Estamos, pues, ante un caso de eufemismo diferente del que se trata arriba (⇨ 456): el eufemismo que se usa con intención de disimular, cuando no ocultar o escamotear, la realidad. Este empleo del eufemismo no es recomendable, pues provoca que las palabras dejen de tener el significado que les corresponde.

⊖ La empresa ha anunciado un inminente reajuste de plantilla.
⊕ La empresa ha anunciado una inminente eliminación de puestos de trabajo.

Este tipo de eufemismo ha cobrado mucha relevancia en la actualidad, puesto que los políticos y los medios informativos lo emplean profusamente para ocultar problemas relativos a la realidad económica, social o laboral. Así, se llama *conflicto laboral* a la *huelga, regulación de empleo* al *despido, conflicto bélico* a las *guerras,* etc. Escuchamos repetidamente neologismos y expresiones de nuevo cuño que parecen más encaminadas a ocultar que a explicar, como *externalización* en lugar de *privatización, crecimiento nega-*

tivo en lugar de *depreciación, movilidad exterior* en vez de *emigración, recargo temporal de solidaridad* en vez de *impuesto, ticket moderador sanitario* en vez de *pago,* entre otras muchas.

i › Fundación del Español Urgente, *s. vv. eufemismos, disfemismos.*

SOBRE LAS UNIDADES FRASEOLÓGICAS

458. **¿Es *a la ventura* o *a la aventura*?**

La expresión *a la aventura* es incorrecta. Las formas correctas son *a ventura, a la ventura* o *a la buena ventura,* locuciones adverbiales de modo que significan que algo se realiza 'exponiéndose a la posibilidad de que suceda mal o bien'. La duda entre ambas expresiones se produce porque suenan igual e incluso, por el sentido, parecen significar lo mismo.

⊗ Nos fuimos de viaje a la aventura, sin reserva de hotel, ni itinerario definido.

⦰ Nos fuimos de viaje a la ventura /a la buena ventura, sin reserva de hotel, ni itinerario definido.

i › *DRAE s. v. ventura; LEC,* pág. 488.

....

PARA SABER MÁS...

Si necesitamos conocer el significado o la forma de una unidad fraseológica, deberemos acudir al diccionario buscando por la palabra clave de las que la forman, es decir, aquella que tiene más contenido semántico, más significado.

■ Si aparece un sustantivo, buscaremos su significado en ese sustantivo, como en el caso que hemos estudiado, *ventura;* o en *tirar la <u>casa</u> por la ventana* o *ser del <u>montón</u>.*

■ Si no hay sustantivo, buscaremos el significado por el del verbo (*como quien <u>oye</u> llover; estar a la que <u>salta</u>*), adjetivo (*por todo lo <u>alto</u>*), pronombre o adverbio, por este orden.

....

459. **¿Se puede decir *El otro día hablé de seguido con él por el chat*?**

Sí, aunque no es aconsejable emplear esta locución en la lengua cuidada. En registros poco formales *de seguido,* o su variante *de seguida,* se usa con el significado 'seguido, sin interrupción' e 'inmediatamente, enseguida'. Aunque se trata de una forma aceptada, en la lengua culta son más recomendables otras formas alternativas: *ininterrumpidamente, sin interrupción, a continuación,* etc.

⊖ El otro día hablé de seguido con él por el chat.
⊕ El otro día hablé ininterrumpidamente con él por el chat.

También existen las variantes *a seguido* y *a seguida*: 'seguidamente, a continuación', pero tampoco se recomiendan fuera del ámbito coloquial:

⊖ A seguido, les hablará el representante de los profesores.
⊕ A continuación, les hablará el representante de los profesores.

No es admisible tampoco la escritura de esta locución en una sola palabra: *⊛deseguido, ⊛deseguida:*

⊗ Últimamente nos vemos muy deseguido.
⊖ Últimamente nos vemos muy de seguido.
⊕ Últimamente nos vemos continuamente.

i › *DPD, s. v. seguido.*

---

460. **Escribí la carta ¿*de un tirón* o *del tirón*?**

La locución adverbial que debe usarse cuando se quiere decir que algo se realiza 'de una vez, de un golpe' es *de un tirón.* Se oye cada vez más la variante *⊛del tirón,* pero esta forma no aparece recogida en el diccionario, por lo que hay que considerarla incorrecta.

⊗ Acabé todos los ejercicios del tirón.
⊘ Acabé todos los ejercicios de un tirón.
⊗ Estaba tan entusiasmada con la novela, que la leyó del tirón.
⊘ Estaba tan entusiasmada con la novela, que la leyó de un tirón.

Con la palabra *tirón* existen, además, las unidades fraseológicas *ni a tirones, ni a dos tirones, ni a tres tirones,* empleadas para indicar la dificultad de ejecutar o conseguir algo.

⊘ No termino este trabajo ni a tirones.

i › *DRAE, s. v. tirón.*

461. ¿Es correcta la expresión *estoy en cama* o se debe usar el artículo *la*: *estoy en la cama*?

Ambas expresiones son válidas pero tienen significados distintos y se usan en contextos muy diferentes. *Estar en cama* es una locución verbal que significa que permanecemos en la cama por necesidad, debido a una enfermedad o a la imposibilidad de movernos, mientras que *estar en la cama* señala solo la ubicación en la que se encuentra algo o alguien pero sin ningún significado añadido.

⊗ Estoy en la cama desde hace tres días a causa de la gripe.
⊘ Estoy en cama desde hace tres días a causa de la gripe.
⊗ ¿Que dónde está Luis? Pues en cama, ¿dónde va a estar a estas horas?
⊘ ¿Que dónde está Luis? Pues en la cama, ¿dónde va a estar a estas horas?

En el sentido de 'permanecer en la cama por necesidad' también podemos utilizar las locuciones sinónimas *guardar (la) cama* y *hacer cama*.

El médico le aconsejó guardar cama durante dos semanas.
Después de la operación tendrás que hacer cama.

ⁱ › *DRAE, s. v. cama.*

462. ¿*Con relación a* o *en relación con*?

Ambas locuciones son válidas, y significan 'a propósito de' y también 'en comparación con'.

⊘ Este asunto va con relación a lo que tratamos ayer.
⊘ Este asunto va en relación con lo que tratamos ayer.
⊘ Es un producto demasiado caro con relación a otros de su misma gama.
⊘ Es un producto demasiado caro en relación con otros de su misma gama.

No es válida, sin embargo, la expresión ⊛*en relación a*, que surge de un cruce de las dos locuciones comentadas.

⊗ En relación a lo que usted menciona, quiero añadir algo más.
⊘ Con relación a lo que usted menciona, quiero añadir algo más.
⊘ En relación con lo que usted menciona, quiero añadir algo más.

⊗ Su condena ha sido injusta en relación a la de los otros implicados.

⊘ Su condena ha sido injusta con relación a la de los otros implicados.

⊘ Su condena ha sido injusta en relación con la de los otros implicados.

El mismo significado que las dos que comentamos tiene la locución *respecto de*, forma similar a las variantes *con respecto a* y *con respecto de*.

⊖ Con respecto a aquello que hablamos, no he sabido aún nada nuevo.

⊖ Con respecto de aquello que hablamos, no he sabido aún nada nuevo.

⊕ Respecto de aquello que hablamos, no he sabido aún nada nuevo.

i › *DPD, s. v. relación; DRAE, s. vv. relación, respecto.*

....

PARA SABER MÁS...
Sobre la locuciones *respecto de* y *respecto a:* ⇨ 360.

....

463. **¿*Poner de relieve* o *poner en relieve*?**

Para señalar que queremos subrayar o destacar algo porque es especialmente importante utilizamos la locución verbal *poner de relieve*. No es correcto emplear la locución con la preposición *en*, **poner en relieve*.

⊗ Sus palabras pusieron en relieve la necesidad de una actuación urgente.

⊘ Sus palabras pusieron de relieve la necesidad de una actuación urgente.

El verbo *poner* se usa en multitud de locuciones verbales como:

■ ***poner de vuelta y media (a alguien),*** 'tratar a alguien mal de palabra, llenar a alguien de improperios': *En cuanto abandonó la casa lo pusieron de vuelta y media.*

■ ***poner el cascabel al gato,*** 'arrojarse a alguna acción peligrosa o muy difícil': *Alguien tiene que hacerlo, pero, ¿quién le pondrá el cascabel al gato?*

- **poner (a alguien) las peras a cuarto/a ocho,** 'echarle una bronca o decirle claramente lo que se piensa': *En cuanto lo vea, le voy a poner las peras a cuarto.*

- **poner los puntos sobre las íes,** 'determinar y precisar algunos extremos que no estaban suficientemente especificados': *Para aclarar este tema es preciso poner los puntos sobre las íes.*

- **poner una pica en Flandes,** 'ser mucha la dificultad para conseguir algo': *Convencer a mi hermano es como poner una pica en Flandes.*

i › DRAE. s. vv. relieve, poner.

464. ¿Cuál es la forma correcta: *Dar que pensar* o *Dar qué pensar*?

Con el sentido de 'darle a alguien ocasión o motivo para sospechar que hay en una cosa algo más de lo que se manifiesta' la forma de la locución es *dar que pensar* o *dar en qué pensar*, variante esta que el *DRAE* considera preferible.

> ⊖ Este comportamiento suyo nos da mucho que pensar.
> ⊕ Este comportamiento suyo nos da mucho en qué pensar.

No es correcto escribir la locución con la forma *que* acentuada, ⊛*dar qué pensar*, a pesar de que a veces se pronuncia tónico. El *DPD* considera que en todos los casos se trata de un relativo y la oración subordinada no debe considerarse, por tanto, interrogativa o exclamativa.

> ⊗ Tu actitud de estos días da qué pensar.
> ⊘ Tu actitud de estos días da que pensar/da en qué pensar.

Otras locuciones verbales similares a esta que se construyen con «*dar que* + infinitivo» para indicar que lo expresado por el sujeto provoca la acción denotada por el infinitivo son:

- **dar que hablar,** 'ocupar la atención pública por algún tiempo': *Sus declaraciones darán mucho que hablar durante los próximos días.*

- **dar que decir,** 'ofrecer ocasión a murmuración y a censura': *Ese comportamiento va a dar que decir.*

- **dar que hacer,** 'causar molestia o perjuicios': *Mis nietos me dan mucho que hacer.*

- **dar que sentir,** 'causar pesadumbre o perjuicio': *Si sigues por ese camino darás mucho que sentir a quienes te aprecian.*

ⓘ *DRAE, s. v. dar; DPD, s. v. que.*

465. ¿*Violencia de género* es una expresión correcta?

La Academia prefiere utilizar *violencia doméstica* o *violencia machista* en lugar de la señalada en el enunciado de la pregunta. Y el *DPD*, por su parte, ofrece alternativas como *discriminación* o *violencia por razón de sexo, discriminación* o *violencia contra las mujeres, violencia doméstica, violencia de pareja* o similares:

⊖ Con el de ayer son ya quince los casos de violencia de género ocurridos en lo que va de año.

⊕ Con el de ayer son ya quince los casos de violencia doméstica ocurridos en lo que va de año.

El origen de la expresión es un anglicismo. Al traducir al español la palabra inglesa *gender,* que designa por igual al *sexo* (concepto biológico) y al *género* (concepto gramatical), se ha optado por la forma más parecida en español, *género,* dando lugar a una notable imprecisión.

ⓘ *DPD, s. v. género.*

PARA SABER MÁS...
Sobre la diferencia entre sexo y género: ⇨ 204.

466. ¿Qué significa y cuándo se usa la expresión *solución de continuidad*?

Esta expresión significa 'interrupción o falta de continuidad', pues hemos de entender *solución* en su sentido de 'desenlace o término de un proceso'. Así, si termina la continuidad, es que el proceso no continúa, se interrumpe. Es una expresión que se utiliza precedida normalmente de un elemento que la niega, para significar que no se va a producir ninguna interrupción.

⊘ En este proceso no hay solución de continuidad. (*El proceso no se detendrá*)

⊘ Es un movimiento sin solución de continuidad. (*Es un movimiento continuo*)

⊘ Este contrato carece de solución de continuidad. (*Es un contrato indefinido*)

El error se produce al utilizar esta expresión en positivo para significar continuidad, pues significa lo contrario: interrupción.

⊗ Se espera que el proyecto tenga solución de continuidad durante tres cursos más.

⊘ Se espera que el proyecto tenga continuidad durante tres cursos más.

i › *DRAE s. v. solución*; Fundación del Español Urgente.

467. ¿Es *en vísperas* o *en víspera*?

La locución adverbial para referirnos a algo que sucede en un tiempo inmediatamente anterior a otro es *en vísperas*, no *en víspera*. La locución *en vísperas* relaciona temporalmente dos acontecimientos de manera aproximada; si queremos referirnos con precisión al 'día que antecede inmediatamente a otro determinado, especialmente si es fiesta,' utilizaremos *la víspera*.

⊗ Recibimos la llamada en víspera del cumpleaños de Elena.

⊘ Recibimos la llamada en vísperas del cumpleaños de Elena.

⊘ Recibimos la llamada la víspera del cumpleaños de Elena.

i › *DRAE, s. v. víspera.*

....

PARA SABER MÁS...

El empleo del femenino plural en las locuciones es muy frecuente: *a sabiendas, a medias, a tontas y a locas, a ciegas, a oscuras, por las buenas, por/a las bravas, de narices, de buenas a primeras, en puertas*, etc.

....

468. ¿Está bien dicho *dado las circunstancias*?

No. La forma correcta es *dadas las circunstancias*, pues el participio debe concordar en género y número con el sustantivo al que acompaña (*circunstancias*).

⊗ Dado las circunstancias, decidimos buscar otra solución.

⊘ Dadas las circunstancias, decidimos buscar otra solución.

Son muchas las expresiones que se forman con esta construcción y en todas ellas se ha de mantener la concordancia de la que hablamos:

⊘ Dada la importancia del asunto, deberemos estudiarlo detenidamente.

⊘ Dados su carácter y su ingenio, era de esperar un comportamiento así.

Otro caso de error similar se da con la expresión *hacer público* si el adjetivo se mantiene invariable cuando debe concordar en género y número con el sustantivo al que se aplica.

⊗ La prensa hizo público ayer unos hechos sorprendentes.

⊘ La prensa hizo públicos ayer unos hechos sorprendentes.

i › *DPD, s. v. dar.*

---

469. **¿Está bien dicho *Cobra una parte de su sueldo en especias*?**

No. La palabra *especie* en este caso forma parte de una locución adverbial de modo: *en especie,* y como tal locución, aparece inmovilizada en singular. Si lo que se quiere decir es que cobra una parte de su sueldo 'en frutos o en género y no en dinero', diremos que «Cobra una parte de su sueldo *en especie*». En el otro supuesto que plantea la pregunta estaríamos diciendo que recibe una parte de su sueldo en 'sustancias vegetales aromáticas que sirven de condimento; p. ej., el clavo, la pimienta, el azafrán, etc.':

⊗ Cobra una parte de su sueldo en especias.

⊗ Cobra una parte de su sueldo en especies.

⊘ Cobra una parte de su sueldo en especie.

i › *DRAE, s. v. especie.*

....

PARA SABER MÁS...

Otras impropiedades por paronimia: ⇨ 417.

....

470. **¿Se dice en *el punto de mira* o *bajo el punto de mira*?**

La forma de esta locución es *en el punto de mira* con el significado de que algo se convierte en 'objeto y centro de atención e interés':

⊗ Los tipos de interés están bajo el punto de mira de los inversores.
⊘ Los tipos de interés están en el punto de mira de los inversores.

Otras locuciones en las que podemos cometer errores sintácticos de este tipo son: *en virtud a* por *en virtud de*, *de viento en popa* por *viento en popa*, *estar al verlas venir* por *estar a verlas venir*.

⊗ Lo seleccionaron para el trabajo en virtud a sus cualidades.
⊘ Lo seleccionaron para el trabajo en virtud de sus cualidades.
⊗ Los negocios le van de viento en popa.
⊘ Los negocios le van viento en popa.
⊗ Perdió todo su dinero y se quedó al verlas venir.
⊘ Perdió todo su dinero y se quedó a verlas venir.

i › *DRAE s. v. punto*; Fundación del Español Urgente.

471. **¿*A la mayor brevedad* o *con la mayor brevedad*?**

Ambas locuciones están admitidas para el significado 'lo antes posible', aunque la recomendable es *con la mayor brevedad*. Tampoco es recomendable añadir a esta locución el elemento *posible*, que resulta redundante en ambos casos:

⊖ Resolveremos el conflicto a la mayor brevedad.
⊖ Resolveremos el conflicto a la mayor brevedad posible.
⊖ Resolveremos el conflicto con la mayor brevedad posible.
⊕ Resolveremos el conflicto con la mayor brevedad.

Puede parecer un contrasentido aplicar el adjetivo *mayor* al sustantivo *brevedad*, pues este se refiere a algo que indica cantidad menor. Sin embargo, el sentido de la expresión es claro: 'lo más breve'.

Probablemente por contagio con la expresión *a la mayor brevedad*, se usa también, con el mismo significado, la expresión *a la mayor celeridad*, cuya forma correcta es: *con la mayor celeridad*.

⊗ Prometemos actuar a la mayor celeridad en este asunto.
⊘ Prometemos actuar con la mayor celeridad en este asunto.

472. La medicina se toma ¿*a dosis* o *en dosis*?

Lo correcto es *en dosis*. El sustantivo *dosis* expresa la cantidad de medicina que ha de darse a un enfermo cada vez. Cuando se utiliza como complemento circunstancial de verbos como *administrar, suministrar, ingerir, tomar* u otros de significado parecido, debe usarse anteponiendo la preposición *en* para expresar el modo en que se debe realizar la ingestión del medicamento; no es correcto en estos casos usar *a dosis*.

⊗ Le administraron el jarabe a pequeñas dosis.
⊘ Le administraron el jarabe en pequeñas dosis.
⊗ Tomada a dosis altas, puede ser contraproducente.
⊘ Tomada en dosis altas, puede ser contraproducente.
⊗ Se debe ingerir a las dosis recomendadas.
⊘ Se debe ingerir en las dosis recomendadas.
⊗ La talidomida se tolera bien a dosis convencionales.
⊘ La talidomida se tolera bien en las dosis convencionales.

La explicación de estos errores puede deberse a que el modo en que se ingiere un alimento a menudo se expresa con locuciones encabezadas por *a*, como *a sorbos, a bocados, a mordiscos, a tragos,* etc. Por otra parte, la secuencia *a dosis* es perfectamente válida en otros contextos sintácticos en los que la preposición es exigida por alguna palabra como muestran los siguientes ejemplos:

⊘ A los pacientes se les expuso a dosis elevadas de antiinflamatorios.
⊘ Se observa que el dolor moderado responde a dosis de 600 mg.

i › *DRAE, s. v. dosis.*

5
Dudas sobre el texto

SOBRE LA ORGANIZACIÓN Y PRESENTACIÓN DEL TEXTO

473. ¿Qué es un párrafo?

Desde el punto de vista formal y visual, un párrafo es la parte de un texto escrito que va delimitada por dos puntos y aparte. Pero es mucho más, es la unidad básica de configuración y organización del texto, especialmente en los textos breves, que no contienen capítulos, epígrafes, partes, etc.

Si nos atenemos a su contenido, un párrafo es un conjunto de oraciones que giran en torno a una misma idea. Por eso, para que un párrafo esté bien escrito es preciso que contenga un principio de unidad, una idea clave que domine y ordene a las otras y que se pueda formular, ya sea como una pregunta o como una afirmación.

i› Serafini, *Tema*, pág. 64.

474. ¿Cómo se construye un párrafo?

La organización del párrafo está fuertemente condicionada por su contenido y por la naturaleza del texto que estemos desarrollando. No serán iguales la extensión ni la estructura de un párrafo narrativo en una noticia que las de un párrafo descriptivo en un manual, o las de un párrafo argumentativo en una demostración, etc. Los textos narrativos se organizan de forma cronológica, los descriptivos siguen un orden espacial, los argumentativos presentan tesis, argumentos y conclusión, etc.

Así, podemos distinguir los siguientes tipos de párrafo:

- **Párrafo de enumeración.** Es aquel que presenta un listado de informaciones relacionadas entre sí, a partir de una frase organizadora que determina su contenido: las propiedades o características de un objeto en una descripción, las ventajas e inconvenientes de algo, etc. Se da con frecuencia en textos descriptivos y expositivos.

- **Párrafo de secuencia.** En este caso las informaciones se ordenan siguiendo un orden determinado y explícito, como en las instrucciones para llevar a cabo un proceso (una receta, por ejemplo). Muy apropiado para desarrollar textos narrativos.

- **Párrafo de comparación-contraste.** Tras una frase que presenta dos elementos, estos se someten a comparación o contraste mediante descripciones contrapuestas. También frecuente en textos descriptivos y argumentativos.

- **Párrafo de desarrollo de un concepto.** Se parte de la enunciación de una idea y posteriormente se desarrolla mediante ejemplos, argumentaciones o informaciones de apoyo. Está presente siempre en los textos expositivos y argumentativos.

- **Párrafo de enunciado y solución de un problema.** En la primera parte se plantea un problema, que puede formularse como una pregunta o no, y a continuación se presenta la forma de resolverlo. Característico de los textos descriptivos, expositivos y argumentativos.

- **Párrafo de causa-efecto.** Presenta una determinada situación y después desarrolla las causas que la originaron y/o los efectos que se derivan de ella. Muy propio de los textos argumentativos.

i › Serafini, *Cómo se escribe*, págs. 131-169.

475. ¿Hay diferentes formas de presentar un párrafo?

Siguiendo el criterio formal, podemos diferenciar cinco modelos básicos de párrafo, dependiendo de la justificación (distribución de la línea en el ancho de la página), el sangrado (pequeño espacio en blanco en la primera línea que sirve para indicar dónde comienza el párrafo) y el interlineado (separación de las líneas entre párrafos). Para ejemplificarlos utilizaremos el propio párrafo de descripción de cada uno:

El **párrafo ordinario**. Es el más frecuente. Va sangrado en la primera línea y se cierra con un punto y aparte o punto final en su caso. Todas sus líneas están justificadas tanto a la derecha como a la izquierda (ocupan todo el ancho de la página).

Párrafo en bloque o alemán. No va sangrado en la primera línea y para señalar su comienzo se presenta con una separación entre párrafos de media línea más que el interlineado general del texto. Se cierra también con punto y aparte o punto final y sus líneas están justificadas también a ambos lados.

Párrafo de sumario o francés. En este caso la sangría se realiza en todas las líneas excepto la primera. También aparecen justificadas a ambos lados. Este tipo de párrafo es el que se usa habitualmente en las bibliografías.

Párrafo asimétrico. Presenta distintas sangrías y justificaciones, porque depende
de la estructura de la página
y de la disposición que se quiera dar a la información.

Párrafo en bandera. No presenta ninguna sangría y se justifica solo a uno de los lados, lo que determina la diferencia entre el párrafo en bandera por la derecha o párrafo en bandera por la izquierda. El modelo que representamos aquí es un párrafo en bandera por la izquierda, ya que la línea recta queda a la derecha.

i › *LEC*, págs. 72-73.

476. ¿Cuál es el tamaño ideal de un párrafo?

No existe una norma que responda a esta cuestión, pues las dimensiones de un párrafo están condicionadas por diversos factores: tipo de párrafo, tipo de texto al que pertenece, etc. Pero dentro de esta reserva inicial, sí es conveniente tener en cuenta varias recomendaciones:

■ Los párrafos de una misma página deben presentar una imagen equilibrada en cuanto a su extensión, de modo que no aparezcan párrafos muy extensos junto a párrafos muy breves. Es recomendable una media de entre tres y ocho párrafos por página.

- Hemos de evitar, en lo posible, los párrafos excesivamente largos y que, evidentemente, contienen varias unidades temáticas. Por el otro extremo, evitaremos los párrafos que se limitan a una sola oración (si esta es breve, el texto parece una enumeración, y si es extensa, resulta difícil de leer). La recomendación más generalizada en este caso es la de utilizar una media de cuatro o cinco oraciones, o entre 100 y 150 palabras por párrafo.

- La primera oración es la más relevante, pues con ella se introduce el tema o idea central del párrafo, que se desarrolla en las oraciones siguientes y puede cerrarse con una oración que recoge de nuevo la idea central.

- La distribución del contenido en los párrafos debe evitar repeticiones y desórdenes: que ideas que debían ir juntas aparezcan en párrafos diferentes, o que se repita una misma idea en dos o más párrafos.

i› Cassany, *Cocina*, págs. 86-87.

477. Si un párrafo es demasiado largo, ¿conviene cortarlo aunque se rompa la estructura?

Sí, porque cuando un párrafo resulta demasiado largo puede significar básicamente dos cosas: o que contiene más de una idea principal, o que hemos empleado más palabras de las necesarias para expresar con sencillez lo que queríamos decir, ambas interpretaciones atentan contra la estructura y la claridad del texto.

En el primer caso, que es el que aquí se discute, habremos de reescribirlo dividiéndolo en tantos párrafos como ideas principales contenga para desarrollarlas de forma individual. En el segundo caso, lo revisaremos y puliremos hasta eliminar todos los elementos superfluos que seguramente estarán oscureciendo las ideas que queremos transmitir.

i› *LEC*, pág. 72.

478. ¿Cuál es la extensión recomendada para una frase?

La recomendación más extendida en los manuales de estilo y en los tratados sobre escritura es la brevedad, que se cuantifica sobre las 20 o 30 palabras por frase en la mayoría de los casos. Esta recomendación es de carácter general y no afecta, por supuesto, a la expresión literaria. Quedan también fuera de ella las consideraciones referidas al estilo personal de cada escritor, puesto que se basa en criterios funcionales y no estéticos.

Tampoco son recomendables las frases excesivamente cortas colocadas unas a continuación de las otras sin conectores lógicos, porque se dificulta la comprensión de las ideas al aparecer estas desconectadas entre sí. Lo aconsejable es revisar nuestras frases comprobando que se pueden leer fácilmente, para lo que deberemos tener en cuenta estas recomendaciones:

- **Eliminar lo innecesario.** Expresiones del tipo *en mi opinión, de alguna manera, generalmente, quizá fuera útil recordar aquí*, etc. son en la mayoría de los casos evitables, carecen de valor comunicativo y son un lastre para la frase.

- **Evitar la ambigüedad.** Puede venir ocasionada por la mala colocación de los complementos (*Estas son las instancias con reclamaciones rechazadas*: ¿rechazadas las instancias o las reclamaciones?); o las referencias de los pronombres y determinantes (*Marta se encontró con Ana y su marido*: ¿de quién es el marido?), o la puntuación (*Lo hizo como había anunciado / Lo hizo, como había anunciado*).

- **Reducir los incisos al mínimo.** Si han de usarse, hemos de colocarlos de forma que no separen palabras relacionadas:

    ⊗ El acusado indicó que él no estaba allí —aclaración innecesaria— en ese momento.
    ⊘ El acusado indicó —aclaración innecesaria— que él no estaba allí en ese momento.

- **Utilizar el orden lógico de la oración:** sujeto, verbo y complementos. Las alteraciones de este orden, como es el caso de las oraciones pasivas, dificultan la comprensión de la frase:

    ⊖ Supone una dificultad añadida la alteración del orden de la frase.
    ⊕ La alteración del orden de la frase supone una dificultad añadida.

- **Reducir en lo posible las negaciones y el estilo nominal.**

  ⊖ Nadie ignora que no fuiste tú quien lo hizo, sino tu hermano.

  ⊕ Todo el mundo sabe que lo hizo tu hermano.

  ⊖ Se realizó la presentación a la prensa del nuevo jugador fichado por el equipo.

  ⊕ Se presentó a la prensa el nuevo jugador fichado por el equipo.

i › Cassany, *Cocina*, págs. 94-101; *LEC*, págs. 63-70.

479. ¿Qué se entiende por cohesión de un texto?

Del mismo modo que hablamos de cohesión para referirnos a las relaciones que se establecen entre los miembros de un grupo familiar o un equipo deportivo, utilizamos este término aplicado a los textos para explicar el grado de conexión entre sus oraciones mediante conectores sintácticos y semánticos.

La cohesión, por tanto, está constituida por el conjunto de todas aquellas funciones lingüísticas que indican relaciones entre los elementos de un texto. Se trata de una propiedad determinante a la hora de establecer la calidad de un texto, ya que si un texto está bien cohesionado, resultará más coherente, esto es, más fácil de comprender.

i › *LEC*, pág. 72.

480. ¿Cómo se consigue la cohesión en un texto?

Los mecanismos básicos de conexión para relacionar las ideas de un texto y las oraciones con que estas se expresan son:

- **La recurrencia.** Consiste en la repetición de una misma palabra, algo muy frecuente en cualquier texto, ya que el objeto del que tratamos debe ser nombrado una y otra vez. Cuando la repetición resulta pesada, podemos utilizar diversos procedimientos para evitarla: sinónimos, pronombres, determinantes y elipsis (⇨ 440).

- **Los nexos.** Son elementos lingüísticos que utilizamos para relacionar sintácticamente palabras y oraciones e incluso párrafos. Esta función la realizan las preposiciones y las conjunciones (coordinantes y subordinantes).

- **Los marcadores textuales.** Son locuciones que sirven para orientar al lector a la hora de interpretar lo que viene a continuación. Según la función que realizan en el texto los marcadores pueden ser:

  — *Estructuradores.* Sirven para adelantar cómo está organizada la información: comentan lo que se va a decir (*pues, pues bien, dicho esto, así las cosas,* etc.), ordenan (*primero, en primer lugar, por un lado, por otro, después, finalmente,* etc.) o anuncian que se va a decir algo (*por cierto, a propósito, a todo esto,* etc.).

  — *Conectores.* Su función es enlazar partes del texto, bien para reforzar lo dicho (*incluso, inclusive, es más, además*) o para señalar consecuencias (*por consiguiente, en consecuencia, de resultas, por lo tanto*) o para contradecir lo expresado antes (*en cambio, por el contrario, sin embargo, no obstante*).

  — *Reformuladores.* Presentan una idea anterior, expresándola con matices o con palabras más precisas. Explican (*es decir, esto es, en otras palabras, dicho de otro modo*), rectifican (*mejor dicho, mejor aún*), marcan distancias con lo que se acaba de decir (*en cualquier caso, en todo caso, de todos modos*) o sirven para recapitular lo dicho (*en suma, en conclusión, en resumen, en definitiva*).

  — *Operadores argumentativos.* Son aquellos con los que se refuerza una idea previa (*en realidad, en el fondo, de hecho*) o se ejemplifica (*por ejemplo, en concreto, verbigracia, en particular, pongamos por caso*).

i > *LEC,* pág. 76; Serafini, *Tema,* pág. 75.

481. ¿Qué márgenes se deben poner en la página?

No existe una norma respecto a los márgenes que se deben aplicar en una página y salvo que nos veamos obligados a ajustarlos por necesidades del texto (inclusión de tablas, figuras, imágenes, falta de espacio...), se trata fundamentalmente de una cuestión estética que los procesadores de texto resuelven con bastante eficacia.

La principal recomendación es mantener la proporcionalidad de la «mancha» (parte impresa) respecto al tamaño general de la hoja.

La proporción más comúnmente utilizada es que los márgenes superior e inferior ocupen en torno a una novena parte del alto de la página y que los márgenes izquierdo y derecho sean una novena parte del ancho. Las desviaciones de esta proporción deberán tener en cuenta dos cuestiones básicas:

- Los márgenes estrechos, para mantener la proporción, deben ajustarse con tamaños inferiores de letra e interlineado y dan una imagen pobre, propia de publicaciones de poca calidad, como los folletos, etc.
- Los márgenes anchos, por el contrario, deben ajustarse con tamaños mayores de letra e interlineado y dan una imagen cuidada, más propia de las publicaciones de lujo.

Es muy importante, además, tener en cuenta si el texto va a aparecer encuadernado o no y si lo hará a una cara o a dos. Si se encuaderna a una página, el margen izquierdo quedará siempre en el interior de la encuadernación y deberá ser más ancho para proporcionar espacio al sistema de cosido, pero si se encuaderna a doble cara, la posición interna y externa de los márgenes se alternará en las páginas pares e impares.

i › Zanón, *Diseño*, pág. 23.

482. ¿Cómo se sitúa el texto en la página?

Este problema se nos planteará cuando redactemos un texto cuyo tamaño sea inferior al de la página en que se escribe. Si el texto ocupa la página completa o incluso más de una, se desarrollará dentro de los márgenes previamente establecidos, respetando, si fuera necesario, la estructura que requiera el tipo de texto en particular: una instancia, una reclamación, una carta, etc.

Cuando el tamaño del texto es inferior a una página, deberemos situarlo de modo que quede centrado, ajustando para ello los márgenes (los procesadores de texto tienen márgenes predeterminados) pero teniendo siempre en cuenta que el margen superior debe ser mayor que el inferior y el izquierdo mayor que el derecho.

i › *LEC*, págs. 86-87.

SOBRE USOS PARTICULARES EN ALGUNOS TIPOS DE TEXTO

483. **¿Cómo se citan las palabras de otro?**

Las citas reproducen palabras que otro ha pronunciado o escrito, y pueden ser o de estilo indirecto o de estilo directo. Las primeras siempre se introducen con la conjunción *que*, y nunca son citas textuales, pues debemos acomodarlas al resto de la oración, esto es, cambiar el tiempo verbal.

Las segundas, que se corresponden con el estilo directo, respetan las palabras exactas de origen, y se pueden escribir de dos formas, según su extensión.

- Si se trata de citas breves, se escriben entre comillas y con letras redondas, nunca en cursiva. El fragmento entrecomillado comenzará con mayúscula inicial y no se escribirá un punto antes de las comillas de cierre, sino después.

  ⊗ Me dijo que: «Te quiero» y no supe qué decir.
  ⊘ Me dijo que me quería y no supe qué decir. (→ Estilo indirecto)
  ⊘ Me dijo «Te quiero», y no supe qué decir. (→ Estilo directo)

- En caso de que reproduzcamos citas largas, aparecerán en un nuevo párrafo, sin comillas, con más margen a la izquierda que el resto del texto, y con unas letras de tamaño algo menor, pero redondas y no en cursiva. Este fragmento también debe comenzar con mayúscula inicial. Es decir, usaremos este formato:

  En 1983 llega, por fin, la democracia a Argentina y con ella se produce un cambio para el teatro argentino:

  > La apertura democrática encontró a un campo teatral signado por el compromiso de ser un canal de esclarecimiento de los hechos silenciados por la dictadura y no asumidos por la sociedad. Así lo demuestran, entre muchísimos testimonios y reportajes realizados en la época, las declaraciones de Laura Yusem [...]: «Si los autores argentinos empiezan a escribir sobre temas soslayados, los directores y actores tenemos la obligación de poner en escena sus obras. Es responsabilidad de toda la colectividad teatral asumirlo de este modo». (Mogliani, 2001:92)

i › *OLE*, págs. 301, 381-382, 386.

PARA SABER MÁS...
Sobre el tipo y el uso de las comillas: ⇨ 140.
Sobre el párrafo: ⇨ 473, 474 y 475.

484. ¿Se puede escribir una coma tras el saludo en una carta o en un correo electrónico?

Escribimos una coma tras el saludo de los correos electrónicos o las cartas por influencia del inglés, pero la norma académica desaconseja este uso. En español podemos usar, tras el saludo, los dos puntos o el punto, según lo que hayamos escrito. La línea siguiente siempre tiene que comenzar con mayúscula.

Si escribimos un enunciado completo, cerrado, deberemos terminar el saludo con un punto. También podremos, en estos casos, usar la exclamación.

⊗ Hola, César,
   como todavía no he recibido respuesta a mi correo anterior, he
   decidido insistir en mi propuesta...
⊘ Hola a todos.
   Como todavía no he recibido respuesta a mi correo anterior, he
   decidido insistir en mi propuesta...
⊘ ¡Hola, amigos!
   Como todavía no he recibido respuesta a mi correo anterior, he
   decidido insistir en mi propuesta...

Usaremos dos puntos si comenzamos las cartas o los correos con un enunciado no completo, con una fórmula establecida: *querido*, *estimado*, etc.

⊘ Querida abuela:
⊘ Estimado Sr. Rodríguez:
⊘ A la atención del director de RR. HH.:

i › *DPD*, s. v. dos puntos.

485. ¿Es correcto comenzar un correo electrónico o una carta con *buenos días* o *buenas tardes*?

No es incorrecto pero es desaconsejable comenzar nuestro correo electrónico o nuestra carta con una expresión como *buenos días* o *buenas tardes,* porque el saludo cobra significado en el momento en que se recibe, no en el momento en que se escribe, y aunque el correo electrónico es mucho más inmediato que el correo convencional, podría darse el caso de que nuestro mensaje sea leído en diferente franja horaria de la que lo escribimos. Si es importante que el lector sepa cuándo hemos escrito la carta o el correo, podremos explicárselo en el cuerpo del texto. En los correos electrónicos ni siquiera es necesario marcar la hora de escritura, porque aparece siempre como información en nuestra bandeja de entrada.

⊖ Buenos días, José.
  Acabo de leer tu mensaje y me parece que voy a aceptar tu invitación.
⊕ Hola, José.
  Acabo de leer tu mensaje y me parece que voy a aceptar tu invitación.

i › *LEC,* págs. 424, 464.

486. **¿Hay que escribir un punto al despedirse en una carta o en un correo electrónico?**

En las despedidas de las cartas o correos podemos usar una coma o un punto, en función de qué escribamos. Si la frase que usamos como despedida tiene un sentido completo debemos cerrarla con un punto. Usaremos la coma, en cambio, para las despedidas que quedan abiertas, que completan su significado con la firma (que escribiremos siempre en la línea siguiente).

⊗ Te mando un abrazo,
  Gonzalo
⊘ Te manda un abrazo,
  Gonzalo
⊘ Te mando un abrazo.
  Gonzalo

Ocurre exactamente igual que ocurría con los saludos: usamos los dos puntos cuando el saludo no es una frase cerrada, y el punto cuando sí lo es.

A las expresiones como *Un abrazo, Reciba un cordial saludo, Afectuosamente, Muchos besos,* etc., les sigue siempre el punto, puesto que son expresiones cerradas que no necesitan de la firma para comprenderse.

Nuestra recomendación es que tratemos de terminar las cartas o los correos con frases completas, de modo que acaben en un punto.

PARA SABER MÁS: ⇨ 485.

487. ¿Se debe poner *Fdo.* al final de una carta?

En las cartas formales es recomendable escribir la firma, además de la rúbrica. Esto es, debemos escribir nuestro nombre y, una línea debajo, el cargo que desempeñamos dentro de la empresa. La abreviatura *Fdo.*, 'firmado', es opcional, pero recomendable. Se escribe siempre con mayúscula inicial, porque comienza la línea.

⊖ Le saluda atentamente,

F. Ibáñez

Francisco I. T.
Subdirector

⊕ Le saluda atentamente,

F. Ibáñez

Fdo. Francisco I. T.
Subdirector

Puesto que en los correos es más difícil incluir la rúbrica, y nunca será original, es recomendable escribir al menos nuestro nombre y nuestro cargo. En los correos o las cartas informales no hace falta incluir esa abreviatura ante el nombre: el receptor, en teoría, ya sabe que el texto lo hemos escrito nosotros.

i › *LEC*, págs. 422, 426.

PARA SABER MÁS...
La rúbrica debe ser original en las cartas impresas, para que el lector sepa que se trata de un documento único y original.

488. En un acta, ¿cómo se dice: *excusa su ausencia* o *excusa su presencia*?

Lo correcto es *excusa su ausencia,* aunque es todavía mejor la expresión *excusa su asistencia* o bien la variante con artículo, *excusa la asistencia.* Esta fórmula, que se emplea generalmente con el verbo en plural seguido de una lista de nombres de persona, aparece en las actas para señalar que una persona que debía asistir a una reunión ha anunciado que no asistirá por alguna causa justificada.

En este contexto, el verbo *excusarse* tiene el significado de 'alegar razones para justificar una falta' y debe combinarse con complementos de carácter negativo, por lo que no es adecuado ⊛*excusa su presencia.*

Según el *DRAE,* el verbo *excusar* tiene dos significados que en parte son contradictorios: 'no querer hacer algo' y 'poder dejar de hacer algo'. Cuando se emplea en el primer sentido se asocia con el verbo *disculparse* (quien no quiere hacer algo generalmente se disculpa por ello). No es correcto, sin embargo, utilizar este verbo como sinónimo de *disculparse.*

⊗ El vicerrector ha disculpado su asistencia.
⊘ El vicerrector ha excusado su asistencia.

⟨ɪ⟩ *DRAE, s. v. excusar; DPD, s. v. excusar;* Fundación del Español Urgente.

....

PARA SABER MÁS...
Sobre el uso de la primera o tercera persona en este tipo de documentos: ⇨ 499.
....

489. ¿Se puede escribir *xq* en los correos electrónicos?

No hay ninguna norma que nos impida usar este tipo de abreviaciones donde queramos. Ahora bien, hay determinados contextos en los que no es adecuado utilizar estas fórmulas porque nuestro receptor puede no entenderlas o porque, simplemente, el registro no es el adecuado. Así, en un correo electrónico formal debemos evitar este tipo de abreviaciones, del estilo de *xq* ('porque'), *q* ('que'), *tb* ('también') o *mñn* ('mañana'), así como los emoticonos.

Cuando escribimos un correo informal, que va dirigido a un amigo, podemos permitirnos una serie de licencias y expresarnos de forma más coloquial. En este caso sí tiene cabida este tipo de abreviaciones, porque la comunicación es más distendida y sobre todo porque, seguramente, nuestro lector sabrá descodificarlas.

Las abreviaciones son muy útiles cuando tenemos un espacio reducido o cuando debemos escribir deprisa (por ejemplo, tomando apuntes). En los correos electrónicos, en principio, no existen condicionantes de espacio, de tiempo o de coste y por tanto no está justificado este tipo de reducciones, de modo que lo más adecuado es escribir las palabras completas, no acortadas: así, además, facilitaremos la lectura a nuestro receptor.

i › *LEC*, pág. 465.

....

PARA SABER MÁS...

Sobre las abreviaturas: ⇨ 166.
Sobre el uso de los emoticonos: ⇨ 492.

....

490. ¿El «asunto» de los correos electrónicos tiene que escribirse con mayúscula inicial?

Los correos electrónicos tienen que escribirse siempre con un asunto, que es la puerta de acceso a los mismos y permite al receptor identificar el tema que se trata en nuestro mensaje y darle la prioridad que requiera. Si no incluimos el asunto, muchos servidores envían directamente el correo electrónico a la carpeta de «papelera» (o *spam*).

Es recomendable escribir la primera palabra de nuestro asunto con mayúscula inicial, porque se trata de un comienzo de línea. Por razones estéticas, a veces, se prefiere la minúscula inicial, pero es preferible la primera opción.

El asunto debe ser breve y directo, resumir el tema de nuestro correo electrónico y adecuarse al registro formal o informal del mismo. Muchas veces se utiliza en ellos un estilo telegráfico, con el mínimo imprescindible de preposiciones, conjunciones o artículos; en la medida de lo posible deberíamos evitar este estilo, a menos que el asunto resulte muy largo. No es recomendable escribir los asuntos en otro idioma (especialmente, el inglés), porque muchos servidores los detectan como virus y nos impiden acceder a ellos. Es importante, además, escribir correctamente los signos de ortografía.

⊗ *Asunto:* hi!
⊗ *Asunto:* hola!
⊖ *Asunto:* ¡hola!
⊘ *Asunto:* ¡Hola!
⊘ *Asunto:* Cumpleaños de Iria
⊖ *Asunto:* Reunión tarde
⊖ *Asunto:* Reunión hoy tarde
⊕ *Asunto:* Reunión de esta tarde

i › *LEC,* pág. 462.

491. ¿Se puede usar la @ para referirse a los dos géneros a la vez?

No, no es correcto, puesto que la arroba no es un signo lingüístico. Se puede usar la forma duplicada en femenino y masculino, ya sea *os/as,* ya sea con las palabras completas (*señores y señoras; compañeras y compañeros,* etc.). Esta fórmula duplicada, sin embargo, es innecesaria en español, pues el masculino es el género no marcado y con él nos referimos a los dos sexos (cuando decimos *vecinos* nos referimos tanto a los hombres como a las mujeres, y si queremos referirnos solo a los vecinos *hombres,* tendremos que señalarlo). Seguramente a raíz de la expresión *damas y caballeros* se ha extendido la doble mención a todos los ámbitos y hoy se considera señal de cortesía, pero es innecesaria en casi todos los casos, e incluso puede dificultar la lectura.

De esta sensación de dificultad que se crea en un texto que opta por la doble mención continuamente surgió la idea de agrupar los dos géneros con un solo signo, y dado que la @ parece incluir en su trazo la *a* y la *o,* se presentó como una alternativa posible, en principio, para textos informales o anuncios comerciales, pero se extiende cada vez más a todos los ámbitos.

Debemos evitar este uso, por tanto, ya no solo porque no se trata de un signo lingüístico, sino porque podemos usar el masculino como forma genérica.

⊗ Estimad@s amig@s:
⊖ Estimados amigos y amigas:
⊖ Estimadas amigas y estimados amigos:
⊕ Estimados amigos:

Últimamente ha aparecido, como alternativa a la arroba, la letra *x*, seguramente por su carácter de 'incógnita' proveniente de las operaciones matemáticas: *Estimadxs ciudadanxs*. Esta alternativa es tan innecesaria como el uso de la @, amén de poco práctica en algunos contextos: piénsese, por ejemplo, en la imposibilidad de pronunciar estas palabras en algún programa para ciegos que reproduzca las letras en sonidos.

İ › *DPD, s. v. arroba; NGLE Manual*, pág. 25.

....

PARA SABER MÁS...

En principio, la forma @ fue usada como símbolo de la arroba, unidad de medida de capacidad y masa (correspondía a la cuarta parte de un quintal, esto es, de treinta a treinta y seis libras —unos doce kilos y medio—), proveniente del árabe *ar-rub'*, 'la cuarta parte'. Más tarde se comenzó a usar como símbolo del inglés *at*, 'a' o 'en', para separar, en las direcciones de correo electrónico, el nombre del usuario del servidor: *turlitavateatro@gmail.com*. En otros servicios en línea, como la red social Twitter o la aplicación informática Instagram (que permite compartir fotografías con otros usuarios), se escribe antes del nombre de usuario, para mencionarlo: *@editorialespasa*.

....

492. ¿Es adecuado usar emoticonos?

En algunos contextos, sí. Son muy útiles en textos con un reducido espacio, como los SMS o los tuits, pues ofrecen mucha información a partir de la combinación de muy pocos signos. También son aceptables en los contextos informales: correos electrónicos, blogs, chats e incluso cartas impresas; en estos textos, sin embargo, ya que no tenemos límite de espacio, debemos buscar otros medios de expresión. Los emoticonos pueden resultar simpáticos y divertidos, pero también muy infantiles, por lo que en muchas ocasiones es preferible evitarlos, y especialmente en los textos formales.

Un emoticono es un símbolo gráfico resultado de la combinación de varios signos (de puntuación, letras, símbolos matemáticos u otros, números, etc.) que, juntos, crean un dibujo representativo de las expresiones faciales: sonrisa, tristeza, llanto, risa, etc. El término proviene de la combinación de las formas *emoción* e *icono*. Es preferible usar esta palabra y no el anglicismo *smiley*, 'sonriente'.

Se trata de un recurso expresivo, por lo que cada día se crean nuevas formas de representar estados de ánimo, o se presentan variantes de un mismo estado de ánimo. Así, tenemos, entre otros, estos emoticonos:

:-)	:)	sonrisa
:-(	:(	tristeza
:-D	XD	risa
;-)	;)	guiño, complicidad
:-P	;-P	broma
:-O	O_O	asombro, susto
:_)	:')	ilusión, ternura
:-S	:S	preocupación
:_(	:'(	llanto
:-*	:*	beso

i › *LEC*, pág. 469; Kohan, *Puntuación*, pág. 179; Sánchez Lobato, *Saber escribir*, pág. 493.

493. ¿Cómo se escribe la onomatopeya de la risa?

En español solemos asociar a la risa la forma *ja* (mejor que *ha*, que es la forma inglesa). A partir de esta forma han surgido las variantes con el resto de vocales: *je, ji, jo, ju*. Podemos repetir tantas veces como queramos estas formas, e incluso combinarlas, pero debemos separar cada una de ellas mediante una coma, no unirlas todas. La onomatopeya de la risa se escribe en letras redondas.

⊗ Acabo de entender el chiste. Jajajaja.
⊘ Acabo de entender el chiste. Ja, ja, ja, ja.
⊘ Pues no lo sé, la verdad, ¡je, je!

Usamos esta onomatopeya solo en contextos informales: correos electrónicos enviados a amigos, conversaciones en chats, SMS, tuits, etc. En algunos de estos formatos prescindimos de las comas por falta de espacio, pero debemos saber que se trata de un error que hay que evitar siempre que sea posible. En ningún caso debemos extrapolar esta onomatopeya a los documentos formales.

Además de esta onomatopeya, solo en este tipo de textos y con el objetivo de reducir caracteres, ha aparecido otra fórmula: el emoticono *XD* (o *xD*), que representa (si se mira ladeando la cabeza) una cara riéndose. Los emoticonos tienen un uso aún más restringido que el de las onomatopeyas, por lo que debemos tener siempre en cuenta dónde y a quién escribimos para usarlos o no.

i > Martínez de Sousa, *Manual*, pág. 480.

494. En una página web, ¿es recomendable tutear a los lectores o hay que llamarlos de usted?

Depende de cuál sea el objetivo de la página web: si el contenido que incluimos en ella es de carácter formal, lo más adecuado será usar la fórmula de tratamiento *usted,* pero si el contenido es más familiar o buscamos un acercamiento mayor con el lector, podemos usar el *tú* o el *vos*. No es más correcta una fórmula que otra, pero se usan para marcar las diferentes relaciones sociales en función del grado de cercanía que haya entre los interlocutores. El *usted* se corresponde con un tratamiento asimétrico (hay una diferencia social entre los dos interlocutores: un jefe y un empleado, por ejemplo), mientras que el *tú* o el *vos* es una fórmula de tratamiento simétrico o recíproco (es el tratamiento habitual entre dos amigos). En algunas zonas de América se considera que el *tú* es un tratamiento a medio camino entre el *usted* y el *vos*.

Los factores que determinan la elección de una u otra fórmula de tratamiento tienen más que ver con el uso característico dentro de una determinada área geográfica y una comunidad de hablantes, y con toda una serie de circunstancias sociales y no tanto lingüísticas.

En las páginas web podemos, por tanto, optar por cualquiera de las fórmulas de tratamiento existentes, pero la que sea debe usarse permanentemente. Lo incorrecto es variar aleatoriamente el tratamiento: una página web se crea con un determinado fin, y así como no variaríamos su estética, porque define a la página, tampoco debemos variar la fórmula de tratamiento.

i > NGLE Manual, págs. 321-324.

495. **¿Podemos prescindir de la *h* en un mensaje de texto o en un tuit?**

No debemos hacerlo, porque se trata de una falta de ortografía que hay que evitar, sobre todo para no extrapolar el fallo a otro tipo de textos.

En este tipo de formatos de escritura las convenciones ortográficas suelen quedar relegadas a un segundo plano, primando la brevedad y la necesidad de contar muchas cosas en muy poco espacio.

En los SMS se juega con el sonido de las palabras (⇨ 185), y puesto que la letra *h* no suena en español, a veces prescindimos de ella. Pero debemos tratar de buscar otras formas de acortar nuestro mensaje, que no pasen por cometer una falta de ortografía, que no dificulten la lectura y que no puedan provocar confusión en nuestro lector: si el objetivo al escribir de este modo es acelerar la comunicación, pero nuestro lector no nos comprende, no habrá servido para nada ese esfuerzo de ahorrar caracteres. En los tuits, que también tienen un espacio reducido, es aún menos aceptable cualquier tipo de fallo ortográfico debido al carácter público de la red social Twitter.

i › *OLE*, págs. 517 y 585.

....

PARA SABER MÁS...
Sobre cómo hacer más breve un SMS o tuit: ⇨ 497.

....

496. **¿Es correcto escribir *kasa* en lugar de *casa* en un SMS?**

Ni es correcto ni es necesario: en los SMS se juega con el sonido de las letras para formar combinaciones más breves de las que forman las palabras completas. Jugar con el sonido de la *k* podría ser aceptado (exclusivamente en este tipo de textos, en ningún otro) si escribiéramos *ksa*, pero totalmente innecesaria si vamos a añadir la vocal *a* después: la letra *c*, unida a las vocales *a*, *o* y *u* suena como la letra *k*.

En definitiva, se trata de recordar que el lenguaje SMS no es un lenguaje con una ortografía diferente, sino un lenguaje que busca la brevedad a partir de recursos fónicos y gráficos, como se explica en la pregunta siguiente, y, en el caso de *casa y kasa,* ambas formas ocupan el mismo número de caracteres. Lo mejor sería escribir *casa* y abreviar el SMS de otro modo.

....

PARA SABER MÁS: ⇨ 495 y 497.

....

497. **¿Se permiten faltas de ortografía en un SMS para ahorrar espacio?**

El llamado *lenguaje SMS* se caracteriza por su innovación y transgresión, derivadas tal vez del formato de texto (con un escaso límite de espacio), tal vez del tipo de usuario habitual de este servicio (jóvenes, por lo general) y seguramente de ambos factores. Eso provoca ciertas rupturas con respecto al uso normal de la lengua escrita, que fuera de este ámbito se consideran faltas de ortografía. La premisa fundamental de nuestro mensaje de texto es que el receptor no tenga la sensación de que no sabemos escribir. Por ello, para escribir un buen SMS, debemos ser concisos y claros, y respetar las reglas ortográficas: escribir las palabras completas y puntuar correctamente el texto (las mayúsculas, las comas, los puntos, etc.).

Si con esta premisa inicial excedemos el número de caracteres permitido, debemos buscar otras palabras y modos de expresión alternativos, similares y más breves. Podemos ayudarnos de los diccionarios de sinónimos que tenemos a nuestro alcance, ya sea en formato libro, ya sea en internet. Por ejemplo, *marcharse* e *irse* significan prácticamente lo mismo, pero la segunda es una palabra más breve, de modo que usarla será mejor opción que abreviar la primera (*marxars* —que sigue ocupando más caracteres—); *frente a* por *enfrente de* (*nfrent d*); *fui* por *he ido* (*e ido*); *solo* por *solamente* (*solamnt*), etc.

Si tenemos que reducir más caracteres es preferible saltarse los espacios después de los signos de puntuación, o incluso prescindir de los signos de exclamación e interrogación de apertura, antes que cometer otra falta de ortografía. Y si debemos abreviar palabras, podemos usar las abreviaciones más conocidas y claras: como *q,* 'que'; *x,* 'por'; *pq* (o su variante *xq*), 'porque', 'por qué', 'porqué'; *tb,* 'también', etc.

Puesto que una de las características de los SMS es que en ellos se juega con el sonido de las letras, palabras y símbolos, tenemos a nuestra disposición toda una serie de recursos que nos ayuden a reducir caracteres y, al mismo tiempo, no infringir demasiado las reglas de ortografía.

- Podemos incluir símbolos matemáticos en lugar de letras: +, 'más'; –, 'menos'; =, 'igual', 'lo mismo'; etc.

- Podemos combinar letras con números y símbolos, de modo que la lectura de esta combinación cree palabras o expresiones: *ad+* ('además'), *q~* ('qué onda', 'qué pasa', 'qué tal'), *salu2* ('saludos'), etc.

- Podemos jugar con la pronunciación de las letras: la letra *b* se lee /be/, de modo que si escribimos *bso*, leeremos *beso*. La letra *k* suena como /ca/, de modo que podemos usar la expresión *ksi* con el significado 'casi'. No es recomendable, sin embargo, cambiar unas letras por otras solo porque tengan el mismo sonido: una *y* por una *ll*, la *k* por el grupo *qu-* (y, mucho menos, por la letra *c*, que ocupa lo mismo), la *w* por *gu-*, la *x* por el dígrafo *ch*, o ahorrarse la *h*. En este caso estamos cometiendo faltas graves de ortografía que, además, pueden extrapolarse a otros textos; sin embargo, si solo jugamos con los sonidos de las letras, como en los casos anteriores, apoyamos el carácter innovador del formato en que estamos escribiendo, pero no ignoramos las reglas de ortografía.

Aunque no debemos abusar de ellos, los emoticonos pueden sernos muy útiles a la hora de expresar estados de ánimo y ocupar poco espacio en el texto.

i › *OLE*, pág. 585; *LEC*, págs. 470-471.

....

PARA SABER MÁS...
Debemos tener cuidado con los autocorrectores de los teléfonos móviles, que a veces pueden jugarnos malas pasadas al introducir palabras que no queremos escribir o que no tienen sentido en la oración. Sobre la escritura en los SMS: ⇨ 492, 495 y 496.

....

498. ¿Cómo podemos rectificar una errata en una conversación por chat?

Debido a la rapidez con la que escribimos en los chats, ya sea a través del ordenador o del teléfono móvil, podemos cometer algunas erratas a la hora de teclear. Para no ralentizar la comunicación, en algunos casos no es necesario enmendar el error de ninguna manera, ya que damos por sentado que nuestro interlocutor sabe que se trata de una errata de tecleo: por ejemplo, si tecleamos «gaupa», en lugar de «guapa».

En otros casos, sin embargo, debemos corregir lo que hemos escrito (o, en el caso de las conversaciones chateadas a través de teléfonos móviles, lo que ha imaginado erróneamente el autocorrector que queríamos escribir) porque, o bien no se entiende, o bien puede darle la impresión a nuestro receptor de que no sabemos escribir correctamente. Para enmendar la errata tenemos varias opciones:

- Escribir, en el mensaje siguiente, la palabra correcta con alguna fórmula del tipo *quise decir*, *quería decir*, *perdón*, etc. Por ejemplo, en los teclados, la *v* y la *b* suelen estar pegadas y podemos equivocarnos al marcarlas.

    > Llámame luego, sí, bale.
    > Vale, perdón.

- Usar el asterisco antes o después de la palabra errada.

    > He traído todos los carteles. ¿Ves conmigo a colgarlos?
    > *Venís

El asterisco cumple, entre otras, la función de llamada de nota: con él indicamos que haremos una glosa o una acotación más adelante, en el texto, sobre la palabra que lleva asterisco. Además, este signo ortográfico también sirve para señalar que una construcción lingüística es agramatical, incorrecta. La mezcla de ambas funciones, llamada de atención y error, se ha unido en estos contextos de modo que, aunque lo correcto sería escribir algo como *Ves = venís*, la rapidez que caracteriza este medio de comunicación permite dar por sentado que el lector sabe qué palabra queremos corregir, aunque no la repitamos.

- Lo más común es escribir la palabra equivocada sin marcarla ni señalarla. Suele ser el recurso más sencillo y más rápido, ya que para teclear el asterisco tenemos que marcar una combinación de teclas y así se ralentiza la comunicación.

> Avísame más adelante, pora.
> Porfa

Cualquiera de estas opciones es, siempre, preferible a dejar la errata sin aclarar. Como vemos, no es necesario escribir un punto tras la palabra enmendada, puesto que se trata de una palabra que quisimos escribir antes, en un mensaje anterior.

i › *OLE*, pág. 435.

499. En una instancia, ¿se debe escribir *expone* o *expongo*?

Es preferible usar la tercera persona: los documentos oficiales requieren de una redacción lo más impersonal posible, de modo que las fórmulas en primera persona son inadecuadas, y se prefieren las formas en tercera persona (*El empleado comunica que*), las impersonales (*Se comunica que*) o los plurales inclusivos (*Comunicamos que*).

- En los **memorandos** (tipo de documento enviado entre los socios o empleados de una empresa, con el objetivo de facilitar o pedir datos, o bien informar sobre algo relativo a la propia empresa: reuniones u otro tipo de informaciones importantes) suele usarse el *se* impersonal: *Se hace saber...; Se comunica...; Se ruega...*; etc.

EMPRESA DE PRODUCCIÓN ESCÉNICA Y AUDIOVISUAL

DE: Responsable de producción
PARA: Responsable de gestión

Se comunica que el actor J. Rodenas aún no ha percibido los ingresos del pasado mes.
Un cordial saludo.

- En las **instancias** (textos que, dentro de una empresa, escribe un subordinado a un superior exponiendo alguna situación relativa al trabajo) se usa siempre la tercera persona. El esquema básico de una instancia es:

> D./Dña.... con DNI...
> EXPONE:...
> SOLICITA:...
> En... a... de... de 20...
>   Firma

Tras esos dos verbos debemos escribir *Que* y usar la tercera persona o buscar otras formas impersonales.

⊗ EXPONE: Que he cumplido el plazo establecido...
⊘ EXPONE: Que ha cumplido el plazo establecido...
⊘ EXPONE: Que, habiendo cumplido el plazo establecido,...

- En las **actas** (que sirven para dejar constancia de lo ocurrido en una reunión laboral) la información ha de ser más objetiva si cabe que en los ejemplos anteriores, puesto que la finalidad es resumir de forma clara lo que ha acontecido, por lo que la tercera persona se hace todavía más necesaria.

> ACTA DE REUNIÓN ORDINARIA, CELEBRADA EL 25 DE JUNIO DE 2013
>
> Asistentes: A. Basas, P. Domínguez, N. Gehrig, B. Jiménez, J. Pacheco, V. Peinado
> Excusan su asistencia: L. Illán, P. Puerta
>
>   PUNTO 1.o: Revisión de los beneficios obtenidos.
>
> El director expone los porcentajes acordados para cada miembro del equipo.
> Jiménez propone un nuevo porcentaje para los miembros colaboradores. Se procede a la votación. Los asistentes están conformes.
>
>   Firma del secretario   Firma del director

- En el **currículo** (documento en el que queda reflejada nuestra formación y experiencia profesional, con la intención de que se valore positivamente para acceder a un puesto de trabajo) debemos ser totalmente objetivos y presentar cada dato de la manera más clara y concisa posible, de modo que la tercera persona o la impersonal son obligatorias.

CURRÍCULUM VITAE

DATOS PERSONALES
Z. Núñez
c/...

FORMACIÓN ACADÉMICA
Licenciatura en Filología Hispánica

EXPERIENCIA LABORAL
2011-09 – Profesora de español para extranjeros

OTROS DATOS DE INTERÉS
Nivel alto de inglés

Firma

ⁱ⟩ *LEC*, págs. 428-421.

500. ¿Cómo se cita un libro que se ha consultado para hacer un trabajo?

Depende de si la cita se hace en el cuerpo del texto o en el listado de referencias bibliográficas. Por lo general, en el cuerpo del texto se tiende hoy a citar solo con el apellido del autor y la fecha (ej.: Martínez de Sousa, 2012 o Martínez de Sousa, 2012:17, si queremos añadir la página concreta de la que sale la información), que se inserta entre paréntesis en el cuerpo del texto, no en nota a pie de página. Esta cita remite al lector a la lista de referencias bibliográficas, donde la obra debe aparecer citada por extenso.

Las referencias bibliográficas tienen la función de dar al lector la información sobre las fuentes consultadas en la elaboración de un trabajo. Hay varios modelos de presentar las referencias bibliográficas

(Vancouver, APA, Norma ISO 690-1987, Chicago, etc.) e incluso es habitual que cada organismo o cada revista especializada tenga sus propios criterios. El escritor ha de conocer cuáles son los criterios en cada caso y ajustarse a ellos.

No obstante, la cita bibliográfica tiene que dar cuenta de los datos necesarios para que el lector interesado pueda, si lo desea, localizar la obra citada. Los datos imprescindibles son los siguientes: autor, fecha de la publicación, título, ciudad de edición y editorial. A estos datos básicos se pueden añadir otros detalles (número de edición, volúmenes, colección a la que pertenece, número de páginas, etc.).

Presentamos aquí el orden en que deben aparecer los datos y las características formales y de contenido que estos deben presentar.

- **Apellidos del autor:** pueden escribirse con letras versalitas o con mayúscula inicial y el resto con minúsculas. Si hay varios autores, se debe respetar el orden en que aparezcan los nombres en la publicación. Si son más de tres se puede citar por el nombre del primero añadiendo la expresión latina *et alii* (abreviado *et al.*). No es recomendable usar la fórmula *VV. AA.* ('varios autores') o su variante *AA. VV.* ('autores varios'), ya que no identifica a ninguno de ellos, y se emplea preferentemente para compilaciones en obras de colaboración.

  Si en la relación bibliográfica hay varios trabajos de un mismo autor, se deben ordenar cronológicamente, desde el más antiguo al más moderno.

- **Nombre:** se puede poner el nombre completo o bien solo la inicial seguida de punto.

- **Participación en la obra:** en caso de que quien figura al frente del libro no sea el autor se debe indicar si se trata del director (*dir.*), del coordinador (*coord.*), del editor (*ed.*), etc. Este dato aparece en la portada de la obra.

- **Fecha de la publicación:** se pone entre paréntesis la edición que se ha manejado. Si hay varias obras citadas del mismo autor y el mismo año, se diferencian añadiendo una letra minúscula detrás del año (ej.: 2012a, 2012b, 2012c).

- **Título:** se escribe con letra cursiva si es un libro o entre comillas con letra redonda si es un artículo en una revista o una colaboración en una obra colectiva. En cualquier caso hay que escribir el título completo, incluido el subtítulo si lo hay. Los títulos de las revistas se ponen también en letra cursiva. El número se escribirá en cifras arábigas o en número romano, en este caso con letra versalita.

- **Número de volúmenes:** si la obra citada se compone de más de un volumen, se debe indicar el número de que consta. Se suele usar la cifra seguida de la abreviatura *vols.* El número se escribirá en cifras arábigas o en número romano, en este caso con letra versalita.

- **Edición/número de la revista:** en caso de no haberse usado la primera edición de la obra, debe indicarse el número de la que se ha manejado. Se indica mediante el ordinal escrito en cifras seguido de la abreviatura *ed.: 3.ª ed.* Si la publicación es de una fecha anterior a la manejada, se pone entre corchetes el año de la primera edición. Si se trata de una revista, hay que poner el número que le corresponde.

- **Ciudad:** se indica el lugar en el que se ha publicado el libro.

- **Editorial:** por último, se señala la editorial en la que el libro ha aparecido. Si son varias, se indican todas ellas, separadas con una barra inclinada (/) o con punto y coma.

- **Páginas:** si se trata de un artículo de revista o una colaboración en una obra colectiva, es preciso también indicar las páginas en las que aparece el trabajo.

Respecto a los trabajos consultados en internet, la cita se debe hacer señalando el autor y el título, si los hay, seguidos de la dirección electrónica completa y añadiendo la fecha de la última consulta realizada.

Ejemplos de citas:

- Citas de libros:
    Moreno Fernández, F. (2005), *Principios de sociolingüística y sociología del lenguaje*, 2.ª ed. [1998], Barcelona: Ariel.
    Bosque, I. y Demonte, V. (dirs.) (1999), *Gramática descriptiva de la lengua española*, 3 vols., Madrid: Espasa.

- Cita de artículo o capítulo de libro:

   Flórez, L. (1966a), «Apuntes sobre el español en Madrid. Año de 1965», *Boletín de la Academia Colombiana*, 16, pp. 232-250.

   López García, Á. (1999), «Relaciones paratácticas e hipotácticas», en Bosque, I. y Demonte, V. (dirs.) *Gramática descriptiva de la lengua española*, Madrid: Espasa, III, págs. 3507-3548.

- Citas de trabajos consultados en internet:

   Listerri, J. (2003), «La enseñanza de la pronunciación», <http://liceu.uab.es/~joaquim/publicacions/Llisterri_03_Pronunciacion_ELE.pdf> [última consulta: 7-1-2013].

....

PARA SABER MÁS...

Sobre la diferencia entre las versalitas y las mayúsculas: ⇨ 187.

Sobre la escritura de los números romanos en mayúscula o versalita: ⇨ 181.

....

454

Bibliografía

ABC (2011), *Libro de estilo de ABC*, 2.ª ed., Barcelona: Ariel.

Agencia EFE (1995 y 1986), *Vademécum del español urgente*, 2 vols., Madrid: Agencia EFE.

Agencia EFE (2005), *Manual de español urgente*, 16.ª ed., Madrid: Cátedra.

Alarcos Llorach, E. (1994), *Gramática de la lengua española*, Madrid: Espasa-Calpe.

Aleza, M. (coord.) (2010), *Normas y usos correctos en el español actual*, Valencia: Tirant lo Blanch.

Alvar Ezquerra, M. *et al.* (1999), *Manual de redacción y estilo*. Madrid: Istmo.

Álvarez, A. I. (2005), *Escribir en español*. Oviedo: Universidad de Oviedo.

Bosque, I. y Demonte, V. (dirs.) (1999), *Gramática descriptiva de la lengua española*, Madrid: Espasa.

Briz, A. (coord.) (2011), *Saber hablar*, 3.ª ed., Madrid: Aguilar/Instituto Cervantes.

Cassany, D. (2008) *La cocina de la escritura*, 15.ª ed., Barcelona: Anagrama.

El Mundo (1996), *Libro de estilo*, Madrid: Unidad Editorial.

El País (2002), *Libro de estilo*, 16.ª ed., Madrid: *El País*.

Fundación del Español Urgente. Disponible en: http://www.fundeu.es.

Fundéu (2008), *Manual de español urgente*, 18.ª ed., Madrid: Cátedra.

Gómez Torrego, L. (1989), *Manual de español correcto*, Madrid: Arco/Libros.

Gómez Torrego, L. (1992), *El buen uso de las palabras*, Madrid: Arco/Libros.

Gómez Torrego, L. (1998), *Gramática didáctica del español*, Madrid: SM.

Gómez Torrego, L. (2004), *Nuevo manual de español correcto*, 2 vols. 2.ª ed., Madrid: Arco/Libros.

Gómez Torrego, L. (2009), *Ortografía práctica del español*, Madrid: Espasa/Instituto Cervantes.

Gómez Torrego, L. (2011), *Ortografía de uso del español actual*, 5.ª ed., Madrid: SM.

Grijelmo, A. (1998), *Defensa apasionada del idioma español*, Madrid: Taurus.

Instituto Cervantes. Centro Virtual Cervantes. Disponible en: http://cvc.cervantes.es.

Kohan, S. (2010), *Puntuación para escritores y no escritores*, Barcelona: Alba.

Lázaro Carreter, F. (1997), *El dardo en la palabra*, Barcelona: Galaxia Gutenberg-Círculo de Lectores.

Lázaro Carreter, F. (2004), *El nuevo dardo en la palabra*, Madrid: Aguilar.

Martínez de Sousa, J. (1987), *Dudas y errores de lenguaje*, 4.ª ed., Madrid: Paraninfo.

Martínez de Sousa, J. (2000), *Diccionario de ortografía de la lengua española*, 2.ª ed., Madrid: Paraninfo.

Martínez de Sousa, J. (2008), *Ortografía y ortotipografía del español actual*, 2.ª ed., Gijón: Trea.

Martínez de Sousa, J. (2012), *Manual de estilo de la lengua española*, 4.ª ed., Gijón: Trea.

Mendieta, S. (1993), *Manual de estilo de TVE*, Barcelona: Labor.

Ministerio para las Administraciones Públicas (1985), *Manual de estilo del lenguaje administrativo*, Madrid: MAP.

Moliner, M. (2007), *Diccionario de uso del español*, Madrid: Gredos.

Moreno de Alba, J. (1992), *Minucias del lenguaje*, México: Fondo de Cultura Económica.

Navarro Tomás, T. (1991), *Manual de pronunciación española*, 25.ª ed., Madrid: CSIC.

Paredes García, F. (2009), *Guía práctica del español correcto*, Madrid: Espasa/Instituto Cervantes.

Paredes, F., Álvaro, S., Núñez, Z. y Paredes, L. (2012), *El libro del español correcto. Claves para hablar y escribir bien en español*, Madrid: Espasa/Instituto Cervantes.

Pérez Calderón, M. (1985), *Libro de estilo de los servicios informativos de TVE*, Madrid: Servicio de Publicaciones del Ente Público RTVE.

Real Academia Española (2001), *Diccionario de la lengua española*, 22.ª ed., Madrid, Espasa.

Real Academia Española y Asociación de Academias de la Lengua Española (2009), *Nueva gramática de la lengua española*, 2 vols., Madrid: Espasa.

Real Academia Española y Asociación de Academias de la Lengua Española (2010), *Nueva gramática de la Lengua española. Manual*, Madrid: Espasa Libros.

Real Academia Española y Asociación de Academias de la Lengua Española (2010), *Ortografía de la lengua española*, Madrid: Espasa Libros.

Reyes, G. (1998), *Cómo escribir bien en español*, Madrid: Arco/Libros.

RTVE-Radio Nacional de España, (1980), *Manual de estilo para informadores de radio*, Madrid: Servicio de Publicaciones del Ente Público RTVE.

Sánchez Lobato, J. (coord.) (2010), *Saber escribir*, 3.ª ed., Madrid: Aguilar/Instituto Cervantes.

Sarmiento, R. (1997), *Manual de corrección gramatical y de estilo: español normativo, nivel superior*, Madrid: SGEL.

Serafini, M.ª T. (1994), *Cómo se escribe*, Barcelona: Paidós.

Serafini, M.ª T. (1997), *Cómo redactar un tema*, 3.ª ed., Barcelona: Paidós.

Zanón, D. (2008), *Introducción al diseño editorial*, Visión Libros.

Índice de dudas

1. Dudas generales

2. Dudas sobre la pronunciación y la ortografía

3. Dudas sobre la gramática

5. Dudas sobre el texto

Índice de palabras, expresiones y materias

Este índice recoge en orden alfabético las palabras simples, expresiones complejas y materias que aparecen en la obra. Se utilizan los siguientes recursos tipográficos para diferenciar los elementos contenidos en el listado: la letra cursiva indica palabra o expresión y la letra redonda, materia o asunto. Se distingue así, por ejemplo, cuando la obra trata el tema «cita» (bibliográfica) de cuando se habla de la palabra «*cita*». Entre corchetes, la letra redonda indica pronunciación. Una «bolaspa» (⊛) señala que la palabra o expresión se considera incorrecta y un asterisco (*) marca que es agramatical. Dentro de cada entrada, se usa la virgulilla (~) para sustituir el elemento que figura en el encabezado: así, en la entrada *con*, la expresión ~ *base en* hay que leerla como *con base en*. Por último, los números tras cada entrada remiten a la pregunta en la que aparece el término correspondiente.

474

bolladura, 48
bombardear, 263
bongó, 202
bonísimo, 317
bonito, 414
bonsái, 37, 72, 223
bonsáis, 223
⊛bonsáy, 37
boquiabierto, 148
bote, 427
boulevard, 56
bracmán, 48
braga, 227
bragas, 227
brahmán, 48
brahmín, 48
brazo, 34, 204
brevedad, 471
brócoli, 48
bróculi, 48
bs, 27
-bs-, 30
bso (abreviación), 497
⊛buardilla, 51
buenas tardes, 485
buenísimo, 317
bueno, 314, 317, 320, 323, 414, 438
Buenos Aires, 209
buenos días, 485
buey, 34, 37, 73
buhardilla, 48, 51
búho, 29
buitre, 71
[bulebár], 56
bulevar, 56
bullebulle, 229
bumerán, 68
búmeran, 68
bungaló, 68
búngalo, 68
[bú-o], 29
buró, 223
burós, 223
buscapiés, 230
buscavidas, 200, 221
bustrofedon, 76
bustrofedón, 76
bustrófedon, 76
buzoneo, 445
c (letra), 7, 34, 48, 496
    ~ ante las vocales e, i, 44
C, 7
-c-, 421
c. c., 168
C. P, 100
c/, 143, 177

c/qu, 48
caballito, 202
Caballo Loco, 54
cabe (prep.), 357
cabeza rapada, 445
cacahuate, 48
cacahuete, 48
cacofonía, 32, 300, 394
cacto, 48
cactus, 48
cachalote, 148
cachemir, 48
cachemira, 48
cada, 336
cadena hablada, 123
caer, 261
cafetería, 445
caíais, 73
calco, 330
caleidoscopio, 48
calentísimo, 317
calidoscopio, 48
calientapiés, 230
caliente, 317
calientísimo, 317
calificativo, 200
calima, 48
calina, 48
calor, 218
calzonazos, 221
calzoncillo, 227
calzoncillos, 227
callad, 395
calladita, 16
callado, 10
callar, 261, 395
calle, 102
calló, 432
cama, 210
cambio de vocales, 48
camicace, 48
camioncito, 202
canal, 218
canapé, 223
canapés, 223, 274, 321, 334
Canarias, 98
cancelación, 441
cáncer maligno, 433
cancioncita, 202
candidato electo, 250
canguro, 445
canícula, 226
canon, 445
cansadito, 16
cansar, 284
cantador, 16
cantamañanas, 200, 221
cantamos, 19

cantante, 203
cantaor, 16
cantar, 18
cantemos, 254
cantidad a pagar, 339
cantidades a devolver, 339
cantilena, 48
cantinela, 48
cañón, 61
caos, 226
capataz, 214
capaz, 329
capaz que, 329
capuccino, 56
capuchino, 56
caqui, 45
carácter (tipográfico), 495, 496, 497
carácter, 70
caracteres, 70
⊛carácteres, 70
caravana, 445
caray, 369
carbunclo, 48
carbunco, 48
⊛carei, 37
carey, 37
Caribe, 164, 216, 224, 232, 281, 327, 334, 364, 393
caribeño, -a ⇒ Caribe
caribú, 224
caribúes, 224
caribús, 224
⊛carie, 238
cariecita, 202
caries, 202, 238
⊛cariesita, 202
carillón, 48
cariz, 226
carne, 34
carné, 18
⊛carnecería, 421
carnicería, 421
carrera, 148
carreta, 34
carriles bici, 232
⊛carriles bicis, 232
carrillón, 48
carst, 48
carta, 126, 484, 485, 486, 487, 492
cartel, 76
cártel, 76
casa, 203, 496
    ~ rodante, 445
casabe, 48
casado, 315
casar, 426

487

494